福建省文物局　主编

福建文物考古报告　Ⅵ

福建晋江流域考古調查與研究

福建晋江流域考古调查队　编著

科学出版社

北京

内 容 简 介

本书汇集了福建晋江流域数十年古遗址考古调查和发掘的原始资料，揭示了该地区从新石器时代至汉代，尤其是青铜时代的考古学文化面貌和基本特点，初步勾画出福建南部地区早期文化的发展序列。本书资料丰富，配有大量的线图和照片，为研究福建早期历史和闽台关系、南岛语族的起源等提供了大量的第一手资料。

本书可供广大考古学者和地方史学者参考和借鉴。

图书在版编目（CIP）数据

福建晋江流域考古调查与研究／福建晋江流域考古调查队编著．—北京：科学出版社，2010.6

（福建文物考古报告；6）

ISBN 978-7-03-027682-7

Ⅰ.福… Ⅱ.福… Ⅲ.①晋江－流域－文物－考古－研究报告－福建省 Ⅳ.①K872.57

中国版本图书馆 CIP 数据核字（2010）第 093412 号

责任编辑：刘 能／责任校对：刘小梅

责任印制：赵德静／封面设计：陈 敬

科学出版社 出版

北京东黄城根北街 16 号

邮政编码：100717

http://www.sciencep.com

双青印刷厂 印刷

科学出版社发行 各地新华书店经销

*

2010 年 5 月第 一 版 开本：787×1092 1/16

2010 年 5 月第一次印刷 印张：24 1/4 插页：4

印数：1—1 600 字数：526 000

定价：248.00 元

（如有印装质量问题，我社负责调换）

课题单位

福建省文物局　　　福建博物院
泉州市文物局　厦门大学历史系

领导小组

组长：郑国珍
副组长：陈炳坤　栗建安　吴春明

考古调查队

队长：陈兆善
副队长：出宝阳

主要队员

温松全　陈明忠　程　璐　唐宏杰
范佳平　李永平　王新天　何国俊

序

郑国珍

福建地处祖国东南沿海，濒水倚山，与长期休戚与共的台湾岛隔海峡相望，从西到东主要由武夷山、鹫峰山脉和戴云山三列山脉构成西高东低的地理态势，从北到南主要由闽江、晋江、九龙江和汀江等主要干流形成了广袤的河口平原和绵延起伏的丘陵。“八山一水一分田”是其地形地貌的真实写照。这里气候温暖，雨水充沛，物产丰富，植被茂盛。从某种意义上说，福建史前文化（下限约相当于中原的商周时期之说，上溯至旧石器时代），就是依托这些穿梭于崇山峻岭的江河及其流域的孵育，在宜人宜居的自然条件下，在与海洋因素的相结合中，构成了富有区域特色的文化内涵，成为中华民族古老文化的重要组成部分。

福建的文物考古工作，是随着新中国的诞生而发展起来的，半个多世纪以来，几代文物考古工作者经过不懈努力，为福建的文物考古研究积累了丰富的资料。在重现福建史前人类已逝生活的具体面貌，认识当时人与自然界的相互关系，不断把考古学语言转换成历史学语言，借以探索人类文化进步的规律，一再填补或印证了福建悠久历史的同时，亦展示了福建文物考古的美好前景。但是，与中原相比，考古工作还是相对滞后，各流域考古工作的不平衡和田野基础材料的缺乏是其主要特点。如何弥补历史存在的第一手田野考古资料的不足，早日建立起福建自身考古区系类型的考古学体系，是福建文物考古工作者长期以来关注的最重要的基础工作之一；如何在福建经济社会文化各方面迅猛发展的同时，让文物考古事业紧紧跟随这一大好形势迈出更大的步伐，是全省上下文物考古工作者的共同心愿和孜孜追求。福建省文物局正是基于此种背景考虑，特将“福建青铜时代遗址考古”项目纳入《福建省“十一五”文化发展专项规划》。设想以各市、县域为基础，以各江河流域为单元，以福建博物院考古所专业人员为骨干，联合各市、县（区）文物考古工作者和厦门大学等高校文物考古力量，有组织、有计划地展开福建各流域的文物考古调查，逐步积累田野考古资料，以期建立起福建史前考古的区系类型框架，有助于用历史唯物主义和辩证唯物主义的理论、观点和方法来阐明福建史前文化之概貌，还历史本来之面目，以服务于社会发展之需要。由福建省文物局会同泉州市文物局组织，由福建博物院考古所领头、陈兆善研究员负总责，厦门大学历史系和本次调查涉及的泉州各市、县、区文管办、博物馆等单位分别派出人员参加，共同组成、开展的“晋江流域考古调查与研究”，即是其中率先进行的最重要课题之一。

这是因为，闽南地区的晋江流域、九龙江流域史前文化，理应属于整个福建东南沿海史前文化圈范畴，其间是否存在着闽南地区自身的文化发展序列，有待于文物调查的进一步展开和考古工作的不断深入。根据近二十年来对闽南地区的文物普查、复查和专题调查的资料显示，晋江流域、九龙江流域一直是我省史前文物考古工作较为薄弱的区域，资料相对缺乏；与闽东南和闽西北地区已发现的史前文化遗址相比，不但发现的数量偏少，且整体的规模也不大，并缺乏典型的文化层堆积；史前考古发掘工作，也远不如闽东南沿海地区和闽西北内陆山区来的多而深入，几十年来屈指可数，因而很难综合勾勒出这一区域、这一阶段的文化特征。

这是因为，近几年为配合漳诏高速公路等建设在九龙江流域所开展的文物专题调查和抢救性考古工作，发现了一批史前文化遗址，清理、发掘了一些墓葬，出土了一批具有共存关系的成组器物，不断取得阶段性突破，为闽南史前文化研究提供了珍贵的素材，基本上摸清了九龙江流域史前文化、特别是青铜时代文化的脉络，为理清九龙江流域青铜时代文化发展序列提供了坚实的基础，科研成果斐然。但是，相比之下，晋江流域开展的文物专题调查和抢救性考古工作，却十分有限。

这是因为，晋江流域是福建中部的主要干流，流域总面积 3101 平方公里，主要以现行政区划之泉州市为中心。这里曾经是福建历史发展最鼎盛的区域之一，有着丰富的历史文化积淀。根据考古资料显示，步入青铜时代，约相当于中原的商周时期，闽南的九龙江流域和闽东南的闽江流域中、下游地区，其文化面貌逐渐出现了明显的区域性差别——这时期闽南的九龙江流域和粤东地区，实际上属于一个大的文化系统，即“浮滨文化”范畴；而同时期闽江流域的中、下游地区，则流行文化特征与“浮滨文化”完全不同的“黄土仑类型文化”。因此，摸清介于二者地理生态环境之间的晋江流域的文化特征，就显得格外瞩目和重要。

“晋江流域考古调查与研究”的野外调查工作，始于 2005 年 5 月，止于同年 10 月，由各参加单位分别派出的人员，共同组成的晋江流域考古调查队承担。福建省文物局为此专门进行了动员、部署，并多次召开联席会议，及时解决工作进展中的相关问题。省、泉州市和涉及的各市、县（区）文化文物等部门，纷纷从财力、物力、人力等方面予以积极支持。调查工作前后历经半年时间，按照五条预定线路展开：一是从晋江口到泉州湾沿海地区，涉及两市一县的 22 个镇；二是沿着晋江下游两岸，涉及南安市和泉州市鲤城区的 10 个镇或街道；三是沿着东溪两岸，涉及南安市 7 个镇；四是沿着西溪两岸，涉及南安市和安溪县 13 个乡镇或街道；五是沿着洛阳江两岸，涉及泉州市洛江区和惠安县5个镇。此外，还涉及了晋江上游的永春县部分乡镇。覆盖区域之广，田野调查之深入，可谓前所未有。在短短的六个月期间，通过大家的辛勤耕耘，在晋江流域范围内相继发现了一批重要的史前遗址，同时抢救性考古清理和发掘了个别濒临危险的史前遗址，获得较丰富的调查和科研成果。在此基础上，文物考古工作者又结合对各市、县（区）博物馆馆藏史前文物及其相关资料的整理研究，前后花了五年时间，最终形成了《福建晋江流域考古调查与研究》专题报告。该报告分为三章，第一章着重对晋江流域的历次考古工作和该区域的地理状况进行了整体概述，第二章侧重于将早年调查和本次调查的资料进行汇总和梳理，第三章则体现了作者的研究成果。文后还附录了以往发表的重要考古调查报告。通篇资料之丰富、翔实，条理之分明、清晰，认识之客观、有据，无疑为21世纪的晋江流域的史前文化考古和科学研究之开展，铺就了美好的前景。

从事这一调查研究工作的，都是我省中青年文物考古工作者。他们以事业为重，顶似火骄阳，驱虫蛇犬扰，涉千山万壑，克服重重困难，同心协力，集腋成裘，成果实在可喜，精神更为可嘉！谨此，特致以崇高的敬意！

笔者认为，晋江流域、闽南地区、台湾海峡两岸，特定的地理生态和人文环境，造就了富有区域特色的史前文化，影响所及远达南太平洋诸岛，文物考古、研究的前程不可限量。历史的进程在召唤我们，特别是福建沿海、闽南地区的文物考古工作者、社会各界热心人士、各级地方政府和文化文物部门，应该充分认识这方面所负有的时代重任，道远之理，积极创造条件来汇聚一定的人力、物力、财力，不断地在福建沿海、在闽南这块肥沃的家园里，寻找、发现、保护史前文化遗迹、遗物，并循序渐进地加以发掘、研究和探索，由零星、个别而累积起大量、普遍的素材，进而努力运用考古学特有地层学、类型学等研究手段，在业已初露端倪的基础上，追根溯源，建立起福建沿海、闽南区域的考古学文化编年和发展架构，阐明其历史的来龙去脉，在福建史前史、海峡两岸史前史、华南地区史前史、中国史前史乃至南太平洋诸岛史前史、世界史前史中占据我们应有的地位。这是可能的，经过不懈地努力应是可以做到的。

勉以为序。

2010年春

目　　录

插图目录

插表目录

图版目录

第一章 概 述

第一节 调查区域概况

福建地处我国东南沿海，北纬23°32′～28°19′，东经115°50′～120°43′。全省东西宽540千米，南北长约550千米，全省陆域面积12.14万平方千米，海域面积13.6万平方千米。北与浙江、西与江西、南与广东接壤，东临台湾海峡，面向太平洋（图一）。

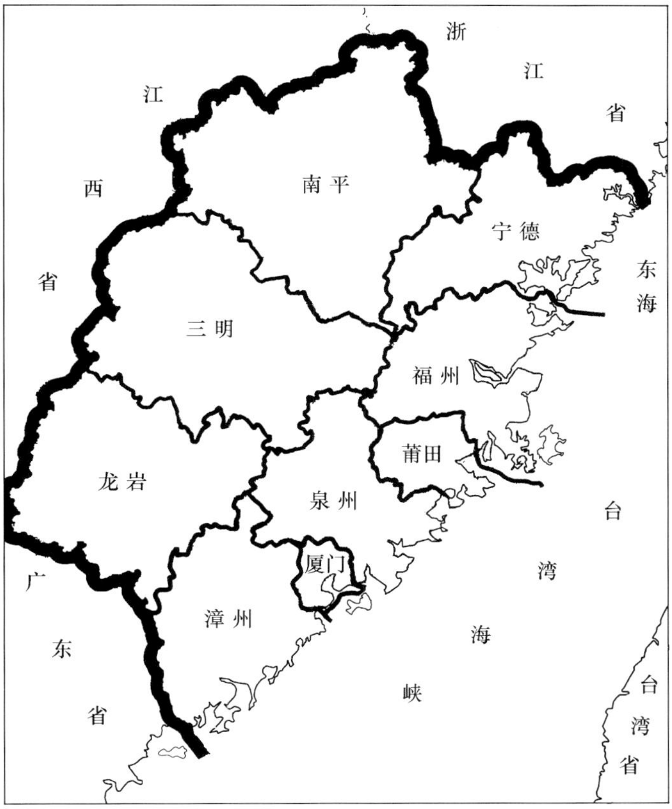

图一 福建地理位置图

福建地理形势总体上分为闽西大山带、闽中大山带和闽东沿海区。地貌特点明显呈层状地貌，总体为由西向东倾斜，呈逐级下降趋势。中西斜贯两列大山带，西部为武夷山脉，是闽赣两省的界山，北接浙江的仙霞岭，南接广东的九连山，长约530千米，海拔多在1000米以上，北部是福建地势最高的地区，由北向南降低。中部为鹫峰山—戴云山—博平岭山脉。北接浙江的洞宫山，南连广东的莲花山，是中部一列山脉的主体。在这两大山脉之间，为相对低下的呈长条形的山间盆地和谷地，底部海拔多为100～200米。在两大山带外缘，发育着很大面积的丘陵。在东部大陆边缘，则是纵向“盆块相间”的港湾和半岛的地貌格局，东部沿海有面积较大的丘陵和小规模的平原。福建境内山地和丘陵面积约占全省面积的82.39%，台地、平原和水面仅占17.61%。有“八山一水一分田”之称，号称“东南山国”。福建的海岸线长达3051千米，居全国第二位，曲折率为全国首位，港湾众多，海岛和半岛发育较好。山地、丘陵、台地、平原、港湾、半岛和岛屿构成福建地貌复杂多样的形态特点。闽西大山带还是福建闽江水系、汀江水系与江西、浙江水系的分水岭，也是闽江、汀江的发源地。闽中大山带则是九龙江、交溪、晋江等的发源地，河流多自西北流向东南注入海洋。河流多与干流呈直交或斜交，形成格子状水系，且均属山地性河流，河床比降大，流速快。福建省河流绝大多数水系发源省内，流经省内，并注入福建海域。水系基本上是以本省为单元的相对独立、完整的水系。河流众多，其中闽江、九龙江、汀江和晋江四大水系最为主要。福建古代遗址也主要以围绕这些独立的江河流域分布为其特点。由于西、北周边山脉和东部海洋的隔绝，首先造成福建早期历史文化相对封闭的特点；其次，面向内陆山区和面向海洋的不同地理特点，也造就了福建内陆与沿海地区古代历史文化的一些差异。

福建海域连接浩瀚的太平洋，因此气象水文深受太平洋的影响，气候带有海洋性色彩，成为亚热带海洋性季风气候。气候优于国内同纬度地区，但受台风影响较大。福建属于中低纬度，属中亚热带、南亚热带季风气候。其特点是气温较高，降水较多，风向、气温和降水的季节变化与地域变化都较明显。全省各地平均气温在17～22℃，最热月平均气温多在28℃左右。最冷月平均气温多在6～13℃，内陆地区无霜期在260～300天，沿海地区在300天以上。东南沿海地区几乎全年无霜。福建又是多雨省份，全省大部分地区降水量为1100～2000毫米，多年平均降水量为1100～2000毫米，逐月相对湿度为75%～85%。降水量大致从东南向西北逐渐增加。由于纬度高低相差较大，境内南北气候相差较大，其他如盆地与山地、向风坡与背风坡、阳坡与阴坡之间的气候，也都有差异，另外山地气候垂直变化也十分明显，因此形成许多中、小气候环境。从而为福建创造了生物种类多、资源丰富的特点，有利于各种林木、果树和动物生长、栖息。优越的自然条件为古代居民的生产和生活提供了良好的基础。

晋江流域位置介于北纬24°22′~25°32′，东经117°44′~118°47′，流域面积5629平方千米，占全省面积的5%。处于福建东南部沿海地带。行政区划包括安溪县、永春县、南安市、晋江市和泉州市、区以及大田、德化、仙游和同安的小部分地区，主要以泉州市所辖的县市为主体。面向台湾海峡，属亚热带海洋性季风气候，语言通行闽南方言。

晋江是福建省仅次于闽江、九龙江和汀江的第四大江。晋江发源于戴云山脉的东坡，全长182千米，由西向东注入台湾海峡。在南安市井兜村前的双溪口小峡谷往上游方向，分为东、西两支溪，西溪为晋江正源，源出于安溪县龙顶山下的感德乡达新村，至双溪口和东溪汇合，全长153千米，流域面积3101平方千米，占晋江流域面积的55.1%。东溪源于永春县雪山脚下锦斗乡，全长约120千米，流域面积1917平方千米，占晋江流域面积的34.1%。晋江干流在双溪口以下江面宽阔，水量增多，干流长29千米，沿途增加区间面积611平方千米。晋江支流众多，流域面积在100平方千米以上的有13条。除一条分布于下游外，其余均分布于东、西溪，并流经中上游地区。该江特点是中上游支流众多，属山区性河流，汛期河水暴起暴落，水量较大，其余时期水量较少。晋江流域水系为平面形状具有格子状的扇形水系，河网密度大。晋江上游为西溪源头至湖头，东溪源头至永春，河流穿行于海拔600~800米的低山丘陵中，河宽一般在100米以内。中游为湖头、永春至双溪口，海拔为200~600米，比降变缓，河床有淤积现象，河宽为100~150米。从双溪口以下至入海口统称下游，进入沿海丘陵与平原交错地区。至丰州以下，进入晋江平原，海拔在15米以下，河口宽度扩大至1000米以上。河床淤积强烈，水流平缓，受湖汐影响明显。

在地貌分区方面，福建地貌总体分为闽西区、闽中区和闽东沿海区3个一级地貌区和12个二级地貌区，晋江流域地跨闽中区和闽东沿海区2个一级地貌区与Ⅱ、Ⅲ两个二级地貌区，其总体特征西部为戴云山地、山间盆谷区，地貌类型以山地为主，少量丘陵和山间盆谷平原。山带呈东北—西南分布，区内山岭连绵，地势高亢，盆谷密布，山间盆谷平原组成物质有冲积、洪积和坡积等，常呈缓坡地产出，土壤肥沃，灌溉便利；东部为沿海丘陵、台地、平原岛屿区，山地仅有零星分布，为戴云山脉的延伸部分，沿海海岸线漫长而曲折，多港湾，半岛和岛屿，其中沿海著名的港湾有泉州湾、深沪湾和围头湾，主要半岛有惠安半岛和晋江半岛。台地分布广泛，本区地势西北高，东南低，呈阶梯式下降，海拔多在300~400米以下，东部有泉州平原和晋江平原，土壤以砖红性红壤（即赤红壤）为主，沿海低丘顶部多为红壤或粗骨红壤。在海滨发育有盐土，具有土质较黏，土层深厚，养分多的特性，在河谷平原和盆谷平原的冲积物上，发育有良好的潴育型水稻土。地势总体上呈高低二级，西高东低（图二）。

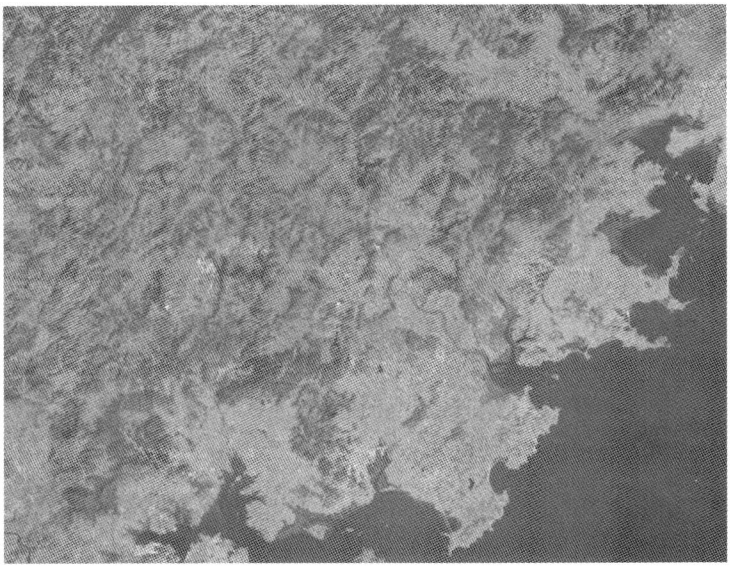

图二 晋江流域地形图

晋江流域各县市地理气候情况简述如下。

石狮市位于北纬 24°39′～24°49′，东经 118°35′～118°48′。陆域面积 189.2 平方千米。东面面向台湾海峡，三面环海，西临晋江市，北隔泉州湾与惠安相望。北部属泉州平原，地势平坦，西中东部丘陵起伏，南临深沪湾。年均气温 24～25℃，无霜期长达 351 天。

晋江市位于晋江下游，北纬 24°30′～24°54′，东经 118°24′～118°43′。陆域面积 721.7 平方千米。东北与石狮接壤，西临南安，南临围头湾，东南面向台湾海峡，北临泉州湾，西北与鲤城区相连。晋江地势由西北向东南海面倾斜，地形以平原台地为主。岛屿近 30 个。年均气温 20.4℃，无霜期 360 天。

惠安市位于晋江入海口北侧，北纬 24°49′～25°15′，东经 118°38′～119°05′。陆域面积 1088.1 平方千米。北临泉港区，西连洛江区，地处泉州湾与湄州湾间。地势由西北向东南倾斜，地形以丘陵、台地为主。沿海有断续窄长的海滨小平原。海岸曲折，多岬角、港湾，大小岛屿 40 多个。年均气温 20.1℃。

南安市位于晋江中游和下游交界处核心地段，北纬 24°33′～25°18′，东经 118°08′～118°36′。面积 2011 平方千米。东与晋江、鲤城、丰泽、洛江，西与安溪，南与同安，北与永春、仙游接壤。东南一角向围头湾，隔海与金门县相望。平面呈南北向的长条形，晋江贯穿中部和北部。南安地势西北高、东南低，由中山、低山渐次过渡到丘陵、河谷平原。呈明显的阶状倾斜。岛屿近 10 个。年均气温 20.9℃，无霜期 336 天。

安溪县位于晋江上游，北纬 24°51′～25°26′，东经 117°34′～118°18′。面积 2983.1 平方千米。安溪东临南安，南临同安区、长泰县，西临华安县漳平市，北接永春。安溪地处戴云山脉东南坡。地势自西北向东南倾斜，以湖头盆地西缘至官桥盆地西缘一线为界，分为内安溪和外安溪。线以西为内安溪，地势峻陡，坡度大。线以东为外安溪，以低山丘陵串珠状河谷盆地为主。年均气温 20.9℃，无霜期达 260 天。

永春县位于晋江上游，北纬 25°13′～25°33′，东经 117°40′～118°31′。面积 1451.8 平方千米。永春呈东西向窄长条形。东临仙游，南临南安、安溪，西临漳平市，北接大田县和德化县。永春地理上位于闽西南凹陷区和闽东南沿海隆起区的交界处，地势由西北向东南显著倾斜。西部山岭纵横，峰谷相间。东部地势呈阶状急剧下降，形成以县城为中心的侵蚀盆地，四周丘陵、低山、中山呈层状分布。年均气温 20.4℃，无霜期达 320 天。

鲤城、丰泽、洛江三区位于晋江下游，北纬 24°50′～25°18′，东经 118°29′～118°42′。陆域面积 566.3 平方千米。东临惠安县，南临晋江市，西临南安市，北接仙游县。属泉州市区，地势北高南低，地形以丘陵、平原为主。东南部属海积—冲积的泉州平原，大部海拔在 10 米以下；北部低山丘陵为戴云山支脉。年均气温 20.7℃，无霜期 360 天。

泉港区位于北纬 25°03′～25°15′，东经 118°41′～119°01′。陆域面积 324 平方千米。西临莆田市和洛江区，南接惠安市，东面面向湄州湾。地势由西向东倾斜，西部为低山丘陵，东部为台地、平原。气候与惠安相同。

考古表明，晋江流域的历史至少可追溯到新石器时代晚期，青铜时代的遗址在晋江流域已广泛分布，秦汉时代属闽越文化的分布区域。三国吴永安三年（260）为建安郡东安县地，南朝梁天监中（502～519）析晋安郡置南安县，隋开皇九年（589）改郡为县。唐武德五年（622）置丰州。五代后唐长兴四年（933）析南安县地增置桃源县，后晋天福三年（938）改桃源县为永春县。宋宣和三年（1121）改清溪县为安溪县。元至正十五年（1278）为泉州路。明洪武二年（1368）改称泉州府。清雍正十二年（1734）升永春县为直隶州，并划德化、大田属之，与泉州府属兴泉永道。1933 年“中华共和国人民革命政府”成立时属“兴泉省”，1934 年 7 月分设第四行政督察区、第五行政督察区。1935 年 10 月缩并为第四行政督察区，这时期几乎所有晋江流域均为其辖地。1949 年解放成立福建省第五专区，1950 年改为泉州专区，10 月称晋江区，1955 年改为晋江专区。1971 年称晋江地区，1985 年设省辖地级市泉州市。1987 年析晋江县 4 乡镇置石狮市，晋江、南安、惠安分别于 1992 年后陆续改为县级市。1997 年以后又设置丰泽、洛江、泉港区。

晋江流域现行政隶属绝大部分处于泉州市管辖区域内，现泉州市下辖石狮市、晋江市、惠安市、南安市、安溪县、永春县、德化县、金门县、鲤城区、丰泽区、洛江区、泉港区等区县市。但部分区域如仙游为莆田市、大田为三明市、同安为厦门市管辖，另德化县、金门县也不属于晋江流域范围。本次调查仅限于泉州市所辖之晋江流域，不涉及其他地市行政管辖地区。

第二节　以往调查简况

晋江流域考古调查的历史在福建开展较早。据林惠祥《福建南部的新石器时代遗址》介绍，厦门大学庄为玑最早在抗战期间路过南安时于南安八尺岭发现了一件石锛。1948 年林惠祥专门去南安调查，在晋江北岸南安溪乾山前采集到一件有段石锛，是为闽南正式调查之始。林惠祥还于 1951 年参加土改时在惠安作了一些调查，于瑞东乡路垵村涂寨、狮山乡庄林柄村等地采集石锛和陶片等①。据记载，泉州市（原晋江专区）前后进行过多次文物调查。1956 年厦门大学师生组成考古实习队在永春桃溪流域调查，在五里街北部九兜山万春寨发现了九兜山甲、乙、丙、丁四处遗址，在西北部发现了大宗山、许厝山遗址，在南部发现了寨坪山遗址，在东南部发现了牛头寨山、铜鼓山遗址，在蓬壶发现鳌山遗址，共计发现 10 处遗址。另外在蓬壶还发现了石器 21 件、陶印子 1 个、陶纺锤 1 件，但这些遗物未注明发现地点②；1956 年 12 月厦门大学又在南安石壁水库东北发现陈仔山遗址③；1957 年福建省文物普查队在南安发现了大埔尾、西庄尾、尖仔尾、狮头格、芦坑头埔、后头垵、朴鼎垵、朴鼎山、长边林山、狮仔山等遗址④；1957 年 2～5 月，配合南安石壁水库建设，在水库坝区附近发现了蝴蝶山、熊山、后溪山 3 处遗址⑤。

1958 年，福建省文物管理委员会、福建省文化局从各地市县抽调干部，配合全国性文物大普查而进行第一次全省文物大普查，在晋江流域共发现 69 处遗址。其中在永春发现 29 处遗址，在南安也发现 29 处遗址，在安溪发现 11 处遗址⑥。1977～1978 年，

① 林惠祥：《福建南部的新石器时代遗址》，《考古学报》第八册，1954 年。
② 林惠祥等：《1956 年厦门大学考古实习队永春调查报告》，《厦门大学学报》（哲社版）1956 年 6 期。
③ 庄为玑、吕荣芳：《南安同安二县发现新石器时代及唐宋遗物》，《文物参考资料》1957 年 3 期。
④ 蒋炳钊、叶文程：《福建莆田、仙游、南安新石器时代遗址的调查》，《文物参考资料》1957 年 5 期。
⑤ 黄炳元：《南安石壁水库发现新石器时代遗址》，《文物参考资料》1958 年 2 期。
⑥ 福建省文物管理委员会：《闽南新石器时代遗址的调查》，《考古》1961 年 5 期。

晋江地区组织“晋江地区文物普查队”对晋江流域各县区进行了一次文物普查，这是继1958年调查之后的又一次大规模的全地区的文物普查，发现了一些新遗址，如南安市资料记载，“新发现的遗址达14处”。在惠安发现音楼山遗址。还复查了大量早年发现的遗址，采集了一批陶石器标本，编写了《晋江流域文物普查资料》油印本。

80年代第二次全国文物大普查期间，泉州市发现的早期遗址不多，见于记载的仅有1987年发现的泉港区蚁山等少数几处遗址，主要发现的是晚期的瓷器窑址和地面古建筑。

除几次大普查之外，从20世纪50年代末期起至20世纪末，还有一些零星的发现。1957年在南安石壁水库溢洪道和水库东北的坝头山发现遗址；1958年在南安桃源水库还发现柯厝山遗址①；在晋江发现下行遗址，在惠安发现大岞遗址；1959年发现狮子山遗址②；1960年，泉州海外交通博物馆和泉州市文物管理委员会联合发掘了南安丰州狮子山新石器时代遗址③；1961年发现南安寨仔山遗址、运尾山遗址、石狮祠山遗址等；1970年发现晋江思母山遗址；1974年发现晋江岭山遗址；1972年发现晋江八仙山遗址；1974年在南安大盈后寨山遗址发现了一批青铜器④；1985年发现南安锄头山遗址，同年在南安水头乡发现了一批12件套的石锛。90年代期间，南安丰州九峰山也发现了一批青铜器⑤。累积多年发现，至第二次全省文物普查结束时，晋江流域共发现古遗址约148处。

发表的调查与发掘报告主要有：

林惠祥：《福建南部的新石器时代遗址》，《考古学报》第八册，1954年。

林惠祥等：《1956年厦门大学大学考古实习队报告》，《厦门大学学报》（社科版）1956年6期。

福建省文管会：《闽南新石器时代遗址的调查》，《考古》1961年5期。

泉州海外交通史博物馆：《福建晋江丰州地区考古调查》，《考古》1961年4期。

庄锦清、林华东：《福建南安大盈出土青铜器》，《考古》1977年3期。

林聿亮等：《福建惠安涂岭新发现的古文化遗址》《考古》1990年2期。

此外还有调查简报10余篇。

---

① 怀华：《南安石壁水库溢洪道下游发现古遗物》，《文物参考资料》1958年2期；黄炳元：《南安桃源水库新石器时代遗址》，《文物参考资料》1958年11期。

② 泉州海外交通史博物馆：《福建晋江流域丰州地区考古调查》，《考古》1961年4期。

③ 泉州海外交通史博物馆、泉州市文物管理委员会：《福建丰州狮子山新石器时代遗址》，《考古》1961年4期。

④ 庄锦清、林华东：《福建南安大盈出土青铜器》，《考古》1977年3期。

⑤ 南安馆藏资料。

第三节　本次调查

一、调查缘起

晋江流域无论是自然地理条件还是历史发展进程，在福建都占有重要地位。但在第二次全省文物大普查之后，全省其他地区都发现了许多古遗址，而晋江流域发现并登录的遗址数量则显得极其薄弱。据统计，第二次全国文物普查之后，全省先秦时代文化遗址的数量达2800多处，但以晋江流域为主体的泉州市仅占其中很小的一部分，这显然与该地区应有的文物埋藏不相适应，也明显与该区域内所见的地上文物的拥有量不成正比。由于历史的原因，泉州地区的文物工作在50年代普查之后的相当长时期内主要由本地区文物工作者来完成，重点集中在地上文物部分，调查的地下文物部分主要是围绕海外交通史研究而开展，绝大多数是宋代以后的窑址，先秦时期遗址相当贫乏，因而对这一地区先秦时期的历史所知不多。同时，泉州地区又是我省经济社会发展最为迅速的地区，地下文物较之于其他经济落后地区面临着更严峻的保护问题。该地区地下文物资源如何，保存状况如何，文化面貌和性质、时代怎样，价值如何，等等，都是需要回答的问题，因此对这一区域地下文物的调查成为刻不容缓的议题。在第二次全国文物普查之后，全国性的文物普查成果将汇编成册，以文物地图集的方式出版，晋江流域地下文物汇总上报遗址数量的缺乏造成了这一成果的缺憾，亟待充实。我们发现造成这一缺憾的一个很重要的原因，是对以前发现的遗址的情况缺乏真正了解。

2002年，福建省博物馆更名福建博物院，原考古部也相应更名为文物考古研究所，考古所下设4个研究室，其中第一室主要工作重点为石器时代考古，第二室工作重点为商周至秦汉考古，第三室则负责六朝之后地下遗址、地面文物和水下考古工作。分段设置的研究室意味着将考古工作转向更加专业化的分工。每个研究室都提出了自身工作的思路，其中第二研究室依据省内已知地下文物分布的事实提出了以各流域为单元进行专项调查、以青铜时代为重点、各流域逐个突破、以构建福建先秦考古（或史前考古）框架为目标的初步设想。2004年前后，向来以东南地区考古为自身教学和科研为重点研究方向的厦门大学历史系考古教研室吴春明教授，同时向省文物局提出了晋江流域地下文物调查的初步设想。同年底，省文化厅提出将青铜时代遗址考古调查课题纳入《福建省“十一五”文化发展专项规划》，该设想在2007年得到福建省人民政府批准，此课题将作为我省今后几年重点考古课题之一。省文物局设想以各地市为基础、以各江河流域为单元、以省考古所工作人员为骨干联合各地市文物工作者和厦门大学师生进行调查研究的工作方针，力争通过几年努力，构建福建先秦考古的区系类型框架，为今后研究打下坚实基础。改革开放以来福建经济的发展，文物保护经费的增加为这一工作的开展提供了保证。“晋江流域文物调查与研究”课题正是在这样的背景下得以产生的，也成为该项目实施的首批课题之一，反映了我省社会发展和文物工作的要求。

二、组织形式

本次调查组成单位为福建省文物局牵头，联合福建博物院、厦门大学历史系、泉州市文物局共四家单位。组织架构由领导小组、调查队和调查组三级构成。成立调查领导小组，组长郑国珍，副组长陈炳坤、栗建安、吴春明，担负领导、组织、经费等大事。调查队队长陈兆善、副队长出宝阳，陈兆善负责野外调查、资料整理、报告编写和对外新闻发布；出宝阳负责后勤保障，地、区、县协调和经费管理。调查小组共分 3 个小组，第一小组组长陈兆善（兼），第二小组组长陈明忠，第三小组组长温松全。调查小组具体实施野外遗址调查、登录、清理和试掘。小组成员的具体构成在不同县市调查时各有不同，除省市二级主要骨干不变外，参加者还涉及各县市文物干部。主要队员有福建博物院温松全、陈明忠、羊泽林、程璐；泉州市博物馆范佳平、李永平；泉州市文物保护中心唐宏杰；还有司机郑建平。其他参加人员有厦门大学教师钟礼强、博士研究生王新天、硕士研究生何国俊、本科生许玉婷、高宇、王庆华；泉州市文物局的中层干部周梁生、陈温州；市文保中心曾庆生；所涉县市文管办和博物馆全部或大部分工作人员都亲身参与了所在县市范围内的田野调查工作。这些人员有石狮李国宏、邱新生，黄诗瑶；晋江吴金鹏、左子娟、粘良图、施良衍、张卫军、陈晓艺；惠安市庄清海、许黎玲、黄伟东；南安杨小川、谢小蓉、周小伟；安溪谢正平、黄炯然、林美莲，中学教师黄福发；永春曾汉祥、林剑平。泉州市文物局，石狮市、晋江市、惠安县、南安市、安溪县、永春县、洛江区、丰泽区、泉港区等县、市、区文体局、文管办和博物馆还有个别同志也参与了部分调查工作，另文物爱好者王赞成也协助调查。先后参与调查工作的人员达 46 位之多。

三、调查对象、目的和内容设计

本次调查的对象仅是埋藏于地下的不可移动文物，重点是先秦时期的遗址。调查目的首先是希望在该区域已知遗址基础上发现更多的古代遗址，进一步了解晋江流域古遗址的基本情况；其次通过对新旧发现的遗址的内涵分析和研究为福建先秦考古谱系的建立提供进一步的基础材料，明确晋江流域区系类型的归属；再者为编写文物地图集提供材料。本次调查课题和具体内容由厦门大学吴春明教授设计，调查课题确定为“晋江流域文物考古调查与研究”。主要调查内容为：泉州晋江流域和沿海地区土著居民史前文化遗址与汉唐时期汉族人民开发晋江流域和沿海地区的早期聚落遗址，兼及其他不同时代的遗存。调查要求：采集地面残余标本；考察记录遗址的埋藏特征；勘测记录遗址的古环境与聚落形态特征；对以往已调查的遗址进行复查。

根据吴春明的设计基础，考古调查队对调查的具体内容，包括调查区域、路线、经费、人员、时间和其他具体事项作了详细的规划，并增补了对以往调查资料的整理和对新旧发现的资料进行研究的内容。在征询了意见并经领导小组确定后，由省文物局下文给泉州市文物局，再由泉州市文物局下文至各县市，部署调查工作，省文物局和泉州文物局随即对经费作了安排，福建博物院和泉州市文物部门对调查人员作了具体的安排。

需要说明的是，在我们原来的计划中，晋江流域以往调查资料的整理本来也是其中一项重要内容，但由于历史变迁、人员变化、各单位相互独立、资料分散保存、采集标本管理不规范等众多因素，这项内容由于在对各遗址采集文物标本进行统计、测绘、拓片、拍摄等具体工作时遇到无法克服的困难，只完成了其中一部分，大部分早年材料最终无法完成整理。因此本报告对以往资料的研究大多只能是在前人已公开或内部刊载的资料基础上进行梳理。

四、调查与资料整理

本次调查时间从2005年5月13日至2005年10月26日，调查过程可分4个阶段：第一阶段野外调查石狮市等7个县市区；第二阶段野外调查南安市等3个县市；第三阶段遗址清理和试掘，清理了蚁山遗址、试掘了翠屏山和发掘了音楼山；第四阶段室内整理调查资料并撰写调查工作报告。前后共近5个月。其间在各阶段都进行了短暂的休整。调查报告于2007年7月开始编写，至2008年4月初稿编写完成，2009年9月修改并定稿。

五、调查路线

调查的总体路线是从沿海地区开始向西部丘陵山地扩展。第一阶段野外调查石狮市、晋江市、惠安县、泉港区、洛江区、丰泽区、鲤城区；第二阶段野外调查南安市、安溪县、永春县。在每次深入各具体区域调查前，都对所在区域的地形地貌进行了事前地图上的研究，征询了当地文物工作者的意见，然后再规划出具体的调查线路，深入实地调查。每天根据调查情况，再作路线的修正。

六、调查区域

泉州所辖的晋江流域除德化县外，总面积约9011平方千米。本次调查区域共涉及晋江流域6县市和4区的97个乡镇（街道），占晋江流域共128个乡镇（街道）的2/3强（约75%）。从地理角度分析，这97个乡镇和街道是较适合古人生产、生活与以往发现古遗址较多的地区。未调查的地区全部是地处西北边远、以山地为主、远离主干河流的戴云山脉的腹地区域（图三）。

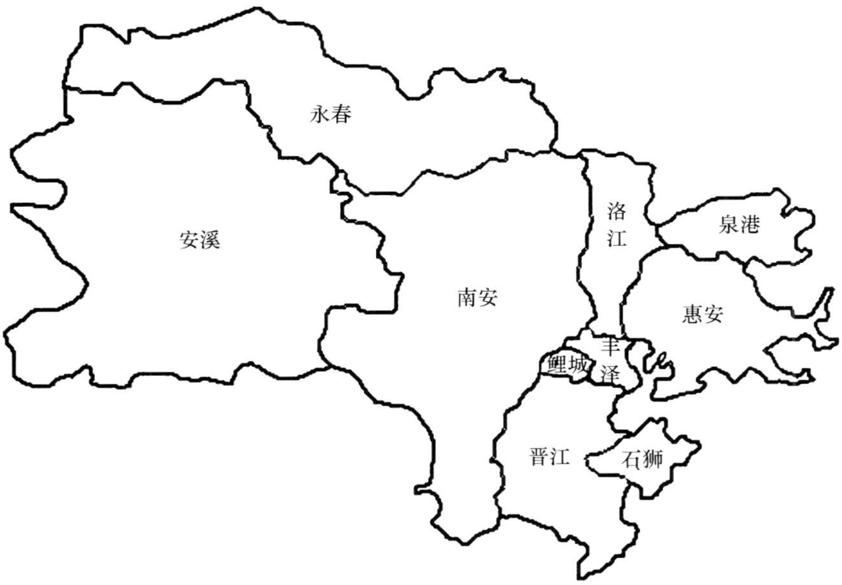

图三 晋江流域考古调查区域图

具体如下：

石狮市：永宁镇、锦尚镇、鸿山镇、祥芝镇、蚶江镇、宝盖镇、灵秀镇7个镇。

晋江市：梅岭街道、西园街道、罗山街道、新塘街道、灵源街道、安海镇、磁灶镇、陈埭镇、东石镇、深沪镇、金井镇、池店镇、内坑镇、龙湖镇、永和镇、英林镇、紫帽镇、西滨镇18个镇及街道。

惠安县：洛阳镇、崇武镇、东园镇、张坂镇、东岭镇、辋川镇、涂寨镇、螺阳镇、黄塘镇、山霞镇、净峰镇、东桥镇、紫山镇、小岞镇、百崎乡 15 个乡镇。

南安市：溪美街道、柳城街道、美林街道、省新镇、仑苍镇、英都镇、金淘镇、诗山镇、码头镇、梅山镇、洪濑镇、康美镇、丰州镇、官桥镇、水头镇、石井镇、东田镇、霞美镇 18 个镇及街道。

安溪县：凤城镇、湖头镇、蓬莱镇、官桥镇、剑斗镇、城厢镇、金谷镇、龙门镇、西坪镇、虎邱镇、参内乡 11 个乡镇。

永春县：桃城镇、五里街镇、岵山镇、湖洋镇、坑仔口镇、达埔镇、石鼓镇、东关镇、蓬壶镇、玉斗镇、锦斗镇、东平镇 12 个镇。

洛江区：河市镇、马甲镇、双阳镇、罗溪镇 4 个镇。

丰泽区：北峰街道、东海街道、城东街道、清源街道 4 个街道。

泉港区：山腰街道、前黄镇、南埔镇、界山镇、后龙镇、峰尾镇、涂岭镇 7 个镇及街道。

鲤城区：江南街道。

七、调 查 方 式

本次调查仍然采用传统调查方式。主要有两种，第一种方式为野外实地踏查，调查前，调查队对所涉及的区域首先进行了地图上的研究，确定车辆行走路线和徒步踏查地点。根据各县市条件的不同，调查队一般情况下分成两组或三组，白天按小区域分头调查，夜间汇合，共同商量。发现遗址根据表格内容进行登录、拍照、绘制简单位置草图，并采集标本。

第二种方式是对个别被严重破坏的遗址进行小面积的清理、试掘和发掘，以具体深入地了解特定区域考古学文化的内涵。本次试掘的遗址为丰泽区翠屏山遗址，发掘的一处是惠安音楼山遗址。此外，还对即将完全消失的泉港区蚁山遗址个别残存的次生堆积进行了清理，以期对这类将不复存在的遗址保存更多的标本。

2006 年夏，福建博物院考古所在配合泉州到三明的高速公路建设中，对南安市码头镇的尾山仔遗址进行了发掘。2007 年夏，福建博物院考古所在晋江市深沪湾为配合基建工程发掘了庵山遗址。2007 年秋，福厦高速公路复线调查。这里也将二次高速公路调查全部发掘资料和庵山发掘部分资料收入本报告。

八、调查过程大事记

2005 年 5 月 13 日，调查工作开始，下午在泉州市召开动员会。

2005 年 5 月 14 日，调查队开拔石狮市，田野调查正式开始。

2005 年 5 月 31 日，应调查队要求，市文物局邀请泉州市老文物工作者郑焕章、黄天柱、黄炳元、黄珍珍等人召开座谈会，征求意见。

2005 年 6 月 9 日，第一阶段野外调查石狮、晋江、惠安、丰州、洛江、鲤城、泉港结束。

2005 年 6 月 20 日，第二阶段野外调查开始。

2005 年 8 月 10 日，第二阶段野外调查南安、安溪、永春结束。

2005 年 8 月 15 日，第三阶段野外清理蚁山、试掘翠屏山和发掘音楼山遗址开始。

2005 年 9 月 15 日，蚁山遗址清理、翠屏山遗址试掘和音楼山遗址发掘结束。

2005 年 9 月 17～30 日、10 月 11～25 日，第四阶段室内整理资料。

2005 年 10 月 26 日，晋江流域文物调查前期工作全部结束，提交《晋江流域考古调查工作报告》。

2006 年 6 月，南安尾山仔遗址发掘。

2007 年 7 月，《晋江流域考古调查简报（2005 年）》发表于《泉州文博》。

2007 年 7 月，晋江深沪湾庵山遗址发掘。

2007 年 9～10 月，福厦高速公路调查。

2008 年 4 月，《福建晋江流域考古调查与研究》报告初稿完成。

2009 年 9 月，《福建晋江流域考古调查与研究》报告定稿。

调查工作从第一天开始至最后结束，省属驻点泉州和泉州市属的多家新闻媒体记者自始至终关注晋江流域考古调查工作，海峡都市报、东南早报、泉州电视台等多次报道了本次调查的过程、收获、意义、价值、轶闻趣事等，起到了很好的宣传作用。

第二章 调查成果

第一节 以往调查成果

据晋江流域各县市文物志或县市志文物条目所载，晋江流域以往调查发现的遗址共73处。但据我们的梳理得知，晋江流域以往调查发现散见于各类正式或非正式文字刊载的先秦时代遗址约110处，另有一些仅有名称无具体材料的地点，合计为148个地点。以下我们根据历次调查见诸文字的记载，包括上文提到的发表的多篇报告或简报，以及各地提交用于文物地图集的原始材料和留存于相关博物馆与文管办的打印、油印资料以及虽无文字记载但却有采集的实物标本，将这些前人成果进行归纳和汇总如下。

一、遗址调查

（一）晋江市

共4处。

1. 岭山遗址

位于晋江市青阳镇岭山村东南200米，1974年平整土地时发现，遗址面积约1500平方米，地表采集有打制石锛、磨制石锛和斜格纹泥质灰陶片（图四）。新石器时代[①]。

2. 八仙山遗址

位于晋江市青阳镇区西1500米。1972年发现，遗址面积约50平方米，采集有打制石锛、磨制石锛、磨制石戈、灰褐色陶网坠和方格纹灰陶罐残片等[②]（图五）。青铜时代。

---

① 《晋江县志》卷三十六文物。
② 同①。

3. 下行遗址

位于晋江市青阳镇下行村南侧。1958 年发现，于地下 3.2 米处发现有磨制石锛和石斧各 1 件①（图六）。青铜时代。

4. 思母山遗址

位于晋江市内坑镇砌坑村西北侧思母山南麓。1970 年发现，遗址面积约 80 平方米，采集有磨制石锛、陶网坠和方格纹灰硬陶片等②（图七、图八）。新石器时代。

图四　岭山遗址采集石锛

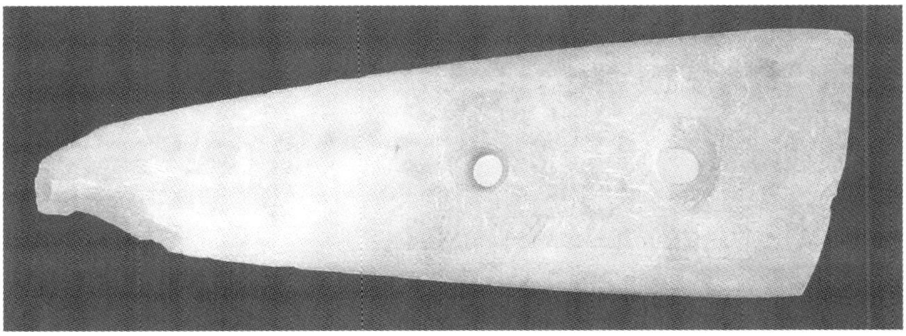

图五　八仙山遗址采集石戈

① 《晋江县志》卷三十六文物。

② 同①。

图六　下行遗址采集石锛和石斧

图七　思母山遗址采集石锛

图八　思母山遗址采集陶片

（二）南安市

共52处，小计58个地点。

1. 虎园山遗址

位于西溪北岸的原溪美镇（现柳城街道）西洋村。1956年发现。高约7米，遗物稀少，采集有釉陶和陶片①。约青铜时代。

2. 睏口山遗址

位于西溪东岸的原溪美镇（现柳城街道）井园村。1956年发现。山高10米。采集有石斧、石镞、残青铜器、绿色釉陶、印纹硬陶、泥陶、夹砂陶片等，青铜时代。

陶片　183片。其中釉陶1片，篦纹；印纹硬陶2片，曲折纹与堆纹、编织纹；泥陶80片，陶色有白黄、褐色、灰色、红色，多素面，少量纹饰，有弦纹加菱格纹、斜格纹、绳纹、曲折纹；夹砂陶100片，陶色有黑、灰黄、红赭色，大多素面，少量云雷纹、编织纹、凹弦纹。器形约有盆罐、钵、豆②（图九～图一一）。

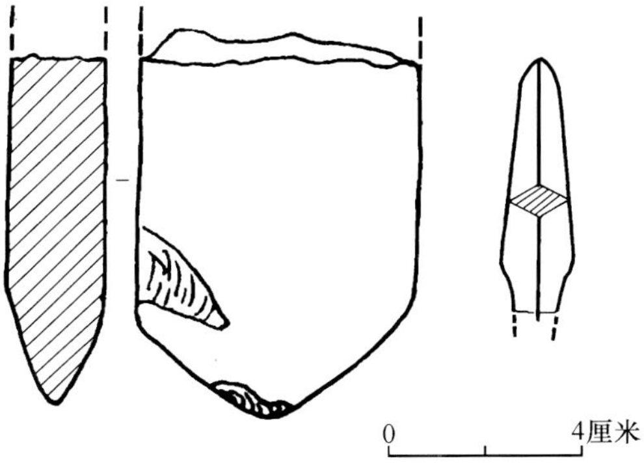

图九　1956年睏口山遗址采集石斧与石镞

残青铜器　1件。顶残，尚留一孔，圆刃，为凿。

石斧　1件。磨制。残长7.5、宽6.5、厚1厘米。

石镞　1件。磨制，断面呈菱形。残长5.7、宽1.6厘米。

1977年复查时称为困狗山遗址（77NG5）。地点描述为：在西溪下游南岸溪美镇帽山村井园自然村寨寮仔山西南约150米处，距蔡寮仔山遗址约150米，北距西溪80米，面积约10平方米。此时文化层已被破坏。采集遗物如下。

---

① 福建省文物管理委员会：《闽南新石器时代遗址的调查》，《考古》1961年5期。

② 福建省文物管理委员会：《闽南新石器时代遗址的调查》，《考古》1961年5期；《南安市志》卷三十四文物；晋江地区文物管理委员会编：《晋江地区文物普查资料》，1977年油印稿，南安县“新石器时代遗址部分”。经比对，编织纹为不规则席纹，弦纹加棱格为弦纹加绳纹，直线纹即条纹，斜格纹即网格纹，云雷纹是涡纹，其中一类编织纹为云雷纹，篦纹可能为原始瓷纹饰。

图一〇　晒口山遗址采集陶片

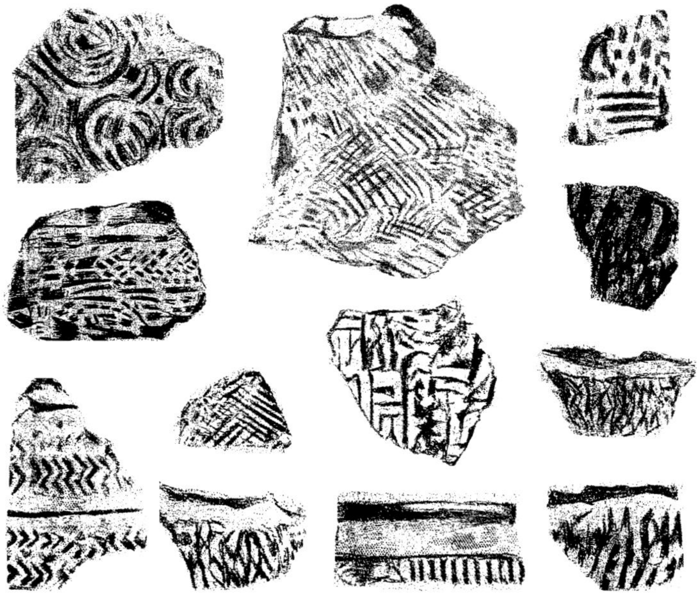

图一一　晒口山遗址采集陶片纹饰

石戈 1件。77NG5:1，残，灰黑色，略磨制。两刃均有锯齿状使用痕迹。残长5、宽3.5～3.8、厚0.5厘米。穿一孔。

石刀 1件。77NG5:2，残，灰绿色页岩，磨制，单斜刃。残长8、宽4～6、厚1.4厘米。

刮削器 1件。88NG5:3，石片粗略打制，黄绿色，无规则形状。两边有斜刃。

3. 前埔山遗址

位于西溪东岸的原溪美镇（现柳城街道）帽山村前埔自然村，高约10米，已为果园，遗物稀少，采集有石锛和陶片①。

4. 大盈寨山遗址

位于原大盈乡（现水头镇）大盈村附近。该遗址先后有4个名称：寨仔山、寨山、蔡盈寨、后寨山，均为同一地点。1956年发现。文化层堆积厚约1米，遗物较丰富，东边斜坡上有一片贝壳堆积，厚约0.7米。遗物散布范围约百米见方，采集有石器、陶器和贝壳等②。

1974年5月调查时称后寨山（俗称大盈寨山）。当地群众发现有青铜器等文物出土。1976年3月厦门大学教师介入调查。青铜器零散地出土于东坡，经现场分析判断，调查者认为属一座墓葬出土。青铜器有铜戈5件、铜戚2件、铜矛1件、铜匕首2件、铜锛2件、铜铃8件，共20件（图版一，1、3）。完残不一。另有残玉戈1件、玉璜4件③。

1977年调查时称蔡盈寨遗址。描述为在县城正南25公里，大盈溪北岸水头镇大盈村蔡盈自然村后寨山西南坡，海拔40～50米，西距九溪约400米，遗址面积约3000平方米，在山的西南坡散见文化物，范围东西长约40米，南北宽约100米。遗址受到破坏，散见遗物有石锛、敲击器、陶纺轮及釉陶、泥陶、夹砂陶和印纹陶片，纹饰有方格、菱格、叶脉纹、席纹、弦纹等（图一二～图一四、图一六）。

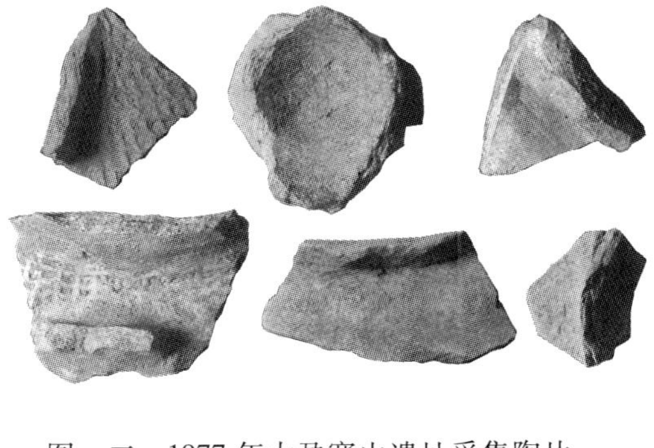

图一二 1977年大盈寨山遗址采集陶片

① 福建省文物管理委员会：《闽南新石器时代遗址的调查》，《考古》1961年5期。

② 同①。

③ 庄锦清、林华东：《福建南安大盈出土青铜器》，《考古》1977年3期。

图一三　1977 年大盈寨山遗址采集陶片

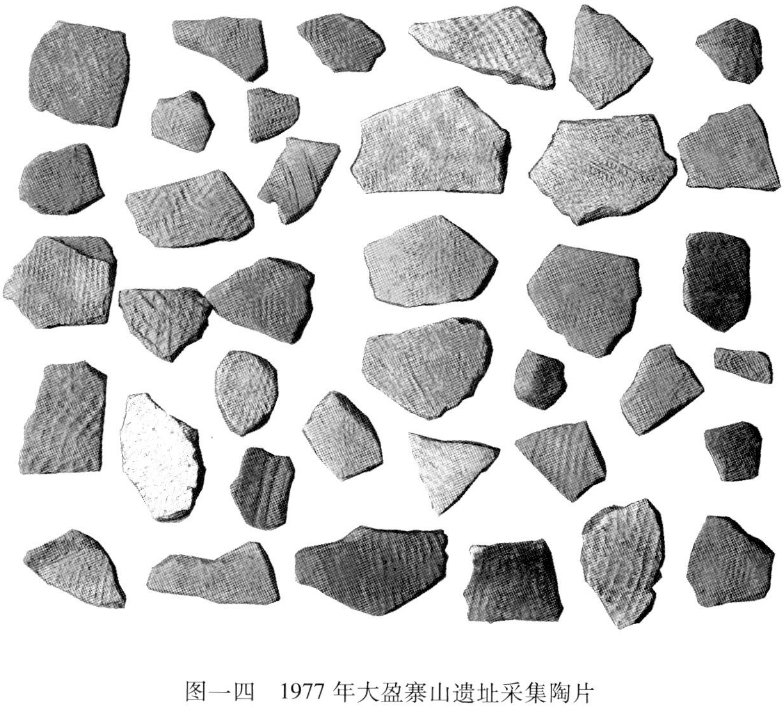

图一四　1977 年大盈寨山遗址采集陶片

石锛 1件。77NH5∶3，完整，磨制，灰绿色页岩，光面，平背，刃部锋利。长2.5、宽1.5、厚0.2厘米。

敲击器 1件。77NH5∶1，残，花岗岩，边面有圆凹窟一个，适于手执，形状同狮子山所出。残高11厘米。

陶纺轮 1件。77NH5∶2，褐色泥质陶，圆柱形，中穿一孔。底径3、孔径0.2、厚0.5厘米。

釉陶陶片 3片。赭色釉和绿色釉，菱格纹与六角编织纹。

印纹硬陶 5片。褐色为主，1片褐红色，方格纹、菱格纹。

泥质陶陶片 6片。有黑灰、灰黄、灰白色，方格纹、弦纹、叶脉纹。

黑色夹砂陶陶片 6片。均素面①。

2002年省考古队复查时又称为后寨山遗址。此时山之周边皆被开挖建房，山之南边大部分因开采石料被挖空，保存极差，仅于山脚的个别断岸上采集到少量陶片。遗物分布范围为东西长约80米，南北宽约100米，总面积约8000平方米。无文化层堆积，采集陶片20片，其中砂陶16、泥陶2、硬陶2片。纹饰有绳纹、方格纹、梯格纹等②（图一五）。

以上寨仔山、蔡盈寨、后寨山、寨山指的均为同一遗址，因在其他县市有同名遗址，故本报告统称其为大盈寨山遗址。青铜时代。

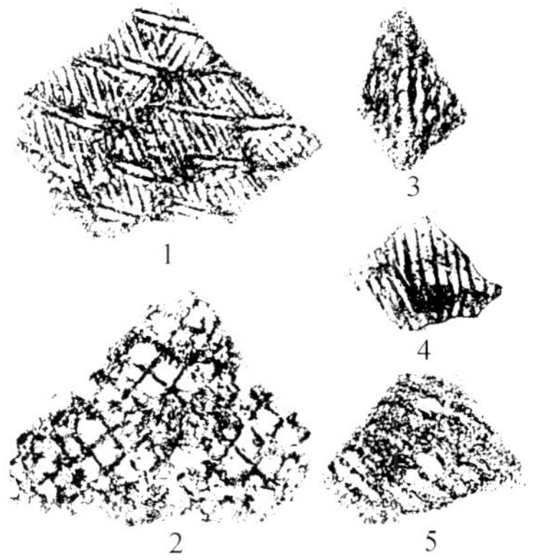

图一五 2002年大盈寨山遗址陶片纹饰拓片
1. 梯格纹 2. 方格纹 3、5. 绳纹 4. 条纹

5. 龟山遗址

位于原黄山乡林边村西（现官桥镇泗溪村），山高约30米，有局部文化堆积层，遗物较丰富。采集有釉陶。另采集陶工具1件（圆柱形）和残石环1件③。

1977年复查描述为在县城正南方磁灶溪南支流官桥溪中段南面，官桥镇泗溪村林边自然村西南，面积约8000平方米。有石器及釉陶、夹砂陶、硬陶、泥陶片（图一七、图一八）。可辨器形有罐、豆，纹饰有直线、圆圈、方格、编织、绳纹、菱格、弦纹等，

① 晋江地区文物管理委员会编：《南安市志》卷三十四文物；晋江地区文物管理委员会编：《晋江地区文物普查资料》，1977年油印稿，南安县“新石器时代遗址部分”。经比对，六角形编织纹即菱格纹，棱格与弦纹即弦纹与网格纹，棱格纹即网格纹。其一叶脉动纹乃栅篱纹。

② 南安馆藏《福建省南安市遗址调查表》，林丰亮等记录。

③ 福建省文物管理委员会：《闽南新石器时代遗址的调查》，《考古》1961年5月及此文初稿。

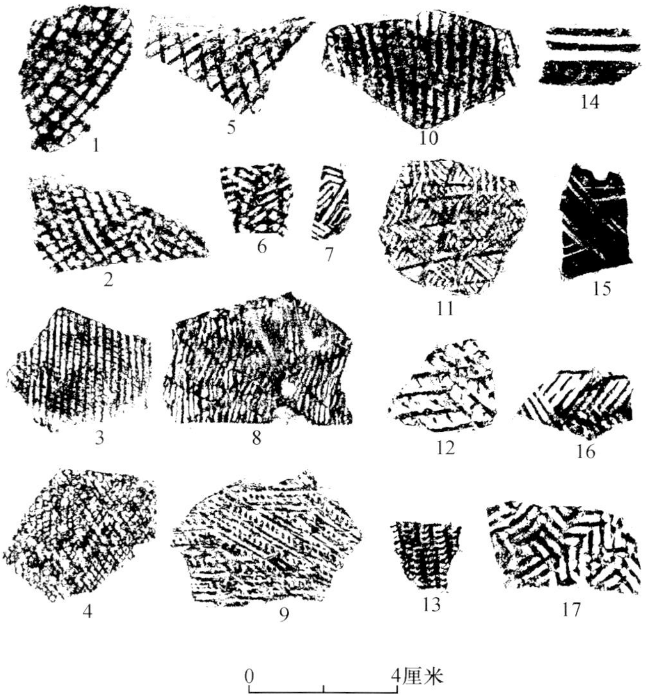

图一六　1977 年大盈寨山遗址采集陶片纹饰拓片

1～4、9、12、13. 方格纹　5. 网格纹　6、8. 栅篱纹　7. 雷纹　10. 席纹

11. 蕉叶纹　14. 弦纹　15. 刻划纹　16. 席纹　17. 曲折纹

图一七　1977 年龟山遗址采集陶片

图一八　1977 年龟山遗址采集陶片纹饰

遗址破坏严重①。青铜时代。

残石环　1 件。77NQ5∶1，残，白灰色的水成岩，磨光。外径 11、内径 5.5 厘米，两面外斜，孔周厚，外唇薄。

釉陶陶片　1 片。灰绿釉，陶质灰白，直线纹和圆圈。

泥质陶片　9 片。有灰黑色、灰白色、红色、赭色，纹饰有直线纹、方格纹、斜线纹、叶脉纹。

硬陶陶片　6 片。灰色，其一饰编织纹。

夹砂陶陶片　4 片。红色和灰色，饰棱格纹、绳纹、斜格纹②。

① 《南安市志》卷三十四文物。

② 晋江地区文物管理委员会编：《晋江地区文物普查资料》，1977 年油印稿，南安县“新石器时代遗址部分”。经比对，直线纹和斜线纹即条纺，圆圈纹即联珠纹，编织纹即席纹，其一叶脉纹即栅篱纹。棱格纹即网格纹。

6. 化洋山遗址

位于原榕桥乡后井村南（现柳城街道玉叶村），高约10米，已开为耕地。采集有石器和陶片①。

7. 崎后山遗址

位于晋江西岸的原幸福乡金鸡村西（现霞美镇金山村），约20米，已开为耕地，采集有石器和陶片②。

8. 郭山寨遗址

位于原梅山乡（现梅山镇）芸尾村，高约30米，已开为耕地，遗物稀少，采集陶片少量③。

9. 剑山头遗址

位于原山头镇（现诗山镇）五权村后，高约50米，已开为耕地。遗物稀少，采集陶片少量④。

10. 王桥岭遗址（又名圆桥岭遗址）

位于码头镇西，高约10米，部分已开为耕地，采集石器和陶片。另有陶纺轮1件（灰色硬陶，梯式，微束腰，径2.7、厚0.7厘米）⑤。

11. 朴鼎山遗址

位于原高盖乡（现码头镇）枫树村西南面，相距约300米，高约10米，已开为耕地，地面陶片散布较多。采集有石器、釉陶和陶片⑥。

12. 官山遗址

位于原高盖乡锦美村北（现码头镇仙美村），与朴鼎山相连，已开为耕地，遗物稀

① 福建省文物管理委员会:《闽南新石器时代遗址的调查》,《考古》1961年5期。
② 同①。
③ 同①。
④ 同①。
⑤ 同①。
⑥ 同①。

少，采集有石器和陶片①。

13. 民安村甲址

位于原金淘乡民安村（现金淘镇中心村）山头园，高约 10 余米，早为耕地，遗物稀少。采集有石器和陶片，陶纺轮 1 件②。

14. 民安村乙址

位于甲址南侧，与甲址相距约 200 米，此址为较高山丘，高约 20 米，遗物稀少。采集有陶纺轮和陶片③。

15. 民安村丙址

位于乙址南面，与乙址相距 40 米，雨水冲刷甚剧。采集有各式陶罐 7 件，青铜时代。

残大口小陶罐　1 件。灰软陶，似有圈足，残，腹印菱形纹。口径 5、腹径 4、高 5 厘米。

带鋬陶罐　3 件。其一敞口，高颈，鼓腹，圜底，软陶，腹印条纹，鋬上下有螺旋形附加堆纹，已残。颈高 4、腹高 9、口径 9.6、腹径 12 厘米。其二系软陶，制法手轮兼用，敞口，鼓腹，圜底，腹印条纹，外施陶衣，口沿与鋬已残。口径约 8.4、腹径 10.65、残高 9.8 厘米。其三为软陶，手制，形小，敞口，大腹，圜底，印绳纹，鋬上有附加堆纹。口径 4.8、腹径 6.9、高 6.9 厘米④。

16. 民安村丁址

位于丙址东南面，与丙址相距 300 米，高约 10 米，已开为耕地，遗物不多。采集有石器、小石块、青铜器、釉陶和陶片。采集磨光石玦 1 件，通体磨光，精美。外径 1.6、内宽 1、厚 0.2 厘米⑤。青铜时代。

17. 西山遗址

位于原南金乡（现省新镇）西山村南，此一带山丘数以百计，遗物稀少，采集有

① 福建省文物管理委员会：《闽南新石器时代遗址的调查》，《考古》1961 年 5 期。
② 同①。
③ 同①。
④ 同①。
⑤ 同①。

石器、釉陶和陶片[①]。

18. 凤林寨遗址

位于原南金乡西（现省新镇），与西山遗址隔溪相距百余米，采集有石锛、釉陶和陶片[②]。

19. 垵后山遗址

位于原南金乡（现省新镇）安后村，采集残石器和陶片[③]。

20. 炭林寨遗址（又名蔡林寨遗址）

位于原南金乡（现省新镇）蔡仔林村北，与村相连，采集有石器和陶器[④]。

21. 圆仔埔遗址

位于原南金乡（现省新镇）圆仔埔。高约 2 米，附近低丘连成一片。采集有石器、釉陶和陶片。采集磨制石镞 1 件，断面呈菱形。长 5. 8、宽 2、厚 0. 7 厘米[⑤]。

22. 崎梯山遗址

位于原南金乡（现省新镇）埔顶村东南后垅埔，两山丘南北相对，相距约百米，崎梯山南部有少量贝壳堆积，采集有石锛、残石器、陶片和贝壳[⑥]。

图一九　1977 年崎梯山遗址采集陶片

1977 年复查描述为在西溪北支流檀溪东美林镇省东村后垄埔崎梯山上，遗址南距西溪支流约 50 米，山高约 10 米，文化遗物范围东西长 100、南北宽 60 米，面积约 5000 平方米。此时已被严重破坏。采集石锛、石戈各 1 件，陶片若干（图一九、图二〇）。青铜时代。

石锛　1 件。77NLA1∶1，残，黄绿色砂岩，磨制，平面，弧背。残长 7、中宽 3、厚1 ~1. 3厘米。

① 福建省文物管理委员会：《闽南新石器时代遗址的调查》，《考古》1961 年 5 期。
② 同①。
③ 同①。
④ 同①。
⑤ 同①。
⑥ 同①。

图二〇 1977年崎梯山遗址采集陶片纹饰

石戈 1件。77NLA1:2，残，粗磨。残长4.5、宽3~3.3厘米。

陶片 29片。其中绿色釉陶2片，一片饰直线纹加乳钉纹，另一片为残圈足，足径7厘米；硬陶12片，陶色有红、灰、褐三色，个别有云雷纹、水波纹、席纹；泥质陶15片，陶色有灰、红、赤等，多素面，个别有直线纹、弦纹和方格纹①。

23. 尾厝山遗址

位于原南金乡（现省新镇）尾厝村北，遗物稀少，采集有陶片②。

24. 洞后寨山遗址

位于原英都乡（现英都镇）南安第三中学南面的英圩村，高约50米，部分为耕地，遗物稀少。采集有石器和陶片③。

1977年复查时描述为在位于英都公社大新村洞后寨山中西部，距石狮寺山200米。山高20米，面积约50平方米，文化层被破坏。采集陶片数片。青铜时代。

灰绿色釉陶环 1件。77NY2:1，残，灰白色，断面呈圆形。外径7、内径5厘米。

陶片 灰硬陶4片；红灰色泥质陶3片，方格纹；灰色夹砂陶3片④（图二一、图二二）。

① 晋江地区文物管理委员会编：《晋江地区文物普查资料》，1977年油印稿，南安县“新石器时代遗址部分”。经比对，其中席纹即梯格纹，水波纹和直线纹均为条纹，弦纹与方格即方格纹。

② 福建省文物管理委员会：《闽南新石器时代遗址的调查》，《考古》1961年5期。

③ 同②。

④ 晋江地区文物管理委员会编《晋江地区文物普查资料》，1977年油印稿，南安县“新石器时代遗址部分”。

图二一　1977 年洞后寨山遗址采集陶片

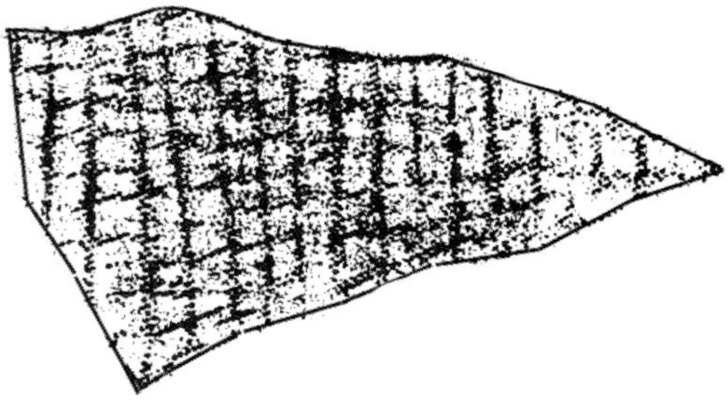

图二二　1977 年洞后寨山遗址采集陶片纹饰拓片

25. 福社尾山遗址

位于原英都乡（现英都镇）洞后埔村南，高约 10 米，遗物稀少。采集有石锛、砺石和陶片①。

1977 年复查描述为在英都镇大新村英溪南岸福社尾山东南坡，东距石狮寺山约 300 米，山高 30 米，在东南坡东西约 40、南北约 30 米范围内散见遗物，面积 1200 平方米，此时文化层已破坏。采集少量石器、陶器，陶片若干。

石锛　1 件。77NY4∶1，残，黄绿色砂岩，通体磨光，弧刃，断面呈梯形。残长 2.3、宽 2.7、厚 0.8 厘米。

石刀　1 件。77NY4∶2，残，灰绿色页岩，磨光，单面斜刃。残长 2.8、宽 2.9、中厚 0.8 厘米。

陶纺轮　2 件。77NY4∶3，残，灰色细砂陶，斜面，平底，断面呈梯形，底径 3.9、孔径 0.8 厘米。77NY4∶4，黑色细砂陶，圆饼形，直壁。厚 0.5、径 2.5、孔径 0.4 厘米。

陶片　90 片。其中褐色硬陶 2 片，方格纹；泥质陶片 15 片，陶色有褐色和灰色，少数饰席纹、直线纹、条纹；黑灰色夹砂陶 73 片，均素面，纹饰有凹点纹②（图二三、图二四）。

① 福建省文物管理委员会：《闽南新石器时代遗址的调查》，《考古》1961 年 5 期。

② 晋江地区文物管理委员会编：《晋江地区文物普查资料》，1977 年油印稿，南安县“新石器时代遗址部分”。经比对，其中一种席纹是交错填线三角纹，直线纹即条纹。

图二三　1977 年福社尾山遗址采集陶片

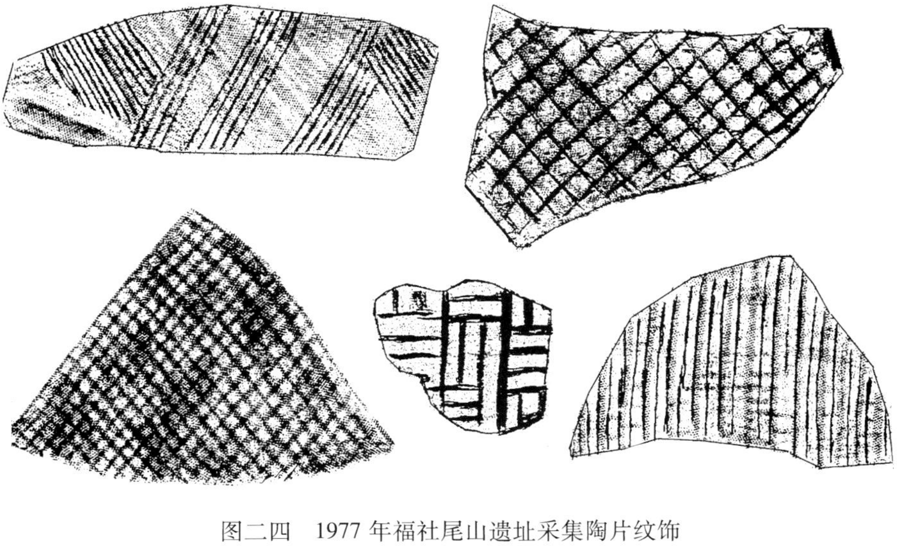

图二四　1977 年福社尾山遗址采集陶片纹饰

26. 石狮寺山遗址（又名石狮祠山遗址）

位于原英都乡（现英都镇）竹子村石山小学，高约20米，遗物还比较多，无堆积。采集有石锛、砺石、陶片和贝壳①。

图二五　1977年石狮寺山遗址采集石锛

1977年复查描述为在英溪中段南岸英都镇大新村石狮祠后，遗址北临榜溪，南接石狮寺山，高约10米，遗物散见于东西长约300、南北宽约150米范围。面积约10000平方米。采集有石器、陶器和陶片若干②（图二五～图二七）。青铜时代。

石凿　1件。77NY1∶1，完整，黄灰色砂岩，仅刃部加磨，刃锋利，长条形。长5.5、刃宽0.6、顶宽1、厚0.7厘米。

石戈　1件。77NY1∶7，残，草绿色的页岩，磨光，中有一个小孔。残长7.2厘米。

石锛　8件，分二式。

Ⅰ式：4件。黄绿色的砂岩，粗磨，长条形，弧刃，弧面，平底，完整的2件。77NY1∶3、4，长6、8～8、宽3.8～4、厚0.8～1厘米。

图二六　1977年石狮寺山遗址采集陶片

① 福建省文物管理委员会：《闽南新石器时代遗址的调查》，《考古》1961年5期。

② 晋江地区文物管理委员会编：《晋江地区文物普查资料》，1977年油印稿，南安县“新石器时代遗址部分”。经比对，圆点纹即乳钉纹，圆圈纹即联珠纹，席纹则是交错三角填线纹，其中一编织纹为方格纹。

图二七 1977 年石狮寺山遗址采集陶片纹饰

Ⅱ式：4 件。其中 3 件完整，砂岩和页岩，粗打制。长 7～9.6 厘米。

陶纺轮 1 件。77NY1∶8，黄灰色，硬陶，圆台形。上径 2.1、底径 2.8、厚 1 厘米，孔径 0.5 厘米。

陶片 灰绿色釉陶 3 片，纹饰有圆点纹和圆圈纹；褐色硬陶 3 片，方格纹；泥质陶 30 片，陶色有白黄色、灰色，纹饰有方格纹、绳纹、编织纹、席纹；黑色夹砂陶 50 片。

27. 寨仔山遗址

位于原大宇乡（现仑苍镇）仑苍村南，高约 20 米，遗物较丰富（图二九）。采集石斧、陶罐和青铜锛①。

小口圈足硬陶罐 1 件。手制陶，素面，鼓腹，圈足。腹径 12、足径 3.7、高 12 厘米。

① 福建省文物管理委员会：《闽南新石器时代遗址的调查》，《考古》1961 年 5 期。

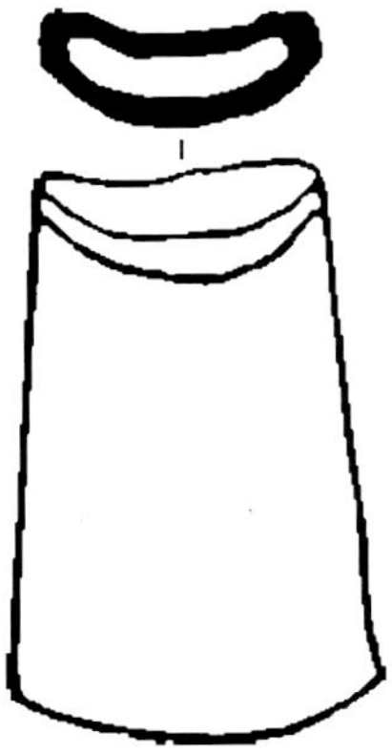

图二八　寨仔山遗址采集青铜锛

大口大腹平底罐　1件。硬陶，手制，印方格纹，已残。口径10、腹径15、底径11、高9.5厘米。

小口大腹平底罐　1件。硬陶，印方格纹，已残。口径9.5、腹径16.4、底径12.5、高13厘米。

敞口鼓腹圜底罐　1件。软陶，手制，外施黑陶衣，印方格纹，已残。口径11.7、腹径16.15、高11.6厘米。

青铜锛　1件。微残，方銎圆刃。长6、銎宽3、刃宽4厘米①（图二八）。

1977年复查描述为在英溪和西溪会合处南岸仑苍镇仑苍村古村寨西南约700米处，在许村寨遗址的斜对面，相距

图二九　寨仔山遗址采集陶片纹饰

① 福建省文物管理委员会：《闽南新石器时代遗址的调查》底稿。

约700米。遗物散见范围为200米×150米，面积约15000平方米。本次复查采集黄绿色釉陶1片，凸弦纹，灰色硬陶3片，圆圈纹加弦纹加直线纹、云雷纹、方格纹，灰色泥质陶4片，圆点纹、指甲纹、席纹，黑色夹砂陶片4片，素面①。青铜时代。

28. 仑苍遗址（又称运尾山遗址）

位于西溪南岸的原大宇乡（现仑苍镇）仑苍村北面，山与村连，面积很广，遗物多见山东头，采集有砺石、残石器、釉陶和陶片。石料1件，页岩，式样扁平，尖与后部缺，略似锥状，长16厘米②。

1977年复查时称运尾山遗址，在英溪与西溪会合处南岸仑苍镇仑苍村运尾山，面积约5000平方米。山上散见文化遗物有硬陶、泥质陶、夹砂陶片，器形有罐、釜、盆等，文化层因开荒造成破坏③。出土青铜锛1件，形状上窄下宽，正面弧拱起，月牙形弧鋬，近鋬处有二道弦纹，长6厘米④。采集陶片47片，其中硬陶6片，褐色和灰色，方格纹、席纹、弦纹、斜线纹；灰色泥质陶1片；夹砂陶40片，黑色较多，少数灰色，均素面⑤（图三〇）。青铜时代。

29. 坑口山遗址

位于原大宇乡（现仑苍镇）坑口村北，高约20米，雨水冲刷严重，遗物稀少。采集有陶片⑥。

30. 寨仔箍尾山遗址

在西溪中游北岸仑苍镇黄甲村西南约500米处，遗址南距西溪约20米，山高约15米，文化遗物散见于山顶和山南坡80米×50米范围内。面积约3000平方米，1977年发现时文化层已破坏。采集陶片12片。其中硬陶1片，编织纹；灰黄色泥陶3片，叶脉纹；夹砂陶片8片，均素面。陶色有灰、红、黑⑦（图三一）。约新石器时代—青铜时代。

---

① 晋江地区文物管理委员会编：《晋江地区文物普查资料》，1977年油印稿，南安县“新石器时代遗址部分”。经比对，弦纹加圆圈加直线即条纹、联珠纹与凸点纹组合，圆点纹与指甲纹是凸点与贝印纹组合，瓦纹即条纹。

② 福建省文物管理委员会：《闽南新石器时代遗址的调查》，《考古》1961年5期。

③ 《南安市志》卷三十四文物。

④ 杨琮：《福建青铜文化初探》，《考古学报》1990年4期。

⑤ 晋江地区文物管理委员会编：《晋江地区文物普查资料》，1977年油印稿，南安县“新石器时代遗址部分”。经比对，弦纹与斜线纹即弦纹与交错填线三角纹组合，其一席纹即条纹。

⑥ 同②。

⑦ 晋江地区文物管理委员会编：《晋江地区文物普查资料》，1977年油印稿，南安县“新石器时代遗址部分”。

图三〇　1977 年仑苍遗址采集陶片

图三一　1977 年寨仔箍尾山遗址采集陶片

31. 浚下沽遗址

在西溪中游北岸仑苍镇黄甲村南约 600 米，1977 年发现，文化遗物散见范围约 8000 平方米，有硬陶、泥陶、灰色夹砂陶片，器形有豆、釜等①。青铜时代。

① 《南安市志》卷三十四文物。

32. 蜘蛛山遗址

位于西溪下游南岸溪美镇露江村下寮自然村东100米处。1977年复查描述为位于困狗山东南面约600米的帽山，北距西溪约1000米，山高约10米，四周为平地，东面有一小溪。在山东南坡散见文化遗物，范围东西长60、南北宽50米，面积约1000平方米。采集少量石器和陶片若干。青铜时代。

石锛　1件。77NG6∶1，残，草绿色砂岩，平弧，背平，断面呈梯形。残长3.6、刃宽2.4、厚0.9厘米。

石孔芯　1件。77NG6∶2，草绿色砂岩，近圆珠台状。上径1.9、底径2.3、厚0.2～0.3厘米。

陶片　54片。釉陶片10片，釉色灰、绿二种，直线纹、圆圈点纹（联珠纹）、弦纹；硬陶14片，灰色，多素面，纹饰有瓦纹、直线纹、乳钉纹、叶脉纹；夹砂陶30片，除1片红色，余均黑色①（图三二、图三三）。

33. 寨寮仔山遗址

在西溪下游南岸原溪美镇（现柳城街道）帽山村井园自然村泉南公路北20米处，面积30平方米，1977年发现，文化层已被破坏，散见有灰色泥质陶片和黑色夹砂陶片。采集陶片13片。其中泥质灰陶7片、夹砂黑陶6片②。新石器时代。

34. 前鞍山遗址

位于晋江两支流东、西溪会合处北岸丰州镇双溪村井兜自然村前鞍山东南坡，西南临晋江东西溪的会合处。山高约海拔60米，距晋江约10米。1977年调查时在山的东南坡发现不少的贝冢及陶片，分布范围东西长约320、南北宽约80米。面积约5000平方米，文化层被破坏。贝冢有的厚达3米。陶片12片。其中黑色夹砂陶1片、泥质黄灰陶4片（圆点纹）、泥质褐红陶1片（方格纹）、硬陶6片（编织纹、方格纹、瓦纹）③（图三四）。青铜时代。

---

① 晋江地区文物管理委员会编：《晋江地区文物普查资料》，1977年油印稿，南安县“新石器时代遗址部分”。经比对，直线纹即条纹，圆圈纹即联珠纹，瓦纹也即条纹。黑色陶片应是炊器经火烧而成。

② 《南安市志》卷三十四文物；晋江地区文物管理委员会编：《晋江地区文物普查资料》，1977年油印稿，南安县“新石器时代遗址部分”。

③ 晋江地区文物管理委员会编：《晋江地区文物普查资料》，1977年油印稿，南安县“新石器时代遗址部分”。经比对纹饰摹本，编织纹为席纹，硬陶方格纹为菱格纹、瓦纹即凹弦纹，圆点纹即戳印圆点纹。

图三二　1988 年蜘蛛山遗址采集陶片

35. 金鸡山遗址

位于晋江干流中段金溪南岸丰州镇金山村麻山自然村金鸡山东北坡，山高约海拔 50 米。在山的东南、东北发现文化遗物，范围长约 400、宽约 70 米。面积约 8000 平方米，

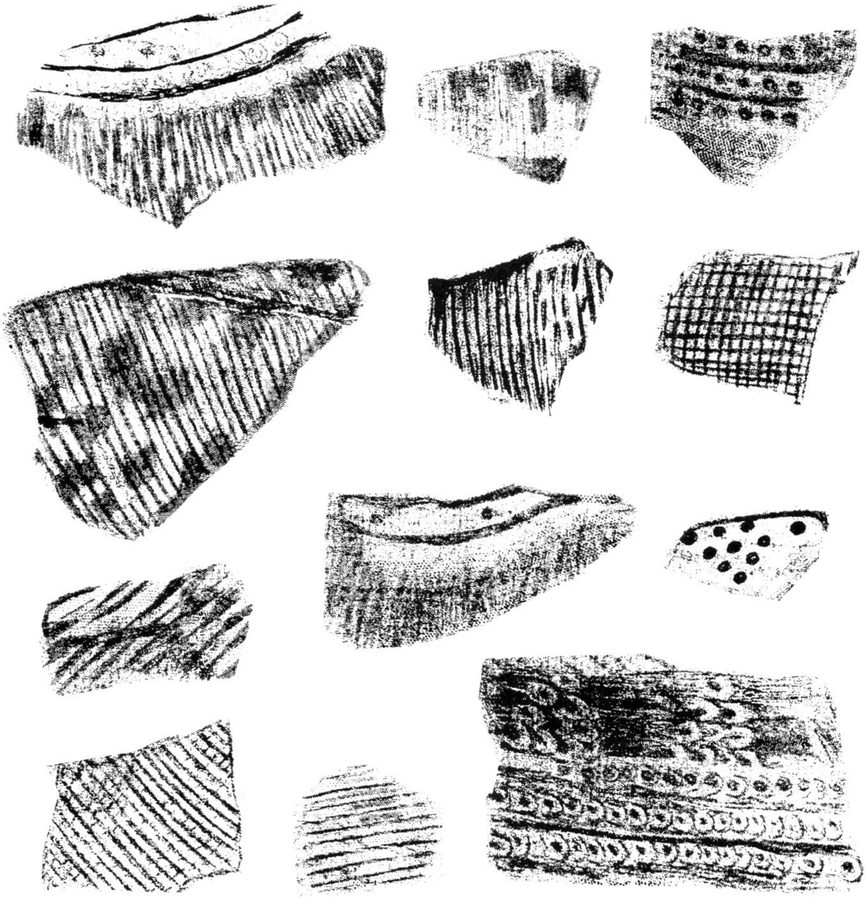

图三三 1977年蜘蛛山遗址采集陶片纹饰

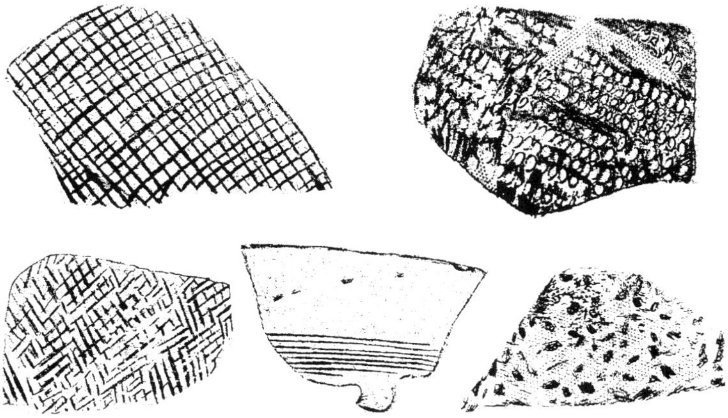

图三四 1977年前鞍山遗址采集陶片纹饰

1977 年发现时文化层已受到破坏。采集石锛、陶拍各 1 件，陶片若干[①]（图三五、图三六）。

石锛　1 件。77NF6∶1，长条形，弧刃，断面近椭圆形。长 16.5、刃宽 4.8、顶宽 2、厚 1.5 厘米。

陶拍　1 件。77NF6∶2，顶部残。灰绿色细砂陶。底近平，直线纹。长 4.2、残宽 3、厚 0.5 ~ 2 厘米，断面近三角形。

陶片　12 片。其中黑色夹砂陶 1 片、灰黄色泥质陶 8 片（有云雷纹）、灰硬陶 3 片（纹饰有间断水波纹）。

2002 年省考古队复查描述为遗址现属霞美镇金山村，为独立小山头，东北约 100 米为晋江，山底周边为民房占据，南部与西部为农田和道路。椭圆形小山，面积约 8000 平方米。保存较差，个别地点可能还有堆积层存在。采集陶片 67 片。其中砂陶 39、细砂 3、泥陶 19、硬陶 6 片。纹饰有方格纹、绳纹、锥刺纹与弦纹组合。多素面[②]。新石器时代—青铜时代。

图三五　1977 年金鸡山遗址采集陶片

图三六　1977 年金鸡山遗址采集陶片纹饰

① 晋江地区文物管理委员会编：《晋江地区文物普查资料》，1977 年油印稿，南安县“新石器时代遗址部分”。青铜时代—汉代。经比对纹饰摹本，直线纹即条纹，间断水波纹为方格纹、凹弦与连弧线组合。

② 南安馆藏《福建省南安市遗址调查表》，林聿亮等记录。

36. 狮子山遗址

位于金溪北岸丰州镇华侨中学（原人民中学）北面狮仔山东南坡，面积约10000平方米，1956年发现时文化层已受到破坏。青铜时代。该遗址于1960年正式发掘，详见附录①。

1977年复查描述为狮子山位于丰州公社人民中学的北面，距中学约200米。南距晋江约1000米。山高约海拔50米。1961年试掘。本次调查在山的东、南山坡东西长400、面北宽80米范围内，发现不少遗物。采集石锛、敲砸器、刮削器各1件，陶片10片②（图三七、图三八）。

石锛 1件。77NF10:2，完整，黄色页岩，通体磨光，背平，面略弧，断面近梯形。长9、宽5、厚1.5厘米。

敲砸器 1件。77NF10:1，完整，花岗岩，圆顶，长方底，两侧各有手握圆凹浅洞一个，底面使用痕迹明显。高10、底长10.5、宽6.5厘米。

图三七 狮子山遗址采集陶片

① 泉州海外交通史博物馆等：《福建丰州狮子山新石器时代遗址》，《考古》1961年4期。

② 晋江地区文物管理委员会编：《晋江地区文物普查资料》，1977年油印稿，南安县“新石器时代遗址部分”。经比对，编织纹实为栅篱纹，绳纹为交错绳纹。

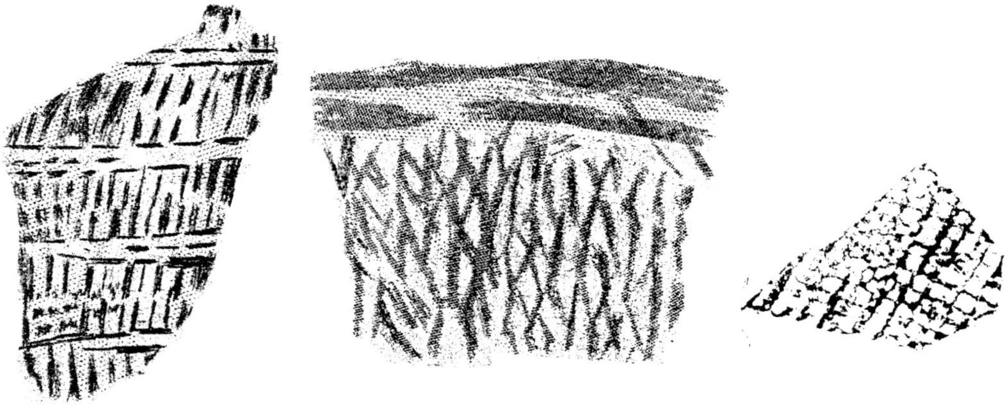

图三八　1977 年狮子山遗址采集陶片纹饰

三棱刮削器　1 件。77NF10∶3。

陶片　10 片。其中红色夹砂陶 4 片，斜格纹；黑色夹砂陶 2 片，斜格纹；泥质陶 4 片，有绳纹和编织纹。

2002 年省考古队复查，描述为位于丰州旭山村社坛自然村西北面，为西南—东北走向的几座山丘中的一座，其南为九日山，海拔约 50 米，晋江位于其南约 1000 米。据以往调查遗址堆积在山的东、东南坡，现坡底至半山皆被华侨中学所占并盖校舍，此次调查仅于断坎上采集少量陶片，遗址破坏严重。面积不明。采集陶片 12 片，其中砂陶 8 片、硬陶 4 片。纹饰仅方格纹①。

37. 凤母山遗址

在金溪北岸丰州镇桃源村东北部凤母山东南坡，1977 年调查发现。位于丰州公社桃源大队东北部，山高约海拔 60 米，西与凤架山相连，北接桃源水库，距公社约 3 华里，距水库东南土坝约 50 米，面积约 100 平方米，文化层因修水库受严重破坏。采集陶拍 1 件、陶片 12 片②（图三九、图四〇）。

陶拍　1 件。77NF3∶1，残，青灰色，圆饼形，壁呈凹弧状。双面饰瓦纹。径 5、厚 2.4 厘米。

① 南安馆藏《福建省南安市遗址调查表》，林聿亮等记录。

② 晋江地区文物管理委员会编：《晋江地区文物普查资料》，1977 年油印稿，南安县“新石器时代遗址部分”。

陶片 12片，其中黑色、灰色夹砂陶6片，素面。灰黄色泥质陶6片。器形有罐、斧、钵、盆等。约新石器时代。

38. 坑尾山遗址

位于大盈溪上游南岸水头镇文斗村坑尾自然村东约100米的山坡上，山高约海拔50米，面积约200平方米，1977年发现，未见堆积层。在山东南坡发现石锛1件，陶片

图三九 1977年凤母山遗址采集陶片

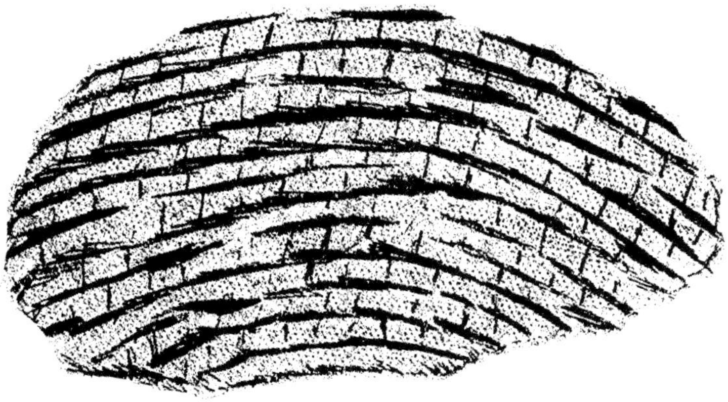

图四○ 1977年凤母山遗址采集陶片拓片

若干①（图四一、图四二）。青铜时代。

石锛　1件。77NH4∶1，残，草绿色砂岩。残长3.2、宽2.9、厚0.5～1厘米，断面呈梯形。

陶片　14片。硬陶2片，灰色和灰褐色，方格纹、叶脉纹；泥质灰陶1片，叶脉纹；黑色夹砂陶11片，除1片叶脉纹外，余均素面。

图四一　1977年坑尾山遗址采集陶片

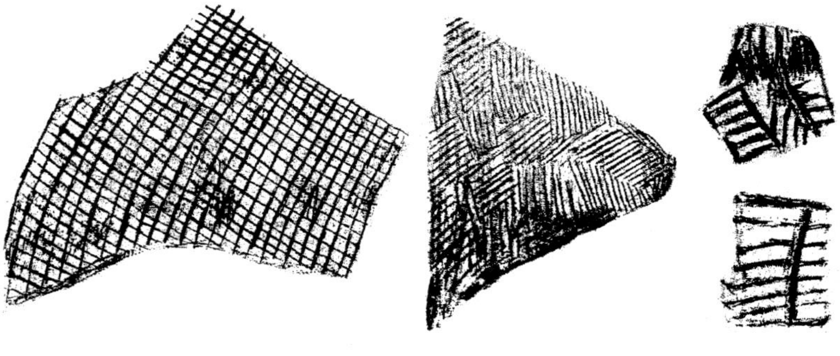

图四二　1977年坑尾山遗址采集陶片纹饰

① 晋江地区文物管理委员会编：《晋江地区文物普查资料》，1977年油印稿，南安县“新石器时代遗址部分”。经比对，其一叶脉纹即栅篱纹。

39. 刺尾山遗址

位于水头镇文斗村西南约500米处，海拔约50米，面积约500平方米，1977年发现。当地群众反映在60年代几次开荒造田，都见有大量成堆磨制石器及玉器，现仅于东面山坡散见少量石器、夹砂陶片和泥质陶片，纹饰可辨有云雷纹。采集石锛1件，陶片3片①。青铜时代。

石锛 1件。77NH2:1，残，灰绿色水成岩，磨制，断成呈梯形。残长4、宽4、厚1.8厘米。

陶片 3片。黑色夹砂陶2片；灰黄色泥质陶1片，云雷纹。

40. 古村寨遗址

位于仑苍镇古村寨山西南坡（也称古村寨山遗址或许村寨遗址），北距英溪约45米，山高20米。山的西南坡散见文化遗物，东西约40、南北30米，面积约1000平方米。1977年发现，文化层破坏较严重。采集遗物有石器和陶片②（图四三、图四四）。青铜时代。

图四三 1977年古村寨遗址采集部分陶片

图四四 1977年古村寨遗址采集陶片纹饰

① 晋江地区文物管理委员会编：《晋江地区文物普查资料》，1977年油印稿，南安县“新石器时代遗址部分”。

② 晋江地区文物管理委员会编：《晋江地区文物普查资料》，1977年油印稿，南安县“新石器时代遗址部分”。经比对，其中圆圈加篦纹是联珠纹、弦纹和网格凸点纹组合，瓦纹即条纹，指甲纹加篦纹是弦纹与贝印纹组合。

石戈　1件。77NC1∶1，残，黑色，磨光，柄部斜列二孔。残长7、宽6、厚0.8、孔径1.1厘米。

石锛　2件。77NC1∶2，残，黄绿色砂岩，略磨。残长3.6、宽3.4～3.9、厚1厘米。77NC1∶3，残，磨光，平面，弧背。残长2.2、宽3、厚0.9厘米。

石纺轮　1件。77NC1∶4，完整，黄蜡色，圆台状，中穿一孔。上径3.3、底径3.5、高0.8厘米，孔径0.4厘米。

石孔芯　1件。77NC1∶5，圆饼状，直壁。径1.9、厚0.25厘米。

陶纺轮　1件。77NC1∶6，完整灰色硬陶，圆台状，中穿一孔。上径1.3、底径2.1、高0.6、孔径0.5厘米。

陶片　若干。绿色釉陶2片，红胎，饰圆圈纹与篦纹及弦纹；硬陶1片，褐色，饰方格纹；泥质灰陶5片，饰弦纹、方格纹、曲折纹、席纹、瓦纹、指甲纹与篦纹；夹砂陶片40片，陶色有黑、灰、红，均素面。器形有釜、罐、盆、碗。

41. 寨箍尾山遗址

位于西溪中游仑苍镇大泳村北山自然村东约1000米的山坡上，遗址北距西溪80米，山高约20米，文化遗物散见范围约50米×50米，面积约2500平方米。1977年发现，未见堆积层，遗物散见于西南坡，破坏严重。采集有石器2件，陶片若干①（图四五）。青铜时代。

石矛　1件。77NC10∶1，残，黑色页岩，磨制，平面，弧背，直壁，尖刃。残长9.2、宽3.2、厚0.2～0.5厘米。

石锛　1件。77NC10∶2，残，黄绿色的砂岩，磨制，平面，背有一脊线。残长3.4、宽2.4～3、厚0.8厘米。

陶片　96片。其中釉陶12件，釉色有灰、酱色和绿色，纹饰有方格纹、弦纹加云雷纹、复线、棱形编织纹、斜格纹加篦纹、圆圈纹、堆纹、水波纹。硬陶5片，灰色，纹饰有圆凹点纹、斜线纹、弦纹、网结纹、戳点纹、篦纹。泥质陶9片，灰色4片，褐色1片，有瓦纹、方格纹。夹砂陶70片，黑色、红色、灰色，均素面。

---

①　晋江地区文物管理委员会编：《晋江地区文物普查资料》，1977年油印稿，南安县“新石器时代遗址部分”。经比对，编织纹即席纹，其中一叶脉纹即凸点与绳纹，弦纹篦纹戳点纹即弦纹与斜条纹，圆凹点纹与斜线纹即条纹与贝印的附加堆纹组合，云雷纹加弦纹即弦纹与席纹。网结纹即网格纹，弦纹复线篦纹即弦纹加复线网格纹，水波纹不存在。其中一种方格纹是方格与乳钉纹，圆圈纹加堆纹即凸点纹加附加堆纹。

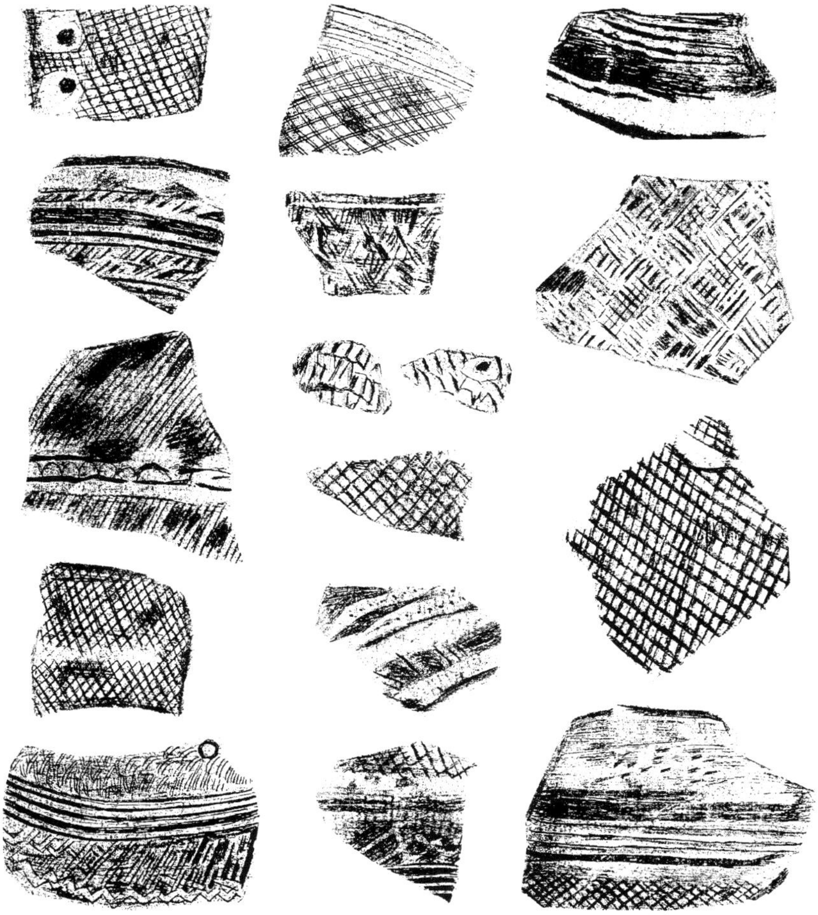

图四五　1977 年寨箍尾山遗址采集陶片纹饰

42. 锄头山遗址

位于县城东南方磁灶溪北支流和铺溪上段东岸、官桥镇和铺村锄头山东南坡，东南靠和铺溪，西北为墓亭村，面积约10000 平方米。1988 年发现，未见文化层堆积。文化遗物有石器和印纹硬陶、泥质红陶、细砂陶片，器形有罐、壶等，纹饰有方格、细绳纹和席纹[①]（图四六）。青铜时代。

① 《南安市志》卷三十四文物。

图四六　1988 年锄头山遗址采集陶片

43. 破寨山遗址

位于原丰州公社（现丰州镇）仙河大队下福村的西北部，山高约海拔 50 米，东距晋江约 500 米，在山的东南坡，发现大量有贝冢残余，部分高达 2 ~ 3 米，但由于当地群众曾大量的挖掘作为烧灰的原料，以及大量的采石和开荒造田基建等原因，遗址破坏十分严重，未发现其他的文化遗物，仅采集部分贝壳①。

① 此遗址在登录方志时被删除。晋江地区文物管理委员会编：《晋江地区文物普查资料》，1977 年油印稿，南安县“新石器时代遗址部分”。

44. 庙下山遗址

位于晋江北岸金山水坝以西约4000米的丰州镇庙下村后山，北靠大山，南200米为晋江。2002年省考古队发现。东西长约400米，山坡多盖房，仅于个别种植地里发现少量陶片，采集泥质灰陶7片，纹饰有条纹①（图四七、图四八）。新石器时代—青铜时代。

图四七　庙下山遗址采集陶片

45. 柯厝山遗址

图四八　2002年庙下山遗址采集陶片拓片

位于丰州镇桃源村许岭自然村东边山丘上，南北长100米，东西宽30米，山高约10米。1958年建设桃源水库时发现，现处于淹没区内。采集石器24件，以磨制常形石锛为主，石环2件，砺石数件，圆形和方形陶拍数件、残陶纺轮1件。另有陶片较多，以夹砂陶为主，有夹砂黑陶、少量红陶、印纹硬陶等。纹

① 南安馆藏《福建省南安市遗址调查表》，林聿亮等记录。

饰有篮纹、粗绳纹、网纹、曲折纹、席纹等①。原报告认为是新石器时代，从陶片质地和纹饰判断应属青铜时代。

46. 蝴蝶山遗址

位于南安石壁水库内坝址南边，为一座不高的长圆形山丘。采集石器 3 件，陶片若干②，约新石器时代。

石锛　2 件。一件长 6.5、宽 3.9、厚 1.8 厘米。一件扁平，残长 6.5、宽 5、厚 1 厘米。

有肩石斧　1 件。长 13.5、肩宽 3.5、刃宽 10 厘米。刃部两侧展开。

陶片　大多为粗夹砂陶。

47. 熊山遗址

位于南安。石壁水库坝区的西南边，与蝴蝶山毗连。遗址在岩寺的东南边，山呈马蹄形。地表采集到 1 件石锛和百余片陶片③。青铜时代—汉代。

石锛　1 件。长 6.2、宽 2.8、厚 1 厘米，粗砂岩。

陶片　百余片。以泥质印纹硬陶为多。硬陶表面饰有方格纹、斜方格纹、篦纹、波旋纹、条纹、旋指甲纹。泥质红陶有方格纹、方格交错纹、旋纹等。另有素面的夹砂陶片。

48. 后溪山遗址

位于石壁水库坝区的东北边，近水库闸门。此上山岗起伏，在地表采集石锛 3 件、陶片 70 余片④。青铜时代。

石锛　3 件。其中一件完整，长 6.3、宽 3.4、厚 1 厘米。

陶片　70 余片。以泥质印纹灰陶居多，并有泥质印纹红陶、橙黄色印纹陶和夹砂粗陶。泥质硬陶表面饰有方格纹、席纹、篮纹、菱纹、方格交错纹、划纹等纹饰，其中方格纹和席纹最多。

---

① 黄炳元：《南安桃源水库新石器时代遗址》，《文物参考资料》1958 年 11 期。

② 黄炳元：《南安石壁水库发现新石器时代遗址》，《文物参考资料》1958 年 2 期。

③ 同②。

④ 同②。

49. 大埔尾遗址

位于原诗山区（现金淘镇）千金庙钱山乡中心站，距千金庙约4公里，是一座山坡，非常平坦，北面临溪，南面另有几座小山丘。1957年1月发现。遗物分布于东南斜坡上，遗物分布较广。另在千金庙附近还有西庄尾、尖仔尾、狮头格、芦坑头埔、后头垵、朴鼎垵、长边林山等多处遗址。这几处遗址采集有常型石锛、石矛残片、打制石斧和器形不明确石材。还有石锄（?）。采集陶片70余片，纹饰有方格纹、斜体方格纹、横直排相间纹、篮纹、叠直线纹、水波纹、曲尺纹等。还有一种垒叠圆环纹①。青铜时代。

50. 陈仔山遗址

位于南安县石壁水库东北部陈仔山山坡上。采集到打制石锛和残石器各一件。印纹陶46片。纹饰有方格纹、横直相间纹、筐篮纹②。青铜时代。

51. 井兜遗址

位于原溪口乡井兜村（现丰州镇双溪村）临溪一带的山丘上，共有三个地点。其一，上垵山地点，位于井兜村东，距晋江100米，东西溪两溪汇流的山丘上，共发现三大堆贝壳堆积，总面积约100平方米，厚约1米。1959年8月发现，采集印纹硬陶片，纹饰有方格纹、米字格纹、席纹、麻点纹。调查者认为与汉代遗址相似。其二，垵仔山地点，在上垵山的西北，隔山谷相对，堆积最密集一处约100平方米，最厚处1.5米。在贝层中出土马牙齿，无文化遗物。其三，厝尾山地点，在井兜村西，贝壳堆积约100平方米，厚约1米。在贝层中发现青瓷片③。

52. 霞福遗址

位于现霞美镇仙河村下福自然村西南一带的山丘上，堆积比井兜及溪州两处遗址更为丰富，计发现5处。

（1）纱帽石　距晋江约500米，贝壳堆积在山的东西山坡上，面积达2500平方米。从断崖观察，堆积层厚在1米以上。在这贝壳堆积的上层，出现大量的青瓷片。

---

① 蒋炳钊、叶文程：《福建莆田、仙游、南安新石器时代遗址的调查》，《文物参考资料》1957年5期。

② 庄为玑、吕荣芳：《南安同安二县发现新石器时代及唐宋遗物》，《文物参考资料》1957年3期。

③ 泉州海外交通史博物馆：《福建晋江流域丰州地区考古调查》，《考古》1961年4期。

(2) 墓鸟峡山　发现在山的南面，距溪流约 100 米。堆积最密集的一处厚达 2 米左右，这里保存较好。

(3) 尖尾石山　暴露的面积较大，从断崖看在长达 30、厚 2.5 米的范围内皆有堆积，上层出有大量的青瓷片。

(4) 老鹤批仙山（即王公山）　遗址在山的西南面，分布最密集的地带达 225 平方米，这里被破坏很厉害。

(5) 坑仔边　这里的堆积较薄，厚 0.2 ~ 0.6 米，面积约 36 平方米。

报告称，上述各遗址，主要分布在山丘的半腰或较低处，贝壳大小不等，且在堆积中发现有兽骨。采集的硬陶片在陶质和纹饰方面和福建崇安汉城遗址所发现的陶片类同；在堆积层的上层还发现青瓷，上釉均不匀。调查者推断这里遗址可能是汉代的文化遗存，最迟也不会晚于西晋末叶①。

（三）安溪县

共 14 处，另有 6 个地点无具体材料。

1. 内田山遗址

位于城东（参内乡）圆坛村东 1000 米，高 50 米，遗物稀少，采集陶片②。

2. 石模头遗址

又名石墓头遗址。

位于原太安乡（现参内乡）参内村南，为一阶梯式山丘，遗物发现于第二级阶地，采集有石器釉陶和陶片③。

3. 寨山与民台堆遗址

位于原湖头乡（现湖头镇）上板村南 500 米，两个山丘连在一起，略成椭圆形，散布遗物少，采集石器和陶片④。

---

① 泉州海外交通史博物馆：《福建晋江流域丰州地区考古调查》，《考古》1961 年 4 期。

② 福建省文物管理委员会：《闽南新石器时代遗址的调查》，《考古》1961 年 5 期。

③ 同②。

④ 同②。

4. 杨厝山尾遗址

位于原蓬莱乡（现蓬莱镇）大墘村西，高约 20 米，地面散布陶片较多，采集石锛和陶片①。

5. 暮云山遗址

位于原金溪乡（现金谷镇）金谷村西，高约 50 米，已开为耕地，陶片还多，采集石器和陶片②。

6. 吾都遗址（过溪山遗址）

位于安溪县城厢镇吾都村西 600 米，遗址面积约 25000 平方米，采集有夹砂红陶片、夹砂灰陶片，可辨器形有罐、釜③。约新石器时代。

7. 望云山遗址

位于安溪县金谷镇金谷村南 500 米，县文物保护单位。遗址面积约 3600 平方米，东南临溪。采集有石锛、石斧和夹砂红陶片、夹砂灰陶片、灰硬陶片等，陶片纹饰有条纹等，可辨器形有罐、釜④。青铜时代。

8. 洋内遗址（琼林寨）

位于安溪县金谷镇洋内村西 500 米，遗址面积约 1600 平方米，采集有划纹灰硬陶片⑤。青铜时代。

9. 美滨遗址

位于安溪县蓬莱镇美滨村西北 500 米临溪地带，遗址面积约 7000 平方米，包括三处地点：上塘山地点位于蓬莱镇上塘村北，地面已为茶园。采集石锛，石戈和陶片；油园宫后山地点位于蓬莱镇油园村东，遗物稀少，采集有陶片；路尾后沟山地点位于蓬莱镇路尾亭后沟山，山低平，遗物稀少。采集有石锛、石斧和夹砂陶片、夹砂灰陶片、灰

---

① 福建省文物管理委员会：《闽南新石器时代遗址的调查》，《考古》1961 年 5 期。
② 同①。
③ 同①。
④ 《安溪县志》卷三十七文物。此山可能就是第 5 条所载暮云山。
⑤ 《安溪县志》卷三十七文物。

硬陶片等。陶片纹饰有篦纹、席纹等，可辨器形有罐、釜[①]。青铜时代。

10. 郭埔遗址

位于安溪县湖头镇郭埔村东向600米。遗址面积约3200平方米，有两处地点：郭坂山地点位于湖头镇郭埔村西南，高约20米，两条小河从旁流过，地表雨水冲刷很厉害，遗物少，采集石器和陶片；临溪处的中寮山地点采集有残石器和夹砂红陶片、夹砂灰陶片、灰硬陶片等。陶片纹饰有篦纹、席纹等，可辨器形有罐等[②]。青铜时代。

11. 横山遗址

位于安溪县湖头镇横山村北500米处，遗址面积约1000平方米，采集有灰硬陶片，陶片纹饰有条纹、席纹，可辨器形有罐。位于湖头镇横山村北250米，高约20米，采集石器、釉陶和陶片[③]。青铜时代。

12. 参山遗址

位于安溪县参内乡顷内村（现参山村）东500米，遗址面积约900平方米，为临溪丘陵。采集有残石器和粗砂陶片、灰硬陶片等，陶片纹饰有篦纹、席纹等，可辨器形有罐、釜[④]。青铜时代。

13. 大厝遗址

位于安溪县参内乡大厝村西500米（即后沟山），为一突出山丘，遗址面积约1600平方米，东北临平原，东南临溪。采集有残石器和夹砂灰陶片、灰硬陶片。陶片纹饰有篦纹、席纹等，可辨器形有罐[⑤]。青铜时代。

14. 科榜遗址

位于安溪县龙门镇科榜村西400米，遗址面积约600平方米，采集有石锛和灰硬陶片。陶片纹饰有席纹等，可辨器形有罐[⑥]。青铜时代。

---

① 福建省文物管理委员会：《闽南新石器时代遗址的调查》，《考古》1961年5期。

② 福建省文物管理委员会：《闽南新石器时代遗址的调查》，《考古》1961年5期；《安溪县志》卷三十七文物。

③ 同②。

④ 《中国文物地图集·福建卷》基础资料。

⑤ 《安溪县志》卷三十七文物。

⑥ 同④。

此外，《安溪县志》卷三十七文物条目下还载有如下几个地点：参内乡祜水村遗址、白濑乡长基村临溪山遗址、龙涓乡吉山村太古湖遗址、长坑乡长坑村虎头山遗址、龙门乡庵墓山遗址（庵仔后遗址）和寮山村新田勤橱山遗址等几处，无具体材料说明①。

（四）永春县

共32处。小计40个地点。

1. 鳌山遗址

位于永春县蓬壶镇壶中村1000米处，壶中和壶南两村之间。县文物保护单位。1956年发现，1977年复查。遗址面积约5000平方米，采集有石锛、石珠、石环和夹砂红陶片、泥质红陶片②。可辨器形有罐、釜等（图四九、图五〇）。青铜时代。

石环 1件。残，黑色岩积岩，磨制精细。

陶片 62片。夹砂红陶7片。夹砂黑陶1片，篮纹。泥质红陶21片，弦纹、附加堆纹。印纹硬陶24片，绳纹、方格纹。釉陶9片，灰绿釉，锥刺菱形纹、弦纹。

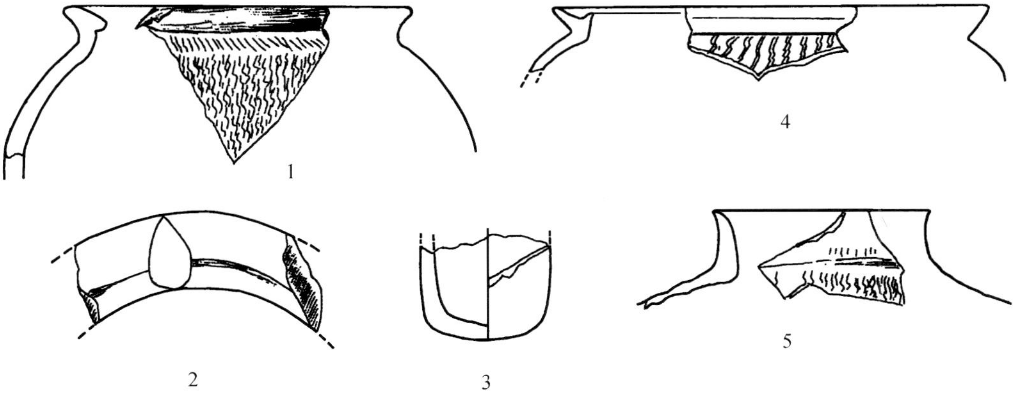

图四九 1977年鳌山遗址采集石器和陶器

1. 硬陶罐 2. 石环 3. 砂陶杯 4. 陶釜 5. 陶罐

① 《安溪县志》卷三十七文物。

② 《永春县志》卷三十一文物；晋江地区文物管理委员会编《晋江地区文物普查资料》，1977年油印稿，永春县“新石器时代遗址”部分。

图五〇　1977 年鳌山遗址采集陶片纹饰

2. 九兜山遗址

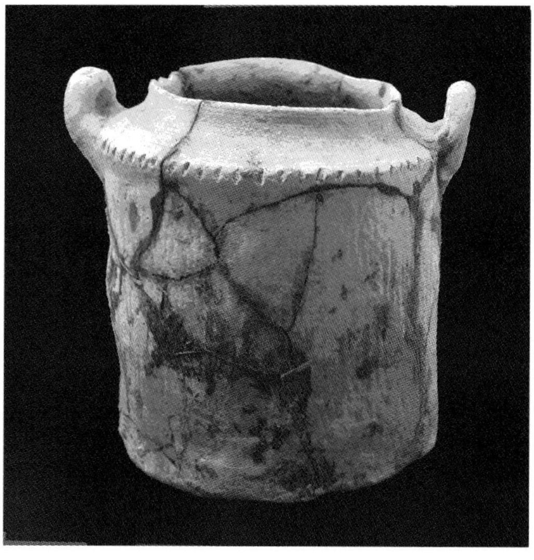

图五一　九兜山丙址采集直筒双耳小陶罐

位于原五里街公社华岩大队后格生产队北面（现五里街镇华岩社区居委会），由 4 个数十米高的小山组成，下临桃溪。1956 年发现，共 4 个地点[①]。

（1）九兜山甲　在万春寨山东北，高度次于万春寨山，遗物多在山顶，山顶较平。

（2）九兜山乙　在甲址之西，高度比甲更低，山顶也更平坦，遗物最多，散布在山顶及山坡。

（3）九兜山丙　在乙址之西，很小且低，是山之支脉，在南坡发现残破的陶器 4 件（图五一、图五二）。青铜时代。

① 林惠祥：《1956 年厦门大学考古实习报告》，《厦门大学学报》（社科版）1956 年 6 期。

图五二 九兜山丙址采集单錾小陶杯

（4）九兜山丁 在丙址西面，在东南坡发现遗物。青铜时代。

1977 年在乙丙两个地点采集到夹砂红陶 5 片（篮纹）、泥质红陶 15 片（方格纹、网格纹、直线纹）、印纹硬陶 30 片（直线纹和方格纹）、釉陶 1 片（灰绿釉，成串菱形纹和圆点纹，间以弦纹）（图五三）。

图五三 1977 年九兜山遗址采集陶片纹饰

3. 寨坪山遗址

位于县城南面桃溪南岸的石鼓乡桃场（现石鼓镇桃场村），有少量石器和陶器。1956 年发现①。1977 年采集夹砂红陶 4 片（素面）、印纹硬陶 9 片（方格纹）、釉陶 1 片（弦纹加短斜横线）②（图五四）。

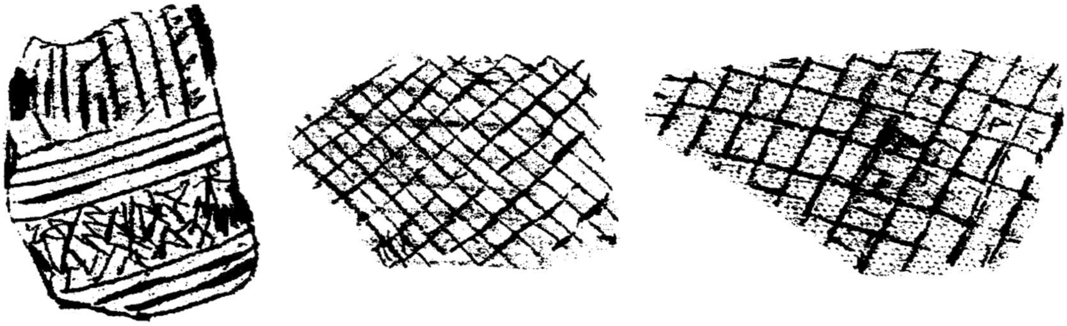

图五四　1977 年寨坪山遗址采集陶片纹饰

4. 牛头寨遗址

现山名称花果山。

位于永春县桃城镇桃溪村南 200 米处。1956 年发现，高 26 ~ 100 米，已耕植，破坏很多，遗物十分丰富，釉陶特多。采集有石器、陶器和陶片③。1977 年复查描述为遗址位于城关云龙桥西南约 2 华里，由几座海拔 60 ~ 70 米的小山丘组成，西北距桃溪 500 米，北与九兜山隔溪相望。遗物丰富，特别是山腰部分，采集陶片 77 片（夹砂陶 18 片，其中红陶 14 片、黑陶 4 片）、泥质红陶 15 片（绳纹、刻划直线纹，可辨有喇叭形豆足）、印纹硬陶 42 片（纵横交错的短线条为主，还有方格纹、篮纹、附加堆纹）、釉陶 8 片（灰绿釉，器形有敛口豆盘 1 件，饰直线纹，豆足 1 件，纹饰有双弦纹间两条一组的斜线）④（图五五）。青铜时代。

① 福建省文物管理委员会：《闽南新石器时代遗址的调查》，《考古》1961 年 5 期；《永春县志》卷三十一文物。
② 晋江地区文物管理委员会编：《晋江地区文物普查资料》1977 年油印稿，永春县“新石器时代遗址”部分。
③ 同①。
④ 同②。

图五五　1977 年牛头寨遗址采集陶片拓片

5. 康山万春寨甲址

位于桃溪北岸的原城关五里街康山（现五里街镇华岩社区居委会），高约 100 米，部分为耕地，遗物稀少。采集少量陶片①。

另外见于永春县志记载的在地点还有大宗山、许厝山、铜鼓山遗址，这几处遗址位于五里街西北部埔头小溪对面霞陵村西边，遗物有石器和陶器。1956 年发现②。

据《1956 年厦门大学考古实习报告》记载，以上这些遗址采集文物标本相当丰富，在五里街附近采集石器 59 件，有石锛、石镞、石瑗、石戈、石斧等，同时还有可复原的陶罐多件。陶纺轮、陶网坠、陶拍等遗物和数量达 1000 余片的陶片标本。据描述归纳其陶片纹饰有多种多样，以方格纹最多，其次是席纹，再者为条纹，还有蕉叶纹、雷纹、曲折纹、栅篱纹、梯格纹等。还有一部分调查者不能确认的“釉陶片”，从采集标本描述的特征看，有一部分属于釉陶片，但至少其中的一部分应属于原始瓷一类残片。如“刻纹釉陶器”，用尖物刻划而成的纹饰，像“方格纹”、“成列的小点”、“半月形纹”、“圆圈纹”、“同心双圆圈纹”、“小圆圈排成山字形”、“小点成串菱形纹”；“陶片”硬度中等，多呈黄色、常残留釉点，釉色呈灰绿等。这些特征都是我省相当于中原周代原始瓷的基本特征，与早期陶器的特点明显不同。另原报告称在一件陶瓮上印有粟

① 福建省文物管理委员会：《闽南新石器时代遗址的调查》，《考古》1961 年 5 期。1956 年发现时称为万春寨遗址，遗物散见于东面斜坡。

② 《永春县志》卷三十一文物。

粒和稻叶痕迹，并证明这里在新石器时代已能种稻①。我们从遗物特征分析，这些遗址均应属于青铜时代。

6. 长安山遗址

位于桃溪北岸的原化龙乡丰山村（现桃城镇丰山村），为一狭长山丘，山上已造林，遗物稀少，采集有石器和陶片②。

7. 化龙山遗址

位于桃溪北岸的原化龙乡化龙村（现桃城镇化龙社区居委会）村东尽头山坡上，高50余米，长约半公里，破坏严重，遗物集在山东坡上，采集有残石器和陶片③。

8. 新宫山遗址

位于桃溪北岸的原化龙乡济川村（现桃城镇济川社区居委会）一个三角形起伏相连的山丘上，高70余米，遗物集中在三峰之间的平原上，采集有釉陶和硬陶片④。青铜时代。

9. 覆船寨亲边山遗址

位于桃溪北岸原桃溪乡桃溪村（现桃城镇桃溪社区居委会），高约40米，西南一峰为复船山，北峰为亲边山，范围很广，遗物断续散布，破坏严重。采集有石器、带鋬陶罐和陶片⑤。

10. 花石山遗址

位于桃溪南岸的原化龙乡花石村（现桃城镇花石村），两山丘已开垦为梯田，遗物很少，采集有石器、陶器和陶片。1987年泉州市文物普查队复查采集到1件陶拍和少量印纹硬陶及夹砂陶片⑥。

---

① 林惠祥：《1956年厦门大学考古实习报告》，《厦门大学学报》（社科版）1956年6期。
② 《永春县志》卷三十一文物。
③ 福建省文物管理委员会：《闽南新石器时代遗址的调查》，《考古》1961年5期；《永春县志》卷三十一文物。
④ 同③。
⑤ 同③。
⑥ 同③。

11. 荒致山遗址（又名风致山遗址）

位于桃城镇德风村北约1000米的连绵不断的山丘上，雨水冲刷严重，遗物稀少，采集有少量陶片①。

12. 大杏山遗址

位于小岵乡和林村邻近的几个山丘上，有零星遗物。采集到釉陶和陶片②。

13. 大宫山遗址

位于达埔乡达埔镇永春第五中学后，数峰相连，均开为果园，遗物稀少，采集到釉陶和陶片③。

14. 凤山寨遗址

位于桃溪南岸达埔乡建国村附近，高约百米，遗物稀少。采集残石器、釉陶和陶片④。

15. 茶心山遗址（又名寨心尾遗址）

位于达埔镇中心小学后山坡上，遗物稀少，采集残陶罐和釉陶片⑤。

16. 马头山遗址（又名大平黄尾山遗址）

位于蓬壶镇美中村，高约90米，已开垦。遗物不多，采集有石器、釉陶和陶片。1981年又采集1件石斧⑥。

17. 杰山遗址

位于蓬壶镇永春第三中学后，已开为耕地，遗物稀少，采集有石器、釉陶和陶片⑦。

---

① 福建省文物管理委员会：《闽南新石器时代遗址的调查》，《考古》1961年5期；《永春县志》卷三十一文物。
② 同①。
③ 同①。
④ 同①。
⑤ 同①。
⑥ 同①。
⑦ 同①。

18. 吴山遗址

位于蓬壶镇旁，高约50米，为5个山丘，遭破坏。采集石器、石珠和陶片①。

19. 山母仑遗址

位于蓬壶镇汤城村东，被雨水冲刷，遗物稀少。采集石器和陶片②。

20. 吴文山地电仑遗址

蓬壶镇溪都村北，两山丘均已开垦种植，遗物稀少。采集有石器和陶片③。

21. 后圳山遗址

位于石鼓乡石鼓村北面相连的几个山丘上，已开为耕地，遗物稀少。采集有釉陶和陶片④。

22. 格仔寨遗址

位于石鼓乡社山村北面山坡上，高约70米，已开垦种植，遗物多在东头南面的山坡上。采集有石器、釉陶和陶片⑤。

23. 梅峰山遗址

又名梅花山遗址，位于五里街永春一中后面，遗物有陶片⑥。

24. 康山乙址

在甲址北面，高度略次于万春寨，遗物稀少。采集少量陶片⑦。

25. 康山丙址

在乙址北面，高度又次于乙址，为康山支脉。采集石器釉陶和陶片⑧。

---

① 福建省文物管理委员会:《闽南新石器时代遗址的调查》,《考古》1961年5期。
② 福建省文物管理委员会:《闽南新石器时代遗址的调查》,《考古》1961年5期;《永春县志》卷三十一文物。
③ 同②。
④ 同②。
⑤ 同①。
⑥ 同②。
⑦ 同①。
⑧ 同①。

26. 康山丁址

在万春寨西面，与丙址相连，地势略高，遗物不多①。

27. 康山戊址

位于甲乙丙丁四地点之间，为一高约10米的长山丘。采集陶杯、陶豆、陶罐和石锛②。

28. 霞陵山遗址

分甲址、乙址、丙址三地点，在城关霞陵村养贤小学后山上（现五里街镇埔头村），遗物有石器和陶片。附近相连的几个山头，分别称乙址和丙址。乙址在甲址的东北边，与甲址相距约50米。采集有石器、釉陶和陶片等。丙址在乙址一面偏北处，与乙址相距约30米，地势略高，遗物稀少。采集有陶片③。

29. 尾路山遗址

在霞陵村埔头小学南面的山头，霞陵甲址的南面，高15~20米，遗物稀少。采集有陶豆、釉陶和陶片④。

30. 大湖尾遗址

在一都仙阳村（现一都镇）采集到石器和泥陶、釉陶片。1977年发现，1982年复查⑤。

31. 贡子山遗址

在湖洋清白小学所在的贡子山上，遗物有陶豆、石戈、石斧和碎陶片。系建校舍时从地表下80厘米处挖出。

石戈　黑色板岩磨制，表面风化呈灰白，全长29、宽6.5、中脊厚1.2厘米，柄部有一孔，孔径1.6厘米。

陶豆　为泥质硬陶，灰色，豆盘略残，平沿外折，曲腹。

① 福建省文物管理委员会：《闽南新石器时代遗址的调查》，《考古》1961年5期。
② 同①。
③ 福建省文物管理委员会：《闽南新石器时代遗址的调查》，《考古》1961年5期；《永春县志》卷三十一文物。
④ 同③。
⑤ 《永春县志》卷三十一文物。

盘　喇叭形圈足。口径 12. 5、足径 9、高 7. 5 厘米。

1977 年和 1982 年复查[①]。

32. 虎坪山遗址

位于锦斗乡虎坪山，1987 年发现，采集有印纹硬陶片和夹砂陶片[②]。

（五）惠安县

共 2 处。

1. 大岞遗址

位于惠安市崇武镇大岞村大岞山东坡的龙喉岩背面，海拔 84. 6 米。1958 年发现，至 1987 年先后五次复查。遗址占地面积约 1200 平方米，有厚约 1 米的文化层堆积，采集有石刀 1 件、残石锛 2 件和较多陶片。陶质多红、橙红、黑色夹砂陶、泥质陶。细泥磨光者少。纹饰有篮纹、绳纹、斜线纹、云雷纹和附加堆纹等，还发现彩绘黑色直线纹陶片；可辨器形釜、罐、钵等[③]（图五六）。1984 年公布为县级文物保护单位。新石器时代。

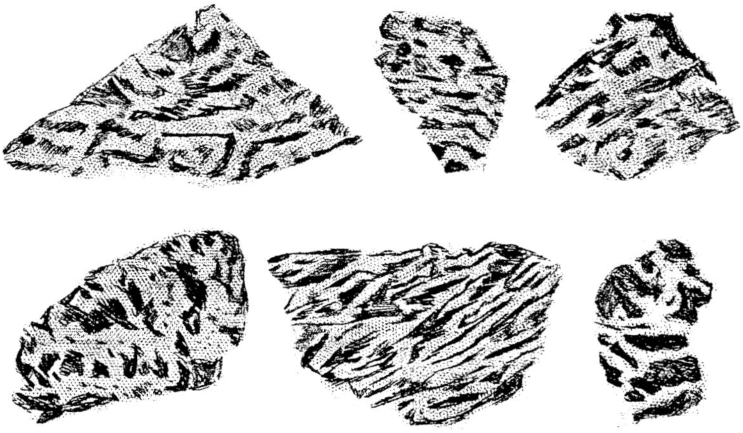

图五六　1977 年大岞遗址采集陶片纹饰

① 《永春县志》卷三十一文物；晋江地区文物管理委员会编：《晋江地区文物普查资料》，1977 年油印稿，永春县“新石器时代遗址”部分。

② 《永春县志》卷三十一文物。

③ 惠安县文化体育局编：《惠安县文物志》。

2. 音楼山遗址

位于惠安市百崎乡下埭村东北300米处，海拔近60米。遗址分布在山腰部分，范围约2100平方米。1976年发现，1978～1979年两次复查。采集有石锛、小石斧、小石凿，陶拍和夹砂红陶、灰陶和黑陶片、泥质灰陶片、红色叶脉纹彩陶片。纹饰有篮纹、绳纹、席纹、剔点纹、蕉叶纹等，可辨器形有罐、壶、钵、釜等①。青铜时代。县级文物保护单位。

（六）泉港区

共2处。

1. 蚁山遗址

位于涂岭镇后埔村东北400多米的蚁山（又名行山）顶上和南北坡。山高161米。与山腰镇古县村接壤。在南坡20平方米、北坡200平方米范围内的表土和土层中集中或散存陶器残片。1987年泉州市文物部门调查时采集有石锛3件（残2件）、陶纺轮1件、陶豆1件以及陶片200余片。可辨器形有尊、罐、钵、壶、瓮、洗等，质地为细砂灰陶、红灰、泥质红灰和砂质黑灰陶。纹饰有篮纹、方格纹、粗绳纹、弦纹、席纹、方格十字纹、附加堆纹②。

同年福建省博物馆也进行调查，据林聿亮等《福建惠安涂岭新发现的古文化遗址》载，调查时在山顶乱石堆中发现小面积贝壳堆积多处，分布范围东西长80米，南北宽50米。个别地段有厚30～40厘米贝壳层。采集陶器分粗砂陶、细砂陶和泥质陶三种。以细砂陶占多。粗砂陶陶色有灰、灰黑、红色三种，细砂陶有灰、灰红、灰黄、红、黄、黄褐等六种，泥质陶有灰、红、黄三种。纹饰有粗绳纹、梯格纹、交错绳纹、方格纹、编织纹、叶脉纹、刻划斜条纹、凹弦纹等。个别器物还在唇、颈、腹部饰红衣、宽带状和点状红彩。无完整或复原器物。器形有罐（20件，均残片。其中长颈罐9件、双耳小罐1件）、尊（9件，其中敞口尊5件、高领尊4件）、釜（4件）、钵（1件）、杯（1件）、带耳勺?（1件）、方形器（1件）、支座（1件）。

石锛　2件。HTY:34，单面刃，身刃磨制，顶部未磨。刃残。平面近长方形，断面呈椭圆形。长7.6、宽3.6厘米。HTY:35，双面刃，浑身磨制。平面、断面皆呈圆角

---

① 《中国文物地图集·福建卷》基础材料，《惠安县文物志》。

② 《惠安县文物志》，涂岭原属惠安。

长方形。长 11.5、宽 6.9 厘米①。

2. 果合山

位于蚁山之南面 200 米，属山腰镇古县村。采集方格纹带錾硬陶折肩罐 1 件和零星陶片。其他情况不详②。

（七）洛江区

本区历史上未发现任何遗址。

（八）丰泽区

共 2 处。

1. 翠屏山遗址

位于丰泽区北峰街道招丰村北 2000 米，1987 年发现，遗址面积约 4000 平方千米，有厚约 0.4 米的文化层堆积。采集有残石斧、残石锛、陶纺轮和泥质陶片、夹砂灰陶片、夹砂黑陶片等，陶片纹饰有方格纹、篮纹等，可辨器形有斧、罐等③。青铜时代。

2. 詹公山遗址

位于丰泽区双阳镇洪厝村西北 20 米，1988 年发现，遗址面积约 50 平方米，采集有石锛、穿孔石戈和夹砂灰陶片、夹砂黑陶片、方格纹灰硬陶片。可辨器形有罐、釜④。青铜时代。

二、遗址发掘

发掘仅狮子山遗址一处。狮子山 1957 年春发现，1960 年发掘。选择山冈顶部南面平台的三个地点，计开探沟 9 条，发掘面积 100 平方米。

狮子山地层很简单，除表土层外，仅有一个文化层，灰褐色，厚度为 20 ~ 120 厘米。

---

① 林聿亮等：《福建惠安涂岭新发现的古文化遗址》，《考古》1990 年 2 期。
② 同①。
③ 《中国文物地图集 · 福建卷》基础资料。
④ 同③。

揭露石构居住遗迹1处、灰坑2个；出土石器38件、陶器27件，不明器形青铜器3件和各类陶片5840片，此外还发现一些黄赤色的烧土块。

石器有石锛8件、石斧3件、石刀1件、石戈2件等，盘状器1件、敲砸器2件、砺石4件、石纺轮1件、石环4件、石笄1件、柱状饰物1件、石圭1件。磨制技术相当高明，装饰品磨制相当精细，也有部分石器仅刃部稍加磨制，其他部位则保留打制片疤。

陶器大多残片，共5840片。其中夹砂软陶占76%、泥质软陶占2%、硬陶占20%强、彩陶占1%，还有极少量的釉陶。陶色夹砂陶有灰、红二色，器形有罐、甗、瓮、鼎等（?）；硬陶为灰青色，饰划纹、附加堆纹、席纹、方格纹、曲折纹等十多种；器形有罐、盘、钵、豆等；泥质陶多灰黑色，表面常饰橙黄色陶衣；彩陶多橙黄陶，表面施彩绘，图案为方格纹。釉陶均硬陶，釉色呈青绿色或黑褐色。器形有盘、钵、豆、罐等（图五七～图六〇）。

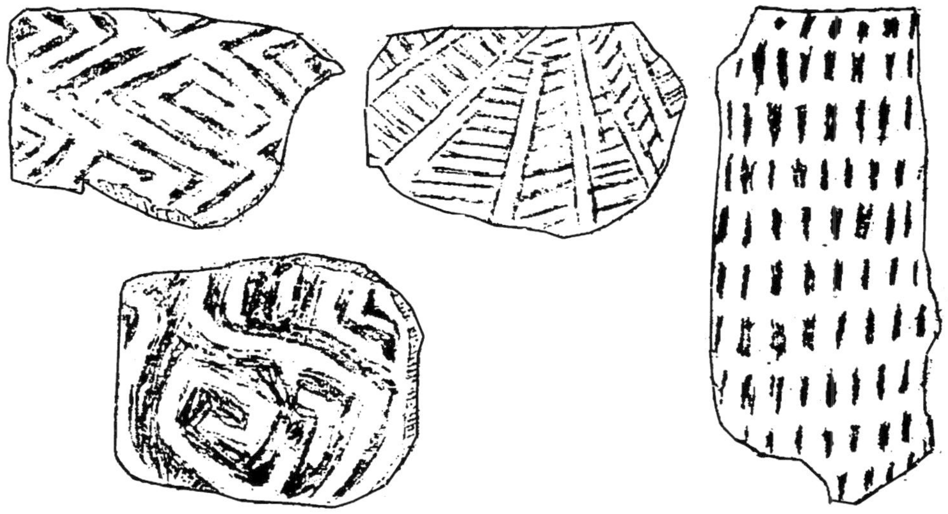

图五七　1960年狮子山遗址出土夹砂陶片纹饰

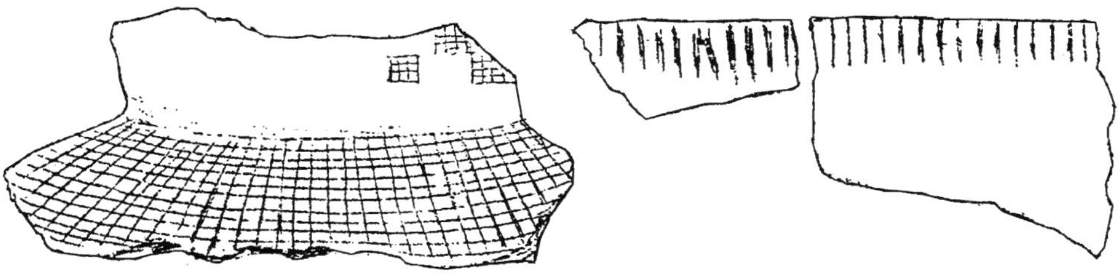

图五八　1960年狮子山遗址出土彩陶图案摹本

图五九　1960 年狮子山遗址出土硬陶片纹饰

图六〇　1960 年狮子山遗址出土釉陶纹饰

另外还发现有 3 件青铜残器，器形不辨。详见附录①。

从出土文物分析，该遗址的时代为青铜时代，但可分为早晚二组器物。早期遗物与音楼山遗存相同，属青铜时代早期，部分晚期遗物最晚则可能至西周时期。

三、其他发现

1. 南安水头镇红福村石锛

1985 年南安水头镇红福村赤坑石窟山出土了一批 12 件的成套石锛。青灰岩，质较软，扁平略近长方形，有的作弓背状，侧棱明显，通体磨光，大多凹弧刃，其中四件凹刃面特别明显，也有个别平刃。一些器身侧缘或刃部有崩疤，1 件残断。最大一件长 16.8、宽 6～6.8、厚 1.4～2 厘米。最大一件长 32.5、宽 10.8～12、厚 1.8～2.4 厘米②（图版一，4）。

---

① 泉州海外交通史博物馆等：《福建丰州狮子山新石器时代遗址》，《考古》1961 年 4 期。

② 张仲淳、郑东：《福建南安发现成套石锛》，《考古》1993 年 4 期；《福建南安县发现成套石锛》，《中国文物报》1987 年 10 月 1 日。

2. 南安丰州九峰山青铜器

1995年2月26日在南安丰州西华村董埔自然村后九峰山修筑简易公路时，农民黄章平、黄友唱、黄友泉和郑建明等发现青铜器，随后将发现的青铜器送到市文物商店要求鉴定，时在该店工作的文物干部陈健鹰得知后设法将此批珍贵文物暂留并告泉州市文物管理委员会，市文管会郑焕章和南安县杨小川二人随即到现场调查。

九峰山是晋江北岸相距晋江约500米的一列拱绕泉州城的丘陵中的一段，东望双阳山，西与九日山、金鸡山桃源水库等相连。山之海拔为270米左右。东、西、北面群山连绵，岩石大量裸露，局部草深林茂。山体南侧较陡，岩石大部裸露，下临西华村，南望晋江和丰州镇。青铜器出土位置大体在山体南侧的中上部，距山脚约为3/4的位置上，具体在海拔180～200米（图六一）。现场为采石场，石缝中夹杂着泥土，泥土为砂质红土，较松散，所余土层已不多。据说当时为五件同出，其中一件不知去向。现存四件，其中两件收藏于南安县博物馆，两件收藏于泉州市博物馆。后经国家文物鉴定委员会专家杜迺松和郝本性、高至喜、王海文等鉴定，为东周遗物①。具体如下。

图六一 九峰山远景

图六二 九峰山青铜镬（九峰山:3）
上：正面 下：侧面

东周双月纹弧形青铜镬 九峰山:1，完整。长身，弧刃，刃口截面呈凹弧形，凹弧尾，扁圆形銎，弓背。背面中部有一小穿。正面中上部有两个简化兽面圆圈形纹，其上还饰二道凸弦纹。长17.5、宽8.5厘米（图六三，1；图版二，1）。收藏级别为一级乙品（收藏于泉州市博物馆）。

东周青铜镬 九峰山:2，銎略残。形如九峰山:1，但稍小。长14.5、宽7.2厘米（图六三，2；图版二，2）。收藏级别为三级品（收藏于南安市博物馆）。

东周青铜镬 九峰山:3。残甚，压扁变形。弧刃，刃口截面也呈凹弧形，正面上部有两个简

① 南安博物馆与泉州博物馆藏资料。

化兽面圆圈纹。残长8.8、宽5.7厘米（图六二；图六三，4）。收藏级别为一般文物（收藏于泉州市博物馆）。

东周青铜锛　九峰山:4，略损。近长方形，微束腰，微弧刃，长方形銎。长11.2、宽5厘米（图六三，3；图版二，3）。收藏级别为三级品（收藏于南安市博物馆）。

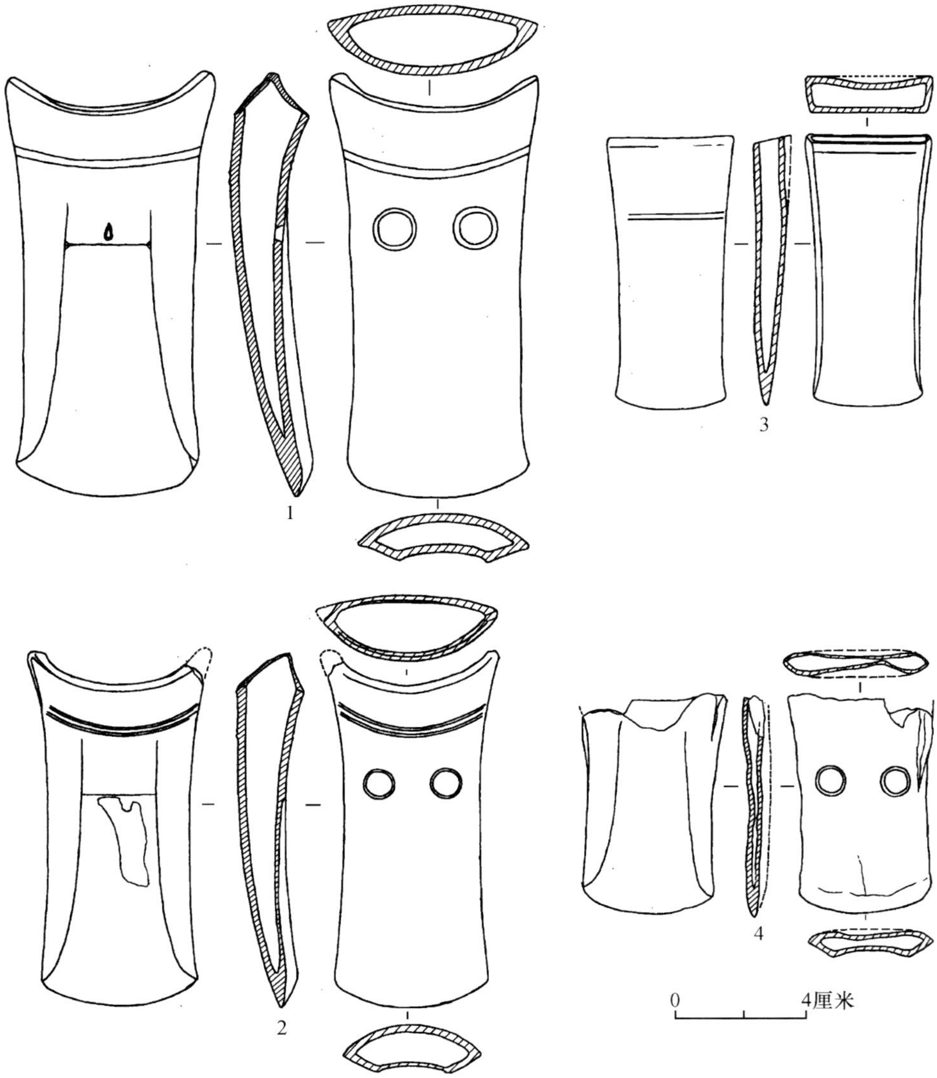

图六三　九峰山出土东周青铜器

1、2、4. 镬（九峰山:1、九峰山:2、九峰山:3）　3. 锛（九峰山:4）

3. 南安莲塘乡星村青铜锛

在该村西南水库一个名叫“麻儿洗”的小山岗开渠引水时，于地表下0.3米处发现青铜锛1件。未发现其他遗物。

青铜锛 保存完整，銎部微损。长体，凹形銎，器身上宽下窄，通长20、上宽9.5、刃宽7、厚2.2厘米。器背拱起，刃口微弧，正面上部有两个对称的圆圈纹，圆圈纹上还有隐约可见的一对眉形纹，纹样似简化兽面纹（图六四）。时代早到西周，至迟不晚于春秋①。

4. 泉州北峰埔任村青铜锛

早年泉州北峰埔任村发现青铜锛一件。近长方形，凹形銎，背部隆起，近平刃。正面上部有两个圆圈纹②（图六五）。

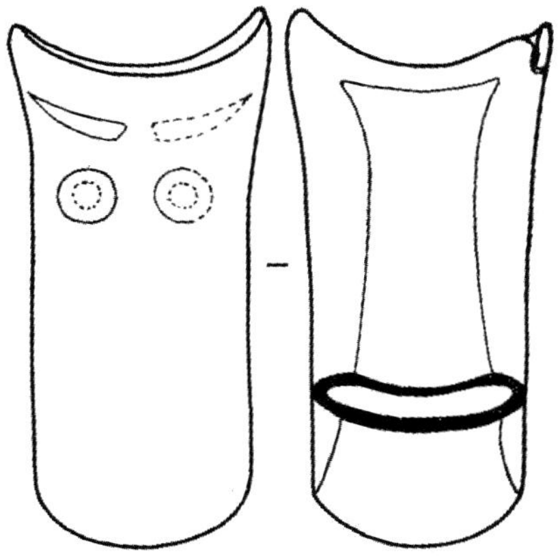

图六四 星村采集青铜锛（正、背面）

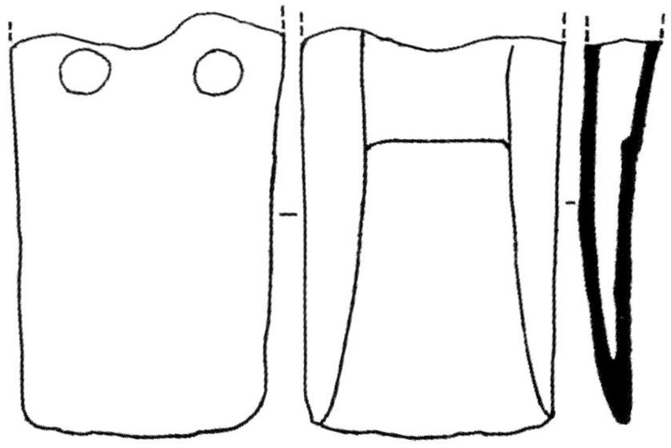

图六五 埔任村采集青铜器（正、背、剖面）

5. 惠安县涂寨区琼峰乡石戈

20世纪50年代后期，在惠安县东门外涂寨区琼峰乡工地挖出二件大石戈，一端斜削，一端尖形，钻孔，磨制很光滑。一块完整的长达35.5、宽7.5、孔径1.7厘米。一件尖部残损，残长21.5、宽6、孔径1.5厘米③。

① 陈希：《南安城关莲塘星塔发现青铜锛》，《福建文博》1989年1、2合刊。
② 陈存洗、杨琮：《福建青铜文化初探》，《考古学报》1990年4期。
③ 杨启成：《福建南部有三处发现古代遗存》，《文物参考资料》1957年1期。

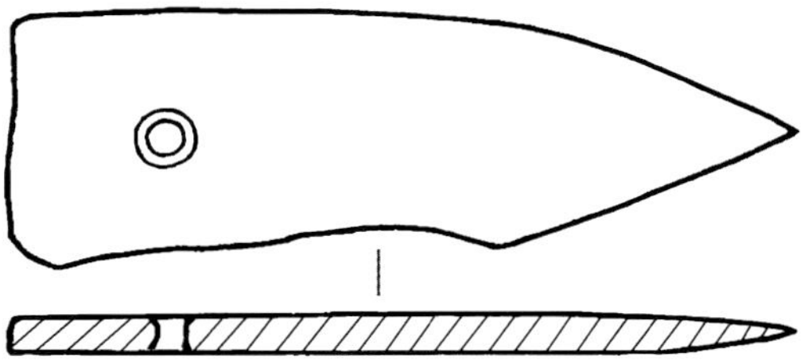

0　　4 厘米

图六六　石壁水库采集石戈

6. 福建南安石壁水库石戈

1956 年 1 月在福建南安石壁水库建设工程中发现 3 件石戈，由青石制成。其中一件长 13、宽 4、厚 0.5 厘米；近末端有一圆孔，孔径 1 厘米（图六六）。其余二件长 17、宽 5.5、厚 0.5、圆孔径 1 厘米。两面磨光，刃部非常锋利①。在水库工地还发现了一个两头尖的石纺轮和两块口缘外面有波浪纹并画有黑彩的陶片②。

7. 石壁水库遗物

1957 年 10 月，在石壁水库溢洪道下游地方和水库东北坝头山上采集石器 3 件，陶片 13 片。纹饰有方格纹、筐篮纹、水波纹，还有在方格纹中间夹其他图案的③。青铜时代—汉代。

8. 涂岭松园村石锛

据惠安馆藏资料，该馆存有 1981 年于涂岭松园村（现属泉港区涂岭镇）采集的 1 件石锛。

9. 黄塘后溪村、涂寨陈芹洞石锛

据惠安馆藏资料，1980 年在黄塘后西村采集石锛 1 件；在涂寨陈芹洞山采集石锛 2 件。

10. 南安仑苍公社石斧

1977 年在南安仑苍公社辉煌大队扬甲蓝采集石斧 1 件，77NC11∶1，残，磨制，

---

① 郑元福：《福建南安石壁水库发现石器》，《考古简讯》1956 年 3 期。

② 衣周：《同安县及南安县发现古代遗物》，《文物参考资料》1957 年 3 期。

③ 晋江地区文物管理委员会编：《晋江地区文物普查资料》，1977 年油印稿，南安县“新石器时代遗址部分”。

圆刃。残长7.3、宽7.1、残厚3.3厘米。在城关霍东大队岭头山采集陶纺轮1件，77NG3:1，完整，灰黑细砂陶，呈圆台状。径2.4与1.8、厚1厘米，孔径0.35厘米①。

11. 南安博物馆藏品

南安博物馆馆藏品中有较多石器，还有个别陶器和原始青瓷器。有些标明采集地点，大部分未注明采集地点，其中一些可能来自以上所列遗址。由于采集年代久远，已无法归入原采集地点②。这里将这些经挑选的藏品介绍如下。

（1）石器　19件。

藏品1　石戈。扁平体。亚腰形，内援一体，直内，援微收腰，折收三角锋。后部一穿。锋尖微残。灰色，磨制精细。残长18.7、宽6.5、厚1.15厘米（图六七，2；图版二，4）。1958年南安石壁水库出土。

藏品2　石戈。扁平体，柳叶形，内援锋连成一体。未有明显分界。直内。弧援，弧收锋。浅灰色。磨制精细。长18.3、宽6、厚1.5厘米（图六七，1；图版二，5）。南安蓬华虎脚山采集。

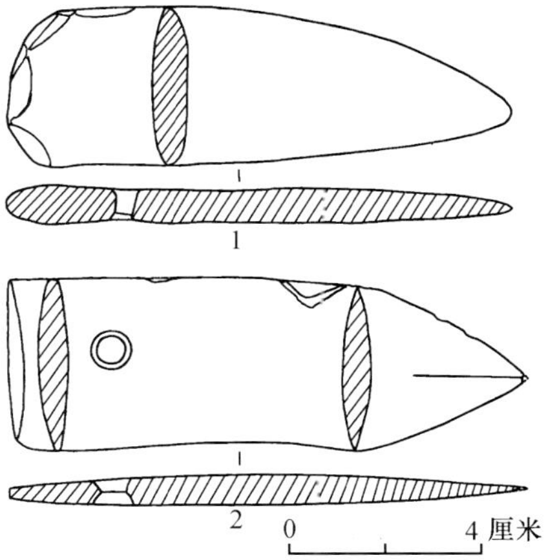

图六七　南安馆藏石戈

1. 藏品2　2. 藏品1

藏品3　石锛。宽体稍厚，长方形，平刃，刃背稍残，平尾。截面呈梯形。灰色。磨制稍精。长22.2、宽8、厚2.6厘米（图六八；图八三，3）。南安采集。

藏品4　石锛。宽体扁薄，长方形，微斜刃，刃口截面呈凹弧形，平尾，直背，截面呈梯形。青灰色，磨制精细。长21.1、宽7.8、厚1.9厘米（图八三，1；图版三，1）。南安蓬华庙后山采集。

藏品5　石锛。刃与背面及一侧残，约长方形，扁稍厚。斜尾。器身截面近梯形。灰色。残长17.5、宽5.7、厚2.1厘米（图七〇；图八三，4）。1958年南安N33T9出土。

① 怀华：《南安石壁水库溢洪道下游发现古遗物》，《文物参考资料》1958年11期。

② 南安市博物馆馆藏资料。

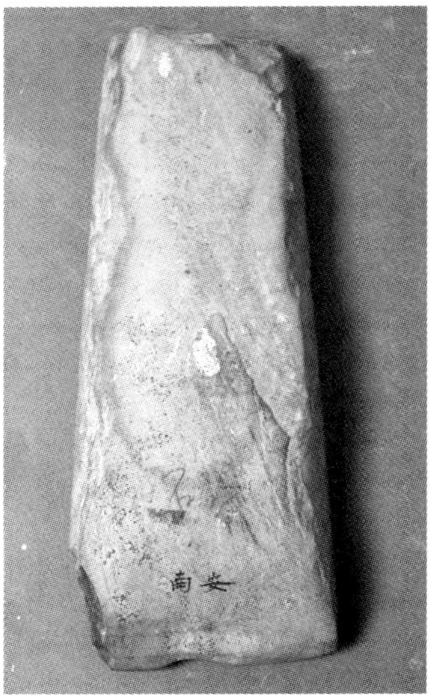

图六八　南安馆藏石锛
（藏品 3）

图六九　南安馆藏石锛
（藏品 6）

图七〇　南安馆藏石锛
（藏品 5）

藏品 6　石锛。扁平体，长方形，器体规则，平刃，刃部截面呈凹弧形，平尾，直背，器身截面呈梯形。青灰色，磨制精细。长 20.7、宽 6.9、厚 1.8 厘米（图六九；图八三，2）。采集。

藏品 7　石锛。圆角三角形，弧刃，尖尾，弓背。器身截面不规则。灰绿色，磨制较粗。中度风化。长 9.9、宽 5.7、厚 2.1 厘米（图七一；图八四，2）。采集。

图七一　南安馆藏石锛（藏品 7）

图七二　南安馆藏石锛（藏品 8）

藏品8　石锛。体厚重，长方形。刃残，平尾，器身截面呈三角形。简单打制，局部稍加粗磨。长9.7、宽3.9、厚2厘米（图七二；图八四，1）。采集。

藏品9　石锛。体扁薄，梯形，平刃，平尾，器身截面约扁圆形。深灰色，磨制稍粗。长5.7、宽4、厚1.3厘米（图七三；图八五，2）。1958年南安观音（育）亭采集。

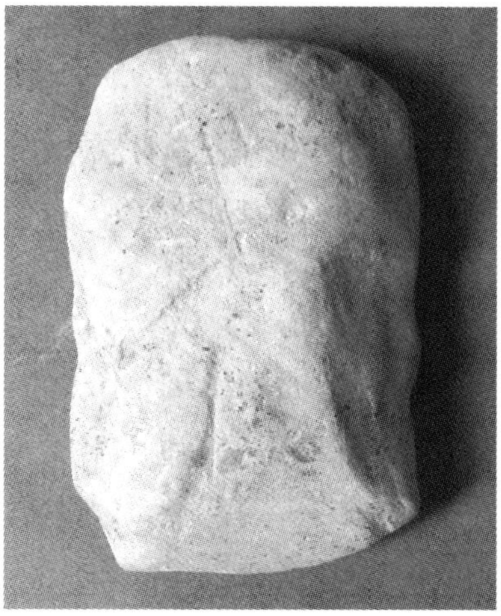

图七三　南安馆藏石锛（藏品9）

图七四　南安馆藏石锛（藏品10）

藏品10　石锛。体稍厚，约长方形。斜弧刃，微弧尾，器身截面近梯形。黄灰色，磨制稍粗。中度风化。长6.1、宽3.9、厚1.5厘米（图七四；图八五，8）。南安金淘采集。

藏品11　石锛。体厚重，近长方形。平刃，斜尾，器身截面近扁圆形。灰色，磨制较精。长6.8、宽4.3、厚1.9厘米（图七五；图八五，5）。采集。

藏品12　石锛。近梯形，微弧刃，弧尾，器身截面呈梯形。黄灰色。精细磨制。长4、宽2.8、厚1.1厘米（图七六；图八五，4）。采集。

藏品13　石锛。体扁平，近正方形。平刃，斜尾。器身截面近扁饼状。灰色。磨制较精。轻度风化。长3.6、宽3、厚0.7厘米（图七七；图八五，3）。采集。

藏品14　石锛。体扁薄，近椭圆形。弧刃，弧尾。器身截面近圆角长方形。灰绿色。磨制较粗。中度风化。长4.5、宽3.1、厚0.7厘米（图七八；图八五，9）。采集。

图七五　南安馆藏石锛（藏品 11）

图七六　南安馆藏石锛（藏品 12）

图七七　南安馆藏石锛（藏品 13）

图七八　南安馆藏石锛（藏品 14）

藏品 15　石锛。体宽而扁平，近正方形。微弧刃，平尾。器身截面近梯形。磨制精细。青灰色。长 5.8、宽 5.4、厚 1.2 厘米（图七九；图八五，1）。采集。

藏品 16　石锛。长方形，平刃，弧尾，器身截面呈梯形。青灰色，磨制不精。长 4.2、宽 2.35、厚 1.1 厘米（图八〇；图八五，10）。采集。

图七九　南安馆藏石锛
（藏品15）

图八〇　南安馆藏石锛
（藏品16）

藏品17　石锛。残。约长方形，平刃，器身截面呈三角形。青灰色，打制。残长3.95、宽2.25、厚0.7厘米（图八一；图八五，6）。采集。

藏品18　石锛。器扁平，长方形。平刃，斜尾。器身截面近三角形。黄灰色。磨制稍精。长4.2、宽1.9、厚0.7厘米（图八二；图八五，7）。南安采集。

图八一　南安馆藏石锛
（藏品17）

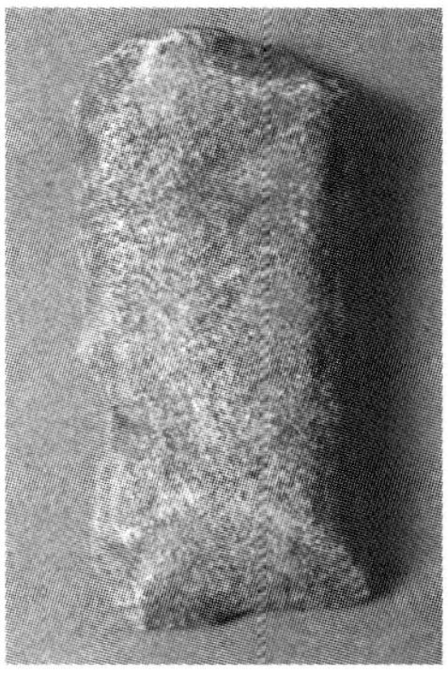

图八二　南安馆藏石锛
（藏品18）

藏品19　石锛。长条形。平刃，截面为凹弧刃；微弧尾，弓背。器身截面近梯形。打制加粗磨，刃部磨制较精，较锋利。表面呈灰色。长12.5、宽4.6、厚2.7厘米（图八四，3；图版三，2）。南安采集。

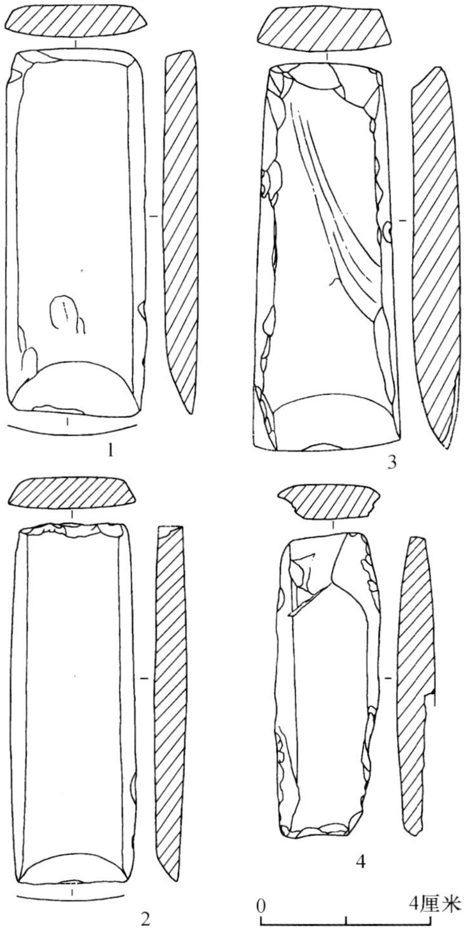

图八三　南安馆藏石锛

1. 藏品 4　2. 藏品 6　3. 藏品 3　4. 藏品 5

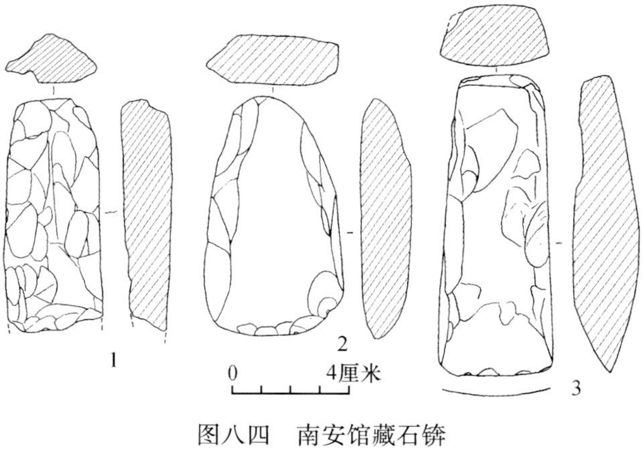

图八四　南安馆藏石锛

1. 藏品 8　2. 藏品 7　3. 藏品 19

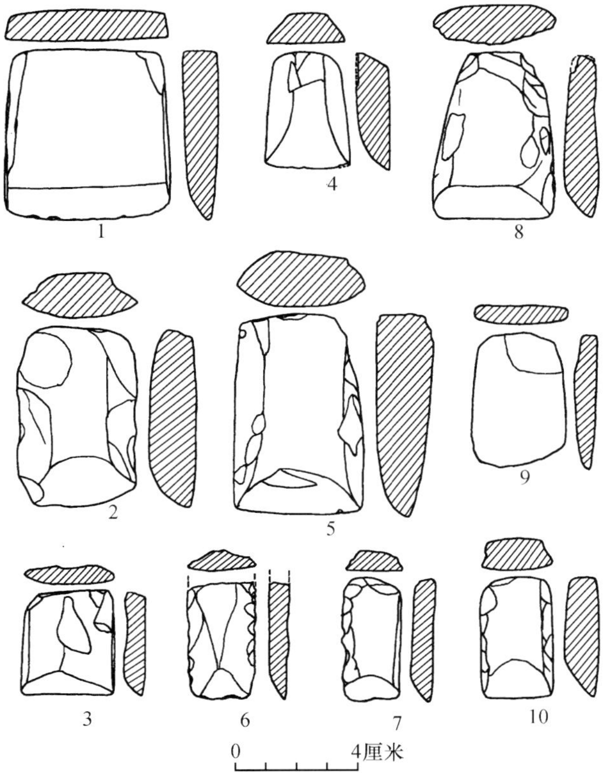

图八五 南安馆藏石锛

1. 藏品15 2. 藏品9 3. 藏品13 4. 藏品12 5. 藏品11 6. 藏品17 7. 藏品18 8. 藏品10 9. 藏品14 10. 藏品16

（2）陶器 4件。

藏品20 陶拍。残件约长方形，扁平体。正背面压印长方格纹。泥质黄灰色。残长5.5、宽4.4～5.5、厚2.2厘米（图八六；图八八，1）。

图八六 南安馆藏陶拍（藏品20）

藏品21 陶拍。残件为半圆形，扁平体。正背面刻条纹。泥质灰黑陶，夹少量粗砂。径约9.7、残宽3.7、厚1.8厘米（图八七；图八八，2）。1958年南安采集。

藏品22 陶纺轮。梯形，泥质灰陶。顶径2、底径2.4、厚0.9厘米（图八八，3）。

藏品23 陶壶。斜方唇，斜折沿，折腹，圈足残。唇面施一道凹槽，腹饰方格纹和梯格纹，外表并施红衣。泥质黄陶。口径11、腹径16、残高12.8厘米（图八八，4；图版三，3）。

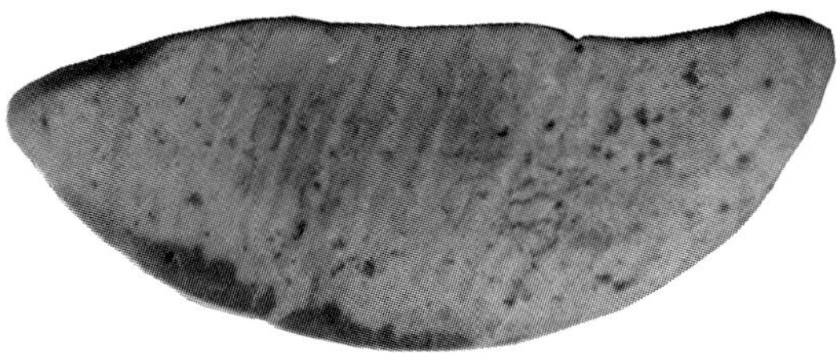

图八七　南安馆藏陶拍（藏品 21）

（3）原始瓷器　1 件。

藏品 24　原始青瓷双耳壶。圆唇，斜折沿微带卷，侈口，鼓腹圆折，矮小圈足，足外侈。沿外至上腹附对称双宽扁耳。折沿处和折腹处各施二道凸棱和戳印联珠纹，下腹还饰条纹，但模糊不清。灰胎，器表施青釉。口径 12. 4、腹径 16. 6、足径 7、高 16. 6 厘米（图八八，5；图版三，4）。1961 年南安福溪边庵山顶采集。

12. 鹧鸪山遗物

泉州市博物馆藏鹧鸪山采集品。泉州市博物馆收藏了早年采自丰泽区东海街道鹧鸪山遗址的多件文物。该遗址现已被毁。其中双耳原始瓷尊、黑衣陶罐、石斧和有段石锛较有特色（图八九～图九一）。

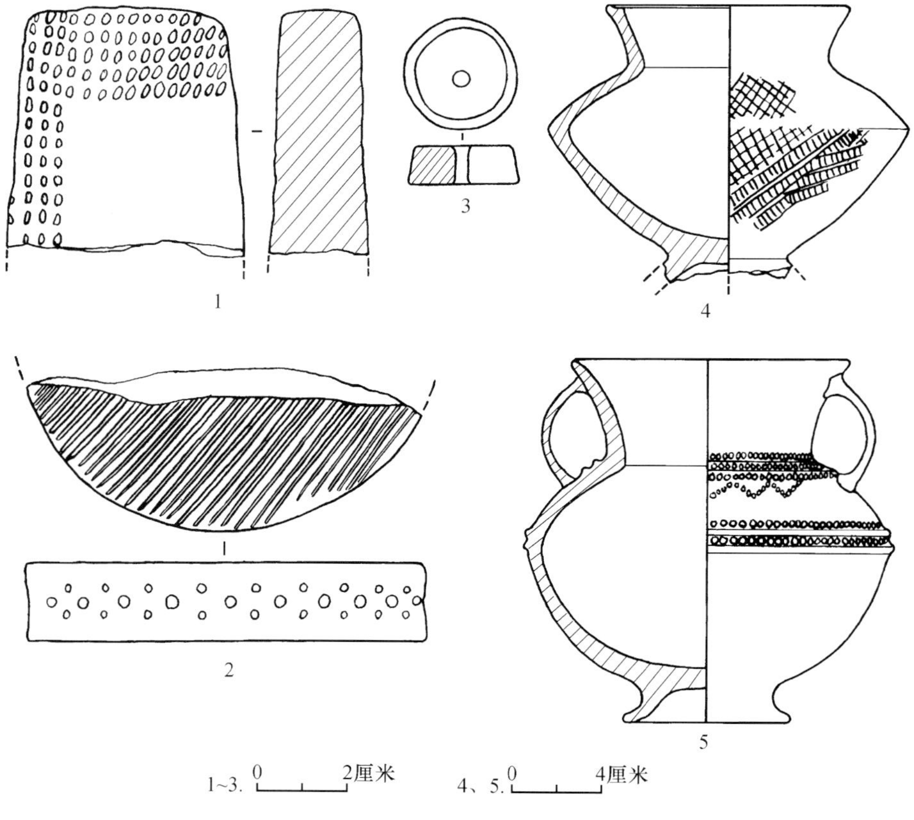

图八八　南安馆藏陶器和原始瓷器

1. 藏品 20　2. 藏品 21　3. 藏品 22　4. 藏品 23（58 年石壁水库出土）　5. 藏品 24（福溪边庵山采集）

图八九　鹧鸪山采集原始瓷尊和黑衣陶罐

图九〇　鹧鸪山采集石斧

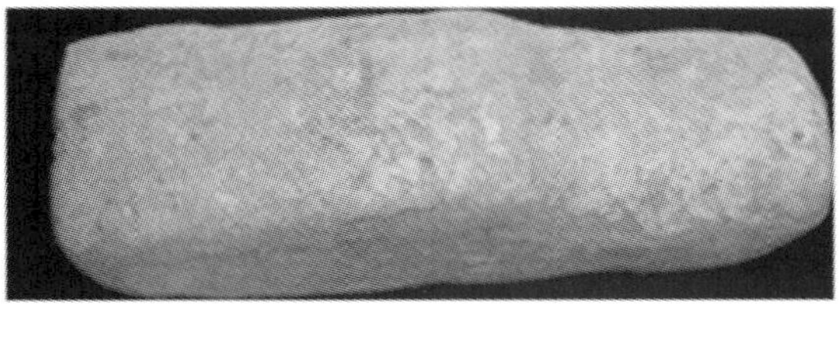

图九一　鹧鸪山采集有段石锛

第二节　本次调查成果

据统计，本次晋江流域考古调查新发现遗址66处，复查以往发现的遗址40处（其中采集到遗物的仅24处遗址）。

一、遗址调查

（一）石狮市（图九二）

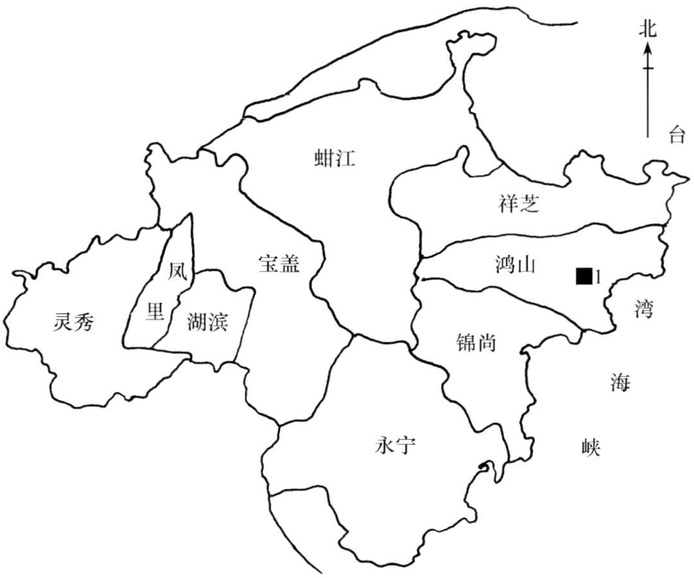

图九二　石狮市遗址分布图

1. 长任山地点

新发现遗址

1处。

长任山地点　位于石狮市鸿山镇五堡村西100米处，椭圆形山丘，相对高度15米，山丘面积约5000平方米。灰黄色沙质土，无文化层堆积（图九三）。发现大量晚期瓷片。在南坡采集2件石核。均黑色燧石，体甚小，形状不规则，整体多次剥片。

长任山:1，长 2.6、宽 1.6、厚 0.7 厘米（图九四，1；图九五，1）；

长任山:2，长 2.1、宽 1.6、厚 1.3 厘米（图九四，2；图九五，2）。

图九三　长任山地点

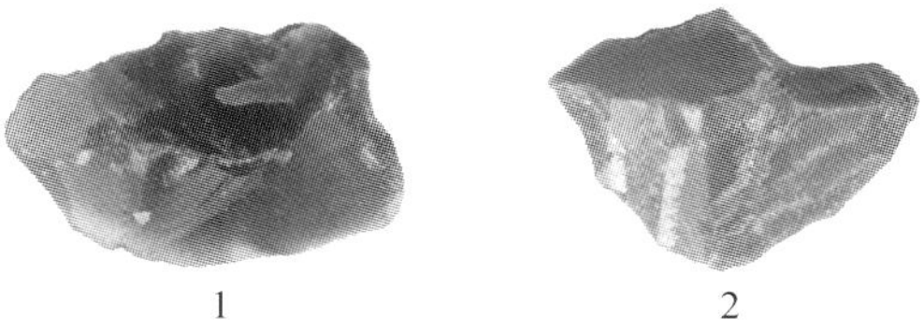

图九四　长任山地点采集燧石石片

1. 长任山:1　2. 长任山:2

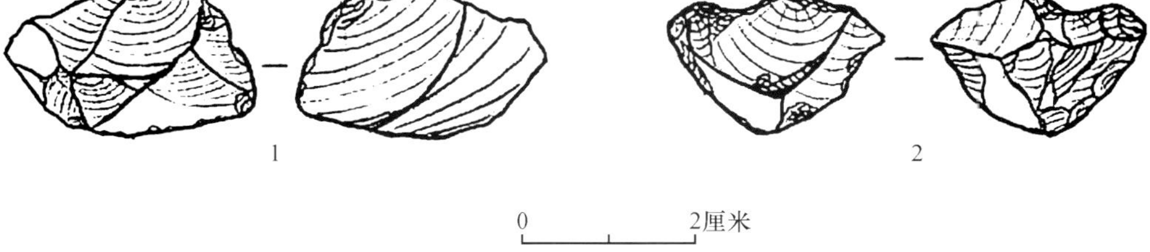

图九五　长任山地点采集燧石石片

1. 长任山:1　2. 长任山:2

（二）晋江市（图九六）

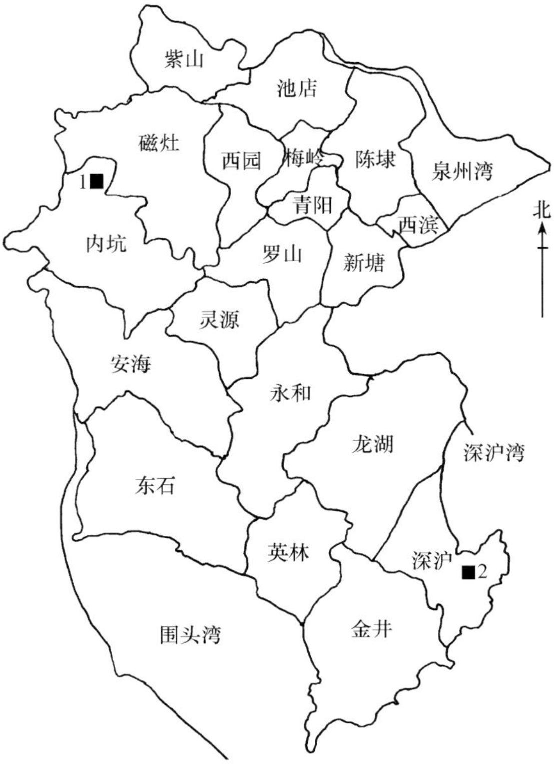

图九六　晋江市新发现与复查遗址分布图

1. 思母山遗址　2. 庵山遗址

1. 新发现遗址

1 处。

庵山遗址　位于晋江市深沪镇坑边村颜厝自然村，西北距晋江市 23 公里，东北距深沪镇 1.6 公里，南连坑边村，西南与颜厝自然村相接，东面与北面距深沪湾各为 2 公里和 1 公里。山顶海拔为 27 米，相对高度约 12 米，遗址西北侧有小溪流经。庵山是一座风积形成的低矮沙丘，地貌上属海滨沙丘类型。2007 年 4 月发现。原有面积约 20 万平方米，现存面积约 10 万平方米（图九七）。2007 年 5 月 20 日至 8 月 30 日福建博物院和晋江市博物馆联合发掘。发掘面积共 775 平方米，清理了灰坑和夯土墩等遗迹，出土了小件青铜器、石器、陶器、骨器和贝器及动物、贝类遗骸等大量遗物（图九八～图一〇五；图版三，5、6；图版四，1～3）。详见发掘报告（另刊）。

图九七　庵山遗址北区发掘（西—东）

图九八　庵山遗址北区发掘探方（北—南）

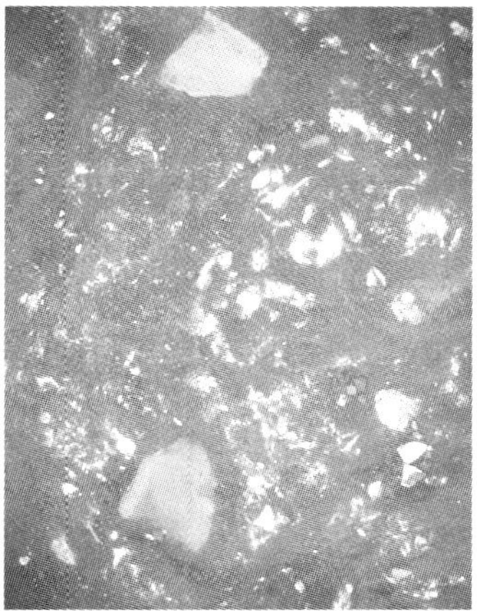

图九九　庵山遗址贝壳堆积

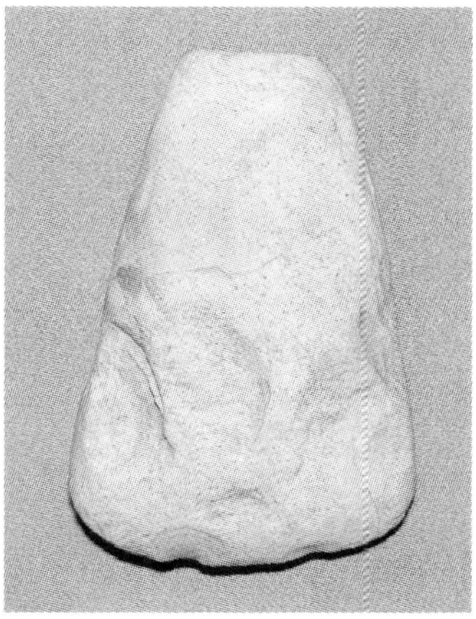

图一〇〇　庵山遗址出土石锛

图一〇一　庵山遗址出土凹石

图一〇二　庵山遗址出土骨器

图一〇三　庵山遗址出土陶拍与陶片

图一〇四　庵山遗址出土陶口沿残片

图一〇五　庵山遗址出土玉环

2. 复查遗址

1处。

思母山遗址　位于晋江市内坑镇砌坑村北。西侧和北侧均被工厂占据。不规则椭圆形，长250、宽200米，总面积约50000平方米，相对高度20～30米。地表为树林。局部有文化层堆积。遗物分布范围约5000平方米，见于山顶和东坡（图一〇六）。采集陶片18片，分夹砂陶、泥质陶和硬陶。夹砂陶有灰黑色3片、灰色4片；泥质陶风化严重，有灰黑色6片、黄色2片、灰色1片；硬陶仅灰色2片（方格纹1片）。余均素面（图一〇七）。新石器—青铜时代。

图一〇六 思母山遗址

图一〇七 思母山遗址采集陶片

（三）南安市（图一〇八）

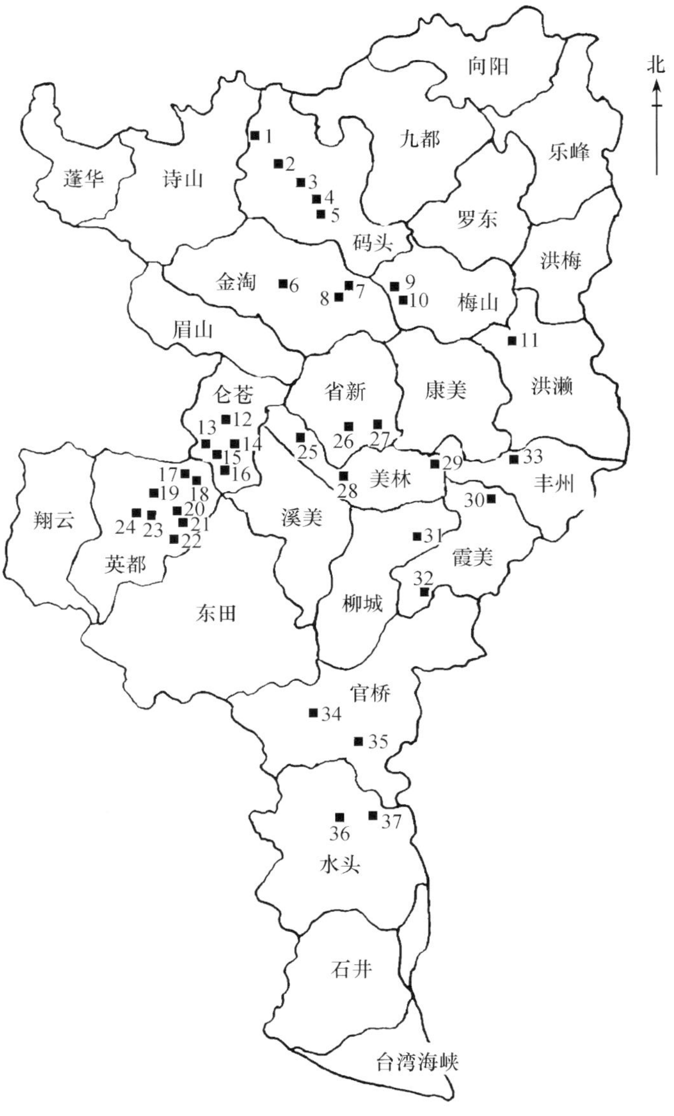

图一〇八　南安新发现与复查遗址分布图

1. 赤岭山遗址　2. 覆鼎山遗址　3. 尾山仔遗址　4. 大湾遗址　5. 猪山遗址　6. 山头园遗址　7. 金交椅山遗址　8. 园心尾山遗址　9. 大口山遗址　10. 郭山寨遗址　11. 桥山遗址　12. 运尾山遗址　13. 古村寨山遗址　14. 草宫后山遗址　15. 寨仔山遗址　16. 土地公垵山遗址　17. 垵仔山遗址　18. 草籽山遗址　19. 凤冠山遗址　20. 面前山遗址　21. 狮子山遗址　22. 美林寨遗址　23. 石狮祠山遗址　24. 洞后寨山遗址　25. 尾路山遗址　26. 蔡林寨遗址　27. 经寨遗址　28. 吴山遗址　29. 榭楼母山遗址　30. 九都山遗址　31. 寨寮仔山遗址　32. 横山后遗址　33. 石狮山遗址　34. 黄山遗址　35. 龟山遗址　36. 坑尾山遗址　37. 林前村遗址

1. 新发现遗址

24 处。

（1）林前村遗址　位于南安市水头镇林前村，东距福建南安吉福粮食城筹建处约20米。周围有几座地势平缓的小山丘，西连大山。山头为半圆形，长300、宽100米，面积约30000平方米，相对高程15～20米。保存较差，未见文化层堆积。遗物散见范围约200平方米，见于西北坡中部。由于地处开发区内，面临毁灭危险（图一〇九）。采集陶片47片，分粗夹砂陶和泥质陶。粗砂陶有灰黄色42片（绳纹7片）、黄灰色1片；泥质陶有黄灰色3片（均绳纹）、灰黑色1片。余均素面。可辨器形仅釜（图一一一）。约新石器时代。

陶釜残片　林前村：1，尖唇，斜折沿，侈口，粗砂灰陶。口径16、残高4.6厘米（图一一〇）。

图一〇九　林前村遗址

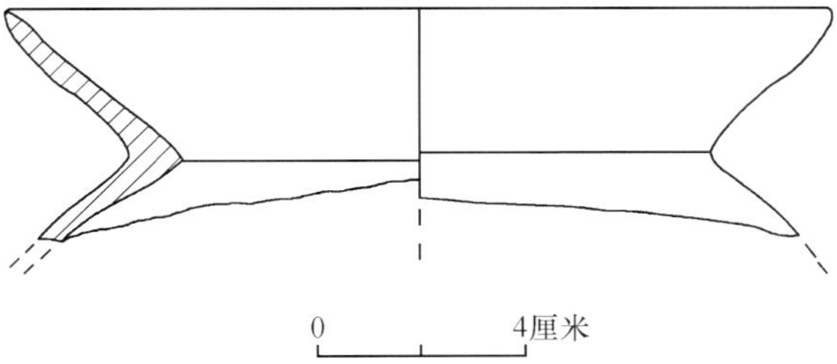

图一一〇　林前村遗址采集陶釜（林前村采：1）

图一一一　林前村遗址采集陶片

（2）黄山遗址　位于南安市官桥镇黄山村西，为盆地中一独立台地。遗址东南为村庄。中北部被取土切断破坏。近椭圆形，长 200、宽 100 米，总面积 20000 平方米，相对高度 15 ~ 20 米。地表作物为龙眼树。遗物散见范围约 2500 平方米，见于南坡。未见文化层堆积（图一一二）。采集陶片 7 块，分细夹砂陶、泥质陶和硬陶。细砂陶有红褐色 1 片、黄灰色 1 片、灰黑色 1 片；泥质陶有灰色 2 片、灰黑色 1 片；硬陶仅灰色 1 片。除 1 片绳纹外余均素面（图一一三）。新石器—青铜时代。

图一一二　黄山遗址

图一一三 黄山遗址采集陶片

（3）大口山遗址 位于南安市梅山镇水口村大口自然村西，周围皆丘陵。不规则形，长100、宽50米，总面积约5000平方米，相对高度约20米。地表为木薯地和杂草。遗物分布范围仅1平方米，见于顶部南侧，未见文化层堆积（图一一四）。采集陶片2块，仅见釉陶2片，灰胎、黑褐釉，饰条纹（图一一五）。青铜时代。

图一一四 大口山遗址

图一一五　大口山遗址采集陶片

（4）吴山遗址　位于南安市美林镇西美村美林后自然村西，为盆地中独立山丘。大致呈椭圆形，长 200、宽 100 米，总面积约 20000 平方米，相对高度约 15 米。地表为农作物。遗物散见范围约 1000 平方米，见于山丘顶部和中部南北两侧。未见文化层堆积（图一一六）。采集陶片 7 块，分夹砂陶、泥质陶和硬陶。夹砂陶有灰黑色 3 片、灰色 1 片，均素面；泥质陶仅灰黑陶 1 片（凸弦纹）；灰硬陶 2 片（方格纹、黑赭衣 1 片）（图一一七）。青铜时代。

图一一六　吴山遗址

图一一七 吴山遗址采集陶片

（5）尾路山遗址 位于南安市美林街道李西村巷仔口自然村东，南面300米处为西溪，北为山脉，山体东部被民房占据。不规则形，长100、宽50米，总面积约5000平方米，相对高度约30米。阶梯状荒地，地表为杂草、松树、龙眼树等。遗物散见范围约400平方米，见于山顶部。未见文化层堆积（图一一八、图一一九）。采集残石锛、断块和坯件等多件（图一二一～图一二四）；陶片9块，陶质有细砂陶、泥质陶和硬陶。细砂陶有灰黑色1片、黄灰色1片，均素面；灰色泥质陶1片；灰色硬陶6片，其中方格纹1片、网格纹3片，素面2片（图一二五）。青铜时代。

石锛残件 尾路山∶2，扁平体，近三角形，刃未成型，尖圆尾。简单打制。长8、宽4.7、厚1.2厘米（图一二〇，3；图一二一）。

石锛坯件 尾路山∶1，体厚重，近三角形，斜刃，尖圆尾。简单打制，未完全成型。浅灰色。长8.6、宽7、厚3.3厘米（图一二〇，2；图一二二）。

石器残件 尾路山∶3，体厚重。约长方形，刃残，平尾。简单打制，正背面简单磨制。灰色。残长7.1、宽6.4、厚4厘米（图一二〇，1；图一二三）。

图一一八　尾路山遗址

图一一九　尾路山遗址采集石器和石片

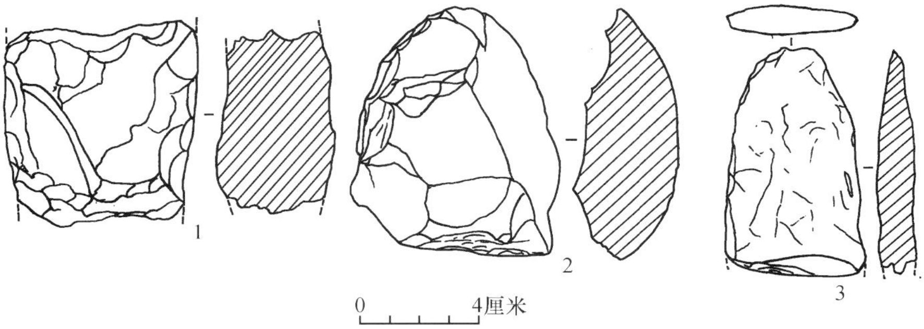

图一二〇　尾路山遗址采集打制石器

1. 尾路山:3　2. 尾路山:1　3. 尾路山:2

图一二一　尾路山遗址采集石锛

（尾路山:2）

图一二二　尾路山遗址采集石锛坯件

（尾路山:1）

图一二三　尾路山遗址采集石器断块
（尾路山:3）

图一二四　尾路山遗址采集打制石片等

图一二五　尾路山遗址采集陶片

（6）榭楼母山遗址　位于南安市美林镇梧山村东50米，西为山脉，东为东溪，为独立山丘。不规则形，长300、宽100米，总面积约30000平方米，相对高度约15米。地表为果树和田地。山丘四周被取土严重破坏。遗物分布范围为2平方米。见于西南坡。未见文化层堆积（图一二六）。采集陶片5块，其中黄灰色粗砂陶3片、灰色硬陶2片，均素面（图一二八）。青铜时代。

陶圈足　榭楼母山:1，圆唇，外侈，矮。粗砂黄灰陶。足径13.6、残高3.8厘米（图一二七）。

图一二六　榭楼母山遗址

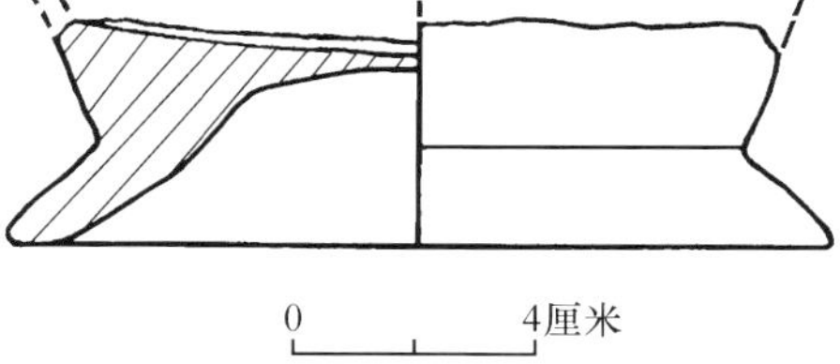

图一二七　榭楼母山遗址陶圈足（榭楼母山:1）

图一二八 榭楼母山遗址采集陶片

（7）桥山遗址　位于南安市洪濑镇西林村古头自然村西300米，村东为晋江东溪，遗址西侧为绵延的低矮台地。遗址为一座低矮的馒头形山丘，平面不规则，总面积约数万平方米，相对高度约8米。地表有稀疏的龙眼树。遗物散见东坡，范围约200平方米，见于台地顶部及东坡田埂边。未见文化层堆积（图一二九）。采集陶片56块。陶质分细砂陶、泥质陶和硬陶。细砂陶有灰黑色4片、红褐色2片，均素面。泥质陶有黄灰色5片（条纹4片）、灰色29片（均条纹）；灰硬陶16片（条纹加黑赭衣15片）。余均素面（图一三二）。青铜时代。

石锛　桥山∶1，体扁平，长方形，平刃，平尾。截面呈梯形。表面呈浅灰色，轻度风化。磨制较精。长6.9、宽4.4、厚1.6厘米（图一三○，1；图一三一，1）。

石锛　桥山∶2，体稍扁，圆角长方形，微弧刃，弧尾。磨制较粗。表面为灰黄色，内部为黑色。长5.1、宽3.9、厚1.65厘米（图一三○，2；图一三一，2）。

图一二九　桥山遗址

1　　2

图一三○　桥山遗址采集石锛

1. 桥山∶1　2. 桥山∶2

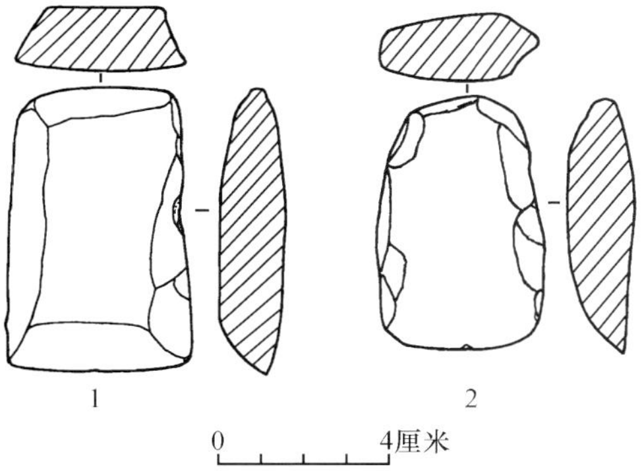

图一三一　桥山遗址采集石锛
1. 桥山:1　2. 桥山:2

图一三二　桥山遗址采集陶片

（8）园心尾山遗址　位于南安县金淘镇晨光村溪下自然村南，为盆地中一独立台地，山之西半部为一砖瓦厂占据，北面紧靠村庄，其余为农田。总面积约15000平方米，相对高度6～10米。地表为花生、豆类、龙眼树和木薯地，保存较好。从土质土色判断有存在文化层堆积可能。遗物散见于台地东南侧，约100平方米（图一三三）。采集陶片7块，分夹砂陶、泥质陶和硬陶。夹砂陶有灰色1片、黄灰色1片；泥质陶仅灰色2片；硬陶仅灰色3片（方格纹1片、条纹1片）；其余均素面（图一三四、图一三五）。青铜时代。

图一三三　园心尾山遗址

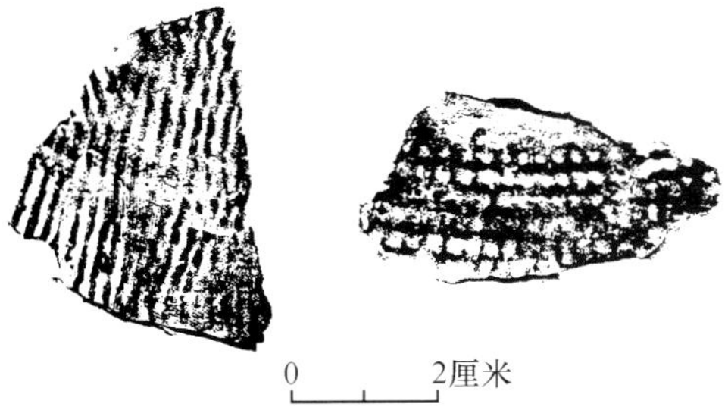

图一三四　园心尾山遗址采集陶片纹饰拓片

图一三五　园心尾山遗址采集陶片

（9）美林寨山遗址　位于南安市英都镇龙江村井厝自然村南。北距狮子山400～500米。为盆地东南部一独立山丘，近处四周为水田，远处有一些丘陵。长条形，南北向，长250、宽200米，总面积约50000平方米，相对高度35～40米。山顶曾被后代平整过，地表为杂草和灌木。遗物分布范围约200平方米，见于西坡中部一带。无文化层堆积（图一三六）。采集陶片11片，分泥质陶和硬陶。泥质陶有黄灰色8片（方格纹3片）、灰色1片；硬陶仅灰色2片，余均素面（图一三八）。青铜时代。

石锛坯件　美林寨山∶1，体扁薄，近梯形，平刃、斜尾。表面土黄色，内呈灰色。轻度风化，简单打制。长4.8、宽3.4、厚1厘米（图一三七）。

图一三六　美林寨山遗址

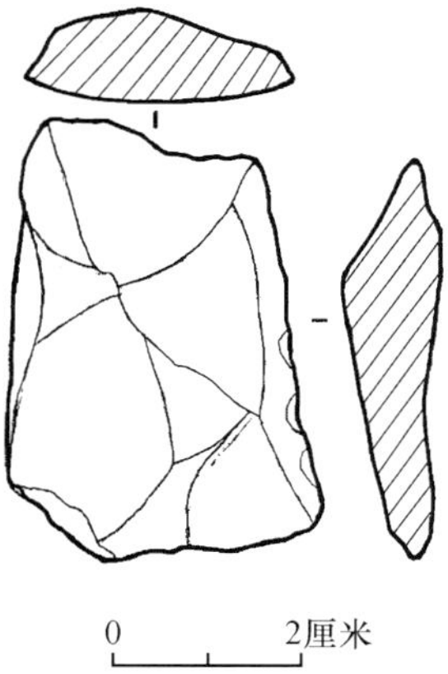

图一三七　美林寨山遗址采集石锛（美林寨山∶1）

图一三八　美林寨山遗址采集石锛和陶片

（10）横山后遗址　位于南安市霞美镇凤庵村西。北距霞美至邱店公路20米，遗址东、北为村庄，南与其他山体相连。平面约圆形馒头状，长宽各约80米，总面积约6400平方米，相对高度约6米，绝对高度为29米。地表为果园，地表被平整过。遗物散见于东北坡，未见文化层堆积（图一三九）。采集残石锛1件和陶片6块，其中黄色粗夹砂陶1片、黄色泥陶5片（绳纹2片），余均素面（图一四〇）。约新石器时代。

图一三九　横山后遗址

图一四〇　横山后遗址采集陶片

(11) 九都山遗址　位于南安市霞美镇仙河村东青自然村南200米。四周皆丘陵台地。西北为晋江支流东溪和西溪交汇处。北、西北山脚下为水稻田。大致为长条形，东西走向。长250、宽150米，总面积约37500平方米。相对高度约25米。地表为花生、杨梅、龙眼、松树和杂草地。遗物散见范围约50平方米，见于山顶和西北坡上部（图一四一）。采集陶片4块，均灰硬陶、饰条纹（图一四二、图一四三）。青铜时代。

图一四一　九都山遗址

图一四二　九都山遗址采集陶片

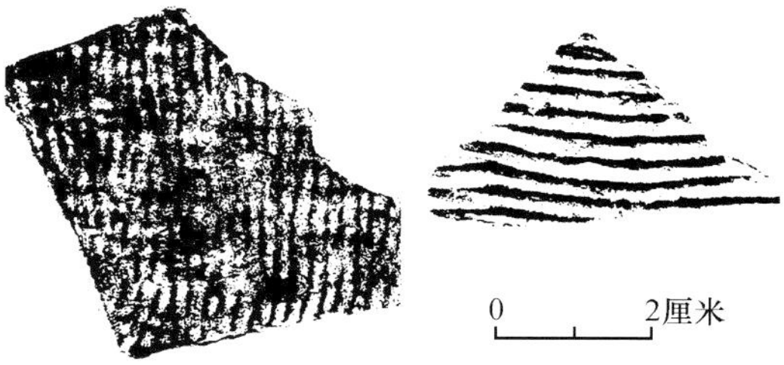

图一四三　九都山遗址陶片纹饰拓片

(12) 石狮山遗址　位于南安市丰州镇大坑村北侧。东距村前溪流20米。此山为一座山势陡峭、东西走向的长条形山体。北西二面与其他山体相连，山体因采石裸露岩石，基本无土层。相对高度50米。东西向长数百米，南北宽50米，面积在数万平方米。遗物散见于东坡100平方米范围（图一四四）。无文化层堆积，山体基岩大部裸露，遗址已基本消失。采集陶片2块，为灰色细砂陶，素面（图一四五）。早期遗址。

图一四四　石狮山遗址

图一四五　石狮山遗址采集陶片

（13）经寨遗址　位于南安市省新镇南埔村西南300米。是一座相对独立、北与其他山体相连的小山丘。长方形，长200、宽150米，总面积约30000平方米，相对高度40米，绝对高度74米。地表为杂草，未见文化层堆积。遗物散见范围为5平方米，见于山顶（图一四六）。采集陶片2块，黄褐色，饰绳纹（图一四七）。早期遗址。山顶还保存一座晚期的山寨，长约25、宽20米，墙高1.2米，有明显的夯土墙。

图一四六　经寨遗址

图一四七　经寨遗址采集陶片

（14）赤岭山遗址　位于南安市码头镇东大村赤岭自然村北20米。北距龟山尾100米。西与其他山体相连。约曲尺形，东西长100、宽80米，总面积约7000平方米。相对高度50米。地表为橘柑树及杂草，未见文化层堆积。遗物散见范围为50平方米（图一四八）。采集残石锛2件，见于山顶果园的梯形阶地中（图一四九）。

图一四八　赤岭山遗址

图一四九　赤岭山遗址采集石锛残件

图一五〇　金交椅山遗址

（15）金交椅山遗址　位于南安市金淘镇晨光村挖仔内自然村东80米。处淘溪北岸，东北二面群山连绵，其余为山坳水田。约长条形，南北向，地表平缓。南北长200、宽70米，总面积约14000平方米。相对高度10～20米，地表为杂草和灌木与竹林。水土流失严重（图一五〇）。遗物见于南坡中部，仅1件石锛。早期遗址。泉三高速公路穿过此山，将被毁。

石锛　金交椅山∶1，宽体长方形，平刃，近平尾。磨制稍粗，轻度风化。表面灰色。长6.8、宽5.6、厚2.2厘米（图一五一）。

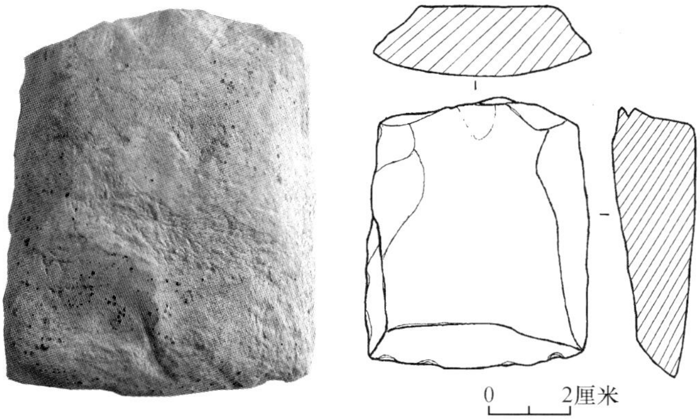

图一五一　金交椅山遗址采集石锛（金交椅山∶1）

（16）大湾遗址　位于南安市码头镇杏东村惠书桥自然村西北，处东溪南岸、303县道北部。西与其他山体相连，东边有尾仔山遗址。平面大致呈三角形，长250、宽150米，总面积约37500平方米，相对高度30～35米，绝对高度为101米。地表为杂树、龙眼和茶树。未见文化层堆积。遗物分别见于两个山头顶部（图一五二、图一五三）。采集陶片2块，均黄灰色硬陶（图一五四）。青铜时代。泉三调高速公路穿过此遗址，将被毁。

图一五二　大湾遗址第一地点

图一五三　大湾遗址第二地点

图一五四　大湾遗址采集陶片

（17）猪山遗址　位于南安市码头镇坑内村坑口自然村北15米山谷中，北与大山相连，为大山延伸部分。约长条形，长200、宽100米，总面积约20000平方米。地表为龙眼园，未见文化层堆积。遗物分布范围为1平方米，见于南坡近顶部（图一五五）。采集陶片3片，均夹砂陶，有灰黑和黄灰二色，均素面（图一五六）。早期遗址。泉三高速公路穿过此地，将被毁。

图一五五　猪山遗址

图一五六　猪山遗址采集陶片

（18）尾山仔遗址　位于南安市码头镇杏东村惠书桥自然村北，为东溪西岸独立山丘。大致呈椭圆形，长 180、宽 100 米，总面积约 18000 平方米，相对高度约 37 米，绝对高度 95.7 米。地表为龙眼、木薯和地瓜地。遗物分布范围约 5000 平方米，采集陶片 28 片，见于东、南坡和山顶。未见文化层堆积。但除耕作外，未受其他破坏。泉三高速公路穿过遗址东半部，一半将被毁（图一五七）。陶片分夹砂陶、泥质陶和硬陶 3 类，夹砂陶 12 片，陶色有红褐、黄灰、灰黑 3 色，均素面。泥质陶 4 片，陶色有橘红、红褐和灰色，其中一片饰条纹，余均素面；硬陶 12 片，陶色

图一五七　尾山仔遗址

有灰、紫灰和红褐色，纹饰有条纹2片、条纹和附加堆纹1片、方格纹5片、篦点纹1片，余为素面（图一五八；图一五九）。青铜时代。2006年夏天发掘。详见下文。

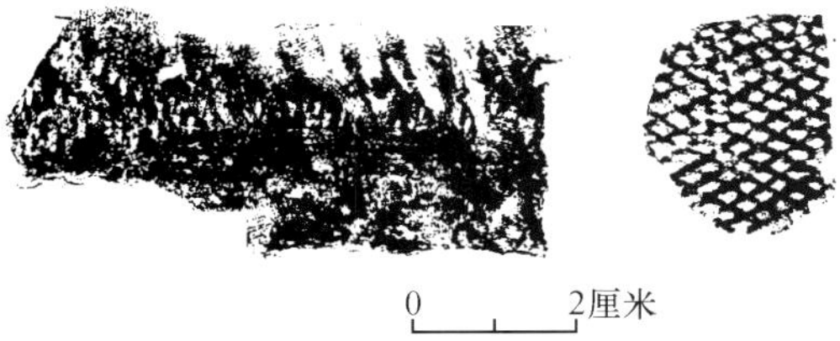

图一五八 尾山仔遗址陶片纹饰拓片

图一五九 尾山仔遗址采集陶片

（19）土地公垵山遗址 位于南安市仑苍镇古村东南，西北250米处为仑苍至英都公路。东北距运尾山600米，南距草籽山50米，西距寨仔山50米并相连，周边有多处遗址。大致呈长条形，山顶略平坦，东坡缓，南北坡略陡。东西长300、南北200米，总面积约60000平方米，相对高度35～45米。地表为荒草、花生地。遗物散见范围约300平方米，见于山体西北、西、西南坡中上部和山顶，其中山顶和西北坡较密集。西北坡有10～30厘米土层疑似文化层堆积（图一六〇）。采集石拍1件、石锛3件。陶片13片，分夹砂陶和釉陶。夹砂陶分粗砂和细砂。粗砂陶有灰黑色2片、红褐色1片；细砂有灰黑色8片、黄灰色1片（凸棱纹）；釉陶为褐釉1片（条纹）（图一六一）。青铜时代。

图一六〇 土地公垵山遗址

图一六一　土地公垵山遗址采集陶片

石拍　土地公垵山:1，体扁平，平面呈圆角长方形，前端圆弧，后端残。正面刻平行竖条槽，槽迹规则，槽距为 0.2 厘米，槽宽为 0.1 厘米，槽深 0.1 厘米。从细部观察，槽之形成是通过硬物来回摩擦出来。背面和侧面均经磨制。黄灰色砂岩，石质较精细，含零星石英砂粒。背面中间也有二道浅槽，估计是原计划在背面磨槽，但又放弃了。残长 7.6、宽 6.6、厚 1～1.6 厘米（图一六二；图一六四，3；图版一，2）。

石锛　土地公垵山:2，近长方形，微弧刃，微弧尾，弓背，截面近三角形。磨制稍粗。表面呈浅灰色，轻度风化。长 6.6、宽 4.4、厚 1.7 厘米（图一六三，1；

图一六二　土地公垵山遗址采集石拍纹饰拓片

图一六三　土地公垵山遗址采集石锛
1. 土地公垵山:2　2. 土地公垵山:3

图一六四，2）。土地公垵山:3，扁平体，形状不规则，斜刃，弧尾，截面近三角形。表面呈深灰色，风化严重，刃口磨制，其余均自然面。长 10、宽 5.8、厚 2 厘米（图一六三，2；图一六四，1）。

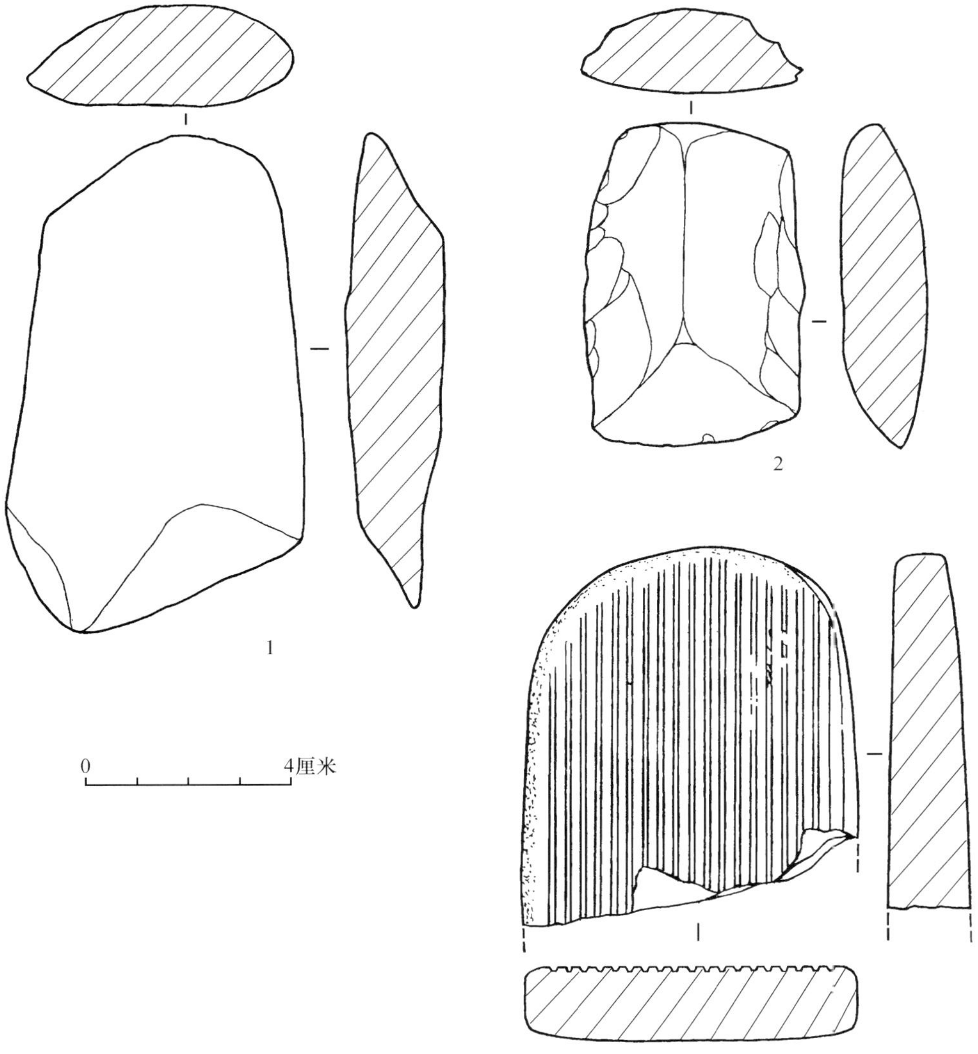

图一六四 土地公垵山遗址采集石器

1、2. 石锛（土地公垵山:3、土地公垵山:2） 3. 石拍（土地公垵山:1）

（20）草宫后山遗址 位于南安市仑苍镇仑美村北，仑苍至溪美公路南 150 米处。属河谷地形，大致呈长条形，山顶平坦，被严重破坏，边坡较缓。长 250、宽 100 米，总面积约25000平方米，相对高度20～25米。地表密布杂草、花生、木薯等作物。遗物散布范围80平方米，见于东坡中上部。未见文化层堆积（图一六五）。采集陶片4片，均细砂陶。有灰黑色3片、黄褐色1片、黄灰色1片，均素面（图一六六）。早期遗址。

图一六五　草宫后山遗址

图一六六　草宫后山遗址采集陶片

（21）草籽山遗址　位于南安市英都镇芸林村新村自然村东南50米，北距土地公垵山约50米。为盆地东南缘高山余脉，长条马鞍形，近东西向。长300、宽150米，总面积约45000平方米，相对高度40～50米。地表密布灌木、杂草等，西坡开垦为木薯地，未见文化层堆积。遗物分布面积为21平方米（图一六七）。采集陶片6片，其中灰色粗砂陶1片、灰色和黄灰色细砂陶各2片、灰褐硬陶1片；均素面（图一六八）。见于西部山头西坡中上部。早期遗址。

图一六七　草籽山遗址

图一六八　草籽山遗址采集陶片

（22）垵仔山遗址　位于南安市英都镇芸林村新林自然村东南和南侧边缘，东北距寨仔山400米。西北面、东北面为农田，南、西南为高山余脉。长条形，东北—西南走向。长200、宽150米，总面积约30000平方米。地表多杨梅树、杂少量灌木和木薯。遗物散见范围为300平方米，见于西北坡中上部。未见文化层堆积（图一六九）。采集陶片55片，分为夹砂陶、泥质陶和硬陶。其中夹砂陶共38片，除1片为粗砂陶外，其余均细砂陶，陶色有黄灰、灰黑、灰、红褐等，除1片饰条纹，余均素面；泥质陶12片，陶色有黄灰、灰黑和灰色，除1片饰梯格纹外，余均素面；硬陶5片，有灰和灰红二色，纹饰方格纹1片、席纹1片，余均素面（图一七〇、图一七二）。青铜时代。

图一六九　垵仔山遗址

陶釜残片　垵仔山∶1，圆唇，卷沿外侈，沿面稍鼓，沿面有多道凹槽。细砂灰黄陶。口径16、残高7厘米（图一七一）。

图一七〇　垵仔山遗址采集陶片

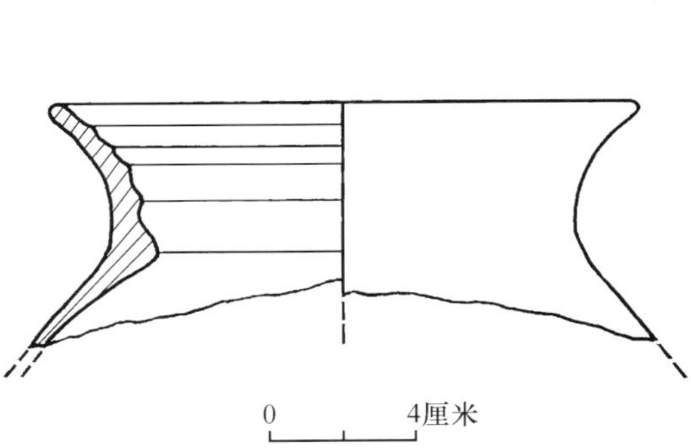

图一七一　垵仔山遗址采集陶罐
（垵仔山:1）

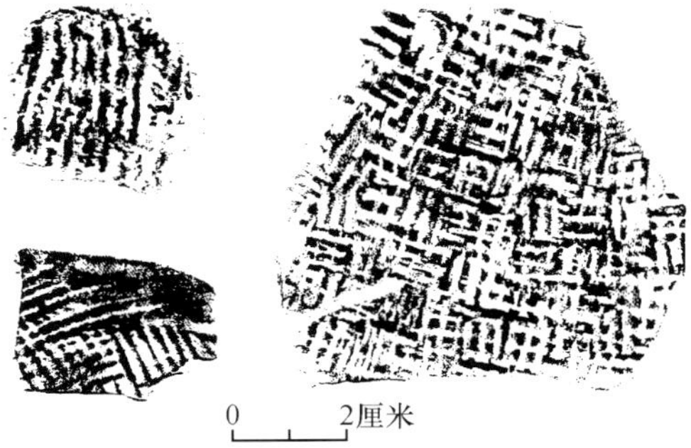

图一七二　垵仔山遗址采集陶片纹饰拓片

图一七三　凤冠山遗址

（23）凤冠山遗址　位于南安市英都镇龙山村下尾自然村西北。西距洞后寨山约150米。周边为低矮丘陵、农田和高山。为盆地中的独立山丘。大致呈曲尺形，分南北二台地。南部台地相对高度为25～30米。长150、宽100米，面积约15000平方米；地表为杂草、木薯、花生、杨梅和桃树等。北部台地相对高度40～45米。长350、宽250米，面积87500平方米。地表为花生、木薯和菜地，未见文化层堆积（图一七三）。遗物在南部山顶采集1片灰硬陶片，饰曲折纹，于北台地东坡中上部采集3片硬陶片，有灰色和紫灰色，其中2片饰条纹与弦纹，素面1片（图一七四、图一七五）。分布范围为3平方米。青铜时代。

图一七四　凤冠山遗址采集陶片

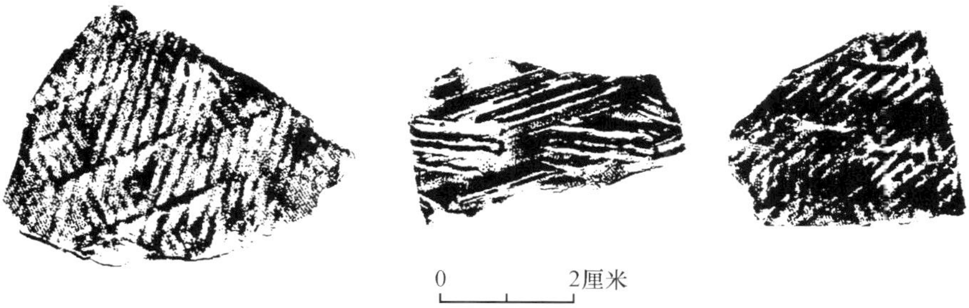

图一七五 凤冠山遗址采集陶片纹饰拓片

（24）面前山遗址 位于南安市英都镇龙江村恒板自然村西南，南面紧靠狮子山遗址，为盆地中一呈“V”字形连绵山丘西北部一相对独立的山丘，西200米为英溪支流帮溪。大致呈椭圆形，长120、宽100米，总面积约12000平方米，相对高度25～30米，地表为杂草。遗物分布范围为110平方米，见于山顶和南坡中上部。未见文化层堆积（图一七六）。采集陶片6片，分夹砂陶和硬陶。夹砂陶仅灰黑色3片，硬陶仅灰色3片（方格纹1片、绳纹与涡纹1片）。余均素面（图一七七、图一七八）。青铜时代。

图一七六 面前山遗址

图一七七 面前山遗址采集陶片

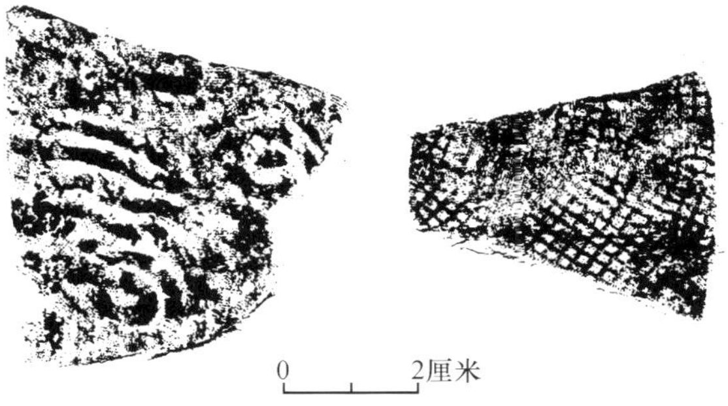

图一七八 面前山遗址采集陶片纹饰拓片

2. 复查遗址

13 处。

图一七九　坑尾山遗址

（1）坑尾山遗址　位于南安市水头镇文斗村坑尾自然村南约 30 米处。长条形台地，是高大山脉向北部延伸的部分。长 200、宽 100 米，面积 20000 平方米，相对高度约 30 米。地表为灌木、杂草和龙眼树，北部、西北部被取土破坏。遗物散见范围约 1800 平方米。见于台地中部。未见文化层堆积（图一七九）。采集陶片 161 片，分夹砂陶、泥质陶和硬陶，夹砂陶分细砂和粗砂陶。细砂陶有黄灰色 17 片（绳纹 3 片、栅篱纹 4 片），橘红色 7 片，灰黑色 24 片（栅篱纹 5 片、蕉叶纹 1 片、梯格纹 1 片、施红彩 1 片），红褐色 11 片，灰色 16 片（绳纹 3 片、梯格纹 1 片、方格纹 1 片）；粗砂陶有黄灰色 1 片，灰色 4 片。泥质陶有黄灰色 1 片，橘红色 9 片（蕉叶纹 1 片、席纹 2 片）橘黄色 11 片，红褐色 4 片。硬陶仅灰色 4 片（席纹 3 片）。余均素面。可辨的有甗形器残片（图一八〇、图一八一）。青铜时代。

图一八〇　坑尾山遗址采集陶片

图一八一 坑尾山遗址采集陶片

图一八二 郭山寨遗址

（2）郭山寨遗址 位于南安市梅山镇芸塘村芸尾自然村西，东临东溪，西靠群山。不规则形，长100、宽50米，总面积约5000平方米，相对高度约25米。地表为龙眼果园。山顶被现代建筑破坏。遗物散见面积约2500平方米，见于东坡和西南坡，以西南坡相对集中，西坡断坎有厚约70厘米的文化层堆积（图一八二）。采集陶片47片，分夹砂陶、泥质陶和硬陶。细砂陶有黄灰色5片（饰绳纹2片）、灰黑色11片、红褐色1片；粗砂陶4片，均灰色。泥质陶有黄灰11片（方格纹1片、橘皮纹1片）、灰色7片（绳纹6片）；硬陶有灰色2片（篮纹）、黄灰色2片（条纹加黑赭衣1片、凸棱加黑赭衣1片）。除注明外，余均素面（图一八三、图一八五）。

新石器—青铜时代。

陶罐　郭山寨:1，子母口，凹折沿，内沿圆唇，敛口，鼓腹。腹饰拍印蓝纹。泥质灰陶。外径19.6、内径14.4、残高6厘米（图一八四）。

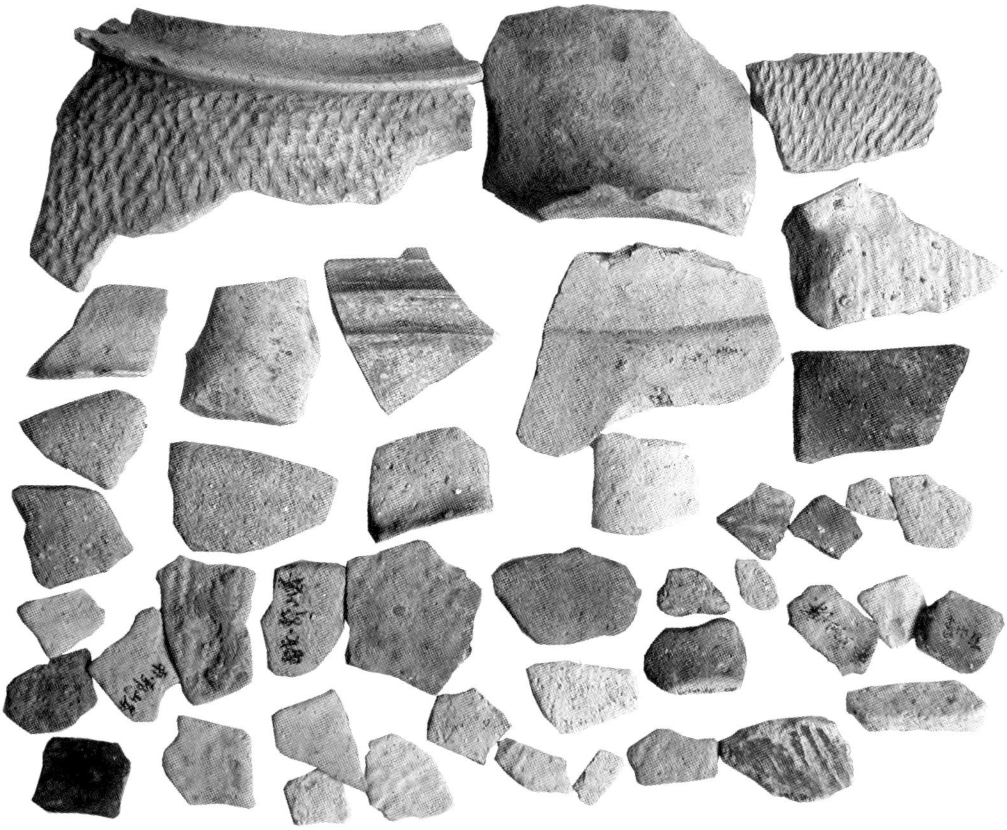

图一八三　郭山寨遗址采集陶片

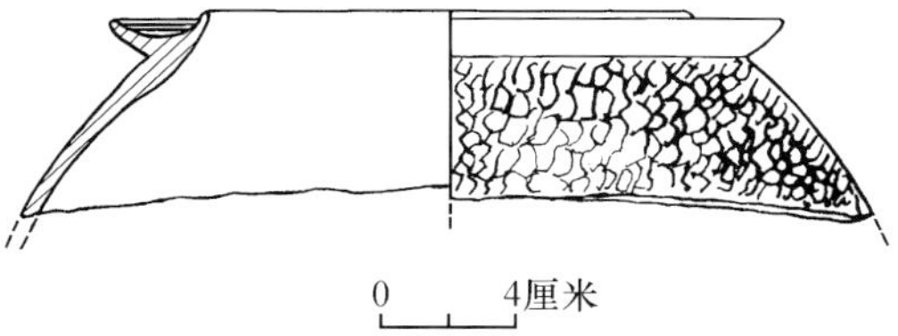

图一八四　郭山寨遗址采集陶釜（郭山寨:1）

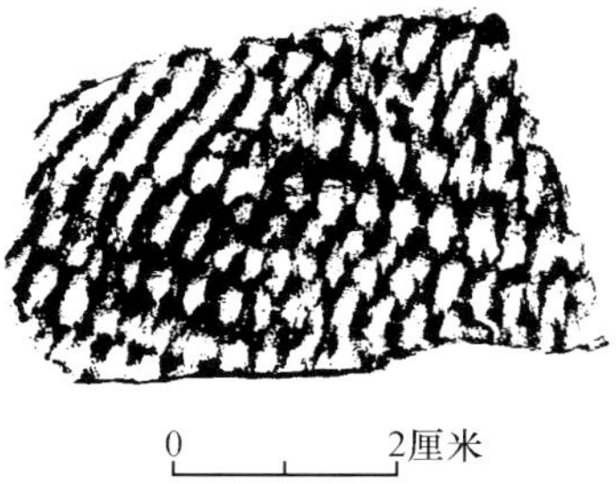

图一八五　郭山寨遗址采集陶片纹饰拓片

（3）蔡林寨遗址　位于南安市省新镇省东村蔡林自然村西，平面不规则，为马鞍形的二座山丘相连。长 200、宽 100 米，总面积约 20000 平方米，相对高度约 30 米。地表为龙眼、花生、地瓜和灌木等。遗物散见范围约 5000 平方米，见于山体中部。有约 80 厘米厚的文化层堆积，并见细碎的贝壳残片（图一八六）。采集陶片 9 片，分细夹砂陶和硬陶。夹砂陶有灰黑色 1 片、灰色 1 片、红褐色 3 片；硬陶仅灰色 4 片（方格纹 3 片）；余均素面（图一八七）。青铜时代。

图一八六　蔡林寨遗址

图一八七　蔡林寨遗址采集陶片

（4）龟山遗址　位于南安市官桥镇泗溪村林边自然村东，处盆地南部。约椭圆形，长 200、宽 100 米，总面积约 20000 平方米，相对高度 20～30 米。地表为松林、灌木和杂草。遗物散见范围约 2500 平方米，见于北坡和东北坡，局部见约 15 厘米以上的文化层堆积（图一八八）。采集陶片 62 片，分细夹砂陶、泥质陶和硬陶。细夹砂陶陶色有灰黑色 12 片、黄灰色 13 片、灰色 2 片、红褐色 16 片（饰绳纹 5 片），余均素面。泥质陶陶色有黄灰色 6 片（饰条纹加黑赭衣）、灰色 2 片（1 片方格纹）、黑皮陶 1 片，余均素面。硬陶有灰色 2 片（条纹）；原始瓷 1 片，施青釉（图一九〇）。新石器—青铜时代。

图一八八　龟山遗址

石尖状器　龟山∶1，器较小，尖锥形。一面两侧缘加以细部修理。灰黑色。长 4.2、宽 1.6、厚 1.2 厘米（图一八九）。

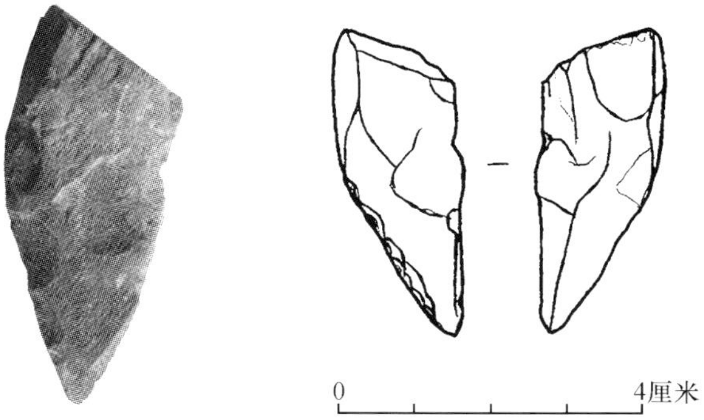

图一八九　龟山遗址采集尖状器（龟山:1）

图一九〇　龟山遗址采集陶片

（5）运尾山遗址　位于南安市仑苍镇北，紧临西溪，周边皆民房。大致呈长条形马鞍状，东西向，山坡较陡，山顶较缓。长150、宽100米，总面积约15000平方米，相对高度30～35米。地表密布杂草、龙眼树和木薯等作物。遗物分布范围仅11平方米，见于山北和东北坡中上部（图一九一）。未见文化层堆积。采集陶片14片，分细夹砂陶、泥质陶和硬陶。细砂陶有黄灰色7片、灰黑色2片；泥质陶仅黄灰色3片；硬陶仅灰色2片（方格纹1片）。余均素面（图一九二）。早期遗址。

（6）寨仔山遗址 位于南安市仑苍镇古村东南，东距土地公垵山30米，西北400米处为英溪，北400米处为西溪，周边有许多小丘和台地。长条形，山顶较平坦，坡较缓。长200、宽100米，总面积约20000平方米。相对高度25～30米。地表为杂草和木薯（图一九三）。遗物分布范围仅2平方米，见于山顶中部。采集陶片3块，其中泥质黄灰陶1片，素面；灰硬陶2片，饰不规则席纹（图一九四）。未见文化层堆积。青铜时代。

图一九一 运尾山遗址

图一九二 运尾山遗址采集陶片

图一九三 寨仔山遗址

图一九四 寨仔山遗址采集陶片

图一九五　石狮祠山遗址

（7）石狮祠山遗址　位于南安市英都镇大新村竹仔林自然村南。也称石狮寺山。周边均低矮山丘和台地。西北约300米为洞后寨山。长条形，南北中各3个小山头，中间山丘最高。长约250、宽约150米，总面积约37500平方米，相对高度30～35米。地表为杂草、薯、龙眼等作物。遗物分布面积约100平方米，见于北部台地、北坡、中部山顶和与北部台地连接处。未见文化层堆积（图一九五）。采集陶片24片，分细夹砂陶、泥质陶和硬陶。细砂陶有灰色1片、灰黑色9片、红褐色1片；泥质陶有黄灰色8片（贝印纹1片）；硬陶有灰色4片（均条纹）、紫灰色1片。余均素面（图一九六）。青铜时代。

图一九六　石狮祠山遗址采集陶片

（8）洞后寨山遗址 位于南安英都镇大新村竹林自然村西北，属于英都盆地中部偏南。周围均低矮丘陵和台地，北、东有凤冠山和石狮寺山遗址。不规则形，面积约40000平方米，相对高度60～70米，地表为灌木和杂草。遗物分布范围约50平方米，见于东坡。未发现文化层堆积（图一九七）。采集陶片8片，分细夹砂陶、泥质陶和硬陶。细砂陶有红褐色4片、灰黑色1片；泥质陶仅灰黑色1片；硬陶有灰紫色1片（绳纹）、灰色2片。余均素面（图一九八）。早期遗址。

图一九七 洞后寨山遗址

图一九八 洞后寨山遗址采集陶片

（9）寨寮仔山遗址 位于南安市柳城街道帽山村井园自然村北，北侧紧临西溪，西北300米处有多座相连的低矮山丘。东约200米为柳城至霞美的省道。平面呈椭圆形，长约170、宽150米，总面积约25000平方米，相对高度25米。地表为花生、杨梅树、木薯和杂草。遗物分布范围仅1.5平方米，见于北坡中上部。未发现文化层堆积（图一九九）。采集小石锛1件和陶片8片，均灰色夹砂陶，素面（图二〇〇）。早期遗址。

图一九九 寨寮仔山遗址

图二〇〇　寨寮仔山遗址采集陶片

（10）覆鼎山（朴鼎山）遗址　位于南安市码头镇枫树村，与早年调查的官山实际上同属一个遗址，后者属仙美村，是一处由多座连续的丘陵形成的遗址。形状不规则，面积在数万平方米，相对高度在10米左右。现已被辟为工业开发区和汽车驾驶学校，土地全被平整。遗物分布范围长100、宽20米，面积约2000平方米，散见于二处，一处在现驾校操场西边挖掘出的堆土中，另一处在丝布厂西南侧民房侧面，已被毁（图二〇一）。采集石锛1件和陶片8片、原始瓷8片。陶质分夹砂陶、泥质陶、硬陶和釉陶。夹砂陶有灰黑色3片（蕉叶纹1片）、红褐色2片；泥质陶仅黄灰色1片；硬陶仅紫灰色1片，釉陶仅灰色黑釉1片；余均素面。原始瓷8片，灰白胎，青釉，素面（图二〇二）。青铜时代。

图二〇一　覆鼎山遗址

图二〇二　覆鼎山遗址采集石锛和陶片

石锛坯件　覆鼎山∶1，约长方形。平刃，尾残。简单打制面粗坯，未经修整。表面灰色，内部黑色。长8.4、宽5.2、厚2.6厘米（图二〇三）。

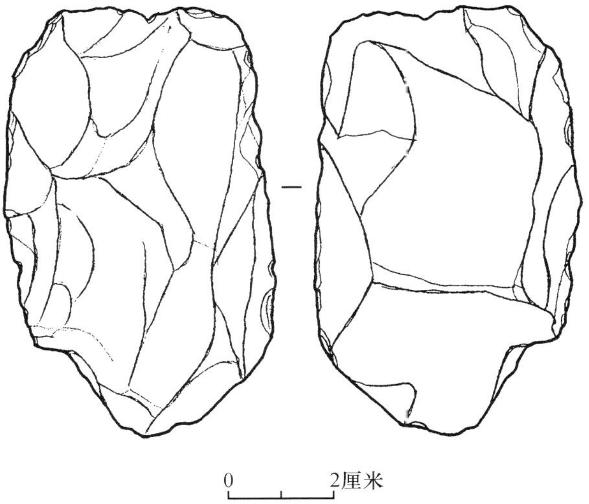

图二〇三　覆鼎山遗址采集石锛（朴鼎山∶1）

（11）狮子山遗址（英都）　位于南安市英都镇龙江村江良底自然村南，宫边自然村东。遗址东侧为大山，其余周边为农田和低矮丘陵，西200米为英溪支流帮溪。为“V”字形连绵山头中北部一相对独立的山头。不规则椭圆形，长150、宽100米，面积约15000平方米，相对高度35～40米。地表为灌木和杂草。表土单薄，未见文化层堆积，也未见大的破坏（图二〇四）。遗物采集自山顶，仅1件石钺，断成四块，散乱于地表。青铜时代。

石钺　狮子山∶1，扁宽体，下宽上窄。弧刃，平尾。双面刃。正中一孔，双面穿孔。表面呈黄灰色，内部呈深灰色。通体磨制精细。刃稍残。长10.5、宽11.3、厚1.75厘米（图二〇五；图版四，4）。

图二〇四　狮子山遗址

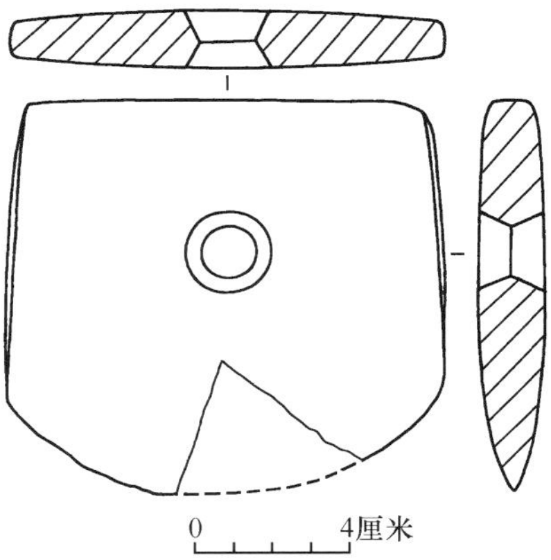

图二〇五　狮子山遗址采集石钺（狮子山:1）

图二〇六　山头园遗址

（12）山头园遗址　位于南安市金淘镇中心村尾寮自然村民安小学后，北临淘溪，南与其他山丘相连。平面呈猪腰形，山顶较平坦。东西长200、南北宽200米，总面积约40000平方米，相对高度约15米。地表为花生、木薯地。遗物散见东南坡，散布范围约300平方米（图二〇六）。未见文化层堆积。早期遗址。采集陶片2片，红褐细砂陶1片（素面）、灰硬陶1片（绳纹）（图二〇七）。

图二〇七　山头园遗址采集陶片

（13）古村寨山遗址　也称古村寨遗址，位于南安市仑苍镇古村北侧边缘。东紧靠仑苍至英都公路，西约500米处为英溪，北约300米处为西溪。山之周边均分布有低矮的丘陵，南距寨仔山约150米。平面呈不规则形，山势略陡，山顶较平坦。长250、宽200米，山丘总面积约50000平方米，相对高度40～50米。地表有杂草、木薯、花生等作物。未见文化层堆积。遗物见于山体西南坡中部（图二〇八）。仅采集灰硬陶1片，素面（图二〇九）。青铜时代。

图二〇八　古村寨山遗址

图二〇九　古村寨山遗址采集陶片

（四）安溪县（图二一〇）

1. 新发现遗址

新发现遗址13处，另有疑似地点1处。

（1）冬青格山遗址　位于安溪县城厢镇雅兴村东南，东、北与其他高山相连，西为盆地并临溪流。大致呈长条形，长200、宽130米，总面积约26000平方米，相对高度30～35平方米。地表荒芜，基岩裸露（图二一一）。遗物仅1片陶片，黄灰色硬陶，饰条纹、重圈纹和凹弦纹组合（图二一二）。见于西南坡。未发现文化层堆积。青铜时代。

（2）金厝垅一号遗址　位于安溪县官桥镇官桥村金厝垅自然村北、官桥盆地的南侧，东与高山余脉相连，南与金厝垅二号遗址相连，西、西北面山脚下即官桥镇。不规则三角形。长300、宽250米，总面积约75000平方米，相对高度30～40米。地表为灌木和杂草。遗物分布范围约25平方米，见于山顶偏西。未发现文化层堆积（图二一三）。新石器—青铜时代。采集陶片15片，分细砂陶和硬陶。细砂陶有灰色11片（凹弦纹1片、绳纹2片）、红褐色2片、黄灰色1片；硬陶仅灰色1片（条纹），余均素面（图二一四）。

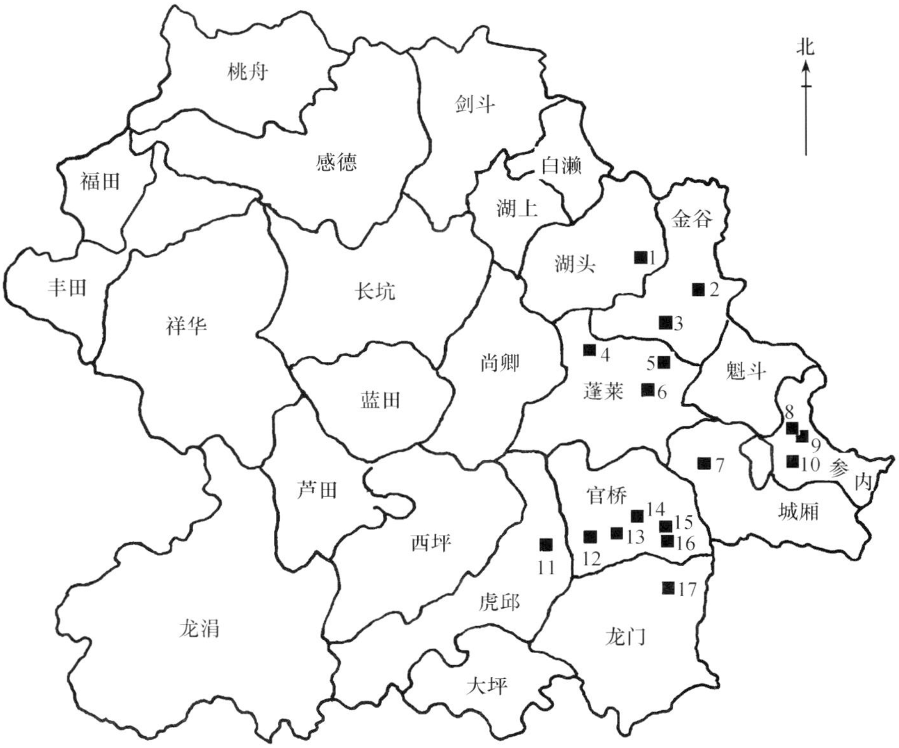

图二一〇　安溪新发现与复查遗址分布图

1. 尖子尾遗址　2. 晒牛山遗址　3. 望云山遗址　4. 漂仔仑遗址　5. 大山后遗址　6. 杨厝山尾遗址　7. 冬青格山遗址　8. 草垵山遗址　9. 下马山遗址　10. 后沟山遗址　11. 形墓头遗址　12. 后陡山遗址　13. 宫后山遗址　14. 树林山遗址　15. 金厝垅一号遗址　16. 金厝垅二号遗址　17. 禁笔山遗址

图二一一　冬青格山遗址

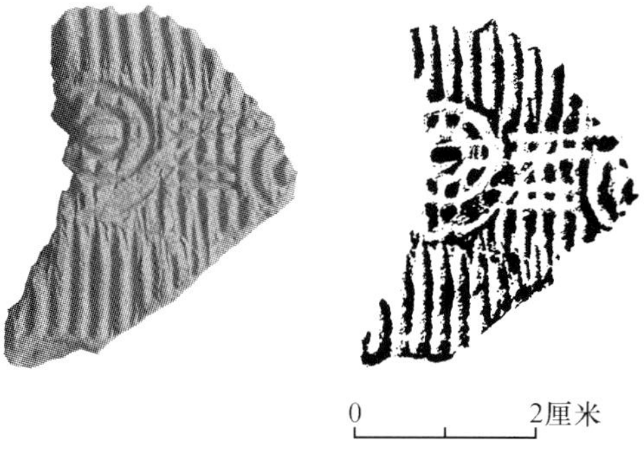

图二一二　冬青格山遗址采集陶片与纹饰

图二一三 金厝垅一号遗址

图二一四 金厝垅一号遗址采集陶片

（3）金厝垅二号遗址 位于安溪县官桥镇官桥村金厝垅自然村南，杨厝垅一号南面100米。南、西山脚下为溪流，西南、南和东面均有较低矮山丘。略呈长条形，长200、宽150米，总面积约30000平方米，相对高度约30米。地表为杂草和茶园。遗物分布范围约200平方米，见于南坡和西南坡中上部。未发现文化层堆积（图二一五）。新石器—青铜时代。采集陶片44片，分夹砂陶、泥质陶和硬陶。夹砂陶分细砂陶和粗砂陶，粗砂陶仅灰色2片；细砂陶有灰色27片、红褐色2片（凸弦纹1片）、灰褐色5片、黄灰色4片。泥质陶仅黄灰色1片（凸棱加黑赭衣）。硬陶仅灰色3片（均饰条纹并着黑衣）（图二一八、图二一九）。

图二一五 金厝垅二号遗址

壶 金厝垅二号:1，圆唇，高领，折沿外侈，肩残，折腹，深腹斜收，矮圈足外侈。细砂灰陶。素面。口径18.4、腹径19.6、足径12、高约32厘米（图二一六；图二一七，1）。

壶口沿残片 金厝垅二号:2，圆唇，高领外翻。沿面施多道凹槽。细砂灰黄陶。口径18、残高4厘米（图二一七，2）。

（4）宫后山遗址 位于安溪县官桥镇恒美村五里铺自然村西，为独立山丘。长条形，长约100米，宽约60米，总面积约6000平方米，相对高度15～20米。山顶有晚期近方形石寨一座。遗物采集于东坡民房前的道路上，遗址已毁（图二二〇）。采集5片小陶片，有细砂陶和泥质陶。细砂陶仅黄灰色1片（素面）；泥质陶有红色2片（素面）、黄色2片（均饰细方格纹）（图二二一）。青铜时代。

图二一六　金厝垅二号遗址采集陶壶（金二号:1）

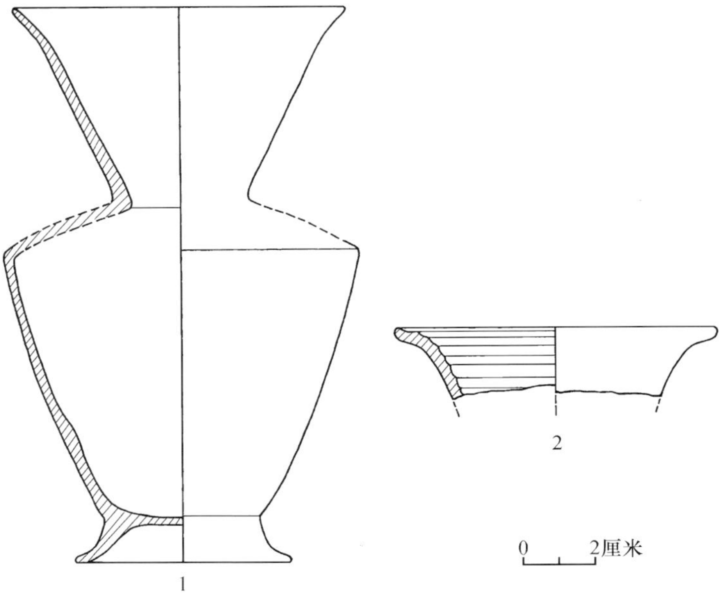

图二一七　金厝垅二号遗址采集陶器

1. 金二号:1　2. 金二号:2

图二一八　金厝垅二号遗址采集陶片

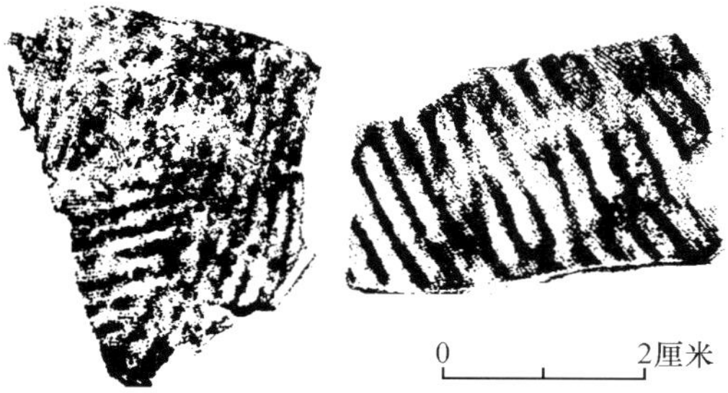

图二一九　金厝垅二号遗址采集陶片纹饰拓片

图二二〇　宫后山遗址

图二二一　宫后山遗址采集陶片

（5）漂仔仑遗址　位于安溪县蓬莱镇新林村溪沙自然村东，周边均连续大山，南侧为溪流。不规则形，长200、宽200米，总面积约40000平方米，相对高度10～20米。地表为茶园和杂草（图二二二）。采集陶片仅1片，灰色硬陶，饰条纹（图二二三）。见于南坡山脚。未发现文化层堆积。青铜时代。

（6）晒牛山遗址　位于安溪县金谷镇华芸村西，尚芸小学西北侧，东临公路和溪流。西北为大山。不规则形，长200、宽100米，总面积约20000平方米，相对高度30～40米。地表为茶园。遗物分布范围约7000平方米，散见于山丘顶部和南坡，特别集中于山顶部位，南部被取土局部破坏，未发现文化层（图二二四）。采集石器2件（磨制石锛1件、砺石1件）和残石器2件（图二二六、图二二七）；陶片160多片，有细夹砂陶、泥质陶和硬陶，还有原始青瓷。青铜时代。细砂陶有黄色5片、灰红色20片、灰黑色4片、灰色7片（折线纹2片）；泥质陶有黄色8片、灰红色3片、灰白色

20 片（条纹 5 片、凸棱 1 片、方格纹 1 片）、灰色 6 片（条纹 3 片、方格纹 1 片）；硬陶有灰色 36 片（绳纹 8 片、条纹 2 片、方格纹 12 片、凹弦纹 2 片、条纹并加黑衣 2 片）、紫灰色 7 片（方格纹 3 片）、灰白色 1 片（凹弦纹与篦划纹）、黄灰色 5 片（图二二九、图二三〇、图二三二）。原始瓷 7 片（凹弦纹与篦划纹 1 片、篦划纹 1 片、附加堆纹加戳印 1 片），均浅灰胎，施青釉（表一、图二三三）。

图二二二　漂仔仑遗址

图二二三　漂仔仑遗址采集陶片

表一　睏牛山遗址陶片陶系纹饰统计表

纹饰＼数量＼陶质		细夹砂陶				泥质陶				硬陶				原始瓷	合计	百分比
		黄	灰红	灰黑	灰	黄	灰红	灰白	灰	灰	紫灰	灰白	黄灰	青釉		
素面		5	20	4	5	8	3	13	2	12	4		5	4	85	64.88
拍印	绳纹									8					8	6.11
	折线纹				2										2	1.53
	条纹							5	3	2					10	7.63
	方格纹							1	1	12	3				17	12.98
	凸棱							1							1	0.76
刻划	凹弦纹									2					2	1.53
	凹弦与篦划纹											1		1	2	1.53
	篦划纹													1	1	0.76
	附堆与戳印纹													1	1	0.76
彩衣	黑衣（条纹）									2					2	1.53
小计		5	20	4	7	8	3	20	6	38	7	1	5	7		
合计		36				82						6		7	131	
百分比		27.49				62.59						4.58		5.34	100%	

图二二四 晒牛山遗址

石锛 晒牛山:1，长条形，体稍厚。平刃，平尾。磨制稍粗。表面灰黄色。长6.4、宽2.2、厚1.75厘米（图二二五；图二二八，5）。

砺石 晒牛山:2，残件如三角形，体扁平。正背面和侧面都有磨砺痕迹。灰色砂岩。残长6、残宽3.6、厚1.2厘米（图二二六，右；图二二八，4）。

圈足残片 晒牛山:3，敞口。泥质炭陶。残高2.5厘米（图二二八，1）。

折沿罐口沿残片 晒牛山:4，灰硬陶。饰方格纹。残高4.4厘米（图二二八，2）。

原始瓷罐残片 晒牛山:5，方唇外突。内折沿，敛口。沿外施波浪状篦划纹。灰胎，青釉。口径12、残高4.2厘米（图二二八，3）。

刻划符号陶片 晒牛山:8，细砂灰硬陶，罐类腹片，饰一刻划符号，残，形如“门”形，为陶胎未干前刻划而成，字形宽3、高3.5、刻痕深0.1厘米（图二三一）。

图二二五 晒牛山遗址采集石锛（晒牛山:1）

图二二六 晒牛山遗址采集残石器和砺石

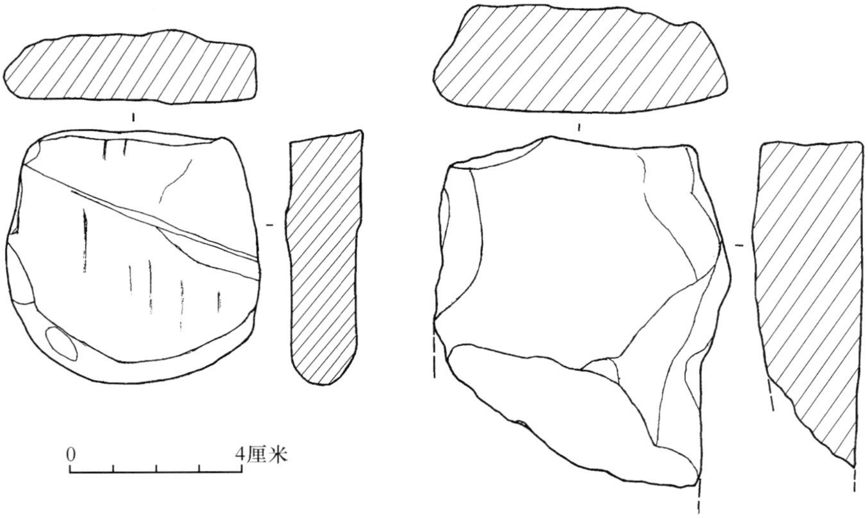

图二二七　睏牛山遗址采集残石器

左：睏牛山:6　右：睏牛山:7

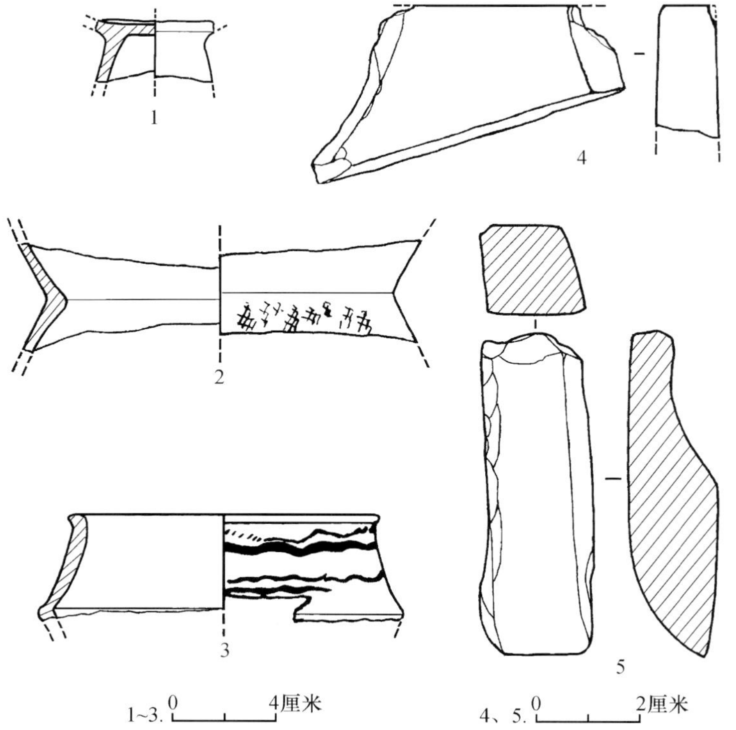

图二二八　睏牛山遗址采集石器和陶瓷器

1. 陶圈足（睏牛山:3）　2. 陶口沿（睏牛山:4）　3. 原始青瓷罐（睏牛山：5）
4. 砺石（睏牛山:2）　5. 石锛（睏牛山:1）

图二二九 晒牛山遗址采集陶片

图二三〇 晒牛山遗址采集陶片

图二三一　晒牛山遗址采集陶片及刻划符号（晒牛山:8）

图二三二　晒牛山遗址采集陶片纹饰拓片

图二三三 睏牛山遗址采集原始瓷片

（7）后陡山遗址 位于安溪县官桥镇赤岭村帮浚自然村西北。东、西两面均山垅，北为大山，南为蓝溪中学。山顶平坦，坡度较缓。近椭圆形，长150、宽100米，总面积15000平方米，相对高度30米。地表为茶园。遗物分布范围仅50平方米，见于山顶西北部。无文化层堆积（图二三四）。采集陶片9片，均硬陶。有灰色8片，方格纹1片、条纹2片、折线纹4片；黄灰色1片。余均素面（图二三五、图二三六）。青铜时代。

图二三四 后陡山遗址

图二三五　后陡山遗址采集陶片

图二三六　后陡山遗址采集陶片纹饰拓片

（8）形墓头遗址　位于安溪县虎邱镇美亭村吴音埔落自然村北。东、西两侧皆民房，北临蓝溪、南临村道。圆形馒头状。长 200、宽 150 米，总面积约 30000 平方米，相对高度 15 米。地表为茶园。未发现文化层堆积（图二三七）。遗物见于东北坡采集陶片 2 片，均泥质陶，有灰色 1 片、黄灰色 1 片（凹弦纹与贝齿纹）（图二三八）。青铜时代。

图二三七　形墓头遗址

图二三八　形墓头遗址采集陶片

（9）下马山遗址　位于安溪县参内镇美塘村南，北为草垵山遗址，东约150米为溪流，东南距后沟山遗址约500米。长条形，长200、宽100米，总面积约20000平方米，相对高度15～25米。地表为茶园。遗物分布范围约100平方米，见于东坡和东南坡。未见文化层堆积（图二三九）。采集小砺石1件、陶片9片，分夹砂陶和硬陶。夹砂陶分粗砂陶和细砂陶，粗砂陶仅黄灰色1片，细砂陶有黄灰色1片、灰色1片（篮纹）、红色5片；硬陶仅灰色1片（戳印长点纹）。余均素面（图二四〇、图二四一）。约新石器—青铜时代。

图二三九　下马山遗址

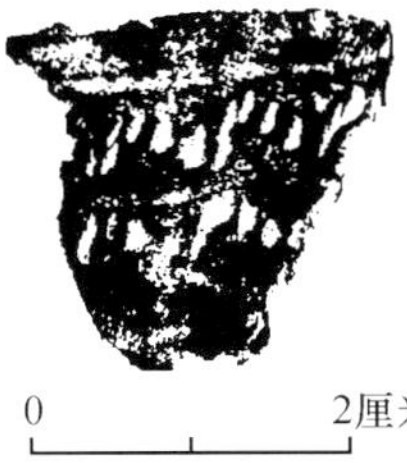

图二四〇　下马山遗址采集陶片纹饰拓片

（10）草垵山遗址　位于安溪县参内镇美塘村西北，南与下马山相邻。长条形，长200、宽100米，总面积约20000平方米，相对高度约20米。地表为茶园和菜地。遗物分布范围约150平方米，见于南坡中部。未见文化层堆积（图二四二）。采集陶片13片，分粗夹砂陶、泥质陶、硬陶和釉陶。粗砂陶有灰色2片、黄色1片；泥质陶有黄灰色2片、黄色3片（凸棱1片）；硬陶仅灰色5片（条纹1片、绳纹2片、绳纹加黑衣1片）；釉陶仅灰色1片。余均素面（图二四三、图二四四）。青铜时代。

图二四一　下马山遗址采集砺石和陶片

图二四二　草垵山遗址

图二四三　草垵山遗址采集陶片

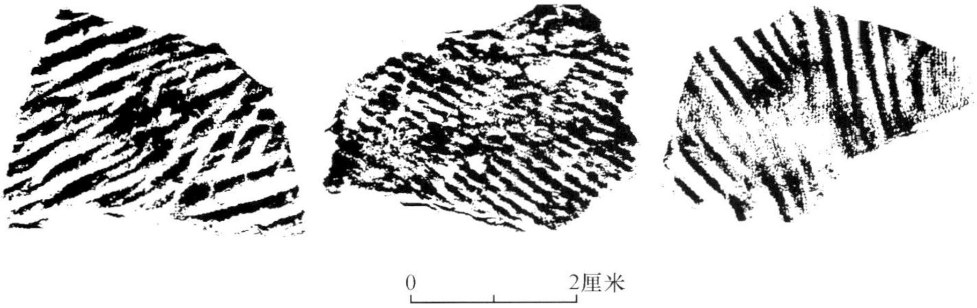

图二四四　草垵山遗址采集陶片纹饰拓片

（11）大山后遗址　位于安溪县蓬莱镇美滨村路尾自然村东，南距蓬莱至安溪县城公路200米，北距水边自然村约500米。遗址为一低矮的小山丘，近椭圆形，长300、宽150米，相对高度15～20米。地表为茶园（图二四五）。采集砺石1件，陶片1片，为粗砂黄陶，素面（图二四六）。见于台地机耕路上。早期遗址。

砺石　大山后∶1。形状不规则。正面严重磨砺成凹弧形。灰白色，细砂质。长13.8、宽12.5、厚8.4～2.7厘米（图二四七）。

（12）尖子尾遗址　位于安溪县湖头镇郭埔村祖厝边自然村东，为较高山体的延伸部分，处蓬莱盆地的边缘。约三角形，长约150、宽100米，相对高度25米。地表为茶园和杂草（图二四八）。遗物仅1片陶片，灰色硬陶，饰条纹（图二四九）。未发现文化层堆积。早期遗址。

图二四五　大山后遗址

图二四六　大山后遗址采集陶片

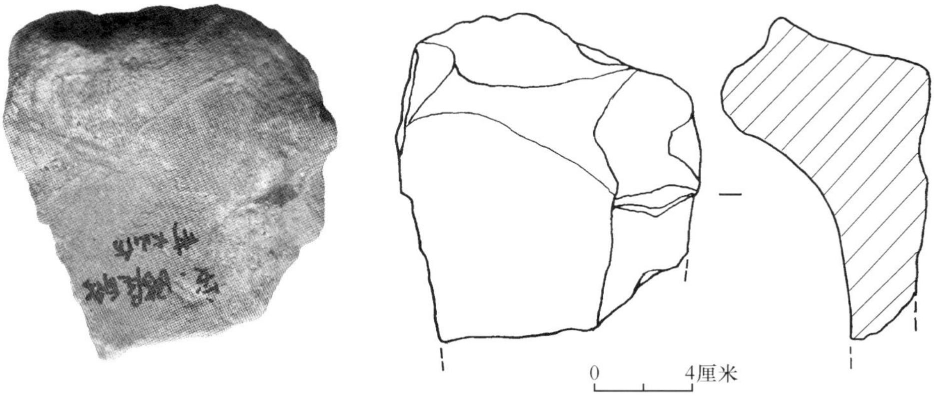

图二四七　大山后遗址采集砺石（大山后:1）

图二四八　尖子尾遗址

图二四九　尖子尾遗址采集陶片

（13）树林山遗址　安溪官桥镇官郁村北面，紧临官桥至虎邱公路，南200米为河流。为一座独立小山丘，形近圆形。采集2片陶片，一片为灰黄色绳纹，另一片为灰色绳纹陶，表面施黑赭衣（图二五〇）。约青铜时代。

图二五〇　树林山遗址采集陶片

2. 疑似新地点

1处。

禁笔山遗址　位于安溪县龙门镇榜寨村后窟自然村。东与连绵山丘相连，南有小溪。南侧山脚有少数民房。山如蛇形。长200、宽80米，相对高度15米。地表为茶园（图二五一）。采集1件砺石（图二五二），见于顶部西侧。因无共出陶片，时代暂且存疑。

图二五一　禁笔山遗址

图二五二　禁笔山遗址采集砺石

3. 复查遗址

3 处。

（1）望云山遗址　位于安溪县金谷镇金谷村镇卫生院后。北为高山，南为河流。山丘为两个，连成葫芦形。长 200、宽 100 米，相对高度约 40 米。地表为茶园和龙眼园。遗物分布范围约 2500 平方米，还见几块烧土块，见于东坡、顶部和南坡，南部局部有文化层堆积（图二五三）。陶片 19 片，分夹砂陶、泥质陶和硬陶。夹砂陶分粗砂陶和细砂陶。粗砂陶仅黄灰色 4 片；细砂陶有黑色 4 片（凹弦纹 2 片）、灰色 3 片；泥质陶有黄色 1 片、橘红色 1 片、红褐色 2 片；硬陶仅灰色 4 片（席纹 1 片）。余均素面（图二五六、图二五七、图二五九）。青铜时代。

图二五三　望云山遗址

石锛　望云山∶4，形近椭圆形。体扁薄，弧刃，弧尾。利用河卵石简单打制而成。黑色。长 12、宽 8、厚 1.9 厘米（图二五四）。

石器坯件　望云山∶3，圆角三角形，头尾两端简单打制，未做细部修整。黑色河卵石。长 10.2、宽 11、厚 3 厘米（图二五五）。

陶盆残片　望云山∶1，圆唇，卷沿，侈口，折肩，弧收腹。腹饰席纹。灰黄硬陶（图二五八，3）。

陶钵残片　望云山∶2，圆角方唇外凸，敛口，折腹，斜收腹。下腹饰梯格纹。灰硬陶。口径 9.6、腹径 10.8、残高 3.2 厘米（图二五八，1）。

圈足残片　望云山∶5，斜方唇，足外敞。灰硬陶。足径 9.6、残高 2.2 厘米（图二五八，2）。

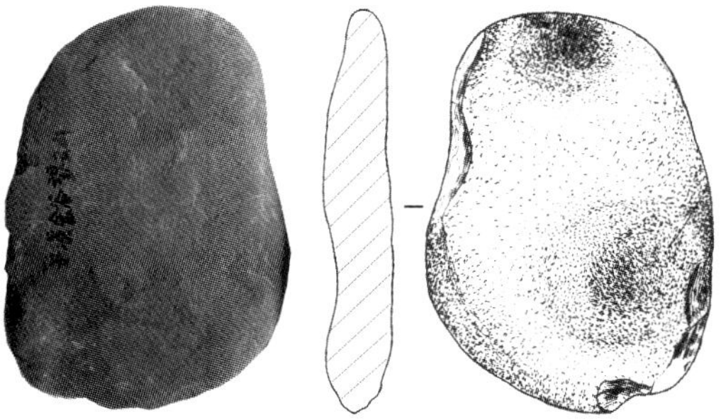

图二五四　望云山遗址采集石锛（望云山∶4）

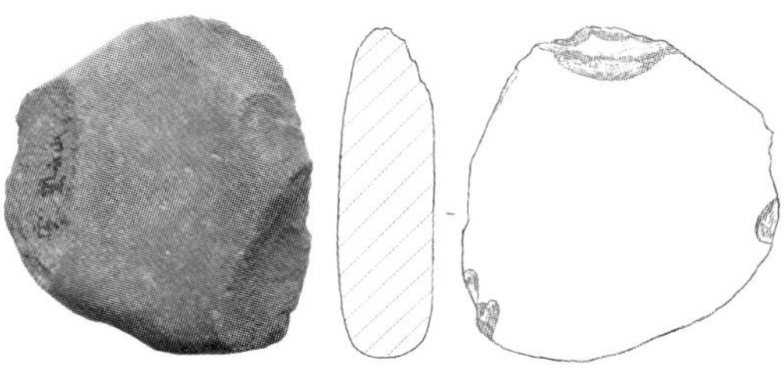

图二五五　望云山遗址采集石锛（望云山∶3）

图二五六 望云山遗址采集陶片

图二五七 望云山遗址采集陶片

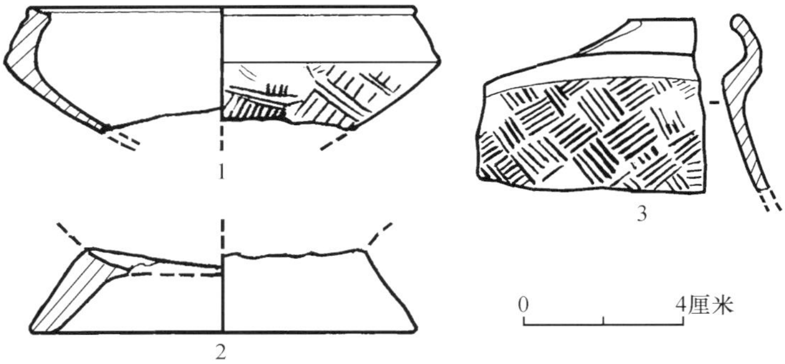

图二五八　望云山遗址采集陶器

1. 钵（望云山:2）　2. 圈足（望云山:5）　3. 盆（望云山:1）

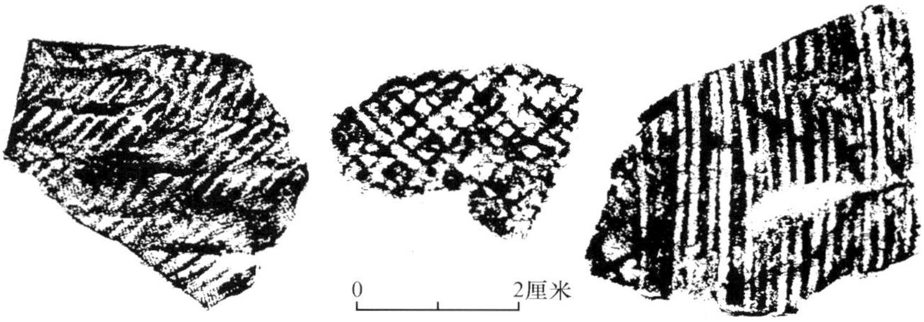

图二五九　望云山遗址采集陶片纹饰拓片

（2）杨厝山尾遗址　位于安溪县蓬莱镇联中村东北100米，西侧紧临梧桐中学，中学后为早年调查的上塘上山遗址。此山为盆地中的一个小山丘，周边还有几个低缓的小山丘。椭圆形，长150、宽100米，总面积约15000平方米，相对高度15～20米。地表为茶树、竹林等。遗物分布范围约200平方米，散见于西坡中部和山顶。未发现文化层堆积（图二六〇）。新石器—青铜时代。采集陶片9片，分细砂陶、泥质陶和硬陶。细砂陶有灰黑色3片、灰红色1片（绳纹）；泥质陶有黄色1片（方格纹）、红色1片；硬陶有紫灰色1片（方格纹）、灰色2片（凸棱、凹弦纹与斜线纹）（图二六一、图二六二）。

（3）后沟山遗址　位于安溪县参内镇大厝村南，属盆地边缘高山延伸的台地，东北约200米为溪流，西北约500米为下马山和草垵山遗址。约呈三角形，顶部平坦。长150、宽100米，总面积15000平方米，相对高度40～50米。地表为茶园。遗物分布范围300平方米。散见于东坡、西坡中上部和台地顶部。未发现文化层堆积（图二六三）。采集陶片9片，分夹砂陶、泥质陶和硬陶。夹砂陶有灰色3片、黄褐色1片、红褐色3片。泥质陶仅黄灰色1片，饰条纹着红赭衣；硬陶仅灰色1片。余均素面（图二六四）。青铜时代。

图二六〇 杨厝山尾遗址

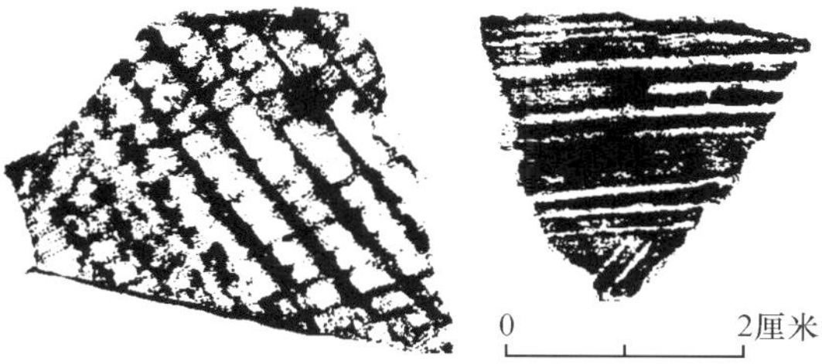

图二六一 杨厝山尾遗址采集陶片纹饰拓片

图二六二 杨厝山尾遗址采集陶片

图二六三 后沟山遗址

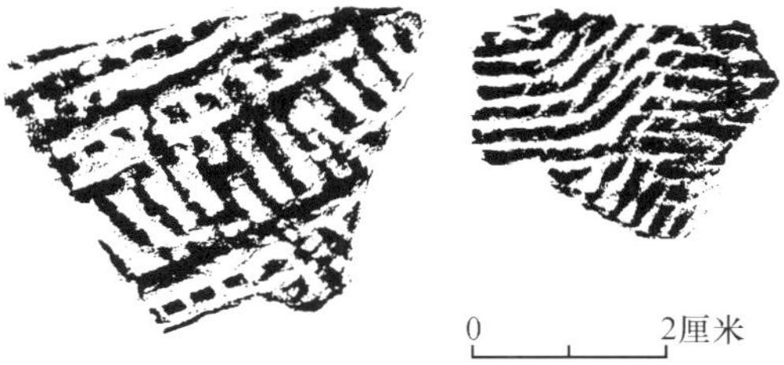

图二六四 后沟山遗址采集陶片纹饰拓片

(五) 永春县 (图二六五)

图二六五　永春新发现与复查遗址分布图

1. 金山仑遗址　2. 公山遗址　3. 虎坪山遗址　4. 后亭山遗址　5. 马头山遗址　6. 后头山遗址　7. 吴坑山遗址　8. 吴山遗址　9. 五五山遗址　10. 雷尾遗址　11. 寨子尾遗址　12. 田墘仑遗址　13. 蜈蚣山遗址　14. 仑头腰遗址　15. 山仔遗址　16. 岩庄山遗址　17. 龙山寨遗址　18. 岭仔头遗址　19. 金龟寨遗址

1. 新发现遗址

16 处。

图二六六　虎坪山遗址

(1) 虎坪山遗址　位于永春县锦斗镇镇政府东南 400 ~ 500 米锦溪村南侧，西隔公路与公山遗址相邻，东边距 300 米隔溪与后亭山遗址相望，东面 150 米处为东溪。大致呈长条形，长 250、宽 150 米，总面积约 37500 平方米，相对高度 50 ~ 60 米。地表为茶园。遗物分布范围 18000 平方米，见于山顶、西坡和东北坡。未见文化层堆积（图二六六）。采集陶片 56 片，分夹砂

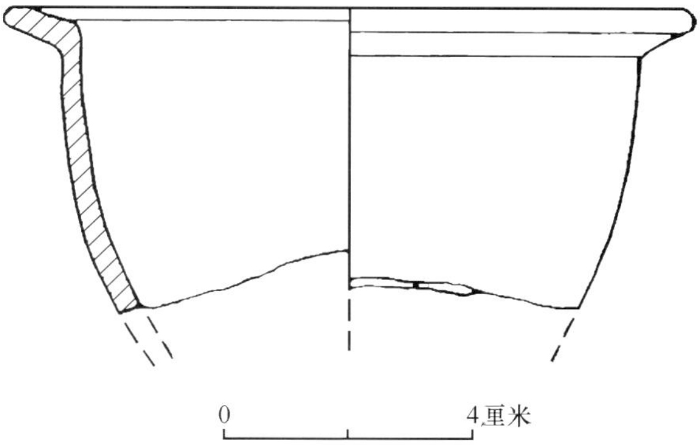

图二六七　虎坪山遗址采集陶盆（虎坪山:1）

陶、泥质陶和硬陶。夹砂陶分粗砂陶和细砂陶，粗砂陶有红褐色1片，灰色3片（绳纹1片、条纹2片）；细砂陶仅灰黑色2片；泥质陶有灰色11片（均绳纹），黄灰色13片（绳纹3片、交错绳纹1片）；硬陶有灰色18片（绳纹1片、条纹3片、叶脉纹1片、席纹1片、方格纹6片、栅篱纹1片、凹弦纹1片），紫灰色5片（绳纹1片、方格纹4片）、黄灰色2片（绳纹1片），深灰色1片。余均素面（图二六八～图二七一）。青铜时代。

陶盆残片　虎坪山:1，方唇，折沿近平，敞口，弧收腹。灰红硬陶。口径11.2、残高5.2厘米（图二六七）。

图二六八　虎坪山遗址采集石器和陶片

图二六九　虎坪山遗址采集陶片

图二七〇　虎坪山遗址采集硬陶片

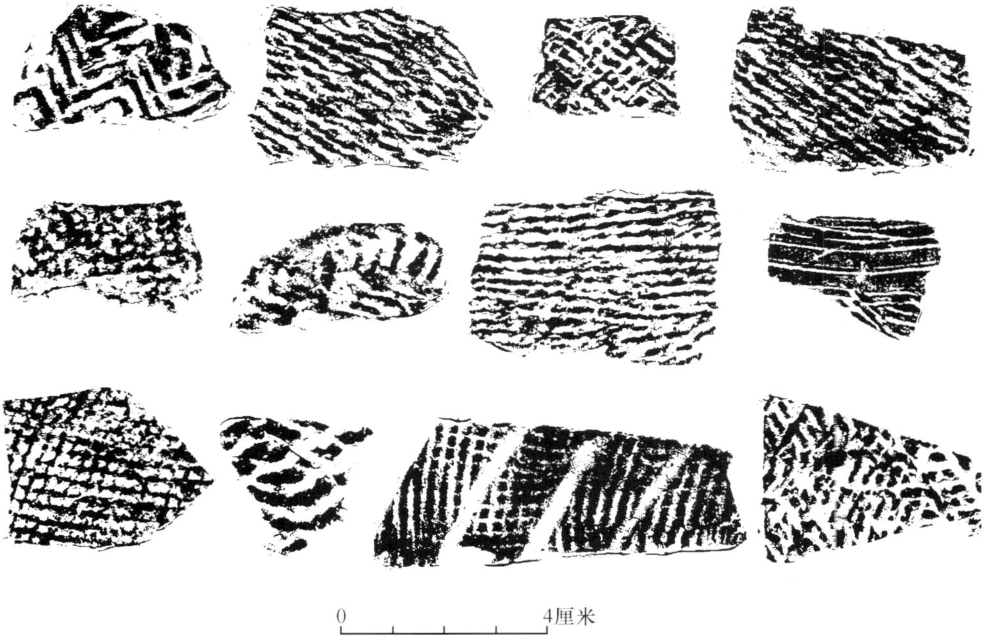

图二七一　虎坪山遗址采集陶片纹饰拓片

（2）龙山寨遗址　位于永春县湖洋镇龙山村西150米，东、南面为湖洋溪，北与其他山丘相连，被公路切断，东面坡上建有湖洋公路站。约呈覆斗形，长120、宽80米，总面积约9600平方米，相对高度约35米。地表为柑橘园。遗物分布范围约900平方米。见于南坡中上部。未见文化层堆积（图二七二）。采集陶片29片，分夹砂陶、泥质陶、硬陶和釉陶。夹砂陶仅红褐色1片；泥质陶有黄灰色7片（黑赭衣1片、方格纹加黑赭衣1片、条纹加黑赭衣5片），灰色2片（均条纹），黄褐色2片，灰色1片（条纹）；硬陶有灰色15片（条纹9片、方格纹1片）；釉陶有灰胎青釉1片（图二七三、图二七四）。青铜时代。

图二七二　龙山寨遗址

图二七三　龙山寨遗址采集陶片

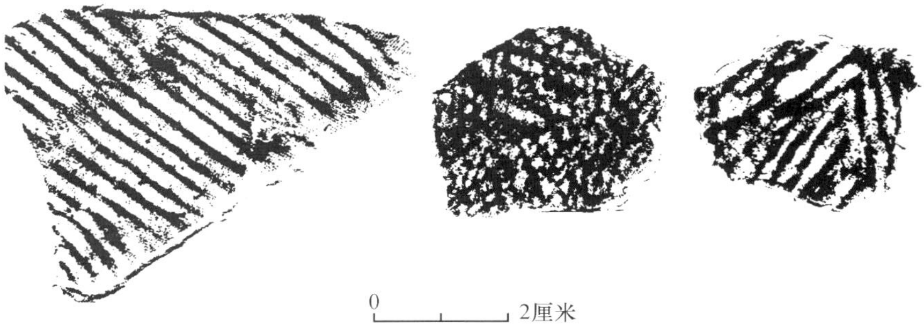

图二七四　龙山寨遗址纹饰拓片

（3）岩庄山遗址　位于永春县东平镇冷水村东约300米，为独立山丘，北望高山，近处有东增供电所，南面远处为桃溪。约椭圆形，长150、宽100米，总面积约15000平方米，相对高度30～40米。地表为橘柑、茶树和竹林。遗物分布范围约200平方米，见于东坡和北坡。未见文化层堆积（图二七五）。采集陶纺轮1件和陶片29片，分夹砂陶和泥质陶。夹砂陶分粗砂和细砂陶，粗砂陶有灰色2片；细砂陶有灰黑色6片，红褐色5片（绳纹2片）；泥质陶有灰色4片（绳纹2片、篮纹1片）、黄灰色3片（绳纹2片），黄褐色9片（图二七六、图二七七）。约新石器时代。

陶纺轮　岩庄山:1，算珠形。灰褐色。径3.5、高2.7、孔径0.9厘米（图二七八）。

图二七五　岩庄山遗址

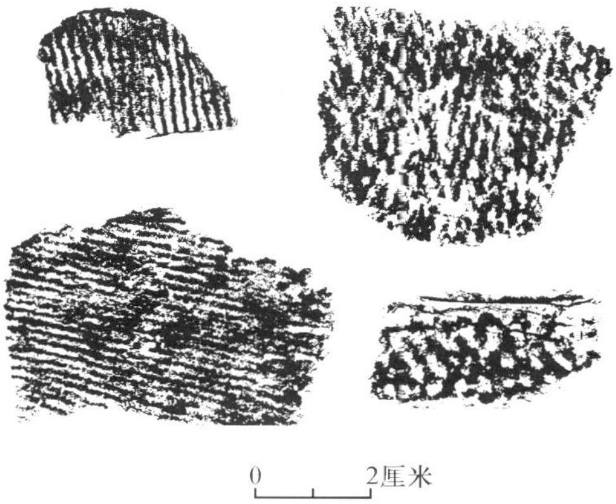

图二七六　岩庄山遗址采集陶片纹饰拓片

图二七七　岩庄山遗址采集陶片

（4）金山仓遗址　位于永春县坑仔口镇西溪村玉西自然村北。南距坑仔口镇约500米，西侧公路，再外为坑仔口溪。为群山中一独立台地。近圆形，长100、宽100米，总面积10000平方米，相对高度25～30米。地表为茶园。遗物分布范围约2500平方米，见于西南坡和山顶，未见文化层堆积（图二七九）。采集石锛2件、残石器1件（图二八〇）；陶片8片。陶质分夹砂陶和硬陶，夹砂陶仅红褐色1片，硬陶有黄灰色5片（粗绳纹4片、条纹1片），红褐色2片（条纹1片）（图二八二）。青铜时代。

石锛　2件。金山仓∶1，不规则形。斜刃，弧尾，截面呈三角形。简单打制，边缘和正背面均有打制疤痕。表面灰褐色，内部呈黑色。长10.4、宽6.8、厚2.8厘米（图二八〇，1；图二八一，3）。金山仓∶2，椭圆形，体扁薄。弧刃，弧尾。简单打制。黑灰色河卵石。长11.6、宽6.7、厚2.6厘米（图二八〇，2；图二八一，1）。

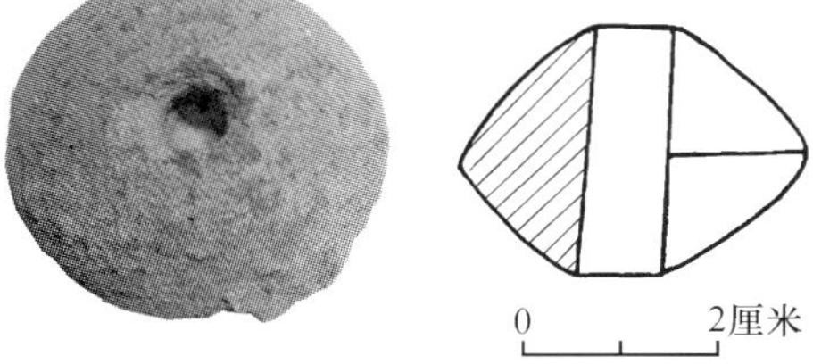

图二七八　岩庄山遗址采集陶纺轮（岩庄山∶1）

图二七九　金山仓遗址

图二八〇　金山仓遗址采集石锛及残石器

1. 金山仓∶1　2. 金山仓∶2　3. 金山仓∶3

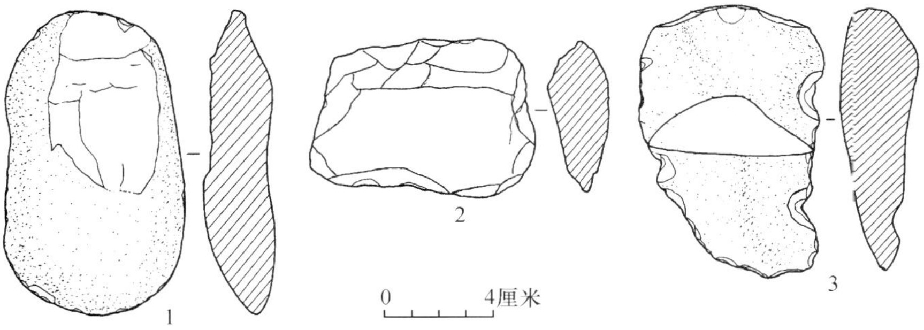

图二八一 金山仑遗址采集石锛及残石器

1. 金山仑:2 2. 金山仑:3 3. 金山仑:1

图二八二 金山仑遗址采集陶片

（5）马头山遗址 位于永春县蓬壶镇美中村溪仔尾自然村南，西南临桃溪支流。约长条形，长350、宽80米，总面积28000平方米，相对高度80～90米。地表为橘柑、龙眼园和杂草。遗物分布范围约1000平方米。见于山顶。未见文化层堆积（图二八三）。采集陶片4片，其中细夹砂陶灰色2片，泥质红褐色1片（方格纹），紫灰色硬1片（蕉叶纹）（图二八四）。青铜时代。

图二八三　马头山遗址

图二八四　马头山遗址采集陶片

（6）仑头腰遗址　位于永春县岵山镇南石村伍镇洋自然村南。约椭圆形，长100、宽80米，总面积约8000平方米，相对高度15～20米。地表为龙眼树。未见文化层堆积（图二八五）。采集石锛1件，见于北坡。泉三高速公路穿过此处，将毁。早期遗址。

石锛　仑头腰:1，长方形，微斜刃，微弧尾。灰色。简单打制。长7.3、宽3.7、厚1.8厘米（图二八六）。

图二八五　仑头腰遗址

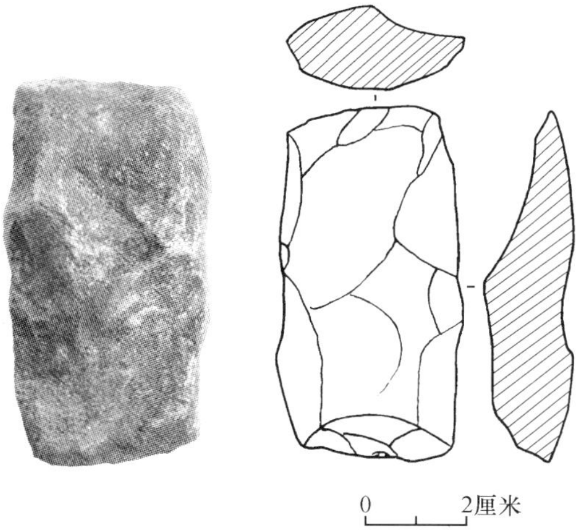

图二八六　仑头腰遗址采集石锛（仑头腰:1）

（7）后亭山遗址　位于永春县锦斗镇锦溪村后亭自然村西南，锦斗中学后山上，隔东溪向西300米有虎坪山遗址。属于大山的延伸突出部，顶部前些年被平整土地过，另大部分被锦斗中学所占据，基本被毁。长200、宽100米，相对高度40～50米。地表

图二八七 后亭山遗址

为龙眼树和杂草。遗物分布范围约300平方米，见于西南坡、西坡和中部。未见文化层堆积（图二八七）。采集残石镞1件（图二八八）；陶片57片，陶质分夹砂陶和硬陶，还有原始青瓷。夹砂陶有黄灰色16片、红褐色5片、黄褐色7片；硬陶有紫灰色11片（条纹1片、凹弦纹2片、凹弦纹与方格纹2片、斜线纹1片、折线纹1片），灰色17片（方格纹8片、圆饼泥饰1片），余均素面。青釉瓷片1片（方格纹）（图二八九～图二九三）。青铜时代。

图二八八 后亭山遗址采集石镞

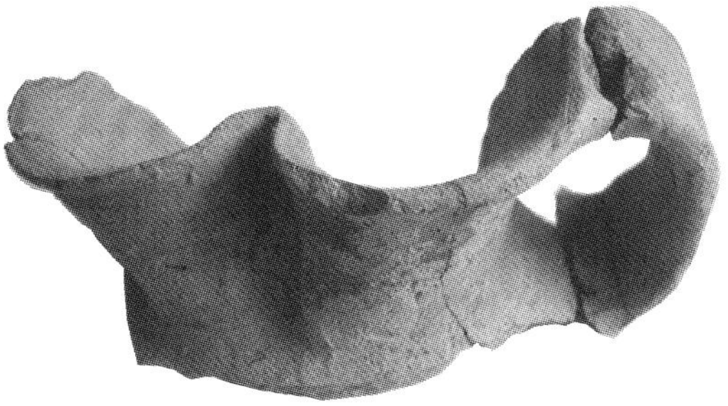

图二八九 后亭山遗址采集陶罐口沿（后亭山:5）

图二九〇 后亭山遗址采集陶片

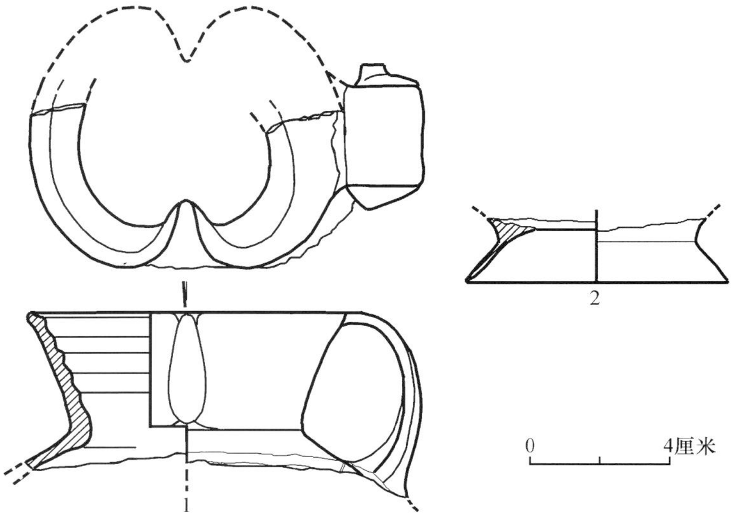

图二九一　后亭山遗址采集陶器

1. 后亭山遗址采集陶罐（后亭山:5）　2. 后亭山遗址采集陶圈足（后亭山:1）

图二九二　后亭山遗址采集陶片

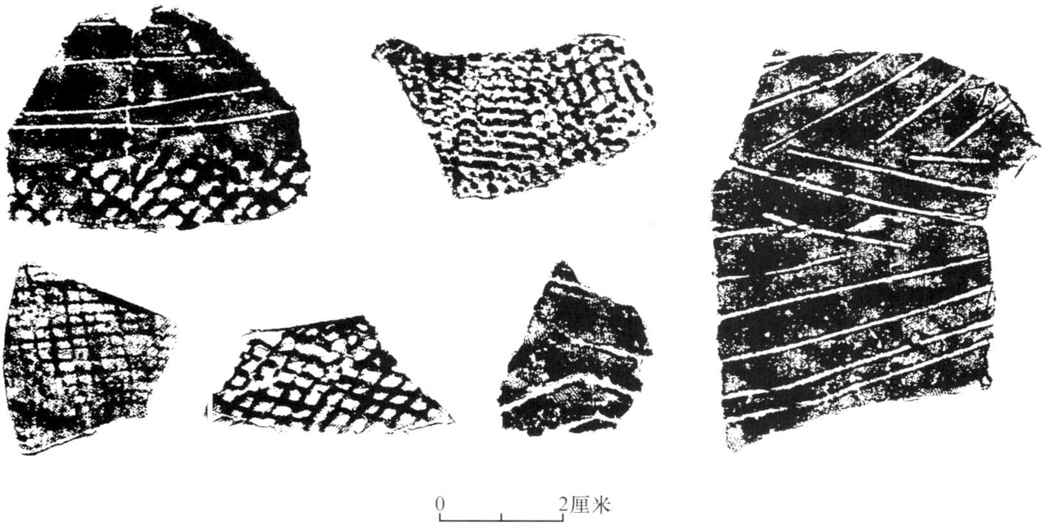

图二九三 后亭山遗址采集陶片纹饰拓片

（8）后头山遗址 位于永春县蓬壶镇壶中村北。西距永春三中约100米，北与大山相连。不规则形。长120、宽100米，总面积约12000平方米，相对高度30～40米。地表为龙眼树、地瓜地和杂草。遗物分布范围仅10平方米，见于南部山顶偏南。未见文化层堆积（图二九四）。采集陶片2片，均硬陶，灰色，一饰席纹和一饰绳纹（图二九五、图二九六）。青铜时代。

图二九四 后头山遗址

图二九五 后头山遗址采集陶片

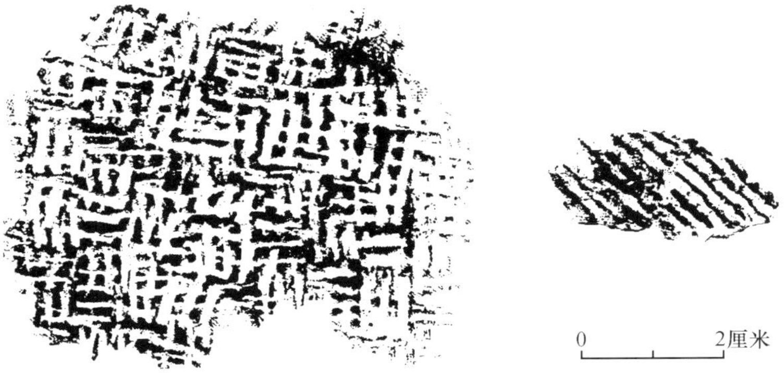

图二九六　后头山遗址采集陶片纹饰拓片

（9）蜈蚣山遗址　位于永春县达埔镇光烈村西，桃溪南侧。椭圆形，长150、宽100米，总面积约15000平方米，相对高度50米。地表为竹林和菜地。遗物见于北坡，未见文化层堆积（图二九七）。采集陶片2片，粗砂黄灰色1片，灰硬陶1片（条纹加黑赭衣）（图二九八）。青铜时代。

图二九七　蜈蚣山遗址

图二九八　蜈蚣山遗址采集陶片

（10）山仔遗址　位于永春县桃城镇花石村北，北临桃溪。为盆地中独立山丘。不规则形。长200、宽100米，总面积约20000平方米，相对高度约30米。地表为竹林、茶树和木薯地。遗物分布范围约200平方米，见于南坡。未见文化层堆积（图二九九）。采集陶片6片，分夹砂陶、泥质陶和硬陶。夹砂陶有灰色1片、红褐色1片；泥质陶有黄灰色1片（贝印纹）、灰色1片（条纹），硬陶仅灰色2片（方格纹1片）。余均素面（图三〇一）。青铜时代。

釉陶盆残片　山仔:1，方唇，平折沿，直腹微敞。上腹饰二行戳印菱形点纹。灰硬陶，表面施青釉，大多脱落。口径11.2、残高4厘米（图三〇〇）。

图二九九　山仔遗址

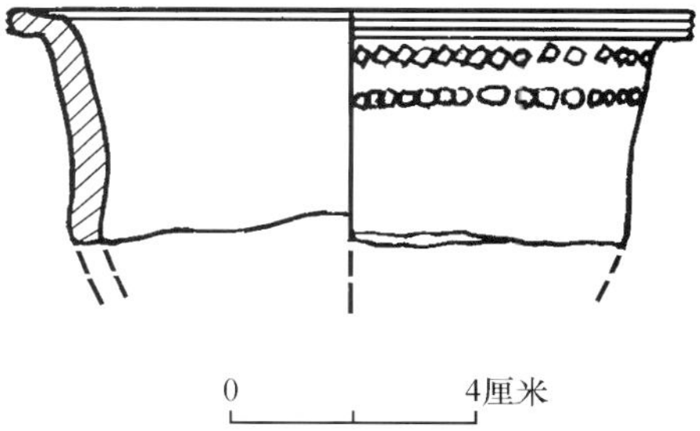

图三○○　山仔遗址采集陶盆（山仔:1）

图三○一　山仔遗址采集陶片

（11）雷尾遗址　位于永春县达埔村汉口村龙溪寨自然村东北，山东为公路，南接龙山寨自然村，村南即桃溪，相距 80 米。约呈三角形。长 100、宽 50 米，总面积约 4000 平方米，相对高度 15 ~20 米。未见文化层堆积（图三○二）。采集陶片 4 片，均泥质陶，有黄灰色 3 片（雷纹 1 片、绳纹 1 片），余素面；并采集残石矛 1 件，见于南坡（图三○三）。青铜时代。

图三○二　雷尾遗址

图三○三　雷尾遗址采集石镞和陶片

（12）岭仔头遗址　位于永春县湖洋镇锦凤村许垅自然村西。西边为农田，北面为另一相连山丘。约椭圆形，长 150、宽 80 米，总面积 12000 平方米，相对高度约 15 米。地表为木薯、橘柑和黄麻地。地表大面积直接出露岩石。遗物见于山顶西南部。未见文化层堆积（图三〇四）。采集陶片 2 片，泥质黄灰色 1 片，素面；灰硬陶 1 片（席纹）（图三〇五、图三〇六）。青铜时代。

图三〇四　岭仔头遗址

图三〇五　岭仔头遗址采集陶片

（13）田墘仑遗址　位于永春县达埔镇金星村南。北临桃溪。约椭圆形，长 100、宽 100 米，山体总面积 12000 平方米，相对高度 35 米。地表为花生、地瓜、竹子地和杂草（图三〇七）。北坡采集 10 片陶片，分夹砂陶和泥质陶，夹砂陶有红褐色 1 片，泥质陶有灰色 7 片（方格纹 3 片、细绳纹 1 片、凹弦纹 2 片），黄灰色 2 片（均方格纹），余均素面（图三〇八）。未发现文化层堆积。青铜时代。

图三〇六　岭仔头遗址采集陶片纹饰拓片

图三〇七　田墘仑遗址

图三〇八 田墘仑遗址采集陶片

（14）金龟寨遗址 位于永春县湖洋镇清白村东，独立山丘。东侧山下为湖洋溪，南坡下为永春四中校址，北为农田。呈覆斗形，长200、宽150米，总面积30000平方米，相对高度50米。地表为茶园。遗物分布范围约20000平方米。见于西坡、东坡和顶部。未发现文化层（图三〇九）。采集残石锛1件和陶片11片，分泥质陶和硬陶。泥质陶有灰色1片。硬陶有灰色7片（条纹5片），黄灰色2片（条纹加黑赭衣1片），灰白色1片。余均素面（图三一〇）。青铜时代。

图三〇九 金龟寨遗址

图三一〇　金龟寨遗址采集石器与陶片

（15）寨子尾遗址　位于永春县达埔镇岩峰村第九小队北。西距达埔镇政府约400米，北为连绵山丘，南为公路，再往南约50米为桃溪。约三角形，长80、宽20～50米，总面积约2000平方米，相对高度20～40米。地表为地瓜地。遗物分布范围约100平方米，见于山顶中北侧。未发现文化层堆积（图三一一）。约青铜时代。采集陶片18片，分夹砂陶、泥质陶和硬陶。夹砂陶有红褐色6片（蕉叶纹4片、交错绳纹1片），橘红色1片，浅灰色3片，灰色2片；泥质灰黑色1片，硬陶仅紫灰色1片（绳纹）（图三一三）。

采集陶罐　寨子尾:1，圆唇，折沿外卷。细砂橘红陶。口径21.2、残高6.4厘米（图三一二）。

图三一一　寨子尾遗址

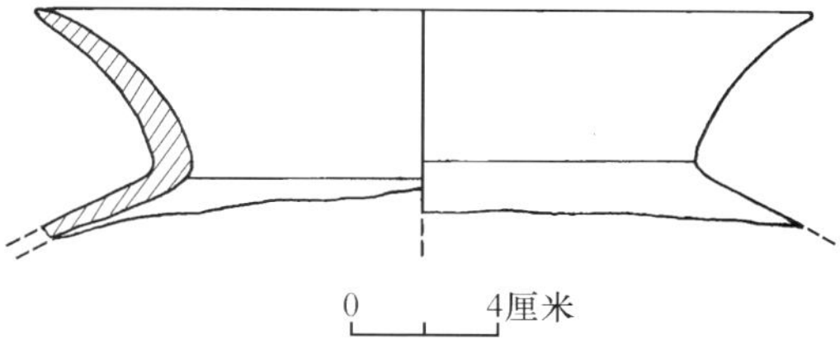

图三一二　寨子尾遗址采集陶罐（寨子尾:1）

图三一三　寨子尾遗址采集陶片

（16）公山遗址　位于永春锦斗镇西南约400米锦溪村北侧，也称詹公山，东距河流约500米，东南隔公路与虎坪山遗址相临。大体呈束腰椭圆形，两个山头，长宽分别为50米×50米和150米×100米，总面积约17500平方米，相对高度40～50米。

地表为茶园。遗物分布面积约 300 平方米，见于东坡和东北坡。未发现文化层（图三一四）。采集陶片 12 片，分夹砂陶、泥质陶和硬陶。夹砂陶有黄褐色 3 片、黄灰色 1 片（条纹）；泥质陶有黄灰色 1 片（篮纹）、灰色 2 片（均绳纹）；硬陶有黄灰色 5 片（均篮纹）（图三一五、图三一六）。青铜时代。

图三一四　公山遗址

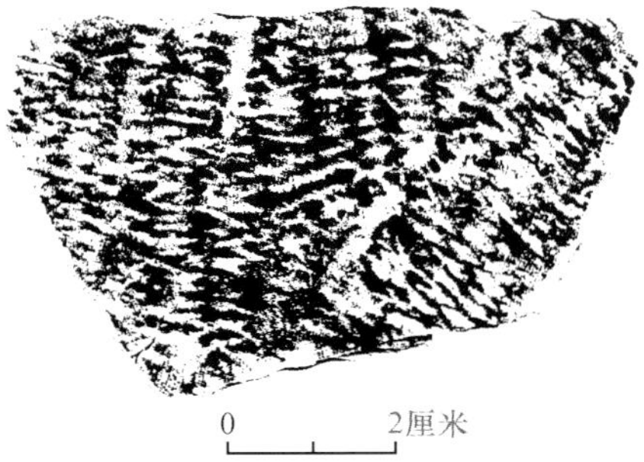

图三一五　公山遗址采集陶片纹饰拓片

图三一六　公山遗址采集陶片

2. 复查遗址

3 处。

图三一七 吴山遗址

（1）吴山遗址 位于永春县蓬壶镇壶中村与壶南村交界处。为蓬壶盆地中部一个独立山丘。西临桃溪支流。不规则形。长约 300、宽约 100、总面积约 30000 平方米，相对高度 30 ~ 40 米。地表为地瓜地和樟树等。遗物分布范围约 5000 平方米，见于西南坡和山顶。未见文化层堆积（图三一七）。采集陶片 10 片，陶质分细夹砂陶和硬陶。细砂陶有红褐色 2 片，硬陶有灰色 5 片（方格纹 1 片、贝印纹 1 片）、紫灰色 2 片（席纹 1 片），余素面。原始青瓷 1 片（青釉）（图三一八、图三一九）。青铜时代。

图三一八 吴山遗址采集陶片

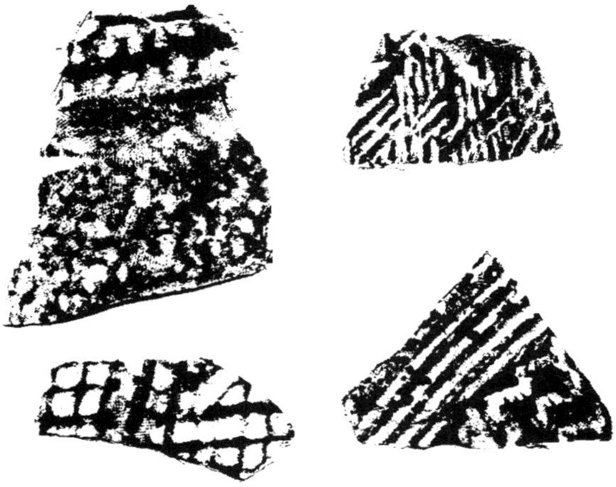

图三一九　吴山遗址采集陶片纹饰拓片

（2）吴坑山遗址　位于永春县蓬壶镇魁都村北，为蓬壶盆地的东北部一座独立山丘，东、东南约300米处为河流和公路，西、北均有多座独立山丘，其中有后头山，遥望永春三中。山顶建信号塔。约呈椭圆形，长200、宽150米，相对高度30～40米。地表为木薯地、地瓜地和杂草等。遗物分布范围约300平方米，见于西南坡。未见文化层堆积（图三二〇）。采集36块陶片，陶质分夹砂陶、泥质陶和硬陶，还有原始青瓷。夹砂陶有细砂和粗砂之分，粗砂有橘红色1片；细砂有灰黑色3片、红褐色5片（绳纹1片）、灰色4片（栅篱纹1片）。泥质陶有橘红色1片、黄褐色1片、灰白色10片（绳纹1片、凸棱2片）、灰色1片；硬陶有灰色8片（方格纹4片、席纹1片、条纹1片、蕉叶纹1片），紫灰色2片（方格纹1片、席纹1片）；余均素面。原始青瓷1片（灰胎，青釉）（图三二二～图三二四）。青铜时代。

陶壶残片　吴坑山∶1，折沿，微侈口，肩部饰凸棱二道。黄灰陶。残高5.4厘米（图三二一）。

图三二〇　吴坑山遗址

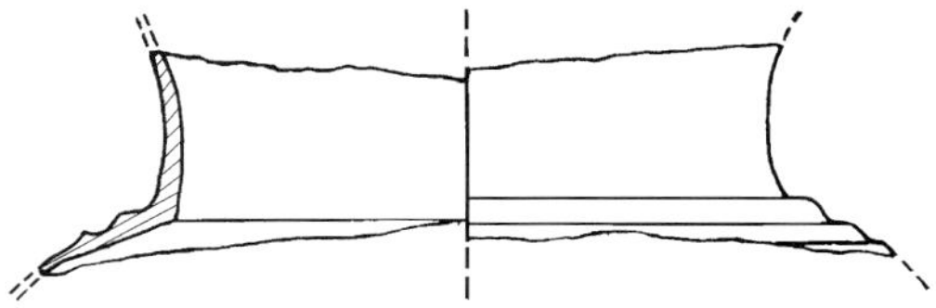

图三二一　吴坑山遗址采集陶器（吴坑山∶1）

（3）五五山遗址　位于永春县达埔镇达理村第十九和二十小队北，属大宫山之东北一座，南被永春五中切去一半。约曲尺形，长约100、宽约40米。总面积约4000平方米，相对高度30米。地表为木薯地和荒地（图三二五）。遗物有残石璜1件和陶片1

片，灰硬陶，饰戳印纹（图三二七，2）。见于山顶。未发现文化层堆积。早期遗址。

石璜　五五山:1，残。里厚外薄，截面呈三角形，一端带穿。深绿色。残长 3.2、宽 0.8、厚 0.25 厘米（图三二六；图三二七，1）。

图三二二　吴坑山遗址采集陶片

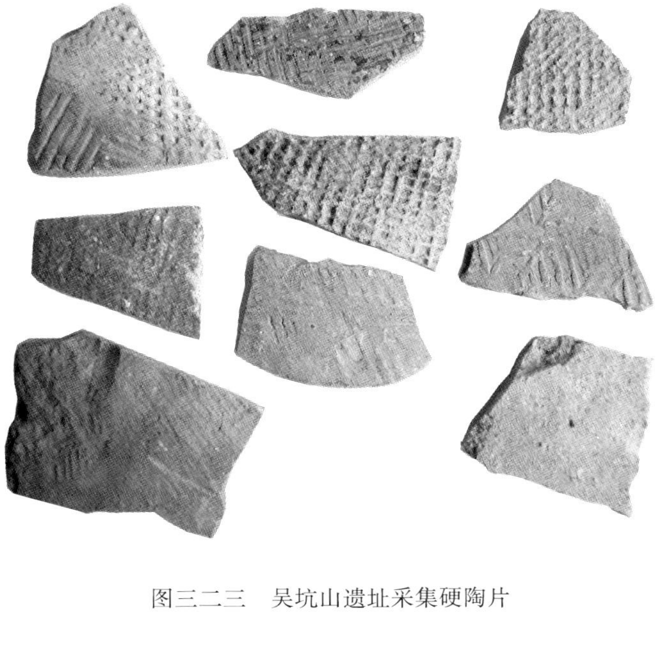

图三二三　吴坑山遗址采集硬陶片

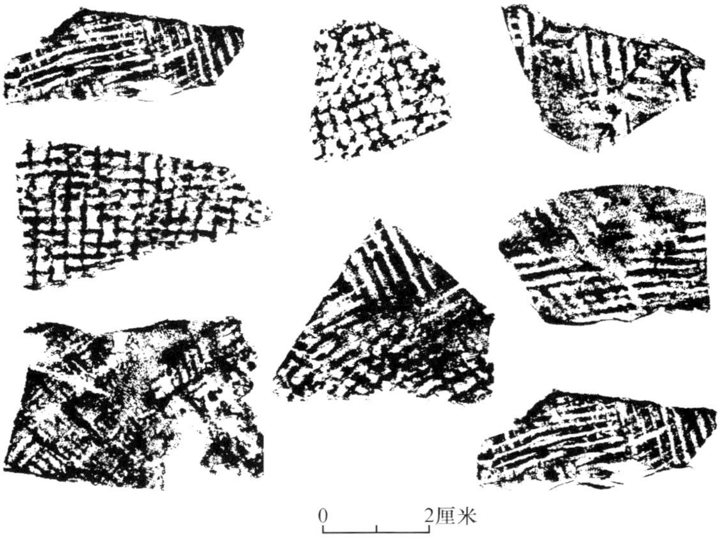

图三二四　吴坑山遗址采集陶片纹饰拓片

图三二五　五五山遗址

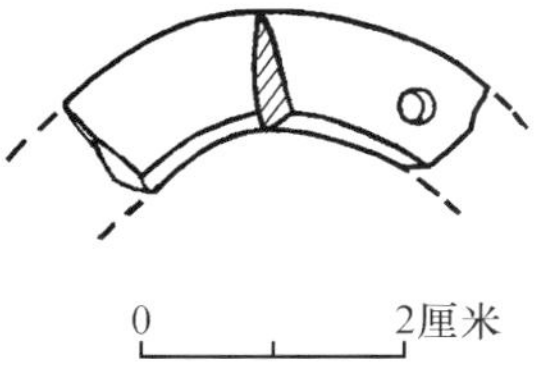

图三二六　五五山遗址采集石璜（五五山∶1）

图三二七　五五山遗址采集石璜和陶片
1. 残石璜　2. 陶片

（六）惠安县（图三二八）

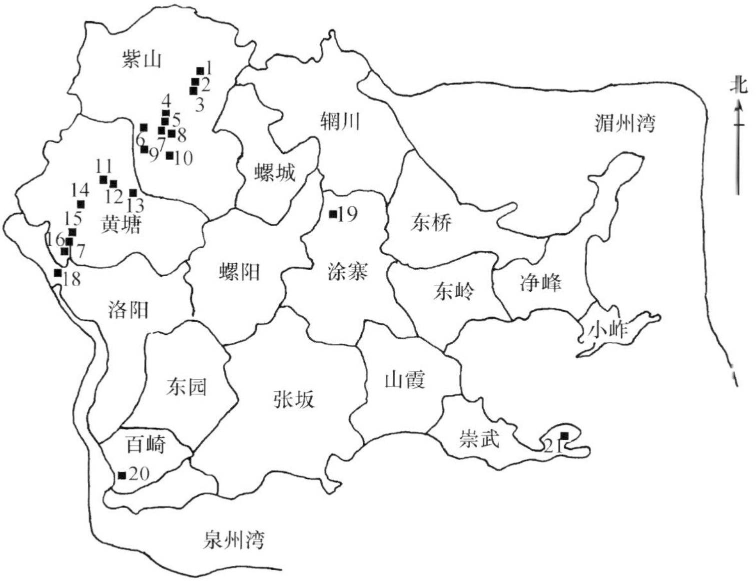

图三二八 惠安新发现与复查遗址分布图

1. 厝后山遗址 2. 过溪山遗址 3. 后行山遗址 4. 人子石山遗址 5. 鸭子山遗址 6. 山仔尾遗址 7. 宝珠石山遗址 8. 座马山遗址 9. 大石山遗址 10. 东山坑里遗址 11. 鸡母石山遗址 12. 山连坡遗址 13. 后亭山遗址 14. 副狗山遗址 15. 斗山遗址 16. 后壁山遗址 17. 西面山遗址 18. 坝后山遗址 19. 洞山遗址 20. 音楼山遗址 21. 大岞山遗址

1. 新发现遗址

18 处。

（1）后亭山遗址 位于惠安县黄塘镇后郭村南，属南北向连绵山体向北的突出三角部分。南侧有新建工业开发区。北侧越过农田即为黄塘溪。整体山体约数十万平方米，相对高度约 15 ~ 30 米。地表为杂树。遗物分布范围约 150 平方米，见于西坡。未发现文化层堆积（图三二九）。采集陶片 132 片，分夹砂陶、泥质陶和硬

图三二九 后亭山遗址

陶。夹砂陶有黄褐色 15 片（均条纹）、黄灰色 2 片；泥质陶有黄色 70 片，黄灰色 13 片（绳纹），黄褐色 18 片（条纹 11 片、凸棱 7 片），灰色 12 片；硬陶有灰色 1 片（方格纹），釉陶 1 片（条纹）（图三三一、图三三二）。青铜时代。

罐残片　后亭山:1，尖圆唇内敛，斜折沿，侈口，腹饰方格纹。细砂灰硬陶。口径 24、残高 6.8 厘米（图三三〇）。

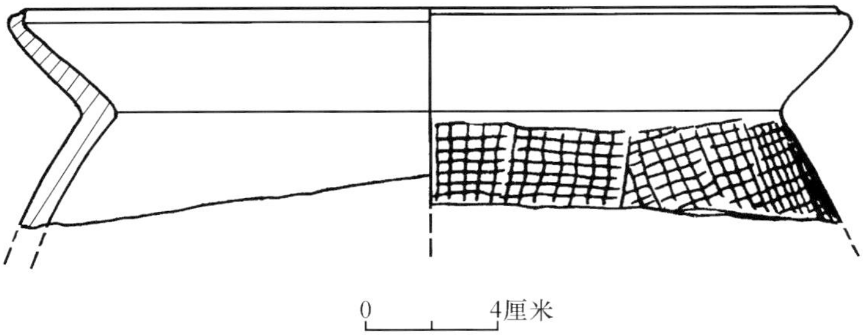

图三三〇　后亭山遗址采集陶罐（后亭山:1）

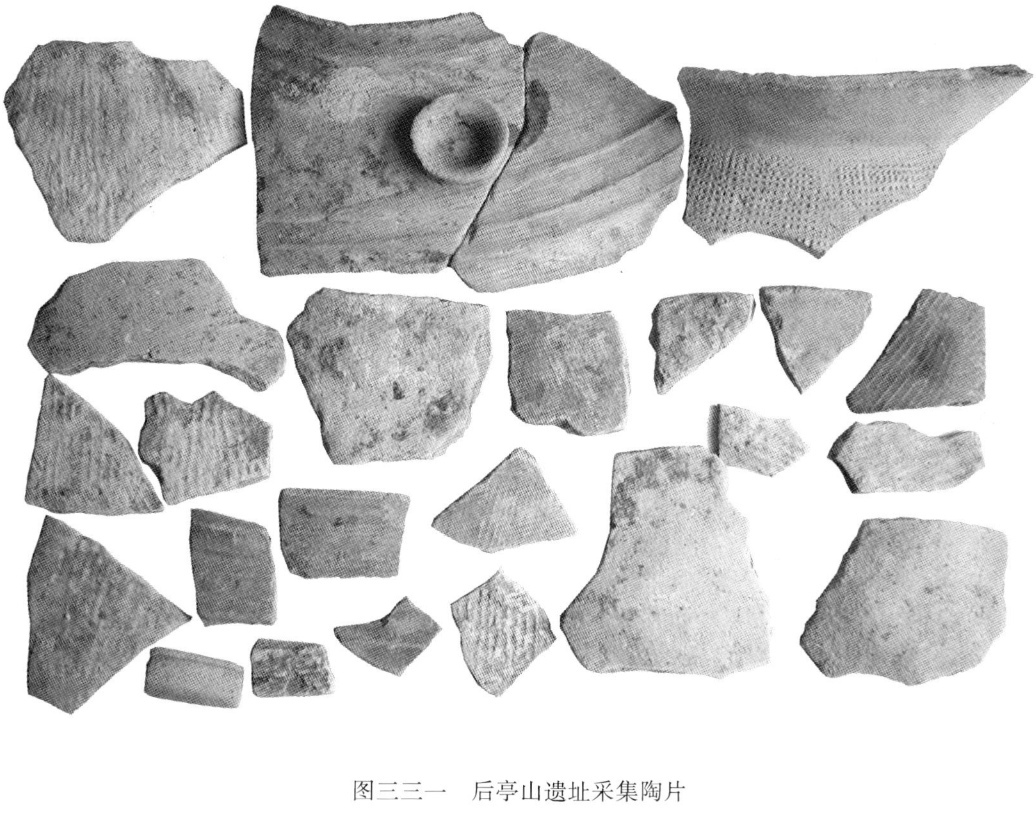

图三三一　后亭山遗址采集陶片

图三三二　后亭山遗址采集陶片

（2）副狗山（石狗山）遗址　位于惠安县黄塘镇后店村和苏塘村交界，北三分之二属后店村。遗址南侧为连续的低山丘陵，东近黄塘溪，北侧和西侧为农田，山脚有一小溪流，由南向北转东注入黄塘溪。福厦高速公路纵向贯穿遗址所在山体的东半部。不规则长条形，长约200、宽约100米，总面积约20000平方米，相对高度35～40米。地表南为龙眼果园，北为花生地。遗物分布范围约300平方米，见于高速公路西侧中北部山顶。未发现文化层堆积，但从地表调查过程分析，此遗址存在文化层堆积的可能性较大（图三三三、图三三四）。采集陶片114片，分夹砂陶、泥质陶和硬陶。夹砂陶分粗砂陶和细砂陶，粗砂陶有红褐色7片，红黄色18片（绳纹2片）；细砂陶有黄色1片，红褐色7片（绳纹1片、附加堆纹3片）；泥质陶有黄色24片（绳纹7片），黄褐色20片（绳纹5片、贝印纹2片），红褐色16片（绳纹5片），红黄色3片（附加堆纹1片），灰色10片，灰黑色3片（方格纹2片）。硬陶有黄灰色2片、灰色3片）。余均

图三三三　副狗山遗址

图三三四　副狗山遗址地表散布陶片

素面（图三三八）。新石器—青铜时代。可辨器形有罐2件。

小陶釜　副狗山:1，圆唇，卷沿，侈口，圆腹，圜底。泥质灰陶。素面。口径4.6、高4厘米（图三三六；图三三七，2）。

陶罐　副狗山:2，口残，折沿，微侈口，垂腹带折，矮实足。一侧带把，残。泥质红灰陶，质稍硬。腹径10.6、残高5.5厘米（图三三五；图三三七，1）。副狗山:4，圆唇，直口微侈，短颈，鼓腹。粗砂黄灰陶。口径8、残高5厘米（图三三七，3）。

陶釜　副狗山:3，圆唇，斜折沿，鼓腹。腹饰绳纹。口沿处有一穿孔。细砂红黄陶。口径16.4、残高7.4厘米（图三三七，4）。

图三三五　副狗山遗址采集陶罐（副狗山:2）

图三三六　副狗山遗址采集小陶釜（副狗山:1）

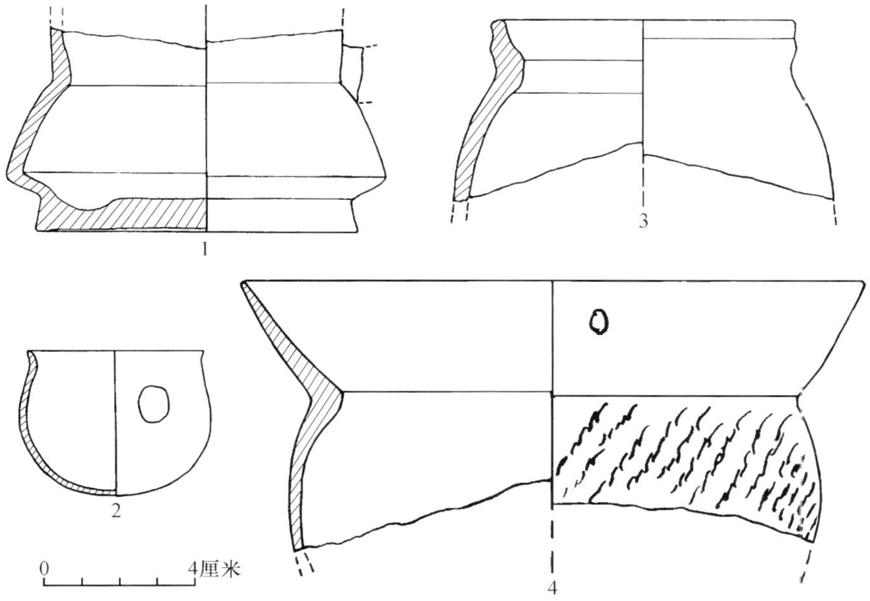

图三三七　副狗山遗址采集陶器

1、3. 陶罐（副狗山:2、副狗山:4）　2. 小陶釜（副狗山:1）　4. 陶釜（副狗山:3）

图三三八　副狗山遗址采集陶片

图三三九　座马山遗址

（3）座马山遗址　位于惠安县紫山镇光口村圳口自然村东。西侧山脚为紫山小学。西南紧临紫山至惠安公路。南侧有黄塘溪支流。近圆形，长宽各 200 米，总面积 40000 平方米，相对高度 15 米。地表为花生地。遗物分布范围仅 3 平方米，见于山顶北侧，文化层堆积厚 5 ~ 15 厘米（图三三九）。采集陶片 12 片，分夹砂陶和泥质陶。夹砂陶有灰黑色 1 片、灰色 1 片。泥质陶有灰黑色 5 片（凸棱纹 2 片）、灰色 5 片。余均素面（图三四○）。约新石器时代。

图三四○　座马山遗址采集陶片

（4）东山坑里遗址　位于惠安县紫山镇翁后村，紫山小学东侧。长条形，长 200、宽 150 米，总面积约 30000 平方米，相对高度 20 米。地表为玉米、花生地和杂草。遗物分布范围仅 2 平方米，见于西南坡。未发现文化层堆积（图三四一）。采集陶片 4 片，其中夹砂黄陶 1 片（绳纹）；泥质黄陶 1 片（绳纹）；泥质灰陶 2 片（绳纹 1 片、附加堆纹与绳纹 1 片）（图三四二）。早期遗址。

图三四一　东山坑里遗址

图三四二　东山坑里遗址采集陶片

（5）山仔尾遗址　位于惠安县紫山镇龙石村校慰坑自然村西南。周围均有一些小山丘。大致呈椭圆形，长300、宽200米，总面积约60000平方米，相对高度20～30米。地表为花生、地瓜地和灌木。未发现文化层堆积（图三四三）。遗物采集陶片1片（泥质黄灰陶，饰交错绳纹），见于山顶东南侧（图三四四）。早期遗址。

图三四三　山仔尾遗址

图三四四　山仔尾遗址采集陶片

（6）厝后山遗址　位于惠安县紫山镇官溪村旧厝圳口自然村东北面厝后山东坡，福厦高速公路穿越遗址东坡边缘。遗址处于官溪村所在狭长河谷盆地东北端，其北侧山脚为溪流东流并折向南面，盆地周围高山环绕，边缘为高山延伸余脉和相对独立的山丘，遗址为延伸出的几座绵延相连山丘中的东侧山头，盆地西南为河流和交通出口。山体大致呈椭圆形，面积约20000平方米，相对高度35～45米。山坡种植龙眼等果树，夹杂灌木和杂草，水土流失和风化较为严重，表面和断面所见均为红色土壤，含大量粗砂粒，质较坚硬致密，未见文化层堆积。遗物见于山体东北坡中上坡位置地表（图三四五）。采集陶片9片，其中泥质浅黄或黄灰陶5片（素面）；泥质灰黄陶3片（饰条纹，其一着黑衣）；夹砂灰硬陶1片（素面）（图三四六）。青铜时代。

图三四五　厝后山遗址

图三四六　厝后山遗址采集陶片

（7）过溪山遗址 位于惠安县紫山镇官溪村后沈自然村北侧边缘，北面与厝后山隔溪相望，高速公路穿越遗址中部。遗址处于官溪村所在狭长河谷盆地东北角，盆地周围高山环绕，边缘为高山延伸余脉和相对独立的山丘，遗址为延伸出的几座绵延相连山丘中的东端山头，盆地西南为河流和交通出口。山体大致呈西北—东南向长条形，面积约 8500 平方米，相对高度约 25 米。山坡未见文化层堆积，土壤为红壤，较坚硬致密；遗址水土流失较为严重。遗物见于山头北坡（图三四七）。采集陶片 22 片，其中泥质灰陶 3 片（素面）；泥质黄灰陶或浅黄陶 17 片（条纹 9 片、条纹并着红衣 2 片、素面 6 片）；夹砂灰陶 2 片（条纹）（图三四八）。青铜时代。

图三四七 过溪山遗址

图三四八 过溪山遗址采集陶片

图三四九　后行山遗址

(8) 后行山遗址　位于惠安县紫山镇官溪村樟坑自然村北面后行山，盆地东北角，北望过溪山遗址（相距约50米），西北近处为盆地周围较高山体余脉，西、北、东北稍远为较高山体，南、东南分布有数座相对独立的山丘。遗址所在为一相对独立山丘，呈东西向长条形，面积约2.1万平方米，高速公路穿越后行山东坡。山体东面山脚下为东北—西南向溪流，山顶、坡种植龙眼和荔枝等果树，夹杂灌木和荒草。山体土壤为红壤，未见文化层堆积，部分可见山体基岩（图三四九）。遗物见于山顶，采集陶片2片，其中灰硬陶1片（条纹）；夹砂红陶1片（方格纹）（图三五〇）。早期遗址。

图三五〇　后行山遗址采集陶片

(9) 人子石山遗址　位于惠安县紫山镇紫山村丁村自然村北面和尾山村西南面，地处黄塘溪北段上游盆地北部，周围分布大小不等的山丘，部分延绵相连，山丘间耕地密布。遗址西面为黄塘溪上游支流，福泉高速与修建中的福厦铁路交叉处穿越遗址东部和中部。遗址所在山体呈不规则形，面积约1.9万平方米，相对高度约35米，东、南坡山势平缓；山坡和山顶种植杉木，夹杂较多杂木和少量荔枝、

图三五一　人子石山遗址

龙眼、地瓜等。遗址未见文化层堆积，土壤为红壤，含较多粗砂粒。因基建地表暴露较多陶片（图三五一）。采集陶片50片，其中灰硬陶6片，条纹3片、素面2片、粗条纹1片；泥质黄灰陶26片，条纹4片、网格纹1片、素面21面；泥质灰陶7片，素面；夹砂黑陶7片，素面；夹砂灰黄陶4片（图三五二）。另采集1片人工打击剥落的石片。推测遗址可能为一处墓群。青铜时代。

图三五二 人子石山遗址采集陶片

（10）鸭子山遗址 位于惠安县紫山镇紫山村丁村自然村北面，北与人子石山遗址紧密相连，地处黄塘溪北段上游盆地北部，周围分布大小不等的山丘；遗址西面为黄塘溪上游支流，遗址东侧山脚下为福泉高速，修建中的福厦铁路穿越遗址中部。遗址所在山体呈不规则形，面积约9000平方米，相对高度15～20米，东坡地势平缓；山坡和山顶种植少量杉木、荔枝、龙眼等，夹杂灌木和杂木。遗址未见

图三五三 鸭子山遗址

文化层堆积，土壤为红壤，含较多粗砂粒（图三五三）。采集陶片4片，其中灰硬陶1片，饰方格纹；夹砂黄灰陶2片，饰方格纹1片、素面1片；泥质灰黄陶1片，饰方格纹（图三五四）。早期遗址。

图三五四　鸭子山遗址采集陶片

（11）宝珠石山遗址　位于惠安县紫山镇紫山村丁村自然村北面，地处黄塘溪北段上游盆地东北部，北与鸭子山遗址紧密相连，东面分布有大小相连的山丘，西、南为耕地，西面为东北—西南向黄塘溪上游支流，遗址东侧山脚下为福泉高速，修建中的福厦铁路穿越遗址中部。遗址所在山体呈椭圆形，面积约10000平方米，相对高度20～25米，东坡山势平缓；山坡和山顶植被为少量杉木、龙眼等果树，夹杂较多灌木和杂木。遗址未见文化层堆积，土壤为红壤，含较多粗砂粒；山顶、坡有巨石裸露于地表，显系水土流失严重（图三五五）。仅于山坡采集灰硬陶片1片，饰方格纹（图三五六）。青铜时代。

图三五五　宝珠石山遗址

图三五六　宝珠石山遗址采集陶片

（12）大石山遗址　位于紫山镇赤土村仕美自然村西面和西北面边缘，村庄部分建于东侧山坡上；山体地处黄塘溪所在盆地中西部偏北位置，盆地内部整体地势较平坦，中部分布有众多相对独立、面积较宽广、地势较低矮平缓的山丘。大石山遗址周围均为低矮山丘，东面为黄塘溪，东北间隔一座山丘约400米为宝珠山遗址，高速公路东北—西南向穿越遗址中部，山体西北坡下约50米为修建中的福厦铁路。大石山由两座山丘连接而成的独立山丘，平面呈葫芦形，山势平缓，山顶较为平坦；面积约5万平方米，相对高度20～25米。山体种植龙眼等果树，夹有大量灌木，山顶为龙眼树外无其他植被，水土流失较为严重，未发现文化层堆积，山体土壤未红土，含大量砂粒（图三五七）。于东坡采集有石玦残件1件（图三五八）。

图三五七　大石山遗址

陶片　3片。其中泥质灰黑陶1片（夹少量粗砂，素面）；泥质浅黄陶2片（含少量砂，素面）。还于山体东上坡小断坎断面发现1件泥质黄褐陶残器，碎裂（图三五九）。约新石器时代。

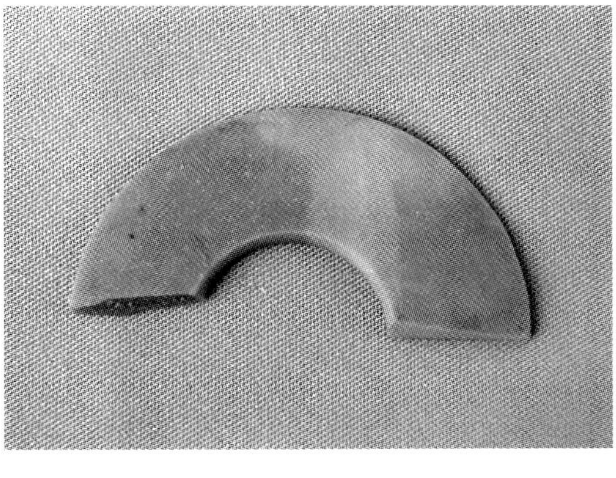

图三五八　大石山遗址采集石玦

图三五九　大石山遗址采集陶片

（13）鸡母石山遗址　位于黄塘镇松溪村官茂自然村东北面。山体地处黄塘溪所在盆地中部偏西北，北隔一座山丘距大石山遗址800～1000米；遗址周围均为低矮山丘，东面为黄塘溪，福厦高速公路由东北—西南向穿越遗址中部。山体为独立山丘，山势平缓，山顶较为平坦；面积约 4 万平方米，相对高度约 21 米。山体种植龙眼、地瓜等作物。未发现文化层堆积（图三六〇）。地表采集 2 片陶片，其中灰硬陶 1 片，饰变体云雷纹纹；夹砂黄灰硬陶 1 片，素面（图三六一）。青铜时代。

图三六〇　鸡母石山遗址

图三六一　鸡母石山遗址采集陶片

（14）山连坡遗址　位于黄塘镇松溪村窑内自然村东南侧边缘。地处黄塘溪盆地中部偏西，东北相距约 200 米为鸡母石山遗址，山体周围东北、北、西、西南50～100米均为相对独立的低矮平缓山丘，东南、南较远处 400～500 米为山丘，遗址西北面西面山坡下为黄塘溪支流自北向南绕经山体。福厦高速公路穿越遗址中部。山体为面积较宽广、山势低缓的山丘。平面大致呈椭圆形，面积约 6 万平方米，相对高度 15～20 米，地表种植龙眼和地瓜等作物。未见文化层堆积，部分山体裸露红色砂土层和基岩风化石（图三六二）。遗物见于山顶，采集陶片 8 片，其中夹砂灰陶 5 片，均素面；泥质黄灰陶 3 片，其中饰条纹 1 片、素面 2 片（图三六三）。新石器时代。

图三六二　山连坡遗址

图三六三 山连坡遗址采集陶片

（15）斗山遗址 位于黄塘镇尾园村下园自然村西侧，下圆村占据山体东侧部分内山坡。地处黄塘溪盆地西南部，为低矮平缓山丘，平面形状为不规则椭圆形，面积约300米×250米，相对高度20～25米，周围分布独立或相连的低矮山丘，西面约250米为副狗山。高速公路穿越遗址东坡，互通穿越其南部。山顶和山坡种植龙眼树。未发现文化层堆积（图三六四）。遗物见于山顶东侧，采集灰硬陶1片，饰网格纹（图三六五）。早期遗址。

图三六四 斗山遗址

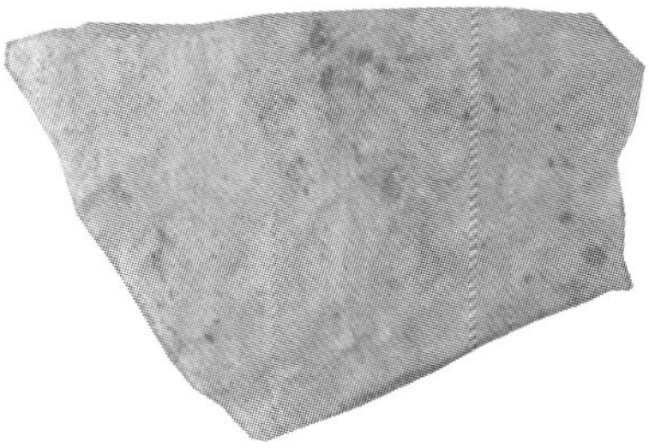

图三六五 斗山遗址采集陶片

（16）后壁山遗址（后山寨山遗址）　位于黄塘镇尾园村南坑山自然村西侧，福厦高速黄塘镇互通东南侧。地处黄塘溪所在盆地西南，为相对独立的山丘，地势较平缓，面积约2万平方米，相对高度15～20米；遗址北面约100米为斗山遗址。山体种植龙眼等果树，未发现文化层堆积（图三六六）。地表采集夹砂黄灰硬陶1片，饰栅格纹（图三六七）。新石器时代。

图三六六　后壁山遗址

图三六七　后壁山遗址采集陶片

（17）西面山地点　位于黄塘镇埔兜村草埔园自然村西南侧，福厦高速公路穿越遗址中部。地处黄塘镇所在盆地西南，西面为盆地边缘较高山地，北、南面为较低矮山丘，东面为平地，东约800米为黄塘溪下游。西面山为一相对独立山头，与西南山头略有相连，平面大致呈东西向长条形，面积约150米×100米，相对高度约20米。山体地表为龙眼树和低矮灌木（图三六八）。于东坡采集3件以燧石为原料打制的小石器（图三六九）。早期遗址。

图三六八　西面山地点

图三六九　西面山地点采集燧石石器

（18）坝后山遗址　位于洛阳镇云庄村西侧，地处洛阳江与黄塘溪交汇处北岸、洛阳江大桥北端。坝后山为黄塘溪下游西岸绵延分布数座山丘中相对独立的南端山丘。平面呈南北向长条形，分布面积约3万平方米，相对高度15～20米。福厦高速公路穿越遗址西侧。山体地表为龙眼、荔枝等果树，遍布灌木。未见文化层堆积，土壤为红色砂土层，含较多粗砂（图三七〇）；地表采集夹砂红陶豆残件1件，外壁为红色夹杂黄色，陶器胎心为黑色，素面（图三七一）。早期遗址。

图三七〇　坝后山遗址

图三七一　坝后山遗址采集陶片

2. 复查遗址

3处。

（1）洞山遗址　位于惠安县涂寨镇陈芹村南。北侧有小溪流。约圆形小山，相对高度20～30米。采集石锛1件，见于南坡中部的冲沟中。未见文化层堆积（图三七二）。早期遗址。

石锛　洞山∶1，长方形，平刃，微弧尾，截面呈梯形。磨制稍精。表面呈灰绿色。轻度风化。长9.6、宽4.8、厚2.7厘米（图三七三）。

图三七二　洞山遗址

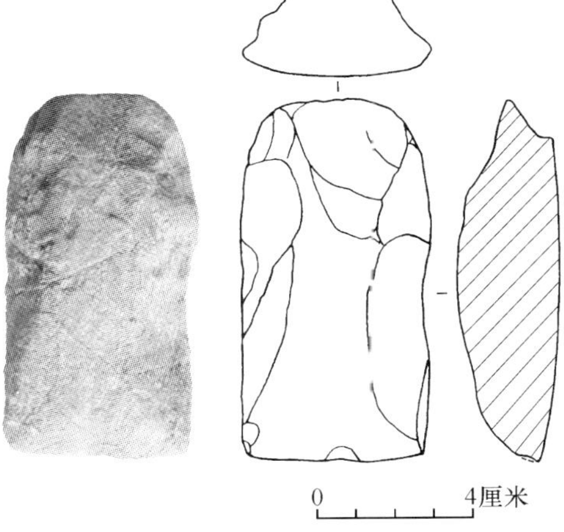

图三七三　洞山遗址采集石锛（洞山∶1）

（2）大岞山遗址　位于惠安县崇武镇大岞村东，南临海湾，遗址位于连绵的大山南坡乱石堆中，相对高度约 20 米。地表为乱石、相思树和地瓜地。遗物分布范围约长 40、宽 25 米，面积 1000 平方米（图三七四）。采集陶片 21 片，以红褐色细砂陶为主，个别施红衣。未见文化层堆积，已基本被毁（图三七五）。新石器—青铜时代。

（3）音楼山遗址　位于惠安县百崎回族自治乡下埭村西。调查并发掘，详见下文。

图三七四　大岞山遗址

图三七五　大岞山遗址采集陶片

（七）洛江区（图三七六）

图三七六 洛江区新发现遗址分布图

1. 方炉尾山遗址 2. 四区头山遗址 3. 后头山遗址 4. 墓处山遗址 5. 鸡母石山地点

新发现遗址

5 处。

（1）后山头遗址 位于洛江区河市镇庄田村下庄自然村北，西临洛江，西距万虹公路约 200 米。南、东两面皆民房，西南有石材厂。长条形，长 150、宽 100 米，总面积约 15000 平方米，相对高度 20 米，遗物分布范围仅 3 平方米（图三七七）。采集陶片 2 片，均泥质陶，有黄灰色 1 片（折线纹），灰白色 1 片和五代青瓷片等（图三七八）。见于北坡。未见文化层堆积。早期遗址。

图三七七　后头山遗址

图三七八　后头山遗址采集陶瓷片

图三七九　墓处山遗址

（2）墓处山遗址　位于洛江区河市镇梧宅村西 20 米，濠溪南侧。不规则形，长 200、宽 100 米，总面积 20000 平方米，相对高度 6 米。地表为龙眼园，未见文化层堆积。遗物分布范围 15 平方米（图三七九）。采集陶片 4 块，分细砂陶和粗砂陶。细砂陶有灰色 2 片（刻划“×”线纹 1 片），黄灰色 1 片。粗砂陶仅橘红色 1 片，另有宋代青瓷多片（图三八〇）。早期遗址。

图三八〇　墓处山遗址采集陶瓷片

（3）方炉尾山遗址　位于洛江区马甲镇潘内村道坝自然村东南侧，东北山脚下为七林村，北面、西北面为相对而言较高的山丘，东南约200米为溪流，大致呈“V”形，总面积约2.5平方米，相对高度约30米。地表为杂草和松树、果树（图三八一）。采集残石锛1件，见于东南坡。未发现文化层堆积。早期遗址。

石锛　1件。残。约长方形，截面三角形，平尾。磨制不精，正背面均残留片疤。灰色细砂岩。残长5.1、宽4、厚1.4厘米（图三八二）。

图三八一　方炉尾山遗址

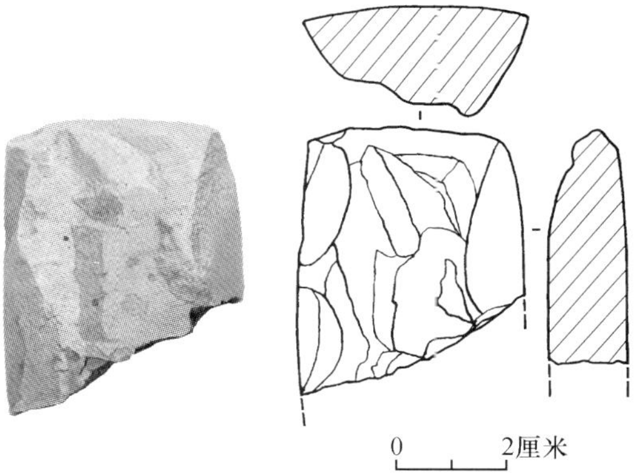

图三八二　方炉尾山遗址采集残石锛（方炉尾：1）

（4）四区头山遗址　位于洛江区河市镇新告村南约150米，为大山向西延伸部分，西侧为溪流。不规则形，长500、宽100米，总面积50000平方米，相对高度20～30米。地表为果树和灌木（图三八三）。采集陶片2片，均泥质陶，红色1片，黄色1片，均素面（图三八四）。见于西坡。未发现文化层堆积。早期遗址。

图三八三　四区头山遗址

图三八四　四区头山遗址采集陶片

（5）鸡母石山地点　遗址位于洛江区杏宅村西南航空旅游城旁，地处洛阳江南岸。鸡母石山为洛阳江南岸、洛阳江大桥南端数座较高山地中东南部相对较独立的一座山丘，山体面积1.5～2万平方米，相对高度20～25米，山体密布龙眼树和灌木（图三八五）。福厦高速公路穿越遗址中部。于东坡中下坡位置地表采集1件以燧石为原料打制的小石器（图三八六）。早期遗址。

图三八五　鸡母石山遗址

图三八六　鸡母石山地点采集燧石小石器

（八）泉港区（图三八七）

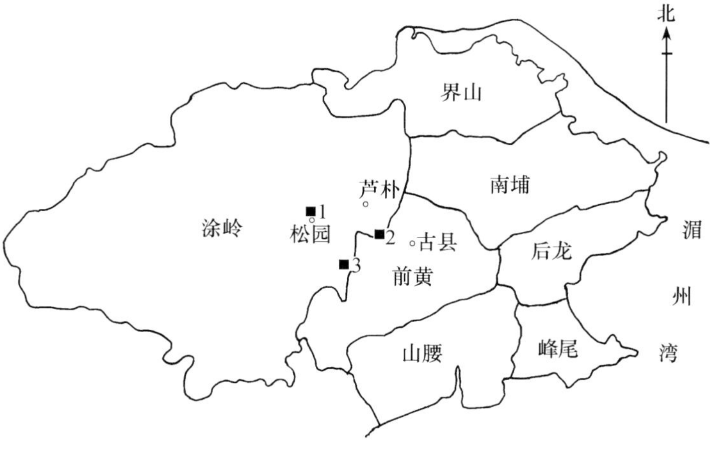

图三八七　泉港区新发现与复查遗址分布图

1. 万岁山遗址　2. 蚁山遗址　3. 丘后山遗址

1. 新发现遗址

2处。

（1）万岁山遗址　位于泉港区涂岭寨松园村北。南距324国道约200米，北面为较高山丘，东北400米为长箱村，东南山脚下为泉港六中。山体呈“L”形，总面积约45000平方米，相对高度20米。地表为荒草和裸露红土。遗物见于南坡、北坡和山顶。局部有类似灰坑堆积（图三八八）。采集小石锛1件和陶片135片，分夹砂陶和泥质陶。夹砂陶分粗砂和细砂陶。粗砂陶仅见灰色1片，细砂陶有灰色8片，灰黑色5片，黄灰色6片，灰褐色12片，红褐色3片。泥质陶有黄灰色7片，灰色12片，黄色78片。陶片风化严重，所见均素面（图三九〇、图三九一）。约新石器时代。

图三八八　万岁山遗址

图三八九　万岁山遗址采集石锛

石锛　1件。万岁山:2，扁薄细小，长方形，微弧刃，平尾。截面呈三角形。磨制稍精。表面呈土黄色。风化严重。长2.9、宽1.8、厚0.55厘米（图三八九；图三九二，1）。

陶釜　1件。万岁山:1，残。尖圆唇，折沿外侈。沿面施多道凹槽。细砂黄灰陶。口径17.6、残高4.8厘米（图三九二，2）。

（2）丘后山遗址　位于涂岭镇丘后村东南侧丘后山，西部远处为较高山脉，其余周围较远处分布数座山丘；西侧山脚下为耕地，北面为工业开发区。遗址山势略有起伏，西侧和北侧下为溪流。福厦高速公路穿越遗址东部，LNG管线穿越遗址西部。遗址呈南北向长条形，面积约16000平方米，相对高度约42米。山坡和山顶种植龙眼、荔枝、桃树等果树和花生、地瓜等。遗址不见文化层堆积，土壤为红壤（图三九三）。遗物见于西坡，采集陶片4片，其中灰硬陶片3片，饰条纹；夹砂灰硬陶1片，素面（图三九四）。青铜时代。

图三九〇　万岁山遗址采集陶片

图三九一　万岁山遗址采集陶片

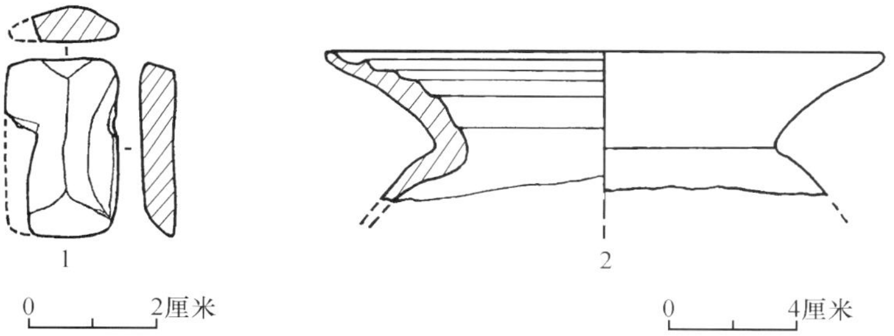

图三九二　万岁山遗址采集石器和陶器
1. 石锛（万岁山:2）　2. 陶罐（万岁山:1）

图三九三　丘后山遗址

图三九四　丘后山遗址采集陶片

2. 复查遗址

1处。

蚁山遗址　位于泉港区芦扑村后铺自然村南500米。为连续山丘中的一座相对独立的山丘，东西均连接高山。不规则形，长约150、宽100米，总面积15000平方米，相对高度约120米。地表因采石使原貌全变。遗物分布范围约5000平方米，采集大量陶片，还有石斧、石锛等石器，见于山顶、南坡中上部和北坡西侧山坳。原有文化层堆积，现已全毁。青铜时代—汉代，以青铜时代堆积为主。本次调

图三九五　后埔唐墓清理

查中对残存堆积进行清理，内容详见下文。

在涂岭镇芦扑村后铺自然村南面 350 米处新发现一座唐代土坑墓，编号后埔 M1（图三九五）。出土 3 件青瓷盘口壶（图三九六、图三九七）。

另在前黄镇官山村采集 3 件残青瓷器，其中 2 件为罐，1 件属碗，属唐至五代遗物。

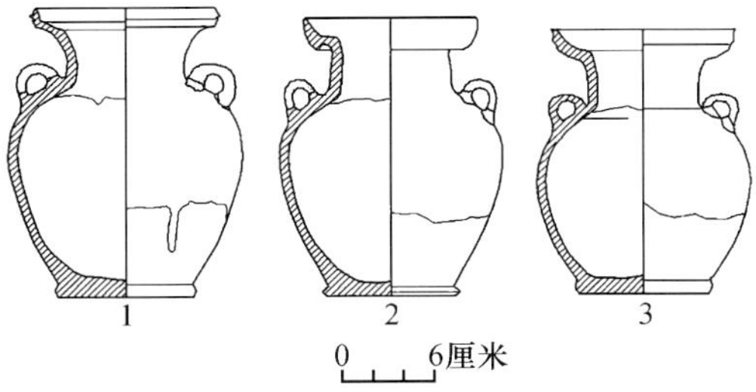

图三九六　后埔唐墓出土青瓷盘口壶

1. M1∶1　2. M1∶2　3. M1∶3

1　　2

图三九七　后埔唐墓出土青瓷盘口壶

1. M1∶1　2. M1∶2

（九）丰泽区（图三九八）

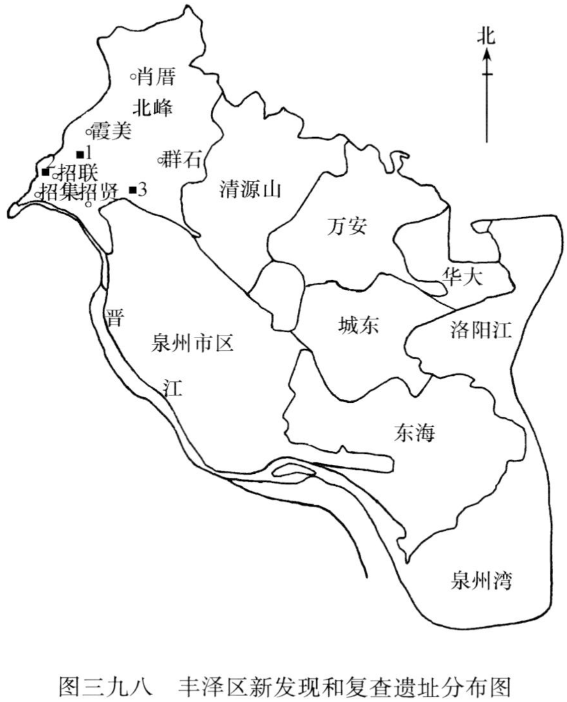

图三九八　丰泽区新发现和复查遗址分布图

1. 公山遗址　2. 鹏溪山遗址　3. 翠屏山遗址

1. 新发现遗址

2处。

（1）公山遗址　位于丰泽区北峰街道招联社区井山自然村南侧。遗址紧靠铁路线，大部分因铁路（南侧）、民房（北、西侧）、公路（东侧）建设而破坏。不规则形，长200、宽100米，总面积20000平方米，相对高度20米。遗物分布范围约200平方米，见于南坡山脚，未见文化层堆积（图三九九）。采集陶片5片，均泥质陶，有黄灰色1片、黄色3片（凸棱1片）、灰黑色1片（图四〇〇）。早期遗址。

图三九九　公山遗址

图四〇〇　公山遗址采集陶片

图四〇一　鹏溪山遗址

（2）鹏溪山遗址　位于丰泽区北峰街道鹏溪社区西 80 米处。北侧近人工水渠。为一座低矮的约圆形馒头状，长宽各约 150 米，总面积 22500 平方米，相对高度约 30 米的山丘。山顶建有微波信号站。地表为龙眼园和花生地。遗物分布范围约 1000 平方米，见于北坡下部。未见文化层堆积（图四〇一）。据调查分析，有存在文化层的可能。采集陶片 88 片，陶质有细夹砂陶、泥质陶和硬陶。还有原始青瓷。细砂陶有黄色 3 片、红褐色 12 片、黄褐色 7 片、灰色 13 片（方格纹加红衣 2 片）、灰黑色 12 片（栅篱纹 1 片、绳纹 1 片）、灰红色 5 片（绳纹 1 片）、红色 12 片（附加堆纹 1 片、栅篱纹 1 片、绳纹 1 片、素面红衣 1 片）；泥质陶有灰色 7 片、黄色 4 片、红色 2 片（席纹 1 片）；硬陶仅灰色 10 片（方格纹 1 片、绳纹 1 片、席纹 2 片、蕉叶纹 1 片、条纹 1 片）（图四〇二、图四〇三、图四〇五）。原始青瓷 1 片，灰白胎，青釉。新石器—青铜时代。

图四〇二　鹏溪山遗址采集陶片

陶豆残片　鹏溪山:1，圆唇，折沿外卷，侈口。细砂灰陶。口径23.2、残高6.4厘米（图四○四，2）。

陶釜残片　鹏溪山:2，圆唇，卷沿，侈口。细砂红褐陶。口径18、残高5.2厘米（图四○四，1）。

圈足残片　鹏溪山:3，圆唇，足外侈。黄灰硬陶。足径6、残高2厘米（图四○四，3）。

图四○三　鹏溪山遗址采集陶片

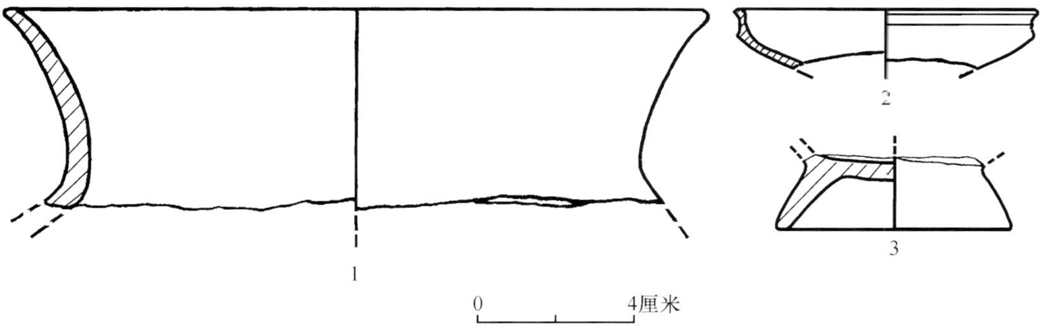

图四○四　鹏溪山遗址采集陶器

1. 陶釜（鹏溪山:2）　2. 陶豆（鹏溪山:1）　3. 陶圈足（鹏溪山:3）

图四〇五　鹏溪山遗址采集陶片纹饰拓片

2. 复查遗址

1 处。

翠屏山遗址　位于丰泽区北峰街道招丰社区石坑村东 200 米，为独立的圆形山丘。长约 200、宽约 100 米，总面积约 20000 平方米，相对高度约 75 米，海拔 110 米。地表为松树林和杂木。遗物分布范围约 1500 平方米。2005 年 9 月于西坡试掘，开 2 米 ×5 米探沟 1 条。出土陶片和原始瓷片数百片。另在山顶也采集陶片少量，还见个别石器残件。现所见都为次生堆积，推测应有原生文化层堆积。新石器—青铜时代。详见下文试掘报告。

二、遗 址 清 理

仅清理蚁山遗址一处。

蚁山及周围山丘处于沿海低地向西部丘陵的过渡地带的前沿，东、南均远眺大海。西面与其他丘陵相连，北面是一个山垅。东面山丘连接到海边。其山是连绵丘陵的一个山头，海拔 161 米。遗物散见于山顶、西侧山岗和南、北两坡中部地带。北坡有一处低凹的山坳，此地遗物最多。采集遗物既有青铜时代的大量陶片和石器，也有汉代陶片，汉代陶片仅见于南坡上。据早年调查资料，遗物分布范围东西长约 80、南北宽约 50 米，堆积层厚度达30～40厘米，遗物俯拾皆是。但历年以来，由于整个山体受开山炸石的破坏，遍地是采石坑和废弃石料，几乎没有一块完好的地段能够保存文化层堆积（图四〇六）。除了北部山坳和南坡外，其他地段已少见遗物。调查中将北坡山坳处残存的面积不足2平方米的二次堆积进行了清理。该堆积由大量密集的贝壳和灰黑色杂土构成，其中出土了大量陶片（图四〇七、图四〇八）。同时对该遗址进行了全面的调查，调查还采集了一些石器和陶器等，其中硬陶器和石器主要采集于南坡和山冈上。现将该遗址采集和清理中出土的文物介绍如下。

图四〇六　蚁山遗址远景（北—南）

图四〇七　蚁山北坡山坳

图四〇八　蚁山北坡清理

（一）石器

5件。

石斧　1件。蚁山南坡采:1，体扁薄，长方形，弧刃，尾残，有一双面穿孔，青绿

图四〇九　蚁山采集残石器
（南坡采:38）

色，质坚硬，精细磨制。残长7.4、宽5.5、厚1.4厘米（图四一〇，1；图版四，5）。

石锛　1件。蚁山南坡采:40，体稍厚。约近长方形，直刃，尾稍残。灰色，磨制较精。残长6.3、宽4、厚1.9厘米（图四一〇，5；图版四，6）。

石锤　1件。蚁山南坡采:41，扁圆柱体。两端因使用打磨成圆钝形状。黑色砂岩。长5.9、宽4.4、厚3厘米（图四一〇，2；图版五，1）。

砺石　1件。蚁山南坡采:39，残。长方形，截面近三角形。因使用造成一边厚，一边薄，四周均有磨砺痕迹。暗紫色。残长6.3、宽3.3厘米（图四一〇，3；图版五，2）。

残石器　1件。蚁山南坡采:38，不辨器类。体扁平，微弧刃，单面刃。一侧平直，余均残。通体磨制精细。灰色。残长5.6、残宽6.9、厚1.6厘米（图四〇九；图四一〇，4）。

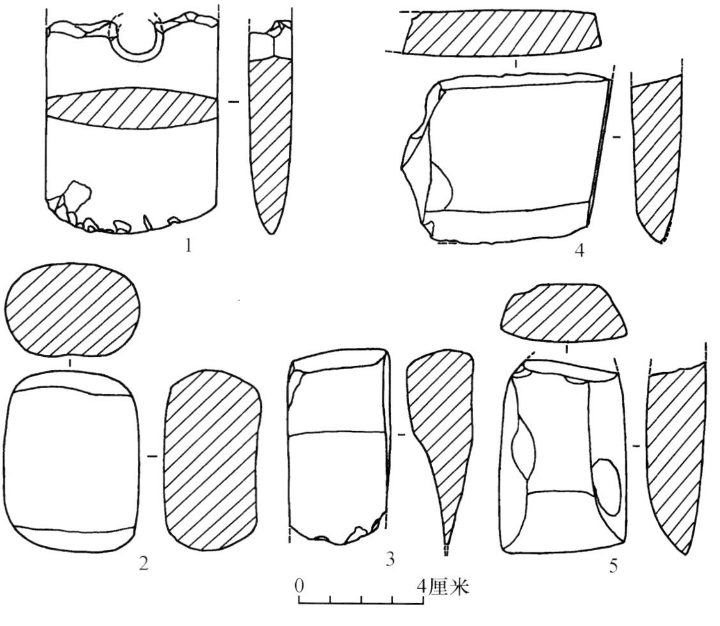

图四一〇　蚁山采集石器

1. 斧（蚁山南坡采:1）　2. 锤（蚁山南坡采:41）　3. 砺石（蚁山南坡采:39）
4. 残石器（蚁山南坡采:38）　5. 锛（蚁山南坡采:40）

（二）骨器

3件。

均为骨凿。蚁山北坡:40，扁平体，约呈倒三角形。骨片简单修整而成。刃稍钝。长3.6、宽1.7、厚0.5厘米（图四一一，3；图版五，3）。蚁山北坡:39，扁平体，约呈倒三角形，骨片简单修整而成，刃口较尖锐，稍残。长4.7、宽2、厚0.9厘米（图四一一，2；图版五，3）。蚁山北坡:41，圆柱体，约呈倒三角形，骨块简单打制而成。刃口稍钝。长7.1、宽1.8、厚2厘米（图四一一，1；图版五，3）。

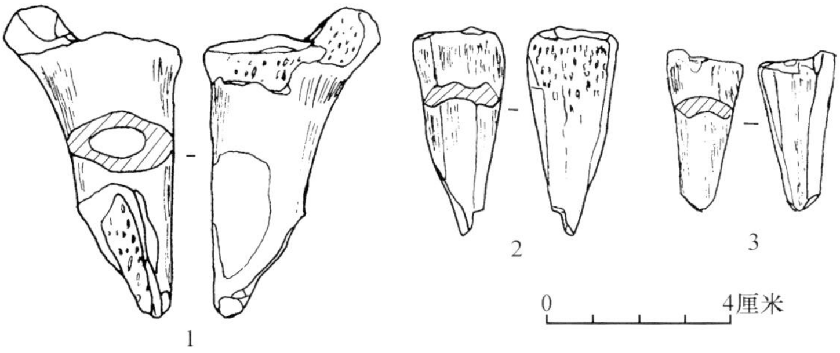

图四一一　蚁山出土骨凿

1. 蚁山北坡:41　2. 蚁山北坡:39　3. 蚁山北坡:40

（三）陶器

均残片。从陶片特征看，大体分为两类，一类是早期的陶片，质地多软陶，以细砂陶为主，泥质陶为辅，个别粗砂陶；另有少量硬陶（表二）。软陶器形有釜、罐、壶、钵、豆、支座和纺轮等，硬陶仅有瓮、罐、豆和盏等（图四一二～图四一八、图四二三）。纹饰有拍印蕉叶纹、梯格纹、方格纹、绳纹、麻点纹（变体绳纹）、网格纹、曲折纹、席纹和刻划网格纹、凹弦纹等（图四一九、图四二〇）。蚁山出土和采集点彩陶片22片，经拼对后共计属于13件以上壶罐类器物，其中6件为折腹罐片。均施红彩，但由于施在不同陶色陶质器物的表面而呈现不同的鲜艳程度。施在黄色和黄灰色陶表面的点彩最鲜艳，呈鲜红色；施在灰黑色等陶色较深的陶片表面则色彩偏暗呈红褐色。色彩均饱满，施彩时富含颜料，湿度较重。从图案可深入凹洼处得知，其所用之工具当为“带尖的软笔”。施彩部位均在口沿和上腹部（肩部）。图案有圆点、椭圆点、水滴点和横条纹。其中椭圆点施于口沿，水滴点施于上腹部（肩部），横条纹则施于折腹部位。其排列方式均为横向规则展开，并上下分二至三行。水滴点大头朝上，小头朝下近尖形，由此可看出起笔是从大头开始，着力在上，往下提起收笔。点彩行距大小不等，小者仅0.1～0.2厘米，大者1～2.3厘米。点与点间距从0.3～0.8厘米不等，点长从0.6～2.3厘米不等（图四二一；图四二二；图版五，4、5）；横条带宽在0.7厘米内。另有部分器物外表施红衣。

表二　蚁山北坡陶片陶系纹饰统计表

陶质 数量 纹饰		细夹砂陶							泥质陶			硬陶				原始瓷	合计	百分比
		橘红	红褐	橘黄	黄灰	灰	灰红	灰黑	橘红	橘黄	灰	橘红	黄灰	灰	灰红	黄灰		
拍印	方格纹			1	87		1	4									93	19.09
	橘皮纹	2	4	1	1	1	1	16									26	5.34
	席纹	1	1	3	3	6	6	21			1	50		1	1		94	19.30
	叶脉纹	1		4	35	2	4	13								1	60	12.32
	栅篱纹	8	2			6	2	16									34	6.98
刻划	凹弦纹	1			2												3	0.62
点彩	水滴状红点					5		2				4	3	8			22	4.52
红衣							5						3				8	1.64
素面		16	3		39	31	10	17	1	1		21	2	4	2		147	30.18
小计		29	10	9	167	51	29	89	1	1	1	75	8	13	2	2		
合计/百分比		384/78.85							3/0.62			98/20.12				2/0.41	487/100%	

备注：灰黑陶是在使用过程中产生的，其本色多为红褐与灰色。细砂陶与泥质陶较接近，但手感稍觉粗糙。大多含贝壳粉末。陶色以中性为主，颜色不鲜艳，很难准确划分。

图四一二 蚊山遗址北坡出土陶器口沿

图四一三 蚊山遗址北坡出土陶壶口沿

图四一四　蚁山遗址北坡出土陶罐口沿

图四一五　蚁山遗址北坡出土陶片

图四一六 蚁山遗址北坡出土陶片

图四一七 蚁山遗址南坡采集陶片

图四一八　蚁山遗址南坡采集硬陶片

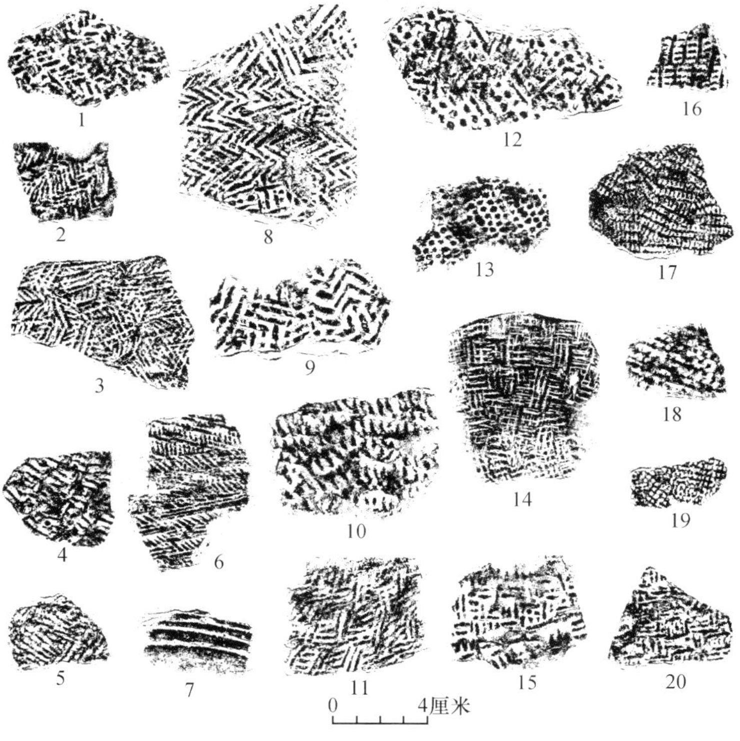

图四一九　蚁山遗址北坡出土陶片纹饰拓片

1～3. 蕉叶纹　4、5. 栅篱纹　6、8、9. 梯格纹　7. 弦纹　10、11. 曲折纹
12、13. 麻点纹　14、15、20. 席纹　16～19. 方格纹

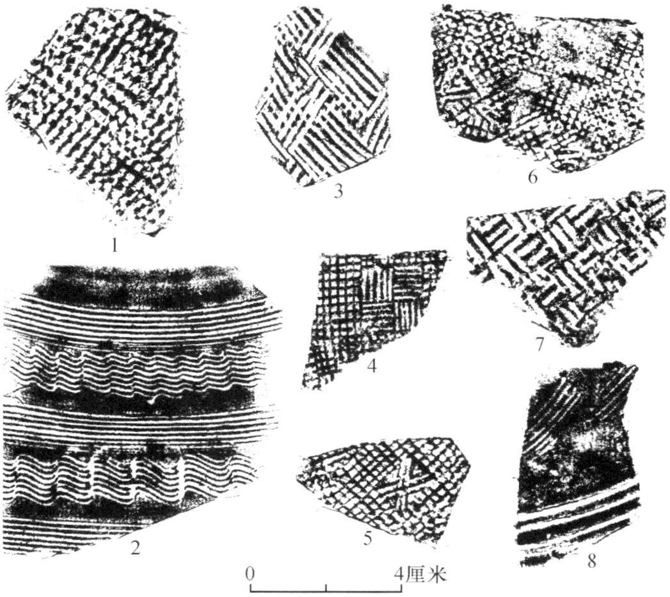

图四二〇　蚁山遗址南坡采集陶片纹饰拓片

1. 方格纹　2. 水波纹与弦纹　3、7. 席纹　4. 方格与席纹　5、6. 方格与戳印三角纹
8. 弦纹与刻划纹

图四二一　蚁山遗址采集点彩陶片

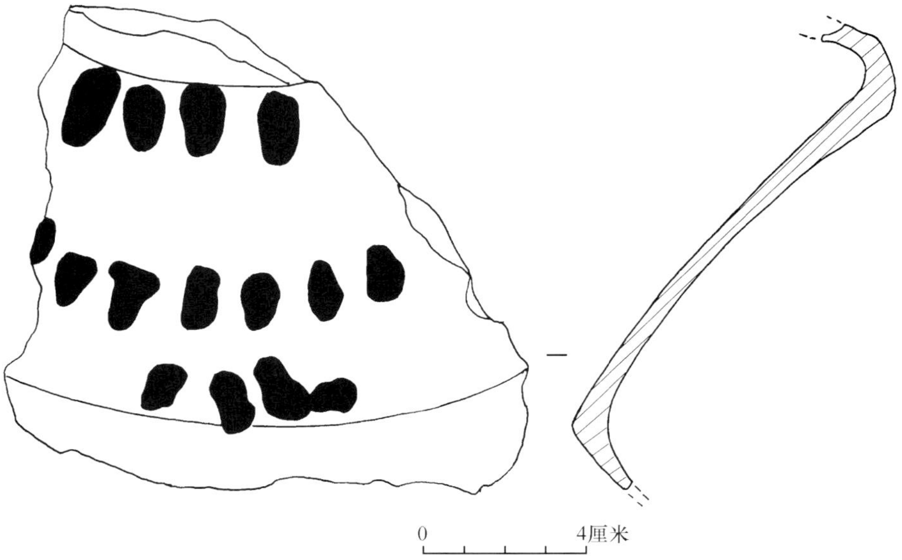

图四二二　蚁山遗址北坡出土点彩陶片（蚁山北坡:42）

图四二三　蚁山遗址南坡硬陶片

1. 软陶

釜 34件。分三型。

A型 1件。蚁山北坡:18，圆唇，卷沿，沿面微鼓，斜侈口。粗砂黄陶。口径14、残高3.4厘米（图四二四，4）。

B型 2件。圆唇，斜折沿，侈口。蚁山南坡采:10，粗砂黄陶。口径16、残高3.7厘米（图四二四，2）；蚁山南坡采:23，沿面稍鼓。泥质黄陶，夹少量中粗砂粒。口径18、残高2.8厘米（图四二四，3）。

C型 31件。凹折沿，折痕明显，斜侈口，鼓腹。分二式。

Ⅰ式：17件。圆唇。蚁山南坡采:21，细砂红黄陶，腹饰网格纹。口径22、残高7.8厘米（图四二四，8）。蚁山北坡:25，细砂灰黑陶，口部编红黄色。腹饰折线纹。口径24、残高8.5厘米（图四二四，7）。蚁山南坡采:3，细砂红黄陶。腹饰橘皮纹。沿面施一周红色水滴状点彩。腹部也施红色水滴状点彩。口径20、残高5厘米（图四二四，10）。蚁山北坡采:1，细砂红褐陶。腹饰方格纹。口径17、残高6厘米（图四二四，9）。

Ⅱ式：14件。圆角方唇，唇面施一道凹弦纹。蚁山南坡采:29，粗砂红黄陶。质硬，腹部饰纹不清。口径21、残高5.4厘米（图四二四，6）。蚁山北坡:31，细砂黄陶。沿面施多道凹弦纹，并施一周水滴状点彩，腹部也施水滴状点彩。口径21、残高4.6厘米（图四二四，5）。蚁山北坡:14，细砂红黄陶。腹饰席纹。口径20、残高4.2厘米（图四二四，1）。

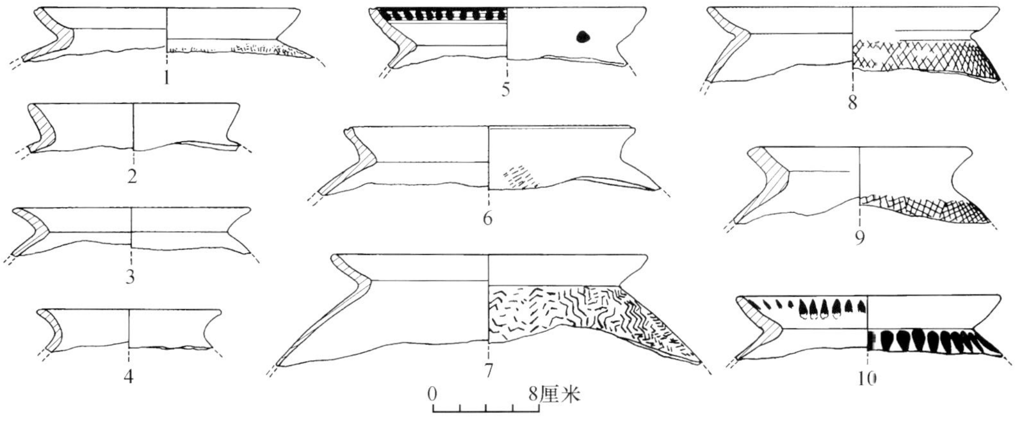

图四二四 蚁山遗址出土和采集陶釜

1、5、6. CⅡ式（蚁山北坡:14、蚁山北坡:31、蚁山南坡采:29） 2、3. B型（蚁山南坡采:10、蚁山南坡采:23） 4. A型（蚁山北坡:18） 7～10. CⅠ式（蚁山北坡:25、蚁山南坡采:21、蚁山北坡:1、蚁山南坡采:3）

罐　9件。分四型。

A型　2件。卷沿。蚁山北坡:2，圆唇，窄沿，微侈口。细砂红黄陶。口径30、残高4.4厘米（图四二五，1）。蚁山南坡采:15，圆唇，卷沿外翻，广肩。沿面施三道凹槽。细砂黄陶。肩部饰纹不清。器表施红衣。口径20、残高4.6厘米（图四二五，3）。

B型　3件。圆唇，折沿，微侈口。蚁山北坡:12，细砂红黄陶。口径31、残高4.1厘米（图四二五，2）。蚁山南坡采:24，细砂灰白陶。口径22、残高7厘米（图四二五，7）。蚁山南坡采:6，细砂灰黑陶。沿面较鼓。口径16、残高5.2厘米（图四二五，6）。

C型　2件。方唇，斜折沿，侈口。唇面施一道凹槽，沿面施多道凹弦纹。蚁山南坡采:4，泥质黄陶。口径25、残高5.6厘米（图四二五，4）。蚁山北坡:19，泥质黄陶。口径22.8、残高3.6厘米（图四二五，8）。

D型　2件。方唇外凸，折沿，微侈口，两侧附对称扁环耳。蚁山南坡采:28，细砂灰陶。耳及腹部饰方格纹，口沿和腹部残留红衣痕迹。口径12.2、残高5.3厘米（图四二五，5）。

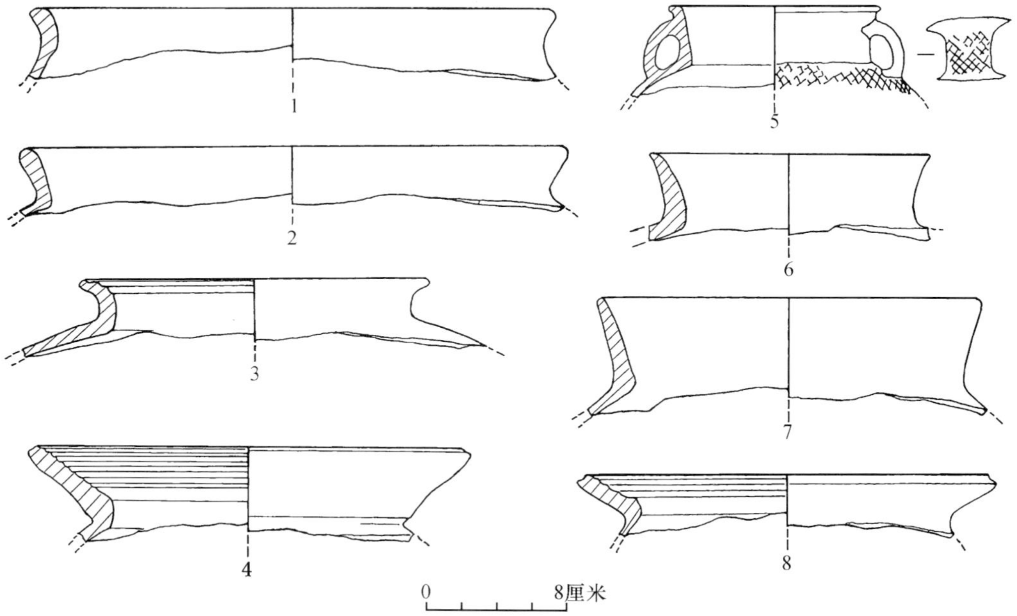

图四二五　蚁山遗址出土和采集陶罐

1、3. A型（蚁山北坡:2、蚁山南坡采:15）　2、6、7. B型（蚁山北坡:12、蚁山南坡采:6、蚁山南坡采:24）　4、8. C型（蚁山南坡采:4、蚁山南坡采:19）　5. D型（蚁山南坡采:28）

壶　12件。分三型。

A型　8件。折沿，斜侈口，短斜颈略外鼓。蚁山北坡:26，圆唇，颈饰拍印折线纹。沿面一周施红色水滴状点，肩部施红色椭圆形点。细砂黄陶。口径19、残高8.1厘米（图四二六，4）。蚁山北坡:28，圆唇，沿面稍凹。沿面一周施红色椭圆形点，肩部也有红彩，但已不清晰；颈外饰梯格纹。泥质灰白陶。口径19、残高7.3厘米（图四二六，8）。蚁山北坡:27，圆唇，沿面微凹。唇面施一道凹弦纹。沿面一周施红色水滴状点，肩部残存两行红色椭圆形点。颈外饰拍印折线纹。泥质黄陶。口径18.6、残高6.8厘米（图四二六，7）。蚁山南坡采:17，圆唇，颈较外鼓。唇面施一道凹弦纹，沿面施多道凹弦纹。粗砂红黄陶。口径20、残高7.2厘米（图四二六，3）。

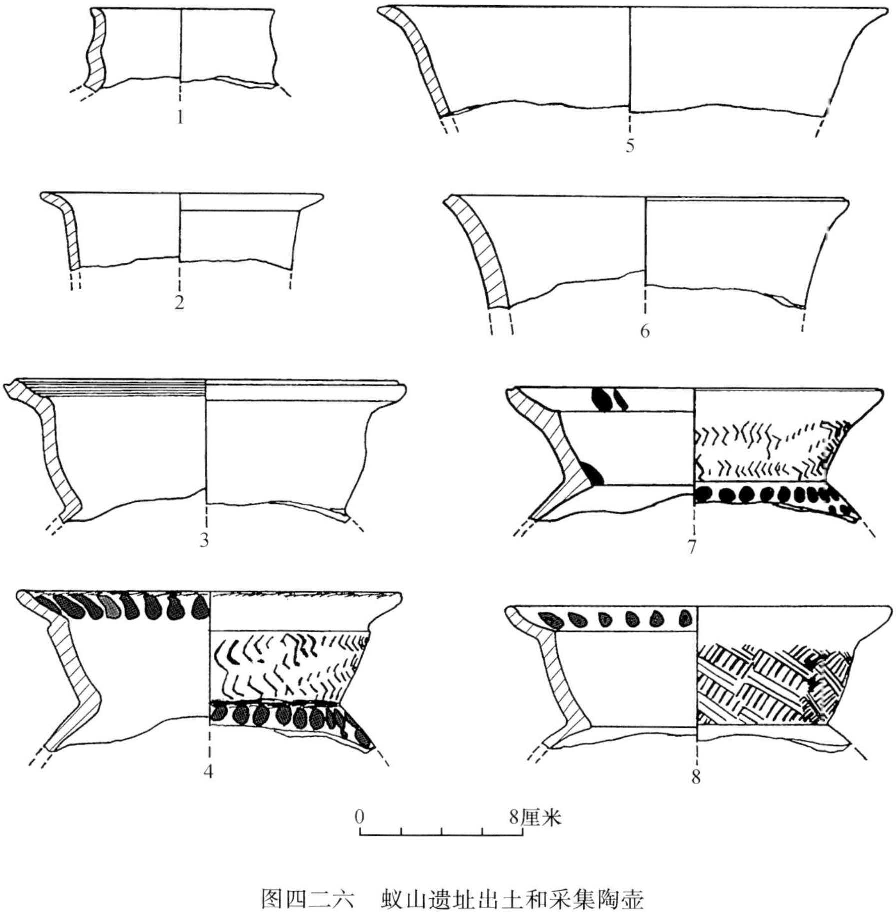

图四二六　蚁山遗址出土和采集陶壶

1. C型（蚁山南坡采:9）　2、5. BⅡ式（蚁山北坡:34、南坡采:16）　3、4、7、8. A型（蚁山南坡采:17、蚁山北坡:26、蚁山北坡:27、蚁山北坡:28）　6. BⅠ式（蚁山北坡:11）

B 型　3 件。高领斜侈，敞口。分二式。

Ⅰ式：1 件。蚁山北坡:11，圆角方唇，唇面施一道凹弦纹。粗砂红陶。口径 20、残高 5.8 厘米（图四二六，6）。

Ⅱ式：2 件。圆唇，领上部外翻。蚁山南坡采:16，细砂黄陶，口径 25、残高 5.6 厘米（图四二六，5）。蚁山北坡:34，领上部外翻近折。细砂黄灰陶。口径 14、残高 4 厘米（图四二六，2）。

C 型　1 件。蚁山南坡采:9，尖圆唇，直口微侈，短颈。细砂黄陶。口径 9、残高 4.3 厘米（图四二六，1）。

钵　2 件。蚁山南坡采:30，圆唇，直口，圆折腹，弧收腹。腹外附凸棱一道。细砂灰黄陶。口径 24、残高 4.8 厘米（图四二八，2）。蚁山南坡采:13，尖唇，内卷沿，弧收腹。腹外饰凸棱一道。泥质灰白陶。外施红衣，大部脱落。口径 25、残高 3.2 厘米（图四二八，1）。

豆　1 件。蚁山南坡采:19，斜方唇，敞口，浅盘，斜收腹，外腹圆折，足残。细砂红黄陶。口径 16、残高 3.2 厘米（图四二八，4）。

纺轮　1 件。蚁山南坡:37，扁圆形，截面为梯形。细砂灰白陶。顶径 2.6、底径 3.7、厚 1.6 厘米（图四二七；图四二八，3）。

图四二七　蚁山遗址采集陶纺轮（蚁山南坡:37）

支座　2 件。蚁山北坡:24，粗砂红陶。残件呈喇叭形，中空。底径 13、残高 4.8 厘米（图四二八，5）。另一件甚残，圆锥形。

陶器圈足　4 件。蚁山南坡采:25，泥质红陶。矮圈足，足圆唇，外撇。足径 10、残高 2.8 厘米（图四二九，4）。蚁山南坡采:8，泥质红陶。足方唇外凸，外撇。足径 8.8、残高 1.4 厘米（图四二九，3）。

器耳　2 件。蚁山北坡:37，环耳。泥质红陶。高 4.5、宽 3.4 厘米（图四二九，5）。蚁山南坡采:12，罐附耳。罐为方唇外突，约直口。耳为宽扁形，残。夹砂灰陶，质硬。耳宽 3、厚 1 厘米（图四二九，2）。

器鋬　1 件。蚁山南坡采:27，粗砂黄灰陶。附于腹部，扁平状。残宽 7.5、厚 3.6 厘米（图四二九，1）。

2. 硬陶

瓮　1 件。蚁山南坡采:8，灰硬陶。圆唇，小口，窄折沿，直口微侈，广肩，圆鼓腹。腹饰水波纹和凹弦纹。口径 14、腹径 22、残高 9 厘米（图四三一，5）。

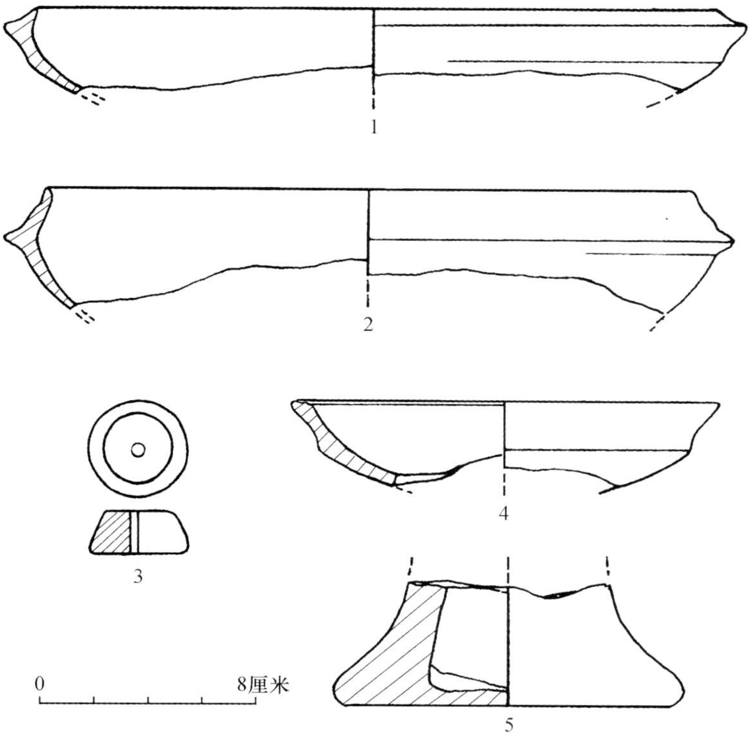

图四二八 蚁山遗址出土和采集陶器

1、2. 陶钵（蚁山南坡采:13、蚁山南坡采:30） 3. 纺轮（蚁山南坡采:37） 4. 豆（蚁山南坡采:19）
5. 支座（蚁山北坡:24）

罐 3件。蚁山南坡采:35，圆唇，斜折沿，鼓腹微垂，圜底。一侧带流，另一侧有附把手痕迹，但均残。灰硬陶。下腹饰方格纹。口径8.4、腹径11.2、残高9.2厘米（图四三〇；图四三一，6）。蚁山南坡采:36，圆唇，窄折沿，微侈口，鼓腹。沿内施二道凹弦纹，腹饰方格纹。灰硬陶。口径14、残高5.3厘米（图四三一，4）。蚁山北坡:29，圆唇，宽折沿，沿面较鼓，鼓肩，鼓腹，深腹。唇面施一道凹槽，腹饰方格纹。粗砂黄陶，质硬。口径22、腹径37.4、残高24.4厘米（图四三一，2）。

豆 1件。蚁山南坡采:1，圆唇，内折沿，敛口，弧收腹，浅盘。灰硬陶。口径15.6、腹径16.4、残高3.2厘米（图四三一，1）。

盏 1件。蚁山南坡采:34，口残，弧收腹，矮实足。灰硬陶。足径3.8、残高3厘米（图四三一，3）。

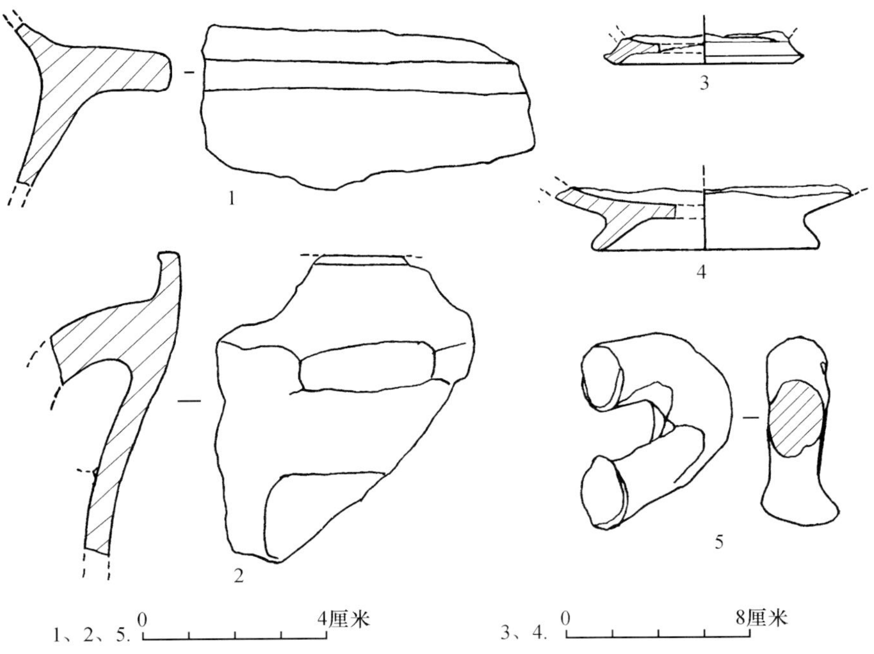

图四二九　蚁山遗址采集陶器附件和圈足

1. 鋬（蚁山南坡采:27）　2、5. 器耳（蚁山南坡采:12、蚁山北坡:37）　3、4. 圈足（蚁山南坡采:8、蚁山南坡采:25）

图四三〇　蚁山采集硬陶罐（南坡采:35）

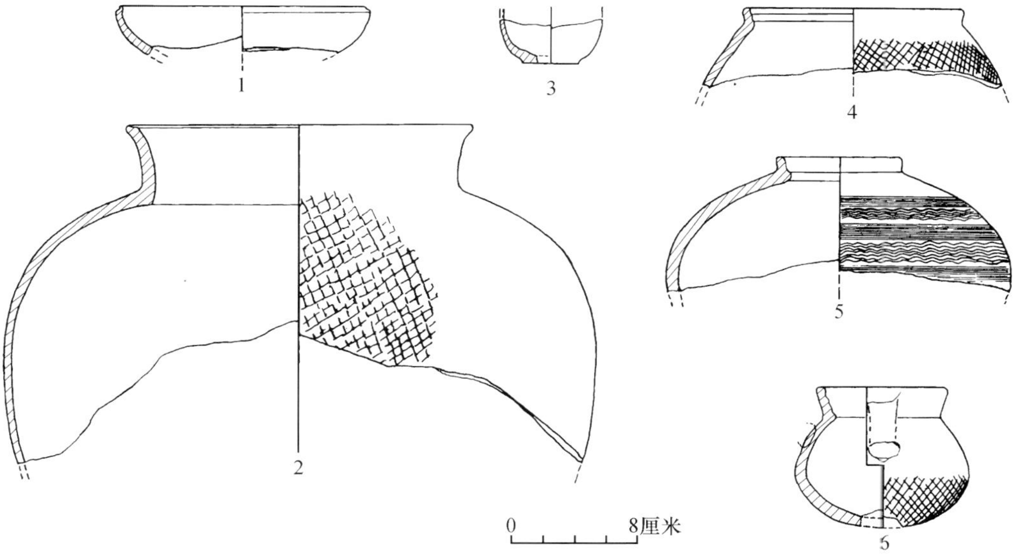

图四三一 蚁山出土和采集硬陶器

1. 豆（南坡采:1） 2、4、6. 罐（北坡:29、南坡采:36、南坡采:35） 3. 盏（南坡采:34）
5. 瓮（南坡采:8）

3. 贝壳

蚁山遗址清理中还发现了一些动物和贝壳遗骸（图四三二）。其中部分动物骨块经火烤过而呈黑色。

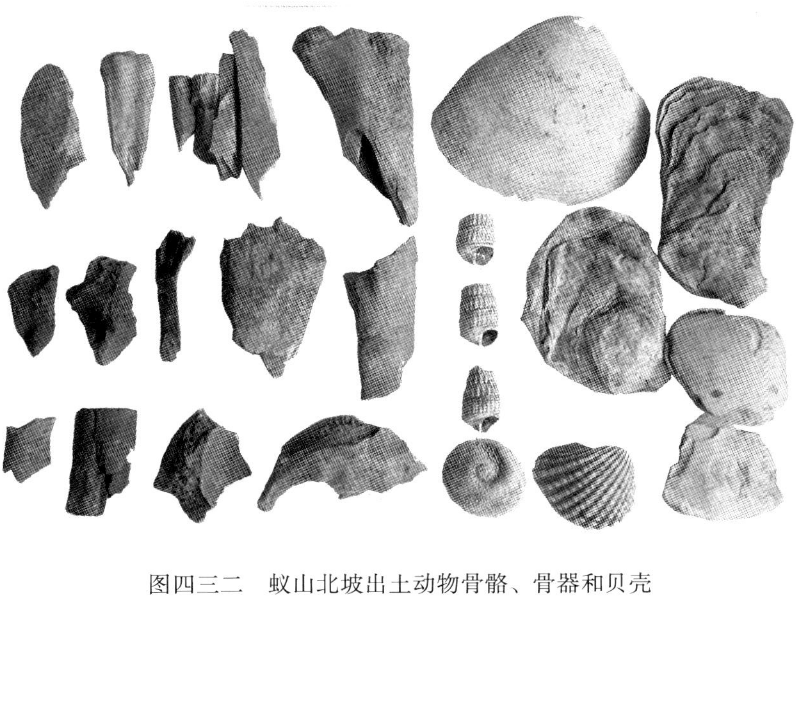

图四三二 蚁山北坡出土动物骨骼、骨器和贝壳

蚁山遗址本是这一地区非常重要的贝丘遗址，但已处于快速消亡之中。这个遗址的内涵很丰富，从采集陶片来看，具备前后两个时段的标本，最大量和最主要的内涵是青铜时代早期的堆积，另有少量汉代的堆积。前段的标本与音楼山遗址内涵一致，两者可互为补充。

三、遗址试掘

图四三三　翠屏山遗址

仅试掘翠屏山遗址一处。

翠屏山遗址位于泉州城西北面，丰泽区北峰街道招丰社区石坑自然村后、戴云山山脉的余脉——清源山南面。清源山南至晋江之际分布着许多低矮的小山丘，从地质形成上说，这些山丘之外的低地都是由晋江水流冲积形成的陆地，因此在早期时代，这些背山面江的山丘便是古人的生活与居住的理想之所。新中国成立以来在晋江下游一些小山丘上采集到一些古代遗物，翠屏山遗址便是其中的一座，为一座形状规则呈圆形馒头状的独立山丘，山顶较平坦，山坡较陡峭，海拔 96 米。由于流水冲刷和人为采石等原因，水土流失严重（图四三三）。1987 年发现，遗址面积约 4000 平方米，当时发现了厚约 0.4 米的文化层堆积，采集有残石器和大量陶片。由于山体植被茂密，2005 年调查时仅在西南坡采集到一些陶片。2005 年 8 月，晋江流域调查时对遗址进行了试掘。试掘位置位于翠屏山西侧山坡，布 2 米 ×5 米探沟一条，面积 10 平方米，正南北方向，编号 TG1（图四三四）。试掘收获简报如下。

（一）地层堆积

此次试掘所布探沟位于遗址西北侧中部山坡上。探沟地势东高西低，地层堆积较简单，仅有二层。以东壁为例说明地层堆积情况（图四三五）。

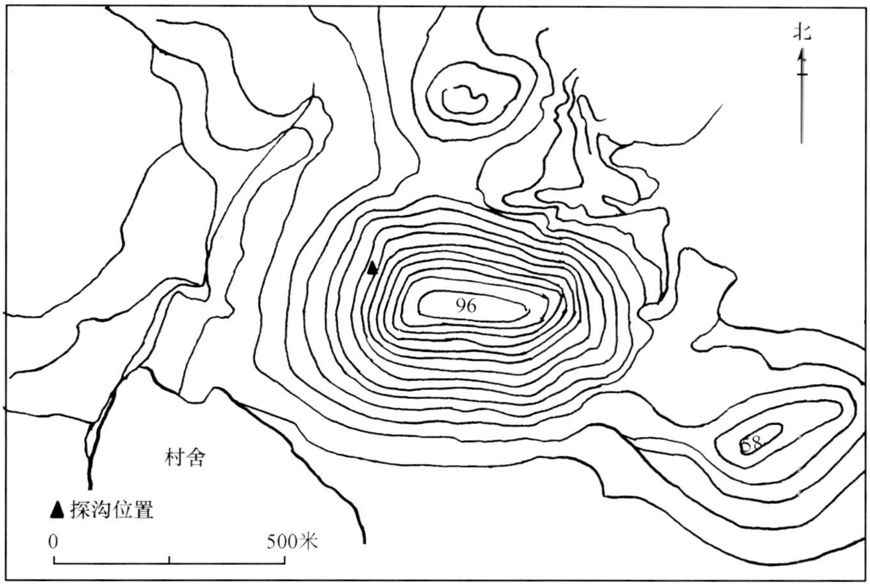

图四三四 翠屏山遗址发掘探沟位置图

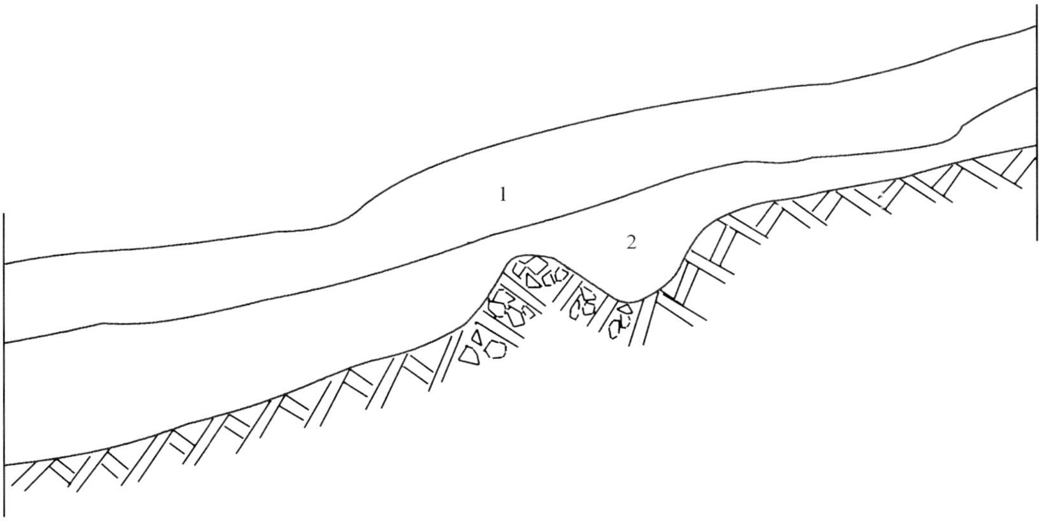

图四三五 TG1 东壁剖面图

第 1 层：灰黄色土，土质较疏松，厚 0.1 ~ 0.2 米，出土少量夹砂和泥质陶片。

第 2 层：黄褐色土，含砂较多，质较疏松，有零星炭粒，厚 0.1 ~ 0.6 米，出土少量夹砂陶片、泥质陶片，零星印纹陶片和原始青瓷片，出土有多件磨制石器残件。本层分布整个探沟。

第 2 层下为风化土或基岩，无文化遗物。

从地层堆积内涵分析，本次试掘探方为二次堆积地层。

（二）出土与采集遗物

1. 石器

石器　7 件，其中戈 2 件、锛 1 件、砺石 1 件。

戈　2 件。均残。翠屏山 TG1②: 1，仅存内一段。末端呈扁平刃状，直内，一穿。通体精细磨制。灰色。残长 7.1、残宽 4.5、厚 0.9 厘米（图四三六；图四四〇，2）。翠屏山 TG1②: 2，仅存锋部一小段，截面呈菱形，精细磨制，灰色。残长 3.5、残宽 5.5、厚 1.25 厘米（图四四〇，1）。

锛　1 件。翠屏山 TG1②: 3，整体近椭圆形。扁平体，弧刃，微弧尾，打制为主，正背面和尾部磨制，其余部位均打制。灰绿色，质细。长 5.6、宽 5、厚 1.1 厘米（图四三七；图四四〇，4）。

砺石　1 件。翠屏山 TG1②: 4，约呈菱形，仅正面有磨砺痕迹。灰色。残长 8.8、宽 3.5、厚 2.4 厘米（图四三八；图四四〇，3）。

另有 3 件石器因甚残不明器类，均出土于第 2 层（图四三九）。

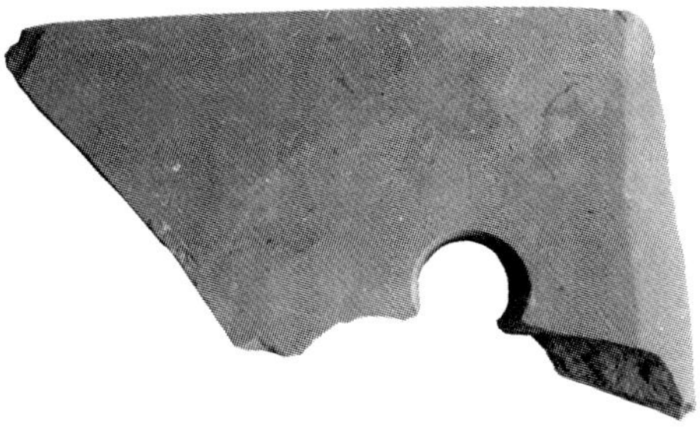

图四三六　翠屏山遗址出土残石戈
（翠屏山 TG1②: 1）

图四三七　翠屏山遗址出土石锛
（翠屏山 TG1②: 3）

图四三八　翠屏山遗址出土砺石（翠屏山 TG1②: 4）

图四三九　翠屏山遗址出土残石器

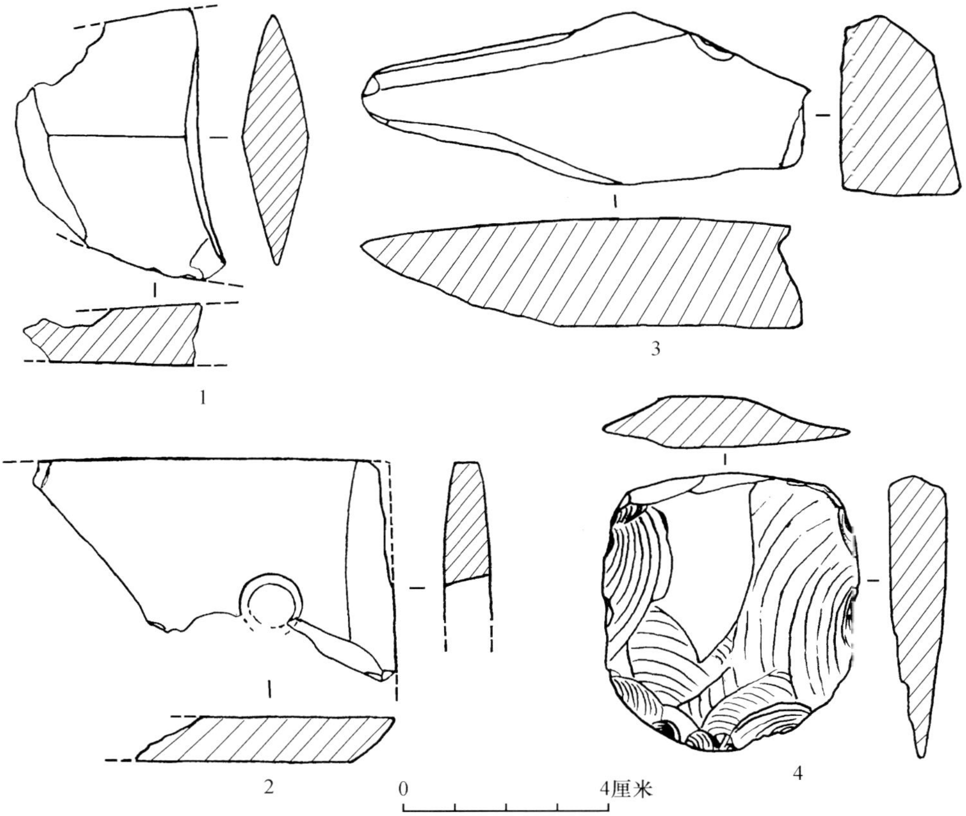

图四四〇 翠屏山遗址出土石器

1、2. 戈（翠屏山 TG1②:2、翠屏山 TG1②:1） 3. 砺石（翠屏山 TG1②:4） 4. 锛（翠屏山 TG1②:3）

2. 陶器

出土陶片600多片。质地松软，火候偏低，表面风化严重，表层多磨损或脱落，纹饰多不清。陶质以细砂陶为主，泥质陶为辅，少量硬陶和个别原始瓷。陶色以灰色和黄色为主调，有红褐、黄褐、黄灰、灰、灰黑、灰褐等，其中黄灰色和灰黑色最多见。陶器以素面为主，纹饰中绳纹和方格纹最多，少量麻点纹、席纹、栅篱纹、条纹、雷纹、贝印纹、弦纹、附加堆纹和凸棱等，还有个别由上述纹饰组成的组合纹饰（表三）。绳纹绝大多数为粗绳纹，方格纹多为粗方格。还有部分陶片表面施红色和红黄色的陶衣。器类有釜、罐、壶、陶拍和纺轮等（图四四一～图四四九）。

表三　翠屏山 TG1 第 1 层和第 2 层陶系纹饰统计表

手法	纹饰 ╲ 数量 ╲ 陶质	细夹砂陶					泥质陶				硬陶		原始瓷		合计	百分比
		红褐	黄灰	黄褐	灰	灰黑	红褐	黄褐	黄灰	灰	灰	灰褐	青釉	素胎		
拍印	方格纹			7	6	9					3				25	3. 63
	绳纹		4	1	2	7		1	7		1				23	3. 34
	麻点纹		2						1	1					4	0. 58
	席纹			1	1	1		2							5	0. 73
	条纹										3	2			5	0. 73
	栅篱纹					3									3	0. 44
	雷纹								1						1	0. 15
	贝印纹										1		1	1	3	0. 43
	素面	22	63	98	49	158	3	17	144	19	7	1			581	84. 57
其他	凹弦纹		1												1	0. 15
	凸棱		1						2						3	0. 43
	弦纹与圆凸点								1						1	0. 15
	附加堆纹			1											1	0. 15
	附堆与贝印纹												1		1	0. 15
	附堆条纹与贝印												1		1	0. 15
	凹弦与贝印													2	2	0. 29
	条纹凹弦与贝印												1		1	0. 15
彩衣	红黄陶衣								15						15	2. 18
	红衣		8						1						9	1. 31
	红黄陶衣与绳纹								1						1	0. 15
	红黄陶衣与附堆								1						1	0. 15
合计		22	79	104	58	178	3	20	174	20	15	3	4	3	687/100%	
合计与百分比		445/64. 77					217/31. 59				18/2. 62		7/1. 02			

图四四一 翠屏山遗址 TG1 第 2 层出土陶片

图四四二 翠屏山遗址 TG1 第 1 层出土陶片

图四四三　翠屏山遗址 TG1 第 2 层出土陶片

图四四四　翠屏山遗址采集陶片

图四四五 翠屏山遗址采集釉陶和硬陶片

图四四六 翠屏山遗址 TG1 第 2 层出土施红衣陶片

图四四七　翠屏山遗址 TG1 第 2 层出土釉陶、硬陶和原始瓷片

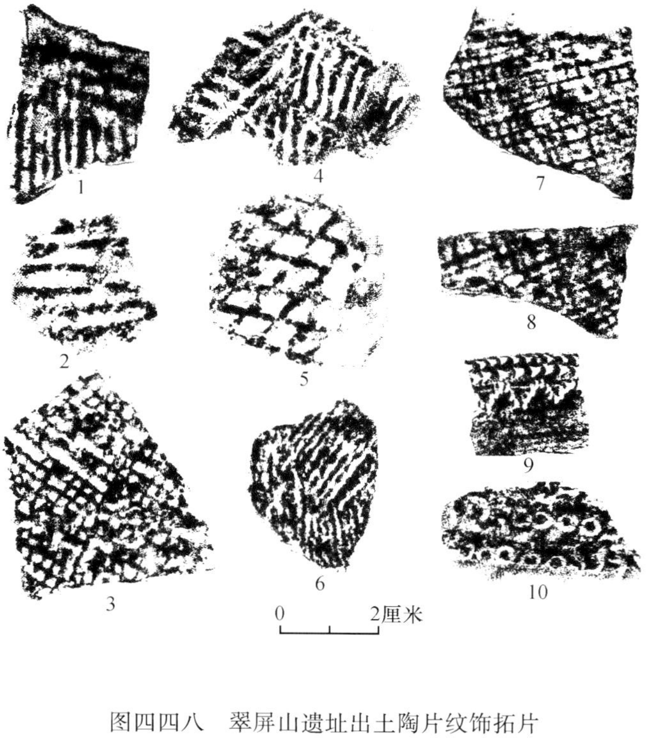

图四四八　翠屏山遗址出土陶片纹饰拓片

1、2. 条纹　3、5、7、8. 方格纹　4、6. 绳纹　9、10. 戳印纹

（10 为 TG1 第 1 层出土，余均 TG1 第 2 层出土）

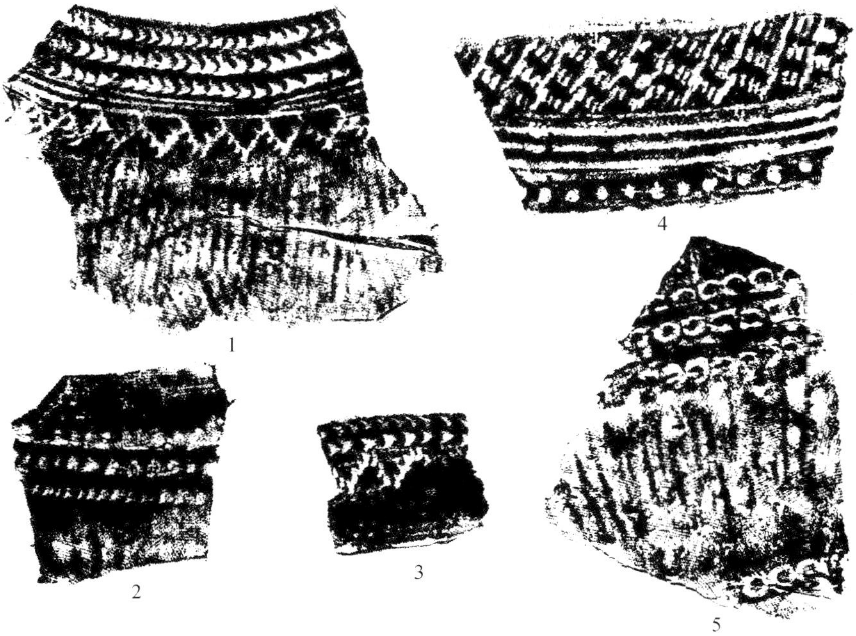

图四四九 翠屏山遗址 TG1 第 2 层出土原始瓷片纹饰拓片
1、5. 戳印纹与条纹 2、3、4. 戳印纹

釜 3 件。圆唇或尖圆唇，斜折沿，侈口。TG1②:9，细砂黄灰陶。腹饰绳纹。口径 25.6、残高 6 厘米（图四五〇，4）。翠屏山采:5，细砂黄灰陶。口径 18、残高 3 厘米（图四五〇，3）。

罐 2 件。TG1②:8，尖圆唇，折沿外侈，沿面稍鼓，溜肩。残片一侧附环形耳。细砂灰红陶。口径 19.2、残高 8.6 厘米（图四五〇，2）。TG1②:11，尖唇，敛口，圆鼓腹。腹饰方格纹。细砂黄灰陶。内壁有许多手窝痕迹。口径 11.2、残高 9.8 厘米（图四五〇，1）。

壶 6 件。分二式。

Ⅰ式：3 件。尖圆唇，高领斜折，侈口。翠屏山采:2，细砂黄陶。口径 22、残高 10.6 厘米（图四五〇，9）。TG1②:14，细砂黄灰陶，领外有多道旋痕。口径 10、残高 4.8 厘米（图四五〇，5）。

Ⅱ式：3 件。圆唇或尖圆唇，高领斜折，并外侈。TG1②:13，尖圆唇，细砂灰黄陶。口径 20.8、残高 10 厘米（图四五〇，8）。TG1②:10，尖圆唇，细砂黄灰陶。腹饰绳纹。口径 14、残高 7.6 厘米（图四五〇，7）。TG1②:7，圆唇，领外一侧附宽把手，已残。细砂黄灰陶。口径 16、残高 6 厘米（图四五〇，6）。

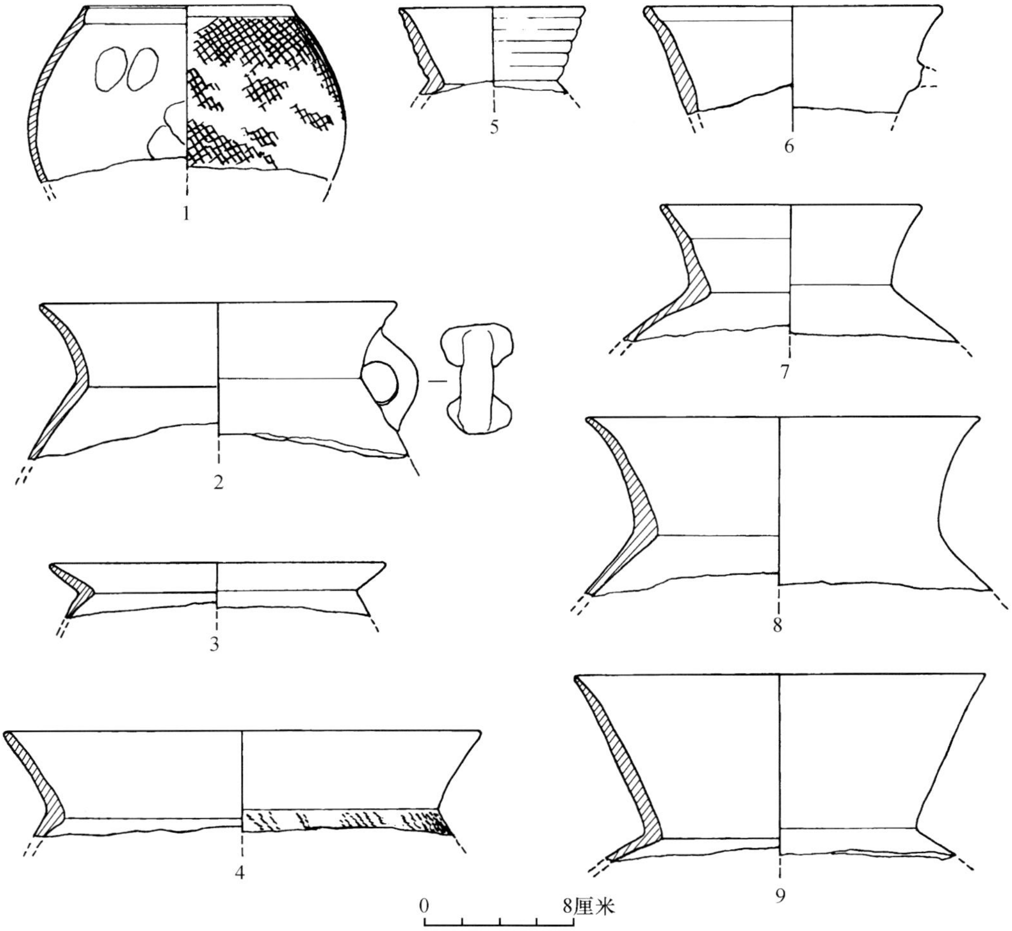

图四五〇 翠屏山遗址出土和采集陶器

1、2. 罐（TG1②: 11、TG1②: 8） 3、4. 釜（采: 5、TG1②: 9） 5、9. Ⅰ式壶（TG1②: 14、采: 2）
6～8. Ⅱ式壶（TG1②: 7、TG1②: 10、TG1②: 13）

陶拍 1件。TG1①: 16，残甚，仅存一角。端面刻划大方格纹，正面刻划凹圆点和大网格纹。泥质黑陶。残长3.35、残宽3.7、厚2厘米（图四五一，1）。

纺轮 1件。TG1②: 17，截面梯形。细砂红黄陶。顶径1.7、底径3.6、高2厘米（图四五一，4）。

豆腹残片 1件。采: 3，折腹。外附残“几”字形泥条堆塑。灰胎，表面施酱釉（图四五一，2）。

喇叭形矮圈足 1件。TG1②: 4，细砂黄灰陶。底径8、残高2.2厘米（图四五一，3）。

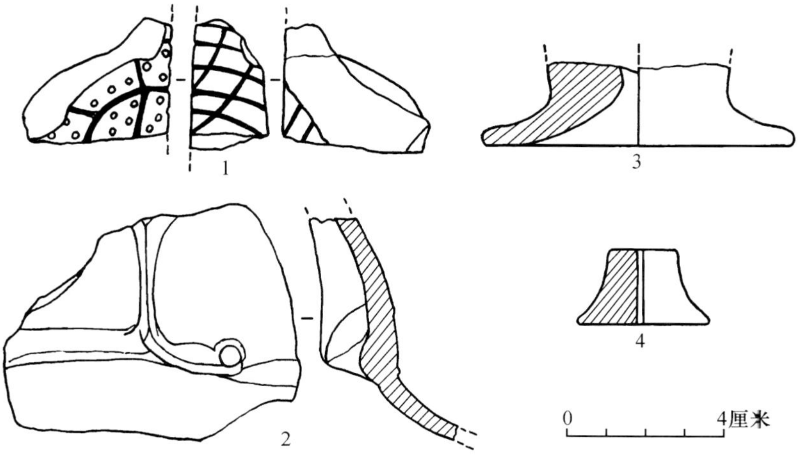

图四五一　翠屏山遗址出土和采集陶器

1. 陶拍（TG1①:16）　2. 饰“几”形豆腹片（采:3）　3. 圈足（TG1②:4）　4. 纺轮（TG1②:17）

3. 原始瓷器

2件。

罐　2件。TG1②:6，圆唇，折沿外翻至平，鼓腹圆折收。沿面饰两周拍印长点纹，腹饰刻划斜向成组的长点纹和锯齿纹及弦纹。黄灰胎，外表施青釉。口径8.4、腹径10、残高4.3厘米（图四五二，1）。TG1②:5，尖圆唇，敛口，圆鼓腹。上腹饰三周刻划锯齿状纹、弦纹和折线状排列的锯齿纹、绳纹。黄灰胎，青釉较薄。口径12、腹径18、残高5.8厘米（图四五二，2）。

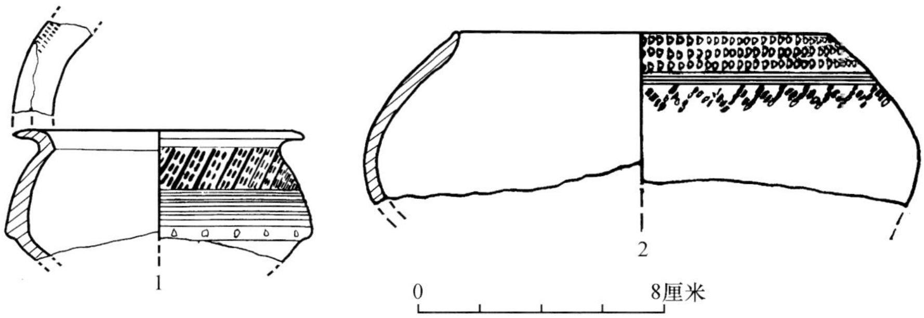

图四五二　翠屏山遗址出土原始青瓷罐

1. TG1②:6　2. TG1②:5

（三）小结

翠屏山遗址内涵丰富，从出土标本看，既有与蚁山遗址相近的大量陶片，如施衣陶和其他大量软陶，也有如饰几字形泥饰的釉陶和其他硬陶片，还有原始青瓷片等，时代从青铜时代早期至中期。从出土和采集标本看来，器物种类、质地和装饰等都很丰富，而该遗址总体看来未遭受大的破坏，是非常重要的一处早期遗址。

四、遗址发掘

（一）尾山仔遗址

1. 地理位置与发掘简况

尾山仔遗址位于南安市码头镇杏东村惠书桥自然村北侧，东侧紧邻东溪上游诗溪，西与其他山丘相连，南临南安至永春县道。建设中的泉三高速公路穿过遗址西南中上部。平面约近圆形，面积3万余平方米，相对高度约35米（图四五三）。2005年晋江流域调查中发现，2007年初福建博物院考古研究所对该遗址处于公路施工范围内的地段进行了考古发掘，共布5米×5米探方12个，扩方10平方米，发掘面积约310平方米，（图四五四），主要收获为清理墓葬四座，发掘报告另文发表。现将发掘主要收获择要介绍如下。

图四五三　尾山仔遗址

图四五四　尾山仔遗址发掘

2. 地层堆积

以NWT4950东壁为例说明地层堆积情况（图四五五）。

第1层：灰黄土，土质较疏松，厚0.05～0.11米。出土少量的夹砂和泥质陶及零星的石器残件。现代耕土层。

第2层：红褐砂土层，厚0～0.31米，质较致密，含少量炭粒，部分探方的第2层堆积为红褐土夹杂风化基岩。出土陶片有夹砂陶、泥质陶、少量的着衣陶和硬陶等。

第2层下为黄褐色土，土质致密，较纯，未见文化遗物，为生土。

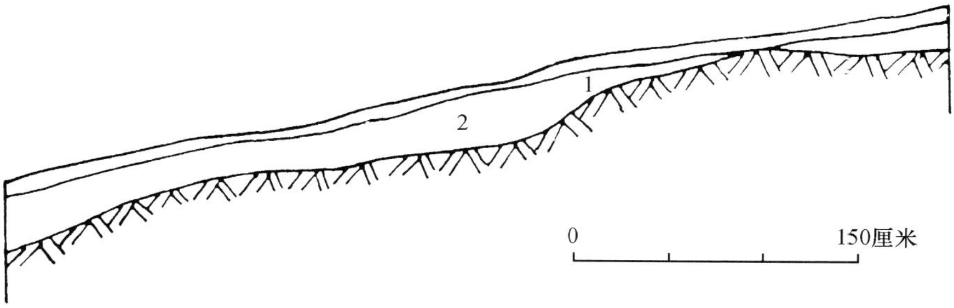

图四五五　T4950东壁剖面图

3. 墓葬

此次发掘共清理4座墓葬，均开口于第1层下，打破2层或生土。M1～M3为竖穴土坑墓，M4未发现较明显的土坑。

M1　位于T4952西部，平面呈长方形，墓向324°，长2.07、宽0.83～0.92、深0.38～0.41米；坑口距地表0.14～0.21米。墓底较平坦，墓壁多较直，局部呈斜壁，不平整。墓内填土为灰褐土，质较疏松，含大量砂砾和少量炭粒。出土一件原始青瓷尊，置于墓底西北角（图四五六）。

原始青瓷尊　1件。M1∶1，方唇，侈口，束颈，略弧肩，折腹，矮圈足外侈，器身与圈足黏合处显现裂纹。灰胎较坚硬，足底胎呈黄灰色、较疏松。内外壁施黄褐色釉，口沿和沿面内壁釉层局部脱落。肩部饰一周短篦划纹和数道细凹弦纹，凹弦纹上附加三组成对小圆形泥饰。口径14.6、底径6.5、高9.2厘米（图四六一，1；图版六，1）。

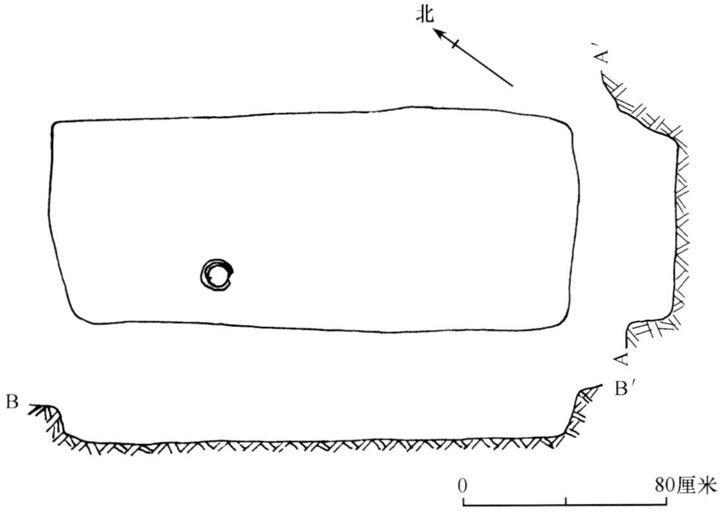

图四五六　尾山仔遗址 M1 平、剖面图

M2　位于 T5052 北部，平面不规则，近似梯形，墓向 358°，长 2.16、宽 0.71 ~ 1.2、深 0.06 ~ 0.25 米；坑口距地表 0.07 米。墓底较平坦，墓壁斜直。墓内填土为黄褐土，较坚硬致密，含零星炭粒。出土一件随葬品，为夹砂平底小陶罐，置于墓底西南角（图四五七）。

罐　1 件。M2∶1，尖圆唇，直口微侈，圆肩，圆折腹，最大径在上腹，下腹斜收，平底微凹。夹砂红褐陶，素面。口径 8.7、底径 8.1、高 7.6 厘米（图四五八；图四六一，2）。

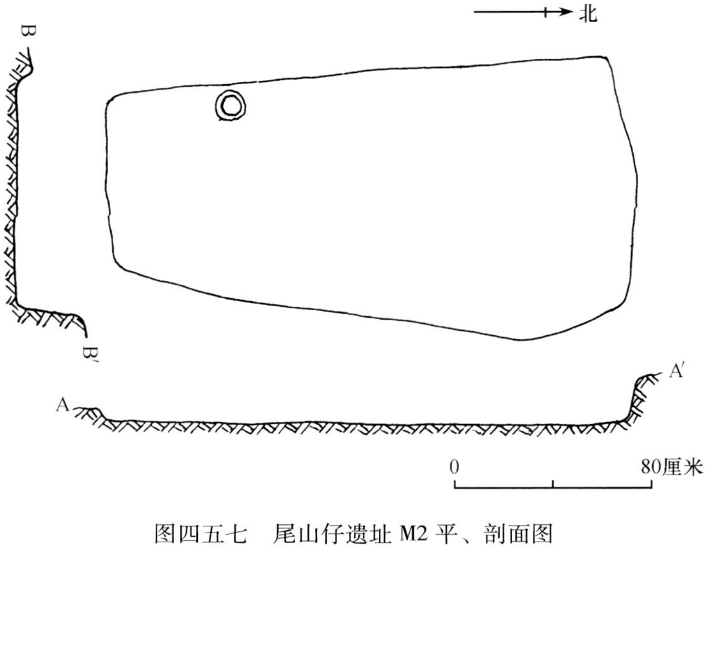

图四五七　尾山仔遗址 M2 平、剖面图

图四五八 尾山仔遗址 M2 出土陶罐（M2:1）

图四五九 尾山仔遗址 M4 破碎陶罐

M3 位于 T4855 南部，处第 1 层下，打破第 2 层。平面略呈长方形，墓向 317°，长 2.27、宽 0.62 ~ 0.82、深 0.07 ~ 0.11 米；坑口距地表 0.04 米。墓底较平坦，墓壁斜直。墓内填土为黄褐土，较坚硬致密。出土一件随葬品，为原始青瓷豆，置于墓底东南角。

原始青瓷豆 1 件。M3:1，尖圆唇微侈，敛口，折浅腹，圈足略细高外侈，豆盘与圈足黏合处显现裂纹。器身内外施黄褐色釉，灰胎含细砂，较致密，圈足胎呈黄灰色、质较疏松，素面。口径 12.8、底径 6.6、高 6.5 厘米（图四六一，3；图版六，2）。

M4 位于 T4952 东南部和 T4951 东北隔梁处，随葬品已部分裸露地表。没有发现较明显的墓坑，随葬品为一件夹砂陶罐，已挤碎压扁变形（图四五九）。

罐 1 件。M4:1，罐身变形严重，口部残缺，鼓腹，圜底。夹砂黄褐陶，器表饰压印方格纹。高约 32 厘米。

4. 地层出土文物

揭露的两个文化层，出土遗物面貌相似，区别不大。

（1）石器　2件。

石戈　1件。T5051①∶1，残件，残存援前段，直援，折收锋，扁平无脊。灰色，磨制精细。残长7.1、残宽4.9、厚0.65厘米（图四六二，7）。

砺石　1件。T4854②∶5，残件，呈不规则形，黄褐色砂岩，四周均残，器身略扁，顶面磨砺后微下凹。残长8.7、残宽6.3、厚2.6～3.2厘米（图四六二，8）。

（2）陶器　出土物多为陶器残片，以夹砂陶和泥质陶为主，还有少量的着衣陶和硬陶、釉陶及原始青瓷。夹砂陶数量最多，约占总数的57%，陶质较致密，色呈灰黑、黄灰、灰或橙红，以前三者较多，还存在少量胎呈黑灰、表呈黄灰或橙红的现象；泥质陶约占36%，陶质较致密，器表呈灰、黄褐、灰黑或黄灰，以前两者居多，亦存在零星胎呈黑灰、表呈黄褐的夹心现象。着衣陶表面施黑衣，灰胎，质多致密坚硬；硬陶和釉陶只占极少部分。陶器以素面为主，其中可能有部分纹饰因陶器表面风化而漫漶不清。装饰主要为拍印条纹和绳纹，另有少量的方格纹、条纹与附加堆纹组合等（图四六〇）。可辨器类有釜、罐、豆等。

釜　3件，均为夹砂陶。T4854②∶3，尖圆唇，斜折沿，宽沿，沿面微凹，束颈。夹砂黄褐陶，颈下饰条纹，束颈处有细小圆凸点纹，沿内侧有轮修旋痕。口径21.6、残高7.3厘米（图四六一，4）。T4954②∶1，尖唇，侈口，束颈。夹砂黄褐陶，素面。口径18.7、残高6.3厘米（图四六一，5）。T5054②∶2，尖唇，斜折沿，短沿，沿面微凹，束颈。夹砂黄灰陶，素面。口径16.8、残高2.1厘米（图四六一，6）。

罐　10件，依口沿的形状分为三型。

A型　6件。折沿，侈口，沿面微鼓。T4952①∶1，尖圆唇，束颈。夹砂黄褐陶，颈下肩部饰条纹。口径18.2、残高5.8厘米（图四六一，7）。T4855②∶6，束颈。夹砂黄褐陶，质较坚硬；纹饰漫漶不清，束颈下饰一条附加堆纹。颈径14.4、残高4.3厘米（图四六一，8）。T4854②∶4，尖唇，沿微外撇，束颈；夹砂黄灰陶，素面。口径15、残高5.5厘米（图四六一，9）。T5052①∶1，尖圆唇，沿略折，束颈；夹砂黄褐陶，素面。口径15、残高4.8厘米（图四六一，10）。T4954②∶2，仅存局部残片，尖圆唇，沿微卷，束颈；泥质黄灰陶，夹细砂，素面。残高4.4厘米（图四六一，14）。T4855②∶5，尖圆唇。泥质灰硬陶，陶衣脱落，素面。口径12.2、残高2.5厘米（图四六一，16）。

B型　2件。折沿，侈口，沿面内凹。T4855②∶3，尖唇，折沿，沿端微内凹。泥质黄褐陶，陶质较坚硬，素面。口径17.8、残高4.3厘米（图四六一，12）。T4854①∶1，直口微侈，尖圆唇，沿面内凹，束颈。泥质黄褐陶，素面。口径12.6、残高5.3厘米（图四六一，13）。

C型　2件。T4855②∶4，敛口，圆唇，鼓腹。泥质黄灰硬陶，外壁压印条纹，器身施黑衣。口径13.4、残高3厘米（图四六一，11）。T4954②:4，弧肩，鼓腹。泥质黄灰陶，含少量细砂；外壁压印条纹（图四六一，15）。

豆 1件。T4953①:1，残件，敛口，方唇，折浅腹，圈足残，盘底凹弧，口沿外侧有四道轮施的浅凹弦纹，外部仅存圈足局部残迹。原始青瓷，灰黄胎，含较多粗砂，较致密坚硬。内外施黄褐色釉，大部脱落。口径12.2、残高4.6厘米（图四六二，1）。

圈足残器 4件。T4953②:1，喇叭形，夹砂黄褐陶，素面。底径14.1、残高3.2厘米（图四六二，2）。T5054①:1，足沿外折。灰硬陶，素面。底径7.8。残高2.1厘米（图四六二，4）。T4855②:2，喇叭形，足外撇。夹砂黄灰陶，素面。底径13.6、残高4.9厘米（图四六二，5）。T4855②:1，底沿残。泥质黄褐陶，含少量粗砂，圈足外底呈灰黑色；表面纹饰漫漶不清，圈足外上端和外底上端均有一周椭圆形小凹窝，可能挑戳形成。残高4.9厘米（图四六二，6）。

圜底 2件。T4854②:2，底部较缓。灰硬陶；外壁饰条纹。残高4.5厘米（图四六二，3）。T5052①:2，夹砂黄褐陶。器表纹饰风化，仅余局部可见方格纹。残高7.1厘米（图四六二，9）。

罐肩部残片。T4954②:3，肩部附加堆纹一条，形成折肩。泥质黄褐陶，外壁饰压印条纹。

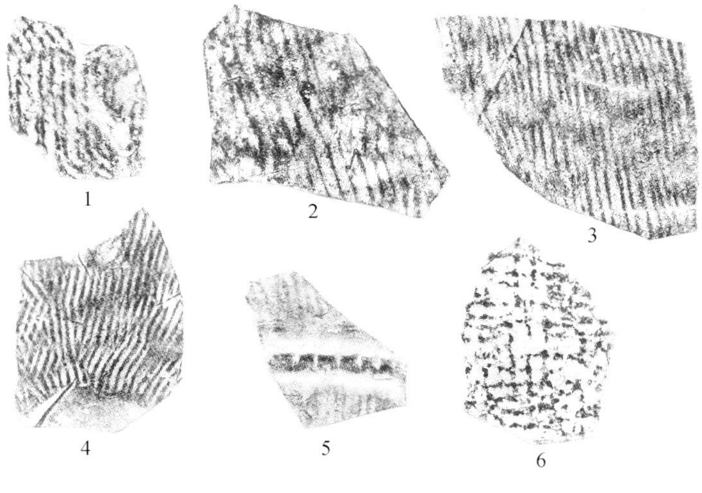

图四六〇 尾山仔遗址出土陶片纹饰拓片

1. 绳纹 2~4. 条纹 5. 条纹与附加堆纹 6. 方格纹

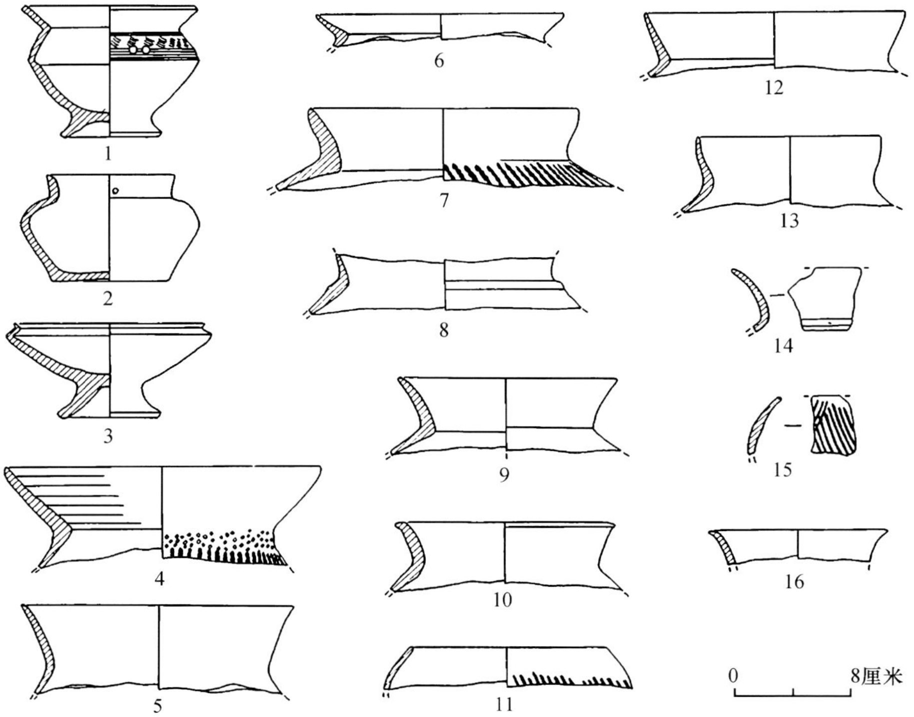

图四六一　尾山仔遗址出土陶器与原始青瓷器

1. 原始青瓷尊（M1∶1）　2. 陶罐（M2∶1）　3. 原始青瓷豆（M3∶1）　4～6. 陶釜（T4854②∶3、T4954②∶1、T5054②∶2）　7～10、14、16. A型罐（T4952①∶1、T4855②∶6、T4854②∶4、T5052①∶1、T4954②∶2、T4855②∶5）　11、15. C型罐（T4855②∶4、T4954②∶4）　12、13. B型罐（T4855②∶3、T4854①∶1）

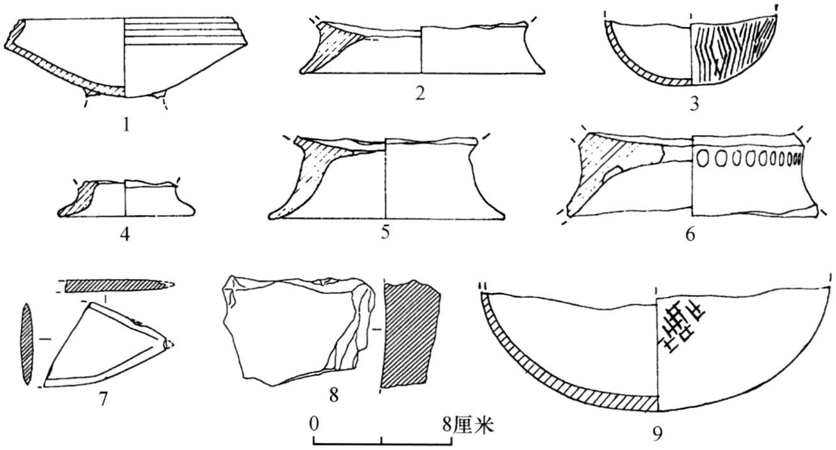

图四六二　尾山仔遗址出土石器、陶器和原始青瓷器

1. 原始瓷豆（T4953①∶1）　2、4～6. 陶圈足（T4953②∶1、T5054①∶1、T4855②∶2、T4855②∶1）　3、9. 陶圜底（T4854②∶2、T5052①∶2）　7. 石戈（T5051①∶1）　8. 砺石（T4854②∶5）

5. 小结

尾山仔遗址地层堆积简单，出土文物大体可分为两个时期，其一以地层出土的泥质和夹砂陶片为特色，包括黑衣陶等，时代相对要早些，约属青铜时代早期遗存。另一类是墓葬和地层出土的原始瓷等遗物，如尊、豆等时代较之上类遗存要晚些，属于典型的西周时代遗存。

（二）音楼山遗址

1. 地理位置与发掘简况

音楼山遗址位于惠安市百崎回族自治乡下埭村西北角，地处洛阳江畔并近洛阳江与晋江的交汇处。位于北纬24°52′13″、东经118°42′16″附近，海拔41.71米。洛阳江是泉州地区晋江外又一重要河流，发源于惠安市和洛江区两地山区并以两地大部为其流域，其独立于晋江流域，但在汇入泉州湾时两江入海口近乎合流。音楼山是一座东西走向而面积不大的山丘，横卧于惠安最南面，从惠安中部往南有一组蜿蜒曲折的山丘与音楼山东侧山体断续相连。从地形看早年的音楼山当属一座与陆地半分半离的半岛，周边因江海淤积成为陆地。现其山三面环江海，西为洛阳江，南为其入海口——泉州湾，北为港湾，处海水与江水交汇地区。遗址发现于音楼山西边突出于洛阳江的山冈上，主要分布于山体的下部（图四六三）。从地形看，由于这一地区主要以东南风为主，遗址偏山体西部正处于避风地带，可见古人在生活居住上考虑到了气候的因素。据地表遗物散见范围估算遗址的面积约达一万平方米。据山脚下居住的当地农民反映，在盖房挖掘基础时有大量的陶片和贝壳被取走，其堆积厚度达1.5米以上，根据现场残存地层及走向分析，农民所言不假。因此认定遗址主体部分在西侧半山以下低处部位，惜已被农民盖房和沿海大通道建设所毁。现残存堆积呈间断小块分布，破坏严重。遗址于1978年发现，其后历经多次复查，作为当时该县仅有的三处史前遗址被公布为县级文物保护单位。但关于其内涵则一向未见详细报道，其在福建地区古代遗址中的重要性未引起学术界重视。

2005年夏，晋江流域考古调查期间复查了该遗址，并将其选为试掘地点之一。经国家文物局批准，发掘工作于2005年8月中旬始，至9月上旬止。在遗址南侧布探沟1条、中部布探方2个、北部布探方1个。编号为TG0816（南部探沟）、T1025、T1125（中部探方）、T0827（北部探方）计发掘面积82.51平方米。2006年11月中旬至12月中旬又在遗址中部两处布探方7个，编号为T1122～1124、T1224、T1225（中部）在其东部25米处布T1825、T1926。并作局部扩方，计发掘面积179平方米。两次合计发掘面积 261.51 平方米。其中以 T1124、T1125、T0827 三个探方堆积最为丰富。T1825、T1926 两探方未出土文化遗物。T1125 发现灰坑 3 个，TG0816 发现成排柱子洞。T0827 位于 T1025 探方西北 9 米处，TG0816 位于 T1122 西南 28 米处，它们和 T1926 紧靠断崖（图四六四）。

图四六三　音楼山遗址

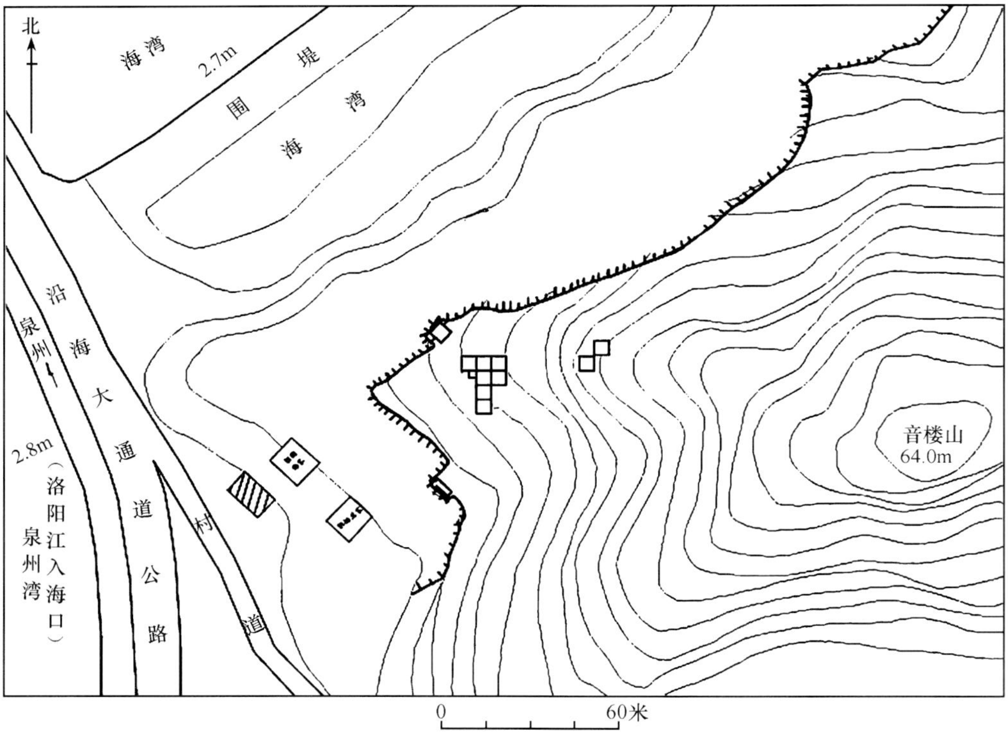

图四六四　音楼山遗址发掘探方位置图

2. 地层堆积

以 T1125 北壁为例，自上而下依次如下（图四六五）。

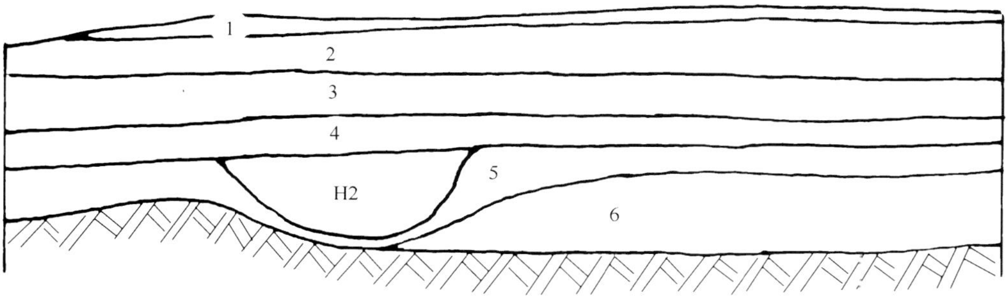

图四六五　音楼山遗址 T1125 北壁剖面图

第 1 层：表土层。厚 0～35 厘米。

第 2 层：黄灰色砂质土层，深 0～35 厘米，厚 15～40 厘米，该层除西北局部分布较薄外，其余区域该层分布厚度较为平均。出土少量早期陶片及零星晚期青瓷片、青花瓷片和零星现代板瓦片。现代堆积层。

第 3 层：黄褐色土层，深 15～70 厘米，厚 0～30 厘米，除东南局部未分布该层外，其余区域均有分布。该层含粗砂和碎石粒较多，另含少量烧土粒，土质稍密且硬。出土了少量早期陶片、兽骨和晚期青瓷、青花瓷片等。清代堆积层。

第 4 层：黑灰色土层，深 45～80 厘米，厚 0～20 厘米，该层除东南及西南两个角落未分布外，均见于其他探方，略呈坡状堆积。含大量贝壳，贝壳与土的比例大约为 1∶3，绝大部分贝壳腐烂程度严重，表皮已脱落呈灰白色，分布的贝壳种类大致可分为海蛎（僧帽海蛎）、泥蚶、丽文蛤、荔枝螺、钉螺这五大类。亦含有零星河卵石及一些打制石器的废料，同时还出土了大量早期陶片、零星动物牙齿、块骨和鱼骨等及小件的石拍残件等。但层内仍包含有零星晚期青铜残件。属清代堆积层。属于扰乱堆积层。

此层下发现 H1、H2、H3 三座青铜时代的灰坑。

第 5 层：土色呈黄褐，近似于第 3 层土色，但局部土色稍黑。深 50～100 厘米，厚 0～50 厘米，该层呈坡状分布于全方，其分布情况除西北小部分布较厚一些外，其余区域分布均为薄层。土质较为松散，内含零星贝壳动物骨骼残块、牙齿、鱼骨和炭屑等。出土少量陶片，可辨有甗形器的口沿及残片。纹饰有梯格纹、蕉叶纹、栅篱纹、席纹、条纹、叶脉纹、绳纹、方格纹、网格纹等。青铜时代堆积。

此层下发现 H4 和柱洞等遗迹。

第 6 层：黄褐土层。深 60 ~ 120 厘米，厚 0 ~ 45 厘米，该层除西北局部未分布外，其余区域内均为南高北低呈坡状分布。上部土色稍深往下渐变浅，土质松散但总体较纯，含粗砂粒较多。出土少量陶片，粗砂陶稍多，个别为细砂陶，陶片表面风化严重，纹饰仅见绳纹一类。青铜时代堆积。

此层下为分化基岩，基岩为花岗岩。

3. 遗迹

遗迹有灰坑和柱洞两类。

（1）灰坑　共 4 个。其中 H1 ~ H3 位于 T1125 探方中，均开口于第 4 层下，打破第 5 层（图四六六），呈三角分布。H4 开口于第 5 层下，打破生土。

图四六六　音楼山遗址 H1 ~ H3 灰坑

H1　位于 T1125 北面中部，其北面 25 厘米处为 H2，西面 50 厘米处为 H3。平面形状为不规则椭圆形，坑口直径为 70 ~ 76 厘米，坑底直径为 54 ~ 60 厘米；深度为 12 ~ 20 厘米。微斜壁，平底，坑壁及坑底未见明显人工痕迹（图四六七）。填土为黄褐砂土，土质较为松散，内含粗砂和贝壳较多，坑内贝壳与填土的比例大致为 1∶10。出土早期陶片较少且破碎。贝壳大致分为牡蛎、蚶和螺三大类，贝壳呈灰白色，多数表皮基本已风化腐烂脱落，出土陶片 9 片，其中细砂陶 8 片，有黄褐色 1 片（栅篱纹）、红陶 2 片

（绳纹）、红褐陶4片（素面3、绳纹加施黑赭衣1）、黄灰陶1片（素面）；泥质灰陶1片（方格纹加施黑赭衣）。另有动物碎骨块数块。

H2　位于T1125北面中部，其东南面25厘米处为H1，西南角处为H3。局部延伸入北壁内未进行扩方清理，故完整形态未见，从已清理部分来看，平面形状为半圆形，坑口长145、残宽50~60厘米，坑底长96、宽26、深30厘米。斜壁，平底，坑壁及坑底未见明显人工痕迹（图四六七）。填土为黑灰土，土质较为松散且较细腻，内含海蛎壳及较多钉螺壳，还含有零星炭粒，出土了极少量的硬陶残片。出土陶片以细砂陶为多，泥质陶稍少，个别硬陶。细砂陶有灰黑陶8片（栅篱纹2、方格纹1、绳纹4、叶脉纹1）、红陶14片（蕉叶纹7、折线纹1、素面6）、红褐陶2（凸棱纹1、方格纹1）、黄灰陶4片（栅篱纹加施红衣2、栅篱纹加施红赭衣2）、黄陶3（栅篱纹2、绳纹1）、灰陶4片（方格纹1、绳纹1、梯格纹1、素面施红衣1）、黄褐陶2片（素面1、方格纹加施红赭衣1）；泥质陶有橘红陶1片（栅篱纹）、红陶5片（栅篱纹1、蕉叶纹2、绳纹1、方格纹加施黑赭衣1）、黄灰陶1片（绳纹）；紫灰硬陶2片（席纹1、素面1）。可辨器形有罐和甗形器。另有动物骨块6小块。还有螺、牡蛎、蚌、泥蚶和钉螺等贝壳和河卵石1块。

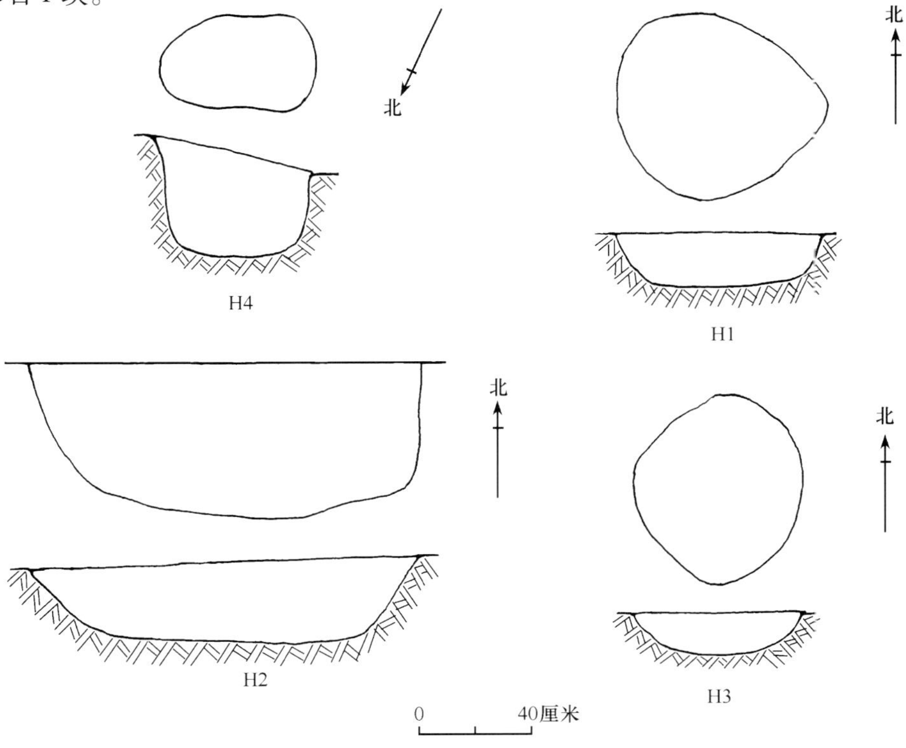

图四六七　音楼山遗址灰坑平、剖面图

H3　位于 T1125 西北部，其东北面 25 厘米处为 H2，东南面 50 厘米处为 H1。平面形状为椭圆形，坑口直径为 60 ~ 70、深度为 12 ~ 20 厘米。斜弧壁，微弧底，坑壁及坑底未见明显人工痕迹（图四六七）。填土为黄褐色土，土质较为松散，内含零星炭粒和较多贝壳。贝壳种类可大致分辨出有牡蛎、螺和蚶三个种类，贝壳呈灰白状，表面基本已腐烂脱落。出土零星早期破碎陶片，有圆陶片 1 件和陶片 16 片。其中细砂陶有橘红色 2 片（栅篱纹 1、素面 1）、红陶 6 片（交错绳纹 3、绳纹 1、素面 2）、灰褐陶 1 片（绳纹）、灰陶 1 片（蕉叶纹加施红赭衣）；泥质灰陶 4 片（绳纹 2、蕉叶纹 1、素面 1）、灰黑陶 1 片（方格纹）；紫灰硬陶 1 片（素面）。另有动物骨块 2 块。

H4　位于 TG0816 中。开口于第 5 层下，打破生土。平面为椭圆形，距地表深 36 厘米。口长 56、宽 32 ~ 37、深 35 ~ 42 厘米。四周坑壁上半部较直，下壁弧收至底，底稍平，略有凹洼，坑壁能自然脱落（图四六七）。填土多呈灰黑色，局部呈黑灰色和灰黄色，含砂粒、炭粒和红烧土块较多，也有少量的贝壳。灰黑土和黑灰土较疏松，灰黄土稍致密。紧靠灰坑外围北、西、西北三面有较明显的小面积的烧土块和烧土粒堆积。出土少量硬陶和含细砂较硬陶片。其中细砂陶有红褐色陶 1 片（绳纹）、红陶 2 片（绳纹、栅篱纹）；泥质灰陶 1 片（栅篱纹）、灰硬陶 1 片（方格纹）。

图四六八　音楼山遗址柱洞（TG0816 第 5 层下）

（2）柱洞　共清理 9 个。均见于 TG0816 第 5 层下，打破生土。距地表在 0.40 米左右。编号为 Z1 ~ Z9。其中 Z1、Z3 和 Z5 ~ Z7 五个柱洞较大，且成一直线状排列，西南—东北方向，至 Z7 则转直角与 Z8 相连。由这几个大柱洞构成直尺形建筑平面布局。Z2、Z4、Z9 三柱洞较小，Z2 位于 Z1 西北，位置稍偏南侧，Z3、Z4 位于 Z5 至 Z6 之间南侧，Z9 则附属于 Z1，洞口向 Z1 倾斜，属于辅助性质。由于探沟外侧无扩方区域，总体布局不明。以残存柱洞范围测量，则其面阔达 5.1 米，进深在 1.15 米以上。柱洞之间距多在 0.4 ~ 0.75 米之间，Z6 ~ Z7 相距 1.24 米，Z1 与 Z9 间仅 0.07 米（图四六八、图四六九）。现将各柱洞详情介绍如下。

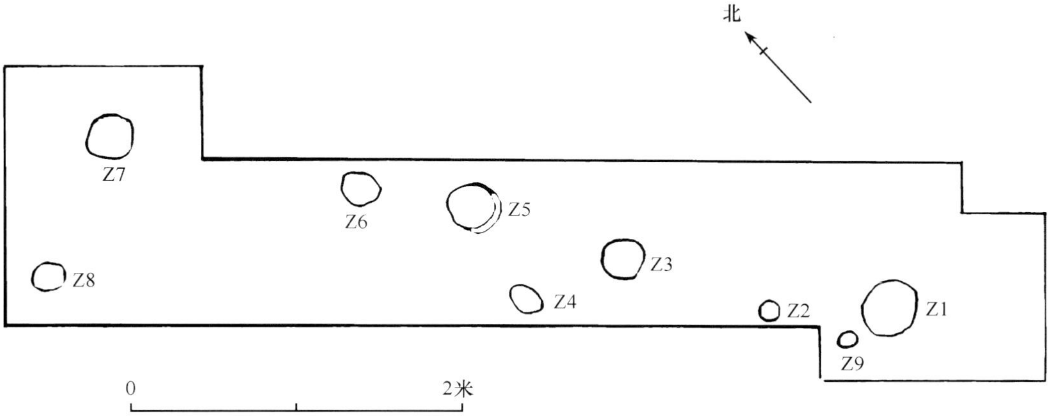

图四六九 音楼山遗址柱洞分布图（Z1～Z9）

Z1 洞口平面大致呈圆形，径81～92、深23厘米。洞壁除东北壁略有曲折外，其余均较直，北、西北壁下部略斜收，底稍平（图四七〇）。填土为灰黑沙质土，较疏松，含少量蚶壳、红烧土粒和炭粒，出土少量陶片和兽骨。出土陶片分泥质陶和细砂陶。细砂陶有黄灰色4片（素面1、红衣栅篱纹1、红衣绳纹1、红衣素面1）、橘红色5片（绳纹3、素面1、红衣素面1）、红褐色1片（绳纹）、灰黑色2片（栅篱纹、蕉叶纹）；泥质陶有黄色1片（素面）、红色2片（绳纹）。烧土块3块，均草拌泥块，含粗砂和贝壳粉末。还出土动物骨骼1块。

Z2 洞口平面呈圆形，径13、深16厘米。直壁，圜底稍平（图四七〇）。填土为灰黑沙质土，含零星烧土粒，出土1片陶片，黄灰色细砂陶，饰红衣和栅篱纹。

Z3 平面呈圆形，径24～27、深29厘米。斜壁，圜底稍平，洞壁部分自然脱落（图四七〇）。灰黑土，局部有黑灰土和灰褐土，砂质，较松，含较多的贝壳、少量红烧土和零星炭粒。出土陶片19片，其中细砂陶有橘红色1片（绳纹）、红褐陶1片（素面施红衣）、灰陶1片（素面施红衣）、灰黑陶2片（栅篱纹）、黄褐陶2片（栅篱纹1、绳纹1）、红陶2片（绳纹1、方格纹1）；泥质陶有灰黑陶1片（方格纹）、黄褐陶4片（绳纹1、栅篱纹加施红赭衣2、栅篱纹加红衣1）、黄灰陶3片（均栅篱纹加红衣）、橘红陶2片（绳纹）。另填土中含红烧土块3块，其中1块带有明显的夹棍痕迹，夹棍近似竹子类，仅半边竹片痕迹。还有贝壳和动物骨块等。

Z4 平面大致呈橄榄状椭圆形，径19～24、深11厘米（图四七〇）。砂质灰黑土，较松，含少量贝壳。出土陶片3片，均泥质灰陶（栅篱纹2、方格纹1）。

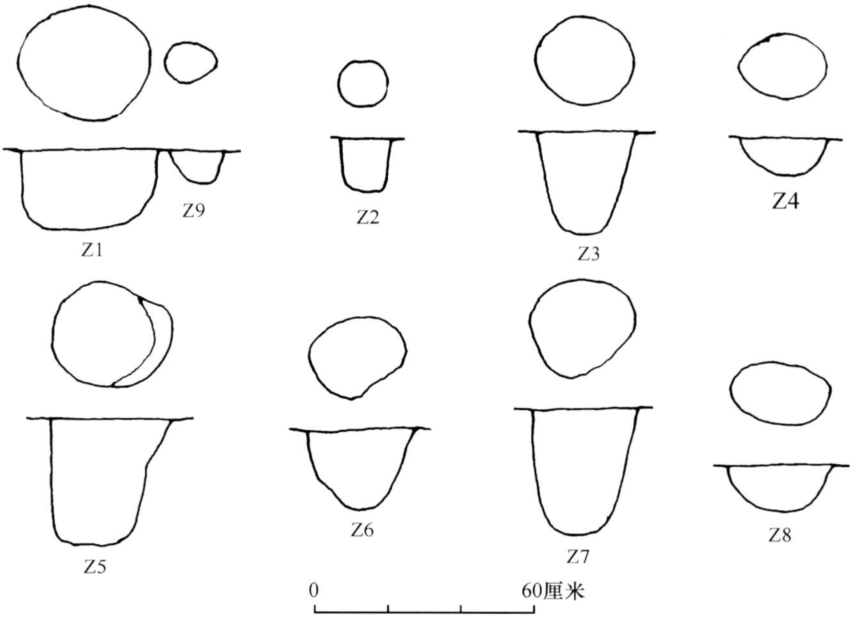

图四七〇　音楼山遗址柱洞平、剖面图

Z5　洞口平面呈不规则圆形，下部为圆形，口径31～33、底径18、深36厘米。北壁较直，余为斜壁或斜弧壁，底稍平，洞壁自然脱落（图四七〇）。灰黑土和黄褐土，质松，局部稍致密。含较多的烧土块、少量炭粒和贝壳。出土陶片以细砂陶为主，有橘红1片（素面）、红褐陶5片（栅篱纹3、素面2）、灰陶4片（素面3、栅篱纹加红衣1）、黄陶1片（素面）、黄褐陶4片（栅篱纹1、绳纹1、栅篱纹加红衣2）；粗砂橘红陶1片（素面）；泥质陶有灰白色3片（素面）、灰色1片（素面）。另填土中出土带有夹棍痕迹的红烧土块3块，其他烧土块8块，均可见草拌泥的草痕，含粗砂和贝壳粉末较多，较坚硬。还出土动物碎骨6块。

Z6　平面呈不规则椭圆形，口径23～29、深23厘米。西壁为直壁，余均斜壁或斜弧壁，底为尖圆形（图四七〇）。灰黄土杂灰黑土，质较致密，含零星炭粒。出土陶片2片，其中夹砂灰黑陶1片（绳纹），泥质黄褐陶1片（素面）。

Z7　洞口平面呈不规则椭圆形。长3、宽26、深35厘米，距地表40厘米。斜壁，西壁上部较直，底为圜底，略平。洞壁上部能自然脱落（图四七〇）。灰黑土为主，还有黑灰土及灰褐土堆积，砂质稍松，含较多炭粒、少量烧土粒和贝壳。出土陶片7片，以细砂陶为主。夹砂陶有黄灰陶2片（方格纹1、素面1）、灰陶1片（蕉叶纹）、灰黑陶1片（绳纹）、红褐陶2片（蕉叶纹1、绳纹1）；泥质橘红陶1片（方格纹）。另有烧土块2块。

Z8　洞口平面呈不规则椭圆形，长28、宽17、深13厘米，距地表42厘米。弧壁，尖圆底（图四七〇）。灰褐土杂灰黑土，较多粗砂粒，质较松。出土陶片均细砂陶。其中黄灰陶2片（折线纹1、绳纹1），红褐陶1片（方格纹）。

Z9　洞口平面呈鸡心形，长16、宽12、深9厘米，距地表40厘米。西壁较直，余均斜弧壁，且东南壁即倾向Z1方向，为斜直壁，斜度趋缓。尖圆底，且底部倾近西北侧，显示柱子为斜插所致（图四七〇）。灰黑填土杂灰褐土，砂质较疏松，含零星炭粒和陶片。

4. 出土与采集遗物

（1）石器　共18件。石器发现很少，均为河滩砾石。或直接利用，或加工而成。岩性基本是两类，一类是火山岩，质坚硬；另一类是沉积岩类，粗砂岩或细砂岩。质稍松软。成型器物仅有石锛一件，其余均为未成型的坯件。绝大部分石器为自然石块直接利用。器类简单。仅有锛、锤、杵、砺石和凹缺形刮削器。

锛　1件。仅存上半部。扁平体。约长方形，平尾。表面呈灰色，质细腻。简单磨制。T1125⑤:79，残长4.9、宽4.7、厚1.7厘米（图四七一；图四七二，2）。

图四七一　音楼山遗址出土残石锛（T1125⑤:79）

坯件　3件。T1125⑥:83，锛坯，长方形，斜刃，近斜尾。体较厚重。极简单加工，未经细部修理。石英岩。长7.6、宽6、最厚3.5厘米（图四七二，6）。T1125④:62，近长方形，极简单打制。刃、尾均未成型。斧锛类坯件。河卵石。长10.8、宽6.3、厚4.8厘米（图四七二，4）。T1125④:61，梯形，黑色河卵石。极简单打制，未成型。但正背两面有击打使用的细小痕迹。长8.5、宽8、最厚5.3厘米（图四七二，5）。

锤　10件。以自然石块或断块直接利用。从形状和使用方法可分为三型。

A型　7件。凹石型。正面或正背面使用，击打点在中心部位，并产生凹坑，其余部分均自然石面。分二式。

Ⅰ式：4件。圆形或椭圆形河卵石，质坚硬。坑较规则。T1225④:5，体厚重。圆形，正背面敲击，正面痕迹较清晰，背面使用痕迹较浅。青灰色河卵石，质坚硬。径7.8、厚5.6、凹坑深0.1厘米（图四七七，3）。T1124④:3，体厚重。正背面都有明显的击打深坑。椭圆形。灰白色相杂。径8~9.1、厚5.4厘米。一面凹坑深0.5、另一面深0.8厘米（图四七七，1；图版六，3）。T1122④:1，体稍扁平，椭圆形。正背面均有

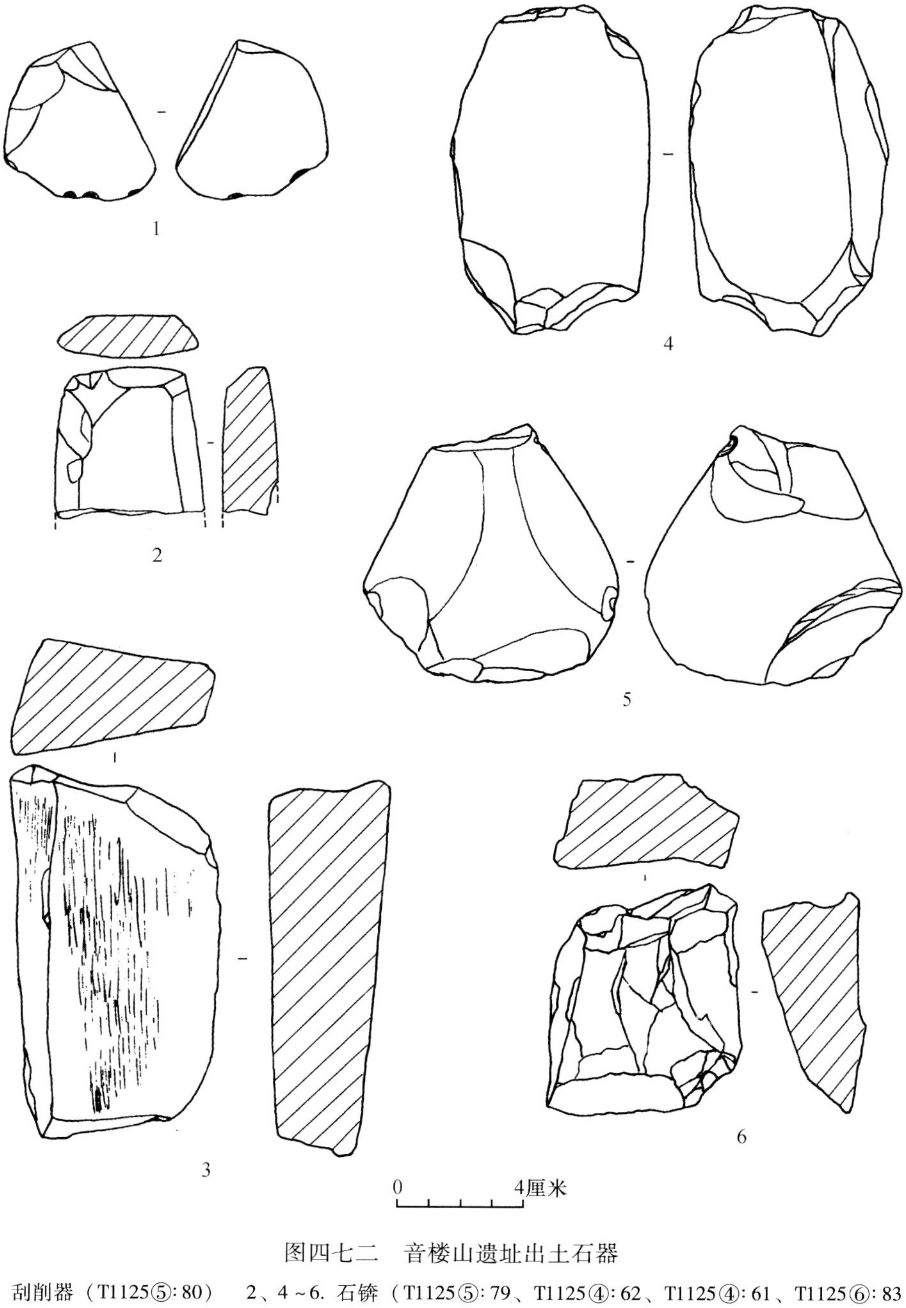

图四七二　音楼山遗址出土石器

1. 刮削器（T1125⑤:80）　2、4～6. 石锛（T1125⑤:79、T1125④:62、T1125④:61、T1125⑥:83）
3. 砺石（采:1）

较深击打凹坑。黑白色相杂。径8.1~9.7、厚4.5厘米，正面凹窝0.5厘米，背面凹坑深0.55厘米（图四七七，2）。T1225④:6，椭圆形，正背面均有击打痕迹，但均轻微，无明显凹窝。红黄色，质坚硬。径8~9、厚4.3厘米（图四七五；图四七七，4）。

Ⅱ式：3件。不规则形，均为断裂石块。T1124④:21，体稍厚。正面有击打浅坑。黄灰色砂岩。长4.9、宽4.1、厚2.8厘米。坑深0.2厘米（图四七八，5）。T1123④:1，扁平体，稍厚重。正面有近椭圆形击打浅坑，坑壁底凹凸不平。红褐色砂岩，质稍松。长11.1、宽8.3、厚4厘米，坑深0.3厘米（图四七四；图四七八，2）。T1124④:4，体较厚，正面有较深击打坑。黄灰色砂岩。长8.1、宽6.1、厚4.6厘米。坑深1厘米（图四七三；图四七八，1）。

图四七三 音楼山遗址出土AⅡ式石锤
（T1124④:4）

图四七四 音楼山遗址出土AⅡ式石锤
（T1123④:1）

B型 2件。约扁柱体，两端有敲击痕迹，均河卵石。T1122④:2，浅黄色砂岩，两端崩裂痕迹明显，片疤较大形成深凹痕。长7.3、宽5.3、厚3.6厘米（图四七六；图四七八，4）。T1125④:60，两端敲击痕迹不很明显。砂岩。长10.3、宽6.1、厚2.6厘米（图四七九，1）

C型 1件。采:2，不规则形。河卵石。一侧有较大面积的明显的敲击痕。浅黄色。质坚硬。长5.5、宽7.6、厚3.9厘米（图四七八，3）。

杵 1件。T1124④:5，柱形。下端有小面积敲击痕。青色河卵石。质坚。长9.5、宽3.4、厚3.5厘米（图四七九，2）。

砺石 1件。采:1，扁平体，近长方形。正面微凹，纵向磨砺痕迹明显，其余三面均断面。灰色细砂岩。长12.2、宽6.4、厚2~3.9厘米（图四八〇；图四七二，3）。

图四七五　音楼山遗址出土 A Ⅰ式石锤
（T1225④：6）

图四七六　音楼山遗址出土 B 型石锤
（T1122④：2）

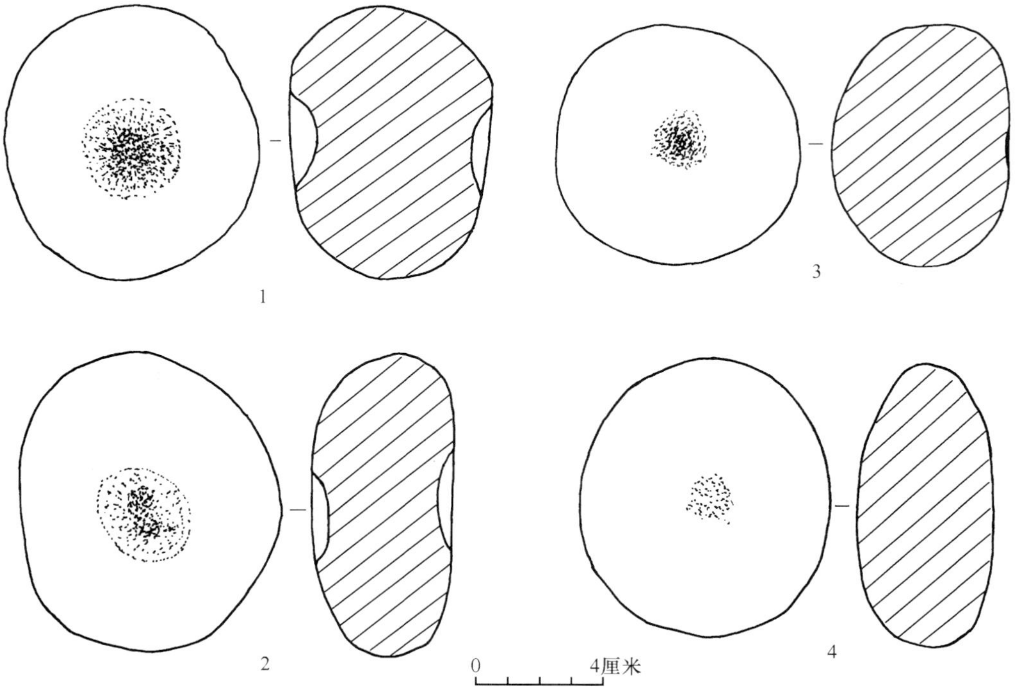

图四七七　音楼山遗址出土 A Ⅰ式石锤

1. T1124④：3　2. T1122④：1　3. T1225④：5　4. T1225④：6

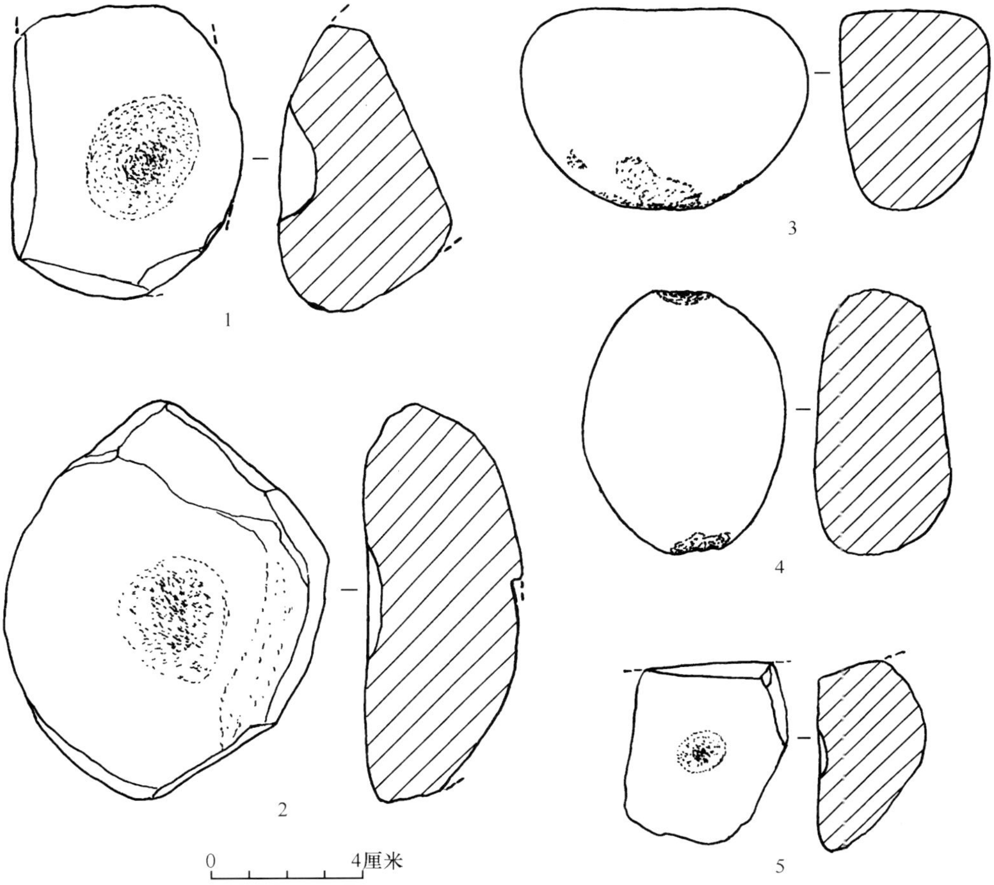

图四七八　音楼山遗址出土石锤

1、2、5. AⅡ式（T1124④:4、T1123④:1、T1124④:21）　3. C型（采:2）　4. B型（T1122④:2）

刮削器　2件。以扁薄石片直接使用。T1123④:2，近三角形。刃口在一侧，成凹缺刃形状，有明显因使用产生的磨损近圆钝的痕迹。青色。长3、宽8、厚1.2厘米（图四八一）。T1125⑤:80，近三角形，弧刃，尖尾。刃口有使用崩裂小疤痕。深灰色。长5.3、宽4.8、最厚1.2厘米（图四七二，1）。

（2）陶器　复原器仅2件，其余均残片。

音楼山遗址出土了大量的陶片，但绝大部分出土于被扰动的地层第4层和第5层中，其原生地层仅有第6层，但此层出土物甚少，不足以反映该遗址的陶器面貌。因此

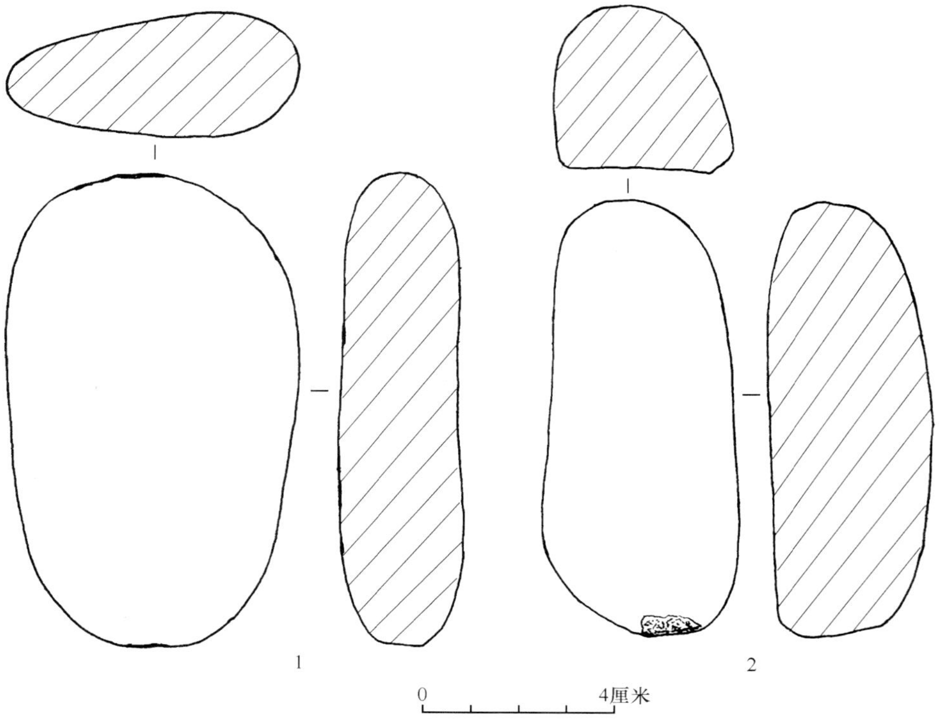

图四七九　音楼山遗址出土石器

1. B 型石锤（T1125④∶60）　2. 石杵（T1124④∶5）

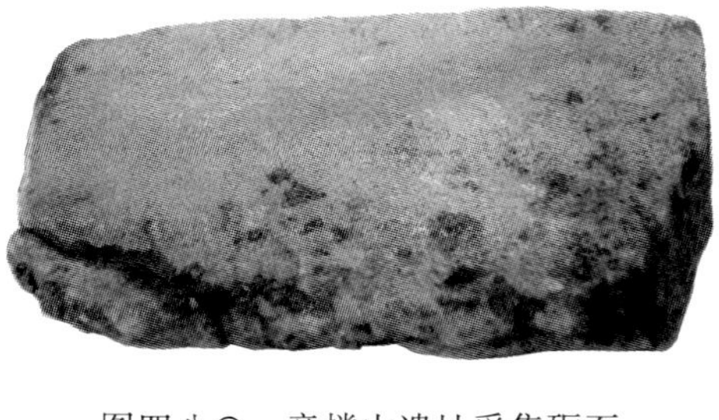

图四八〇　音楼山遗址采集砺石（采∶1）

图四八一　音楼山遗址出土刮削器（T1123④∶2）

只能以扰动地层出土物为参考依据。在排除明显的晚期遗物后的统计结果显示，早期陶系构成有夹砂陶和泥质陶两大类，其中夹砂陶以细砂为主，约占总量的56%，粗砂陶占1%，泥质陶占43%。前两者均掺杂明显的贝壳粉末。但泥质陶中真正质地细腻、手感润滑的泥质陶片极少，绝大多数都有微粗糙、手感微涩的感觉。陶色有红、黄、灰三大类，红色有橘红、红、红褐、红黄等多种，数量最多，约占总数的50%；黄色有黄、黄褐、黄灰色等，红占总数的15%；灰色有灰色、灰褐、灰白、灰黑等，约占35%。装饰较丰富，约3/4陶片均有纹饰，手法以拍印为主，施衣为辅，点彩居第三位。纹饰蕉叶纹最多，约占24%，其次是绳纹和交错绳纹，约占17%，第三位为栅篱纹和方格纹，约各占13%左右，第四位为梯格纹和折线纹，约占3%。另有少量的席纹、雷纹、相向三角纹、凸棱，还有极个别组合纹饰，有方格与梯格、梯格与雷纹、梯格与凸棱等几类（图四八九~图四九三）。素面仍占陶片总量的1/4（图版七，1、2）。在所有陶片中，约有28%左右表面施有彩衣，以红衣为主（221片），红褐衣其次（44片）、黄衣少量（8片）（表四；图四八七；图版六，6）。彩绘仅见1片，为口沿下绘制一道宽条带，带下饰点彩。施衣陶片主要在外口沿与器表，点彩均见于腹片。二者绝大多数施在拍印纹饰上，只有少量施在素面陶上。点彩有水滴状和圆点两类，以前者居多。水滴状点彩手法为使用软笔绘制，在拍有纹饰器表上绘制，色彩饱满，不因凹凸不平而出现不匀现象。大头朝上，尖尾朝下，横向排列，笔锋明显。圆点彩（卵点）则以圆形柱状硬物直接点绘（戳印）而成，故仅施于素面陶腹片上，未见外露笔锋或边缘凸出现象。在较大陶片上，可看出点彩一般分上下两行，横向间隔规则排列。水滴状点长2~2.9、宽0.7~1.1厘米。圆点小点径最小0.7、大点径1.1~1.3厘米，一般大小在1厘米左右（表五；图四八八；图版六，4、5）。器类较单纯，以釜罐为主，壶、甗形器为辅，支座较常见，另有少量钵和器盖。造型口沿以折沿为主，卷沿为辅；腹部以弧腹为主，少量折腹；器底以圜底为多，少量矮圈足和平底（图四八二~图四八五）。由于复原器很少，整器的制作方法不易辨认，但口沿内外、圈足内外轮修规整。制作方法上有一与众不同之处，就是几乎所有器物的口沿都为圆唇，并在绝大多数器物口沿内侧唇下部位习惯性地修出一道弧形凹槽，这是其区别于其他地区陶器的明显特征（图四八六）。圆筒形支座的制作方法与其他不同，采用圆木或圆竹类器具作内模，外用泥片贴塑，再加拍打成形。待胎干时再抽出内模。因此支座内壁上往往保留了这些内模痕迹。出土物中还有个别硬陶和原始青瓷片。

表四　音楼山遗址 T1125 第

纹饰＼陶质/陶色				夹砂陶										
				粗	细									
				红	灰	灰黑	灰褐	橘红	红	红黄	红褐	黄	黄灰	黄褐
素面				10	12	10	2	37	12	12	25	2	7	6
拍印			绳纹		5	10			25	2	22	8		
拍印			交错绳纹	1										
拍印			折线纹			1				1				
拍印			方格纹		6	6		15	6	2	17			2
拍印			长方格纹								2			
拍印			梯格纹		2	5		1	3					
拍印			栅篱纹		3	11		14	10	4	8			2
拍印			蕉叶纹		19	5		30	14	7	19	22	2	
拍印			席纹						1		2			
拍印			交错三角纹					1						
拍印			方格与梯格组合						1					
拍印			雷纹											
拍印			梯格与雷纹											
拍印			梯格纹与凸棱					1						
			凸棱					1						
彩衣	红衣		素面		4			4				1	6	3
彩衣	红衣		绳纹		15								1	
彩衣	红衣		折线纹											
彩衣	红衣		方格纹		1			3			1		2	1
彩衣	红衣		梯格纹											
彩衣	红衣		栅篱纹		1			4						1
彩衣	红衣		蕉叶纹		8		2				2		5	1
彩衣	红衣		席纹											
彩衣	红衣		交错三角纹											
彩衣	红衣		栅篱纹与蕉叶纹											
彩衣	红赭衣		素面		1						6		1	1
彩衣	红赭衣		方格纹											
彩衣	红赭衣		栅篱纹								4			
彩衣	红赭衣		蕉叶纹								6			
彩衣	红赭衣		席纹											
彩衣	黄衣		方格纹											
彩衣	黄衣		栅篱纺											
彩衣	黄衣		蕉叶纹											
彩绘	红黄色条带与水滴点												1	
彩绘	点彩	水滴点	红色		1						1		2	
彩绘	点彩	水滴点	红赭色								1			
彩绘	点彩	水滴点	黄褐色											
彩绘	点彩		红色圆点		1									
小计				11	79	48	4	111	72	28	116	33	27	17
合计				546										
百分比				56.62%										

注:表中彩衣和彩绘部分除点彩外的纹饰指陶片上的拍印纹饰,非彩绘纹饰,彩绘时直接绘于纹饰表面。个别陶片有

4层陶片陶系统计表

泥质陶									硬陶		原始瓷	小计	合计百分比
灰	灰黑	灰白	红	橘红	红褐	黄	黄灰	黄褐	灰	灰红	青釉浅灰胎		
4	11	4				14			4			172	667 / 69.05%
9	14		2				3	3				103	
2												3	
1												3	
18	5					3	4	2		1		87	
			1									3	
5			2					5				23	
17	8		7	2				4				90	
20	17		9					5				169	
2		1							2		1	9	
												1	
												1	
								1				1	
							1					1	
												1	
												1	1 / 0.11%
3				7		2	15	8				53	273 / 28.26%
						1	1	2				20	
								2				2	
				2			10	5				25	
								2				2	
3				3	3	1	8	11				35	
9				6	1	3	24	15				76	
1							1					2	
							3					3	
2												2	
1							1	5				16	
					4		1					5	
					2	3	1					10	
					6			1				13	
								1				[illegible]	
2							2						
2							2						
4							4						
												[illegible]	25 / 2.58%
			2		2	1		1				10	
												[illegible]	
						1						[illegible]	
1						6		4				12	
98	55	5	23	20	18	35	81	77	6	1	1		100
412									7		1	966	
42.55%									0.72%		0.11%		

磨光，灰黑陶是因使用烟火所造成。陶片中真正质感细腻、手感润滑的泥质陶属极少数，绝大部分都有粗糙发涩的感觉。

表五　音楼山遗址点彩陶片统计表

编号	陶片大小（厘米）	图案形状	点大小（长×宽厘米）	间距（厘米）	行距（厘米）
T1125④:98	9.8×7.0	红色水滴点，分上、下二行	（2.5~2.9）×（0.7~0.9）	0.5~0.7	1.7
T1125④:99	5.6×5.3	红黄色横向条带加水滴点	带宽0.5，点宽1.0		
T1125④:100	3×3.5	红赭色水滴点	（2~2.6）×（0.8~1.0）	0.2	
T1125④:101	2.5×2.8	红赭色水滴点	（2.2~2.5）×（0.7~1.0）	0	
T1125④:102	4.3×2.5	黄褐色水滴点上下二行	残，1.6×1.0	0.3~0.5	0.7
T1125④:103	3.4×3.8	红色水滴点	2.8×0.9	0.2~0.3	
T1125④:104	3.6×3.0	红赭色水滴点	残，1.7×不明	不明	
T1125④:105	3.5×4.4	红色水滴点	2.0×0.8	0.4~0.5	
T1125④:106	7.3×2.3	红色水滴点	2.8×（1.0~1.1）	0.5~0.9	
T1125④:107	3.5×6	红色水滴点	残，1.7×1.2	不明	
T1125④:108	4.2×3.0	红色水滴点	2.1×0.8	0.9	
T1125④:109	3.8×4.4	红色水滴点	2.9×1.0	0.3	
T1125④:110	4.5×4.6	红色水滴点	（2.4~2.7）×（0.9~1.0）		
T1125④:111	2.4×3.4	红色水滴点	2.4×（1~1.1）	0.3	
T0827④:41	5.8×5.2	红色水滴点	（1.5~1.9）×0.8	0.3~0.5	0.7~0.9
T1125④:112	5.7×4.7	红色圆点	1.1×1.2	0.15	
T1125④:113	4.7×3.3	红色圆点	1×1.3，0.9~1.1	0.2~0.5	
T1125④:114	2.5×2.6	红色圆点	1.0×1.0	0.6	
T1125④:115	5×2.5	红色圆点	小0.7，大1.1×1.2	0.2~0.5	
T1125④:116		红色圆点	1×1	0.3~0.8	
T1125④:117		红色圆点	1.1×1.3，1.1×1	0.1~0.3	
T1125④:118	4.5×3.2	红色圆点	1.2×1.3	0.2~0.3	
T1125④:119	3.5×2.4	红色圆点分上下行	0.9×1.1	0.6	1.2
T1125④:120	2.6×2.1	红色圆点	1×1	0.5	
T1125④:121	3.2×1.0	红色圆点	0.9×0.9	0.4~0.5	

图四八二　音楼山遗址采集陶器口沿

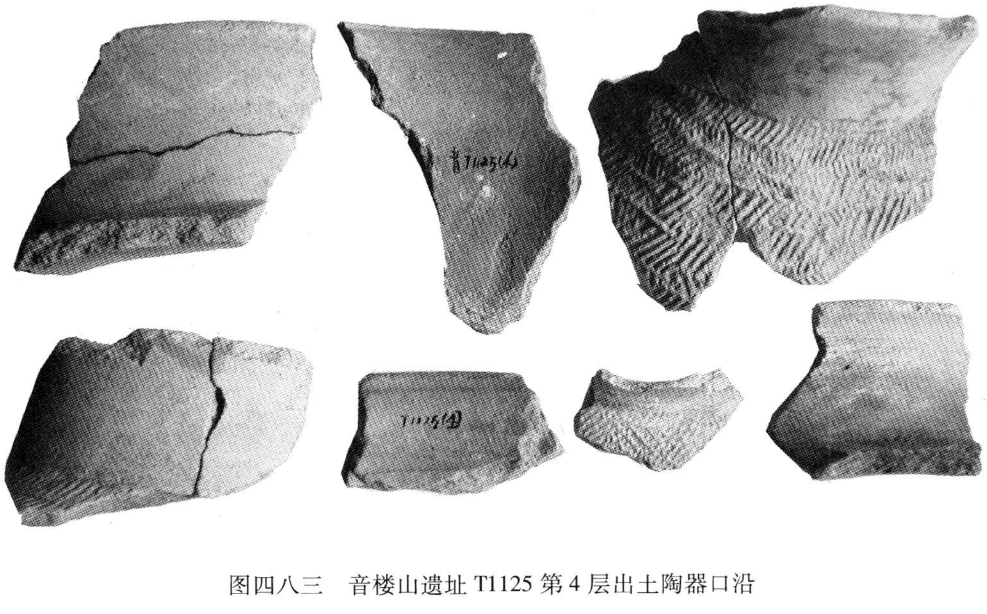

图四八三　音楼山遗址 T1125 第 4 层出土陶器口沿

图四八四　音楼山遗址 T1125 第 4 层出土陶器口沿

图四八五　音楼山遗址 T1125 第 3 层出土甗形器口沿等陶片

图四八六　音楼山遗址 T0827 第 4 层出土陶器口沿

图四八七　音楼山遗址 T1125 第 4 层出土施红衣陶片

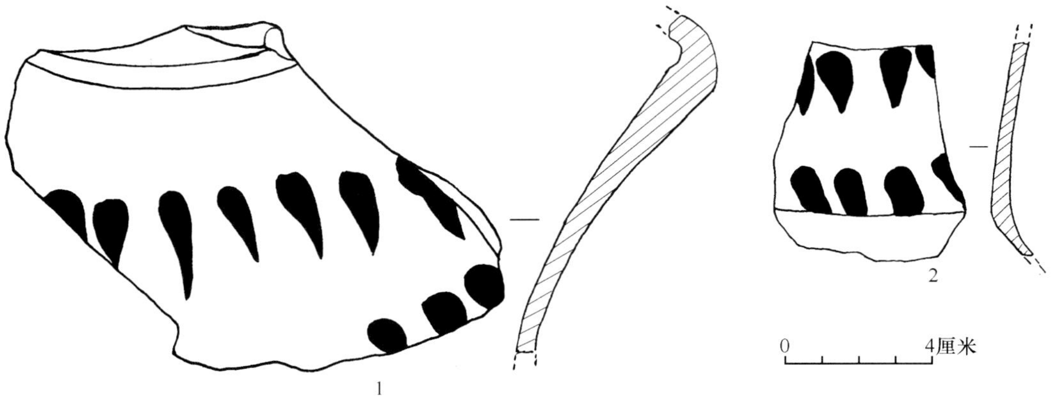

图四八八　音楼山遗址出土点彩陶片
1. T1125④:98　2. T0827⑤:41

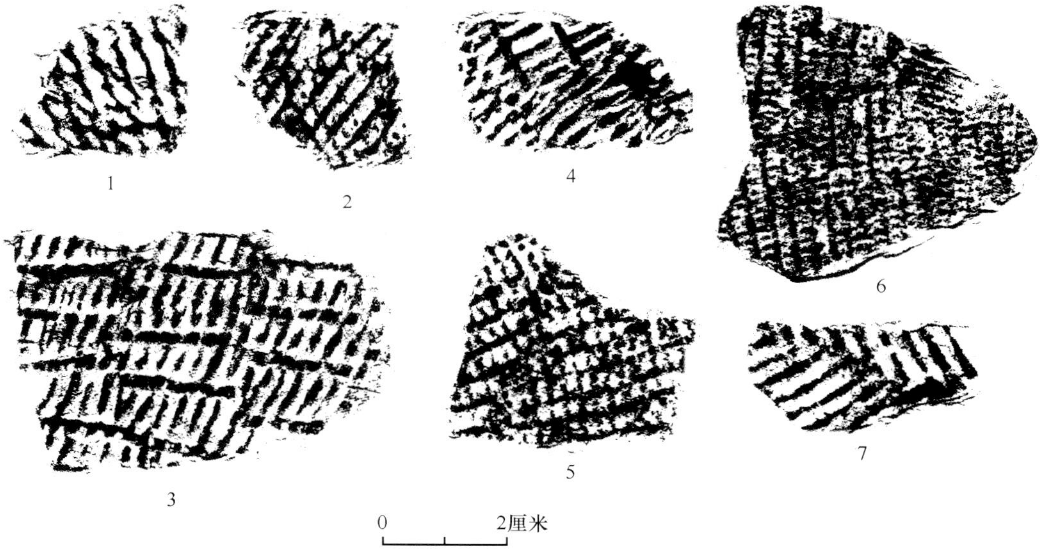

图四八九　音楼山遗址柱洞出土陶片纹饰拓片
1、2. 绳纹（Z1、Z3）　3、4. 栅篱纹（Z5、Z3）　5、6. 方格纹（Z3、Z7）　7. 蕉叶纹（Z8）

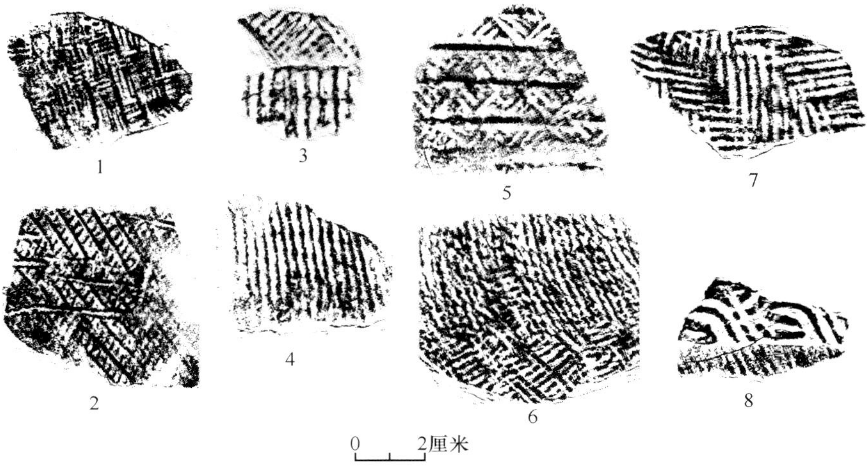

图四九〇 音楼山遗址 T1124 等出土和采集陶片纹饰拓片

1. 席纹（T1025②） 2. 方格纹（T1125③） 3. 栅篱纹（T1124⑤） 4. 绳纹（T1125⑤） 5. 三角填线与弦纹（T1124④） 6. 绳纹与梯格纹（采集） 7. 变体雷纹（采集） 8. 曲折纹（采集）

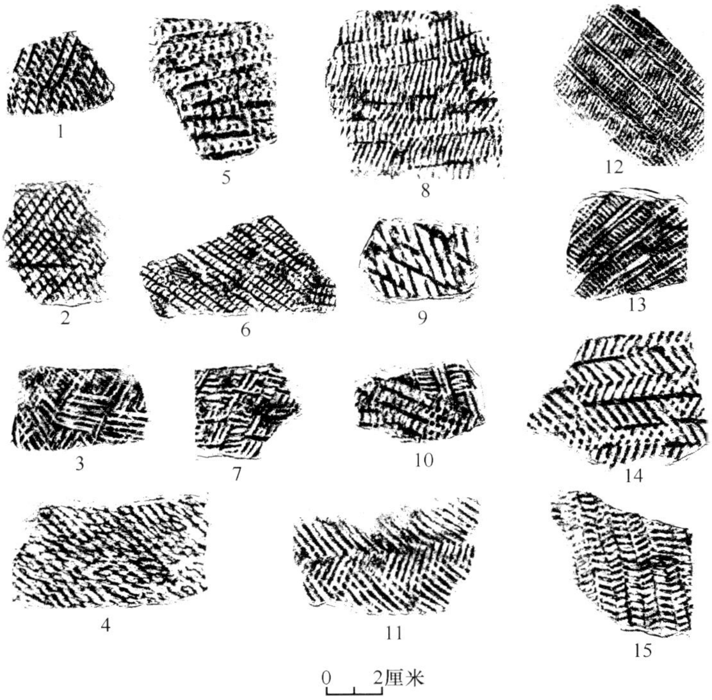

图四九一 音楼山遗址 T1125 第 4 层出土陶片纹饰拓片

1. 网格纹 2、5、6. 方格纹 3、7. 席纹 4. 绳纹 8、9. 栅篱纹 10. 梯格纹与方格纹 11. 曲折纹 12、13. 梯格纹 14、15. 蕉叶纹

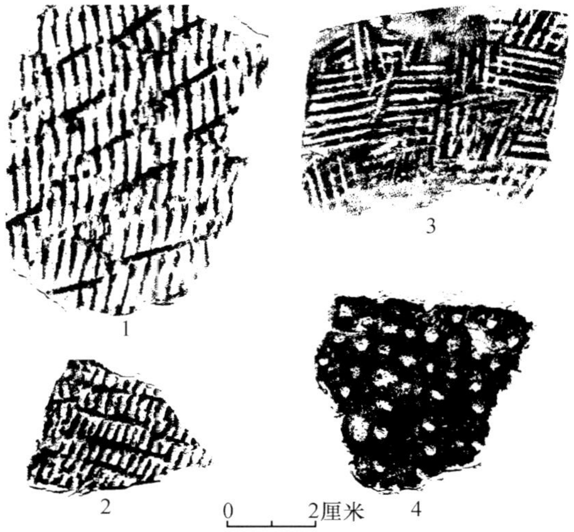

图四九二　音楼山遗址 T0816 第 5 层陶片纹饰拓片

1. 栅篱纹　2. 方格纹　3. 席纹　4. 戳印锥点纹

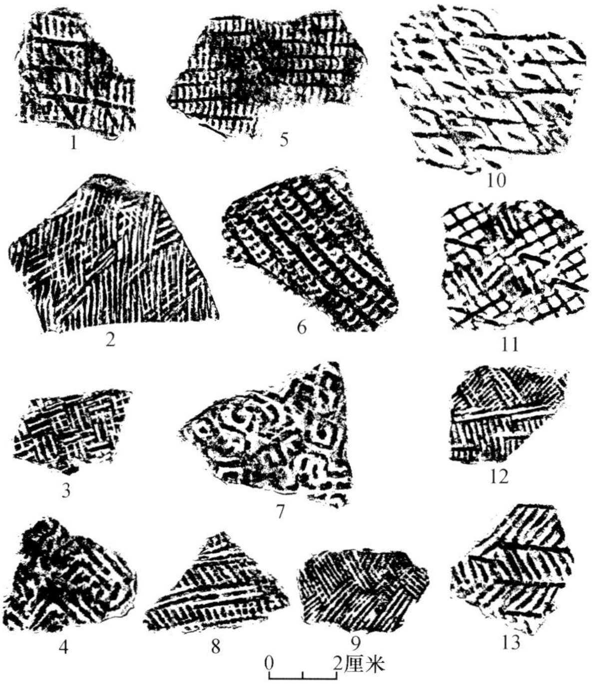

图四九三　音楼山遗址 T0827 出土陶片纹饰拓片

1. 栅篱纹（T0827④: 43）　2、3. 席纹（T0827②: 21、T0827⑤: 51）　4. 雷纹（T0827④: 17）　5、6、11. 方格纹（T0827②: 25、T0827②: 22，T0827④: 52）　7、10. 云雷纹（T0827⑤: 30、T0827④: 54）　8、12. 梯格纹（T0827⑤: 9、T0827⑤: 54）　9. 曲折纹（T0827②: 8）　13. 蕉叶纹（T0827④: 50）

陶拍　9件。均细砂陶，掺贝壳粉末。火候足，胎质结实而坚硬。多经使用，中间一带多有磨损痕迹。分二型。

A型　3件。长方形，体较厚重。T0827①:1，红褐陶，背面残。正面和两侧面刻划纹饰，正面为网格纹，侧面分别为方格纹和梯格纹。纹痕较浅。长6.3、宽4.3、厚4.3厘米（图四九四，1；图四九六；图五〇〇，5）。T1125⑤:84，红陶。正背面和两侧面均刻划纹饰，正面为折线纹，其余为方格纹和网格纹。表面磨损较严重。长7.5、宽5.2、厚3.6~4厘米，纹痕深0.15~0.25厘米（图四九四，3；图五〇〇，6；图版七，3）。T0827④:2，甚残。红陶。残存一面刻划梯格纹。残长3.9、残宽3.3、残厚0.9厘米（图四九四，2；图四九八）。

B型　6件。长方形，扁薄体。T1125④:85，红褐陶。正面刻划蕉叶纹，背面刻划网格纹。表面有磨损。长8.2、宽5、厚2.8~3.6厘米；纹饰刻痕深0.05~0.1厘米（图四九五，1；图五〇〇，1；图版七，4）。T1125④:86，甚残，灰黑陶。正面和背面均刻划蕉叶纹，达0.1~0.25厘米。残长6、宽5.9、厚2.4厘米。纹痕较深（图四九五，2；图四九七；图五〇〇，2）。T1125④:93，仅存正面和侧面局部，红黄陶，质硬如岩石。正面刻折线纹，纹痕极深而清晰，深达0.05~0.1厘米；侧面有一刻划符号，其下还有一个模印模糊的刻划符号，从痕迹分析下一符号为错误所致。残长6.9、残宽4.4、厚3厘米（图四九五，3；图四九九；图版八，1）。另有3件残片，其中1件刻划栅篱纹（图五〇〇，4），1件刻划梯格纹（图五〇〇，3），1件刻划蕉叶纹。

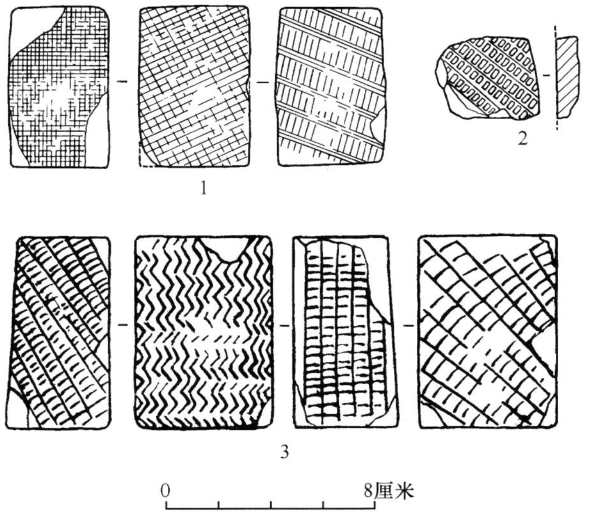

图四九四　音楼山遗址出土A型陶拍

1. T0827①:1　2. T0827④:2　3. T1125⑤:84

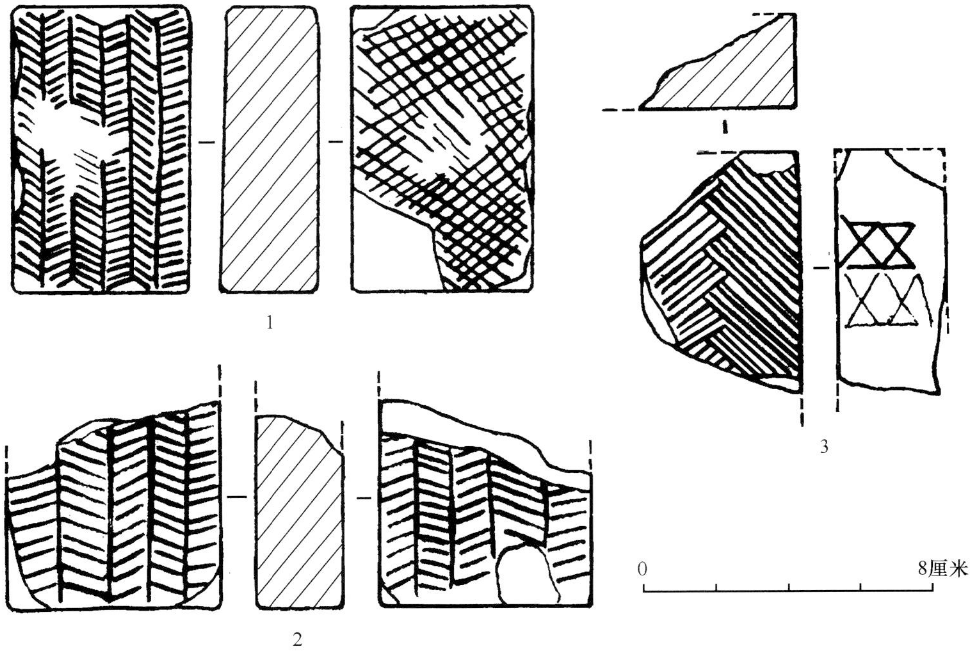

图四九五　音楼山遗址出土 B 型陶拍

1. T1125④: 85　2. T1125④: 86　3. T1125④: 93

图四九六　音楼山遗址出土 A 型陶拍（T0827①: 1）

图四九七　音楼山遗址出土 B 型陶拍（T1125④: 86）

图四九八　音楼山遗址出土 A 型陶拍（T0827④: 2）

图四九九　音楼山遗址出土陶拍刻划符号

（T1125④: 93）

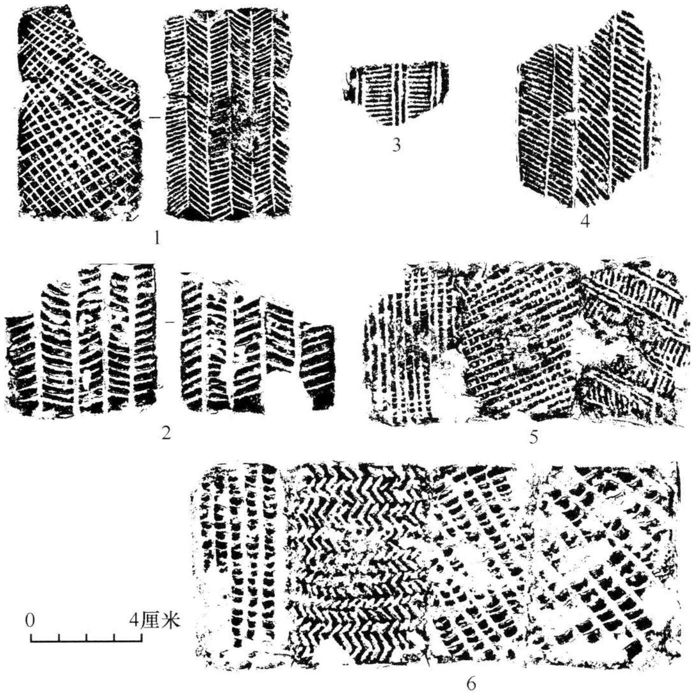

图五〇〇　音楼山遗址出土陶拍纹饰拓片

1. 蕉叶纹与方格纹（T1125④: 85）　2. 蕉叶纹（T1125④: 86）　3. 梯格纹（T0827⑤: 51）　4. 栅篱纹（T0827⑤: 52）　5. 方格纹与梯格纹（T0827①: 1）　6. 方格纹与曲折纹（T1125⑤: 84）

釜　24件。分三型。

A型　5件。均残。斜折沿，侈口，沿面内凹。分二式。

Ⅰ式：3件。沿面微凹。T1125④：3，细砂橘红陶。近唇内沿饰凹弧槽一道，腹饰绳纹。口径22.4、残高6厘米（图五〇一，5）。T1124④：15，细砂红褐陶。腹饰绳纹。口径16.8、残高5厘米（图五〇一，4）。

Ⅱ式：2件。沿面较凹。T0827⑤：45，圆唇，微鼓腹，弧收。饰方格纹。细砂红陶。口径11、残高6.3厘米（图五〇一，10）。T1124③：27，圆角方唇。腹残。细砂红陶。口径19.6、残高3.2厘米（图五〇一，7）。

B型　17件。圆唇或尖圆唇，斜折沿，侈口。近唇内沿有一道凹弧槽。分三式。

Ⅰ式：12件。折沿带卷，沿面微鼓。采：13，细砂红陶。沿较窄，腹饰绳纹。口径13、残高4.5厘米（图五〇一，1）。T1124④：13，沿较窄，腹饰绳纹。口径13.2、残高4.7厘米（图五〇一，2）。

Ⅱ式：4件。圆唇或尖圆唇，沿面较平。T1124④：1，细砂红褐陶。尖圆唇，腹外绳纹。口径10.6、高11.8厘米（图五〇一，11；图版八，2）。采：3，粗砂黄陶。圆唇，腹饰长方格纹。口径20、残高7.3厘米（图五〇一，6）。

Ⅲ式：1件。圆唇，沿面微平，近唇处外卷。T1125⑤：77，细砂红陶。折沿带卷。口径18、残高5.1厘米（图五〇一，3）。

C型　2件。卷沿，侈口。采：18，粗砂红陶。圆唇，稍卷沿，腹饰绳纹。口径11.6、残高6厘米（图五〇一，9）。T0827⑤：49，细砂灰褐陶。圆唇，外卷沿。腹饰方格纹。口径21.6、残高4.8厘米（图五〇一，8）。

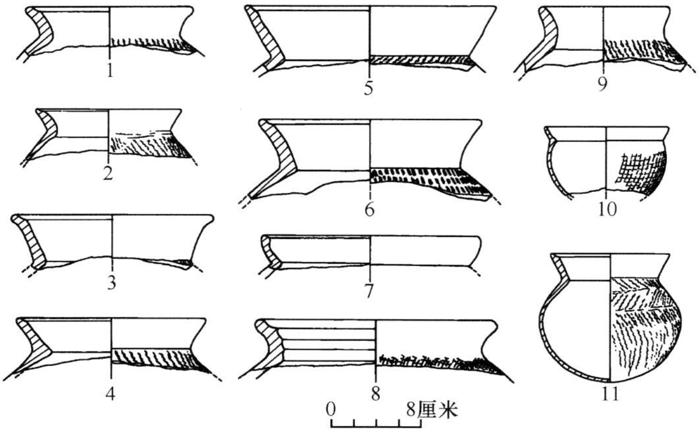

图五〇一　音楼山遗址出土陶釜

1、2. BⅠ式（采：13、T1124④：13）　3. BⅢ式（T1125⑤：77）　4、5. AⅠ式（T1124④：15、T1125④：3）　6、11. BⅡ式（采：3、T1124④：1）　7、10. AⅡ式（T1124③：27、T0827⑤：45）　8、9. C型（T0827⑤：49、采：18）

甗形器　均口沿和腰腹残片　依口沿计有16件。分三式。

Ⅰ式：4件。圆唇，卷沿，微侈口，直腹。近唇内沿有凹弧槽一道。均素面。采:14，细砂红陶。口径21、残高9厘米（图五〇二，2）。T0816⑤:2，细砂灰陶。口径18、残高5.5厘米（图五〇二，7）。

Ⅱ式：5件。圆唇，卷沿微侈，敞口，斜收腹。近唇内沿有凹弧槽一道，均素面。T1125⑤:73，细砂红陶。口径23、残高12.3厘米（图五〇二，5）。采:21，细砂红黄陶，内外施红赭衣。口径约20、残高6.8厘米（图五〇二，8）。

Ⅲ式：7件。圆唇，卷沿，侈口明显，腹部形状不明。素面。T1125④:72，细砂红陶。近唇内沿有一道凹弧槽，外施红衣。口径22、残高3.5厘米（图五〇二，6）。T1025②:2，沿面凹槽不明显。细砂红陶。口径23、残高4.5厘米（图五〇二，1）。

另有甗形器腰腹片6件。T1125⑤:26，细砂红陶。近直腹，内附泥条为箅承。腰外径16、内径10、残高8.8厘米（图五〇二，3）。T1125④:57，粗砂红陶。形如上件。腰外径22、内径15、残高8.5厘米（图五〇二，4）。

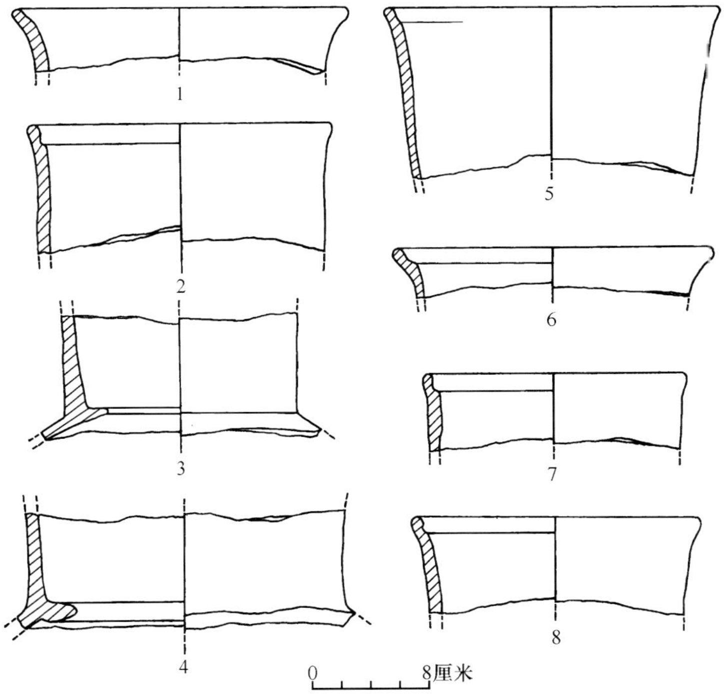

图五〇二　音楼山遗址出土陶甗形器

1、6. Ⅲ式（T1025②:2、T1125④:72）　2、7. Ⅰ式（采:14、T0816⑤:2）　3. T1125⑤:25　4. T1125④:57　5、8. Ⅱ式（T1125⑤:73、采:21）

罐　分卷沿和折沿二类。

卷沿罐　12 件。分三型。

A 型　侈口罐，8 件。分二式。

Ⅰ式：3 件。圆唇，近唇部外翻，微侈口。近唇内沿施凹弧槽一道。T1225④:2，细砂红陶。腹饰蕉叶纹。口径 19.6、残高 7.2 厘米（图五〇三，1）。

Ⅱ式：5 件。圆唇，近唇部外翻，斜侈口。T1125④:2，细砂橘红陶。腹饰网格纹。口径 20.8、残高 6.2 厘米（图五〇三，3）。采:7，细砂灰白陶。外施红衣。口径 21、残高 7 厘米（图五〇三，2）。

B 型　直口罐，2 件。圆唇，溜肩。T0827④:15，细砂红陶，腹饰绳纹。口径 12、残高 4.8 厘米（图五〇三，4）。T1122④:6，细砂灰褐陶。近唇内沿施凹弧槽一道。腹饰蕉叶纹。口径 10.8、残高 4.4 厘米（图五〇三，5）。

C 型　敛口罐，2 件。T0827⑤:32，细砂黄灰陶。圆唇，内卷沿，弧腹。沿外施凹弧槽一道，腹饰凹弦纹。口径 14、残高 3 厘米（图五〇三，7）。T1025③:3，泥质红陶。圆唇，内卷沿。沿外贴塑尖圆环形泥饰。口径 11、残高 2.1 厘米（图五〇三，6）。

折沿罐　29 件。分五型。

A 型　侈口罐，18 件。

Ⅰ式：1 件。T1125④:36，圆唇，宽沿，折沿带卷，沿面微鼓，微侈口。近唇内沿施弧凹槽一道。外施红衣。口径 21、残高 6.5 厘米（图五〇四，1）。

Ⅱ式：12 件。圆唇，宽沿，折沿带卷，沿面稍鼓，斜侈口。近唇内沿施凹弧槽一道。T1125④:34，粗砂灰陶。沿较宽，腹饰粗绳纹。口径 23、残高 8.6 厘米（图五〇四，2）。T0827①:3，细砂黄陶。腹饰栅篱纹。口径 22、残高 6.4 厘米（图五〇四，3）。T0827④:11，体较小。细砂黄灰陶。沿面有多道凹弧槽。口径 12.8、残高 3.6 厘米（图五〇四，4）。

Ⅲ式：5 件。宽沿，折沿外翻，沿面较鼓，侈口较甚。近唇内沿施一道凹弧槽。T1125⑤:74，细砂红陶。口径 22、残高 5.9 厘米（图五〇四，6）。T0827④:17，体较小。细砂红陶。腹饰蕉叶纹。口径 13.6、残高 2.6 厘米（图五〇四，5）。

B 型　侈口罐，3 件。圆唇，宽沿，斜直沿。近唇内沿施凹弧槽一道。分二式。

Ⅰ式：2 件。微折沿，微侈口。T1124④:24，粗砂黄灰陶。腹饰绳纹。口径 20、残高 6.4 厘米（图五〇五，6）。

Ⅱ式：1 件。Z5:2，泥质灰白陶。斜折沿，斜侈口。沿面内壁施多道凹弧槽。口径 17、残高 4.8 厘米（图五〇五，7）。

C 型　直口罐，3 件。圆唇，宽沿带卷，直口微侈。T0827②:2，粗砂灰黄陶。沿外饰多道凸棱。口径19.6、残高5厘米（图五〇五，1）。T1123④:4，细砂红陶。近唇内沿施凹弧槽一道，腹饰蕉叶纹。口径14.8、残高6.2厘米（图五〇五，2）。T1124④:9，细砂红陶，近唇内沿施凹弧槽一道。腹饰蕉叶纹。口径14、残高5.6厘米（图五〇五，3）。

D型　直口罐，4件。窄沿。分二式。

Ⅰ式：2件。圆唇。T0827④:28，灰黄陶，外施红衣。沿外有不规则的刻划符号。口径12、残高3.6厘米（图五〇五，4）。

Ⅱ式：2件。圆唇，直口微侈。采:6，泥质灰白陶。近唇内沿施凹弧槽一道。腹饰方格纹。口径11.6、残高5.2厘米（图五〇五，5）。

E型　1件。采:24，圆唇，直口微侈，斜直短颈，近唇内沿施凹槽一道，腹饰方格纹。细砂灰黑陶，施红衣。口径9、残高3.6厘米（图五〇五，9）。

罐类口沿残片　2件。T0827④:12，细砂红陶。圆角方唇，斜折沿，侈口。唇面施凹弦纹一道。残高4.9厘米（图五〇五，10）。

罐类腹片　1件。T1123④:3，细砂红陶。垂腹，圜底。腹饰蕉叶纹。腹径29.2厘米（图五〇五，8）。

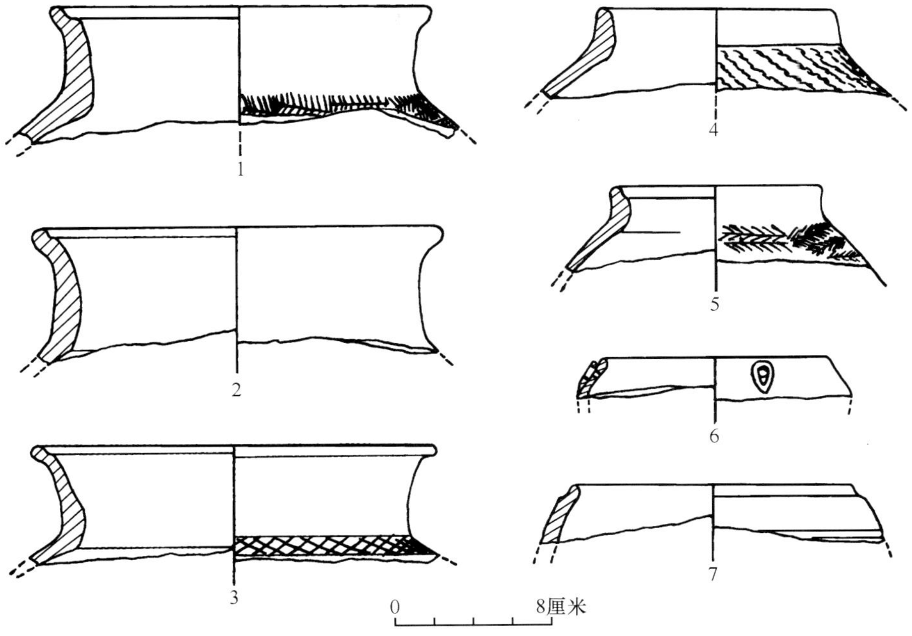

图五〇三　音楼山遗址出土陶罐

1. AⅠ式卷沿罐（T1225④:2）　2、3. AⅡ式卷沿罐（采:7、T1125④:2）　4、5. B型卷沿罐（T0827④:15、T1122④:6）　6、7. C型卷沿罐（T1025③:3、T0827⑤:32）

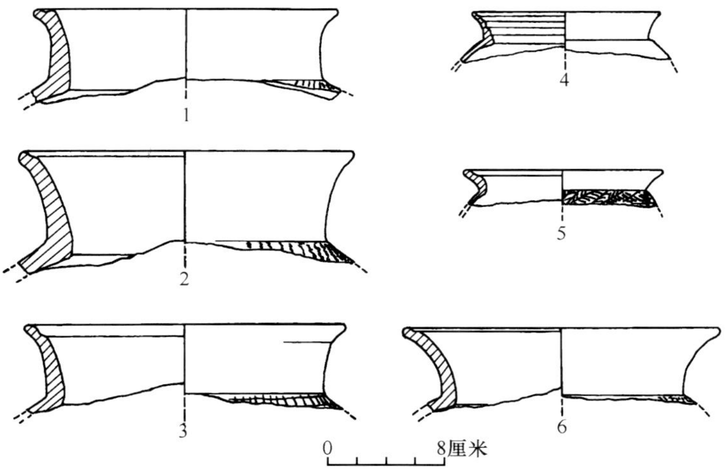

图五〇四　音楼山遗址出土陶罐

1. AⅠ式折沿罐（T1125④:36）　2～4. AⅡ式折沿罐（T1125④:34、T0827①:3、T0827④:11）
5、6. AⅢ式折沿罐（T0827④:17、T1125⑤:74）

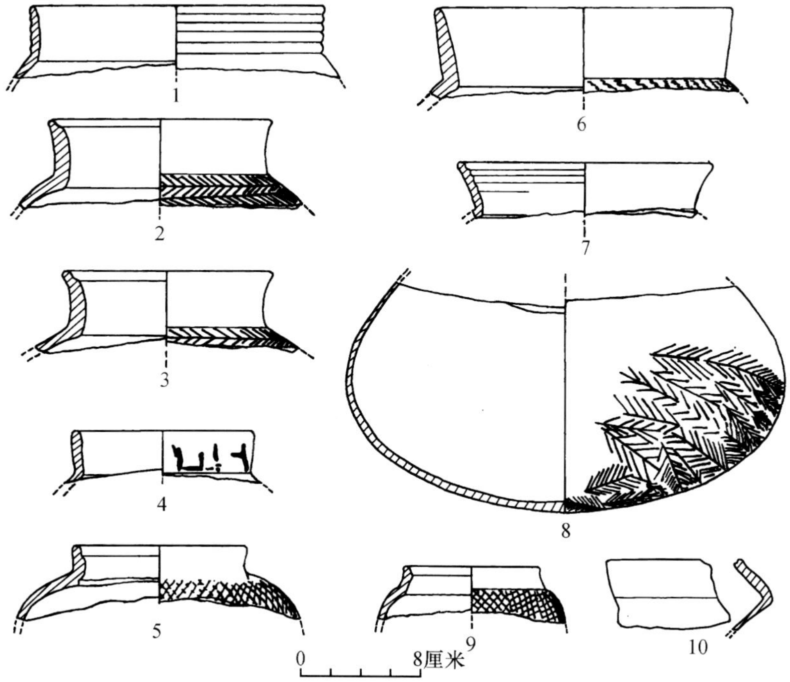

图五〇五　音楼山遗址出土陶罐

1～3. C型折沿罐（T0827②:2、T1123④:4、T1124④:9）　4. DⅠ式折沿罐（T0827④:28）　5. DⅡ式折沿罐（采:6）
6. BⅠ式折沿罐（T1124④:24）　7. BⅡ式折沿罐（Z5：2）　8. 罐类腹片（T1123④:3）　9. E型折沿罐（采:24）
10. 罐类口沿残片（T0827④:12）

壶　分六型如下。

A 型　13 件。高领壶。圆唇，斜折沿，侈口，沿面微鼓，近唇内沿施凹弧槽一道。T1125④:8，细砂黄陶。圆鼓腹，腹饰蕉叶纹。口径 15、腹径 17.4、残高 12 厘米（图五〇七，1）。

B 型　16 件。分二式。

Ⅰ式：8 件。圆唇，折沿带卷，沿面较鼓。近唇内沿施凹弧槽一道，沿面还施多道凹槽。T0827⑤:35，细砂红陶。沿面有四个小穿孔。腹饰网格纹。口沿内外施红赭衣。口径 16、残高 8 厘米，孔径 0.3～0.4 厘米（图五〇七，2）。

Ⅱ式：8 件。圆唇，斜折沿，唇部外翻，侈口，沿面稍鼓。近唇内沿施凹弧槽一道，内沿面施多道凹弧槽。T0827⑤:2，细砂红陶。外施红衣。口径 18.4、残高 8.4 厘米（图五〇七，3）。T1125④:25，细砂红陶。唇外翻，唇下内壁沿面凸棱高出。口径 19.6、残高 4.5 厘米（图五〇七，4）。

C 型　4 件。圆唇，卷沿，侈口，有颈。分三式。

Ⅰ式：1 件。T1125④:1，细砂红陶。短直颈。近唇内沿施凹弧槽一道。口径 18、残高 7.2 厘米（图五〇七，5）。

Ⅱ式：2 件。斜直颈。唇下内壁饰凹弧槽一道。腹饰曲折纹。T1125⑤:6，细砂红陶。口径 18、残高 8.7 厘米（图五〇七，6）。

Ⅲ式：1 件。T0827④:38，细砂红陶。卷沿带折，斜直短颈。沿面较宽呈凹弧形。腹饰栅篱纹。口径 9.2、残高 3.6 厘米（图五〇七，7）。

D 型　4 件。圆唇，卷沿外翻，侈口，直颈。沿面施一道凹弧槽。T1125④:68，细砂黄陶。沿面近平，短颈。腹饰相向三角填线纹，并施红衣。口径 18、残高 6.8 厘米（图五〇八，2）。T1125④:66，细砂红陶。沿面平，中长颈。腹饰方格纹，并施红衣。口径 23、残高 9.5 厘米（图五〇八，1）。

E 型　5 件。圆唇，折沿外翻，短束颈。唇下沿内施一道凹弧槽。T0827⑤:42，细砂红陶。沿内施多道凹弧槽。口径 14、残高 4 厘米（图五〇八，3）。T0827④:7，细砂红陶。唇下内沿施一道凹弧槽。口径 13.2、残高 4.6 厘米（图五〇八，4）。其他 3 件同后者。

F 型　3 件。卷沿壶。T1125④:63，细砂灰陶。圆唇，卷沿，稍侈口，长颈，溜肩。颈外至肩饰条纹与曲折纹，外施红衣。口径 14、残高 11.7 厘米（图五〇六；图五〇八，7）。采:4，细砂红陶。圆唇，卷沿，侈口，中长斜直颈，溜肩。颈外饰三道凸棱，肩饰梯格纹。口径 16、残高 6.8 厘米（图五〇八，5）。T0827④:10，圆唇，卷沿，侈口，短颈，溜肩。颈外饰凸棱一道，肩饰梯格纹。细砂红陶。口径 16、残高 5 厘米（图五〇八，6）。

图五〇六　音楼山遗址出土陶壶（T1125④: 63）

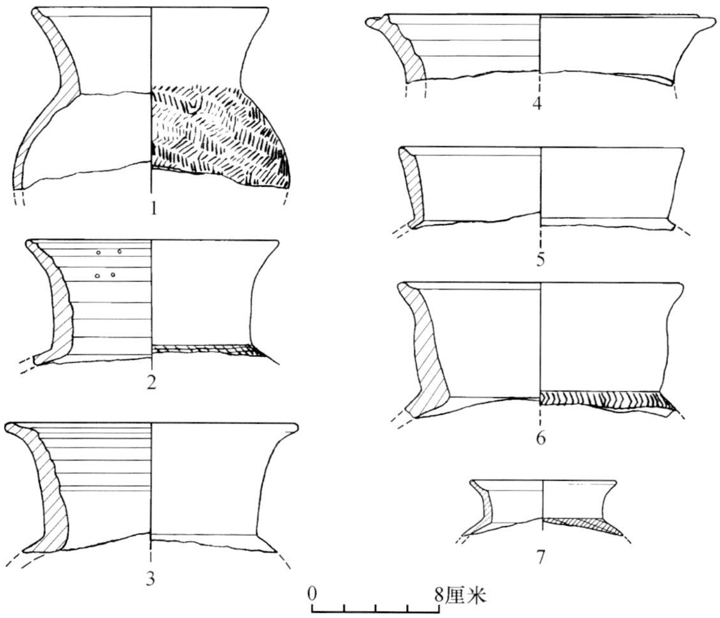

图五〇七　音楼山遗址出土陶壶

1. A 型壶（T1125④: 8）　2. BⅠ式壶（T0827⑤: 35）　3、4. BⅡ式壶（T0827⑤: 2、T1125④: 25）　5. CⅠ式壶（T1125④: 1）　6. CⅡ式壶（T1125④: 6）　7. CⅢ式壶（T0827④: 38）

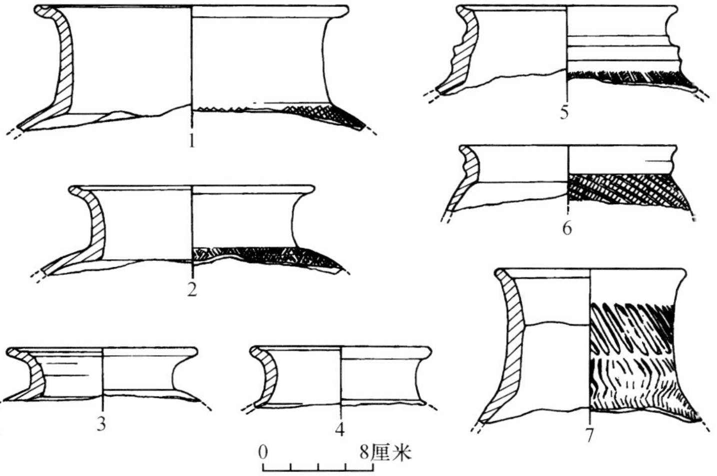

图五〇八 音楼山遗址出土陶壶

1、2. D型壶（T1125④:66、T1125④:68） 3、4. E型壶（T0827⑤:42、T0827④:7） 5～7. F型壶（采:4、T0827④:10、T1125④:63）

盆 1件。T1125④:48，泥质红陶。尖唇，卷沿，沿面甚鼓，侈口，弧腹。口径11、残高3厘米（图五〇九，3）。

钵 2件。T1124④:2，粗砂橘红陶。圆唇，卷沿，鼓腹弧收，平底。素面。下腹手修刮痕明显。口径12.2、底径9.6、高5.6厘米（图五〇九，4；图版八，3）。采:37，泥质灰硬陶。圆唇，内卷沿，敛口，弧收腹，底残。外施釉，但已脱落。口径8.2、残高3.3厘米（图五〇九，1）。

碗 1件。T1125④:38，细砂灰陶，质较硬。圆唇，直口，弧收腹。内外施红衣。口径8、残高4.5厘米（图五〇九，2）。

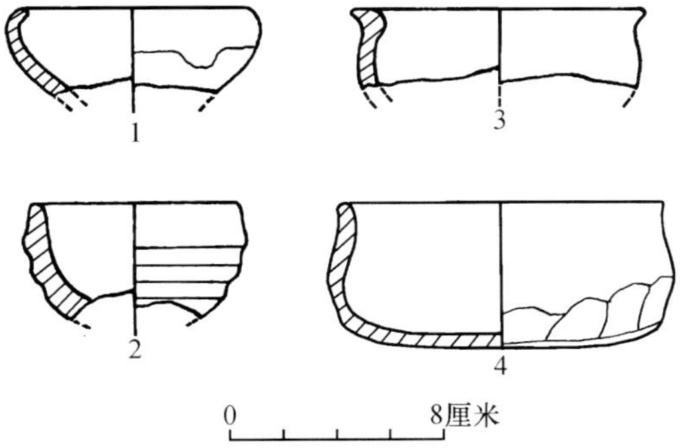

图五〇九 音楼山遗址出土陶器

1、4. 钵（采:37、T1124④:2） 2. 碗（T1125④:38） 3. 盆（T1125④:48）

支座　33 件。均残片，分三型。

A 型　31 件。整体呈圆筒形，中空。圆唇，口（足）沿外侈，厚胎。外饰竖向或斜向绳纹。该类器物造型应为口足相似，上下可随意颠倒使用。分四式。

Ⅰ式：1 件。口（足）沿外卷。T1124④:16，粗砂黄灰陶。饰竖向绳纹。足径 9.6、残高 8.2 厘米（图五一〇，2；图五一一）。

Ⅱ式：12 件。口（足）沿外卷，唇下内壁施一道浅凹弧槽。T1125④:12，红黄陶。足径 13.6、残高 7.4 厘米（图五一〇，6）。T1125④:13，细砂红陶。足径 13、残高 8.1 厘米（图五一〇，4）。

Ⅲ式：8 件。口（足）沿外卷，唇下内壁施一道深凹弧槽。T1125④:10，细砂红陶。足径 13.6、残高 10.2 厘米（图五一〇，8）。T0827⑤:40，细砂黄灰陶。外饰绳纹似圆点纹。口径 14、残高 6.2 厘米（图五一〇，7）。

Ⅳ式：10 件。口（足）沿外卷，唇下内壁有两道凹弧槽。T1125④:52，细砂黄灰陶。足径 13、残高 4.4 厘米（图五一〇，5）。T0827④:4，细砂黄灰陶。口径 10、残高 4 厘米（图五一〇，1）。

B 型　1 件。T0827④:20，整体呈圆筒形，中空，圆唇，足沿外卷带折，内折痕明显。外表饰绳纹。细砂红陶。足径 12.4、残高 7.2 厘米（图五一〇，3）。

C 型　1 件。采:20，约圆筒形。中空，圆唇，足沿内卷，敛口。细砂红陶。足径 13、残高 2.7 厘米（图五一〇，9）。

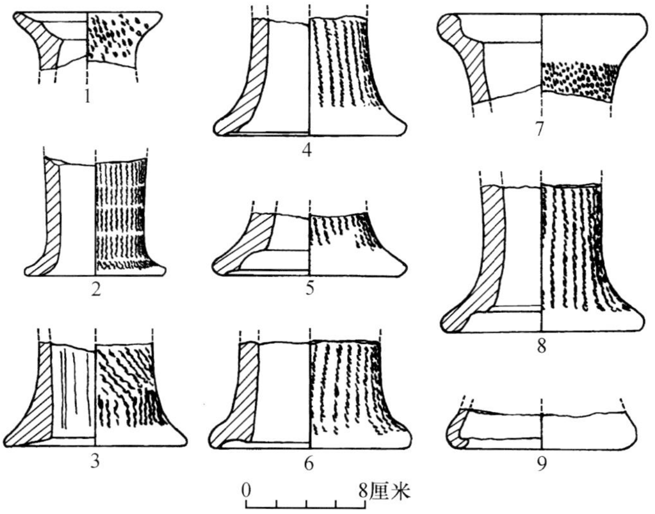

图五一〇　音楼山遗址出土和采集陶支座

1、5. AⅣ式（T0827④:4、T1125④:52）　2. AⅠ式（T1124④:16）　3. B 型（T0827④:20）　4、6. AⅡ式（T1125④:13、T1125④:12）　7、8. AⅢ式（T0827⑤:40、T1125④:10）　9. C 型（采:20）

图五一一 音楼山出土陶支座（右一为 T1124④:16，余均为 T1125 第 4 层出土）

器盖 3 件。T1124④:12，泥质黄灰陶。方唇，敞口，弧顶。口径 20、残高 3.6 厘米（图五一二，2）。采:36，细砂红陶。圆唇，敞口，斜直弧。顶面施多道凹弦纹。唇下内沿施一道凹弧槽。口径 20、残高 4 厘米（图五一二，1）。另 T1124④:25 与后者相近。

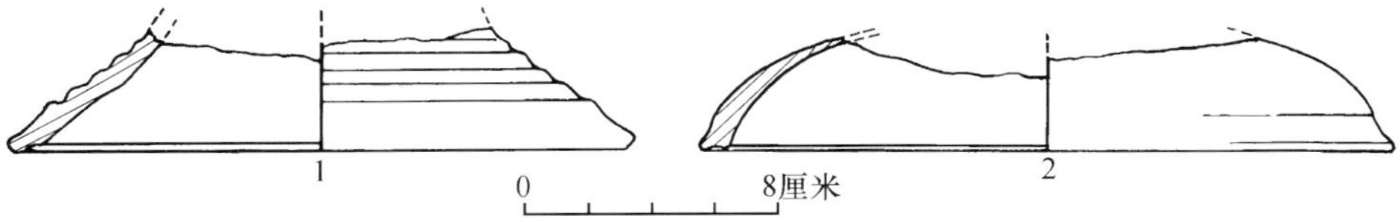

图五一二 音楼山遗址出土陶器盖
1. 采：36 2. T1124④:12

圆陶片 共 17 件。形式相同。大部分以陶片腹片打制而成，个别用口沿片打制，形状仅少部分较规整。其中 9 件边缘经简单磨制，1 件磨制较精细。除 1 件外，其余都保留拍印纹饰。最大径 5.15、最小径 3 厘米（图五一三）。T1025④:8，细砂红陶，饰梯格纹并红衣，边缘经简单磨制。径 4.18 ~ 5.15 厘米，厚 0.45 厘米（图五一四，2）。T1125④:90，细砂红灰陶。径 4.1 ~ 4.5、厚 0.4 ~ 0.4 厘米（图五一四，4）。T1124④:18，泥质黄灰陶。边缘经磨制。饰蕉叶纹。径 2.8 ~ 3、厚 0.6 厘米（图五一四，1）。T1125④:91，细砂红陶。边缘简单磨制。径 3.6 ~ 3.8、厚 0.9 ~ 1.4 厘米（图五一四，3）。

图五一三　音楼山遗址出土圆陶片

1. T0827①: 24　2. T0827①: 25　3. T1124④: 18　4. T1124④: 17　5. T1124④: 19　6. T1124④: 20

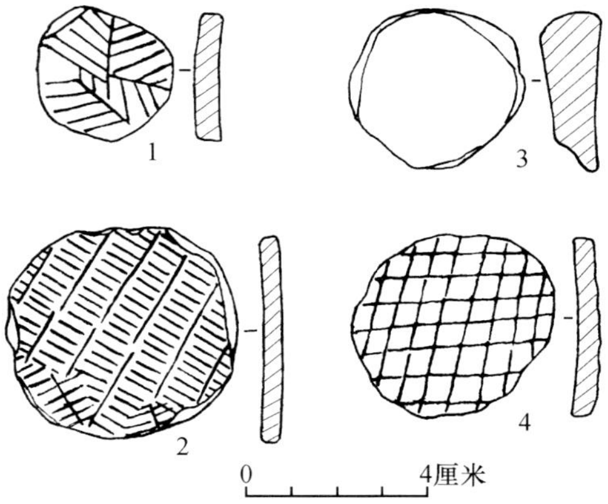

图五一四　音楼山遗址出土圆陶片

1. T1124④: 18　2. T1025④: 8　3. T1125④: 91　4. T1125④: 90

器底残片　10 件。

圈足　6 件。其中直口形圈足 2 个。T0827⑤: 48，圆唇。细砂红黄陶。足径 5.6、残高 1.8 厘米（图五一五，6）。T1122①: 10，方唇。细砂红陶。足径 13.4、残高 7 厘米（图五一五，2）。外撇形圈足 4 个。T1125④: 65，圆唇，敞口。细砂灰陶。施红衣。足径 6.6、残高 2.6 厘米（图五一五，3）。采: 17 同此件。T1125④: 37，圆唇，足外翻。细砂红陶，内外施红赭衣。足径 10、残高 2.6 厘米（图五一五，5）。采: 15 同此件。

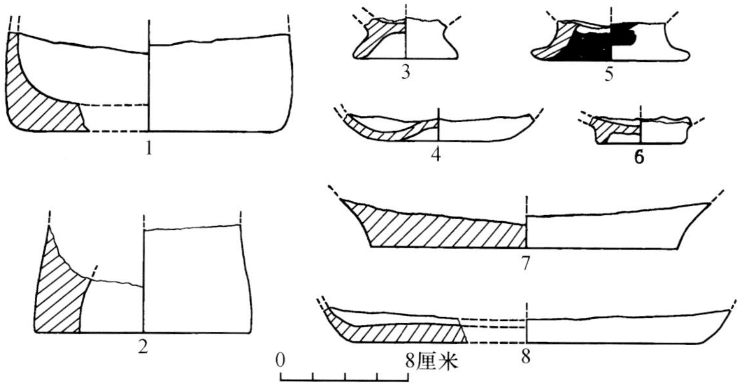

图五一五　音楼山遗址出土陶器底

1、7、8. 平底（T1124④: 14、T0827②: 18、T0827④: 26）　2、3、5、6. 圈足（T1122①: 10、T1125④: 65、T1125④: 37、T0827⑤: 48）　4. 圜凹底（T1124④: 28）

平底　3 件。T1124④: 14，细砂黄灰陶。直腹。底径 16.8、残高 6.4 厘米（图五一五，1）。T0827②: 18，曲收腹。细砂灰陶。底径 19.2、残高 3 厘米（图五一五，7）。T0827④: 26，细砂红陶。弧收腹。底径 22、残高 2.2 厘米（图五一五，8）。

圜凹底　1 件。T1124④: 28，细砂红陶（图五一五，4）。

除以上外，其余底片均圜底。

陶器附件　6 件。T1125④: 39，器盖纽。圆柱状，纽顶微凹。细砂黄陶。外施红衣。纽顶径 4、残高 3.9 厘米（图五一六，5）。T0827⑤: 36，圆柱形竹节状器把。细砂红陶。残高 6.6 厘米（图五一六，1）。T0827④: 34，圆柱形。残高 4.2 厘米（图五一六，2）。T0827④: 23，扁环形器耳。细砂红陶。残长 2.8、宽 2.8 ~ 3.2 厘米（图五一六，3）。T0827④: 22，扁环耳。细砂红陶。残长 4、宽 1.5 ~ 1.9 厘米（图五一六，6）。T1125⑤; 81，圆柱形器柄。细长条。细砂红陶。残长 10.4、径直 1.2 ~ 1.8 厘米（图五一六，4）。

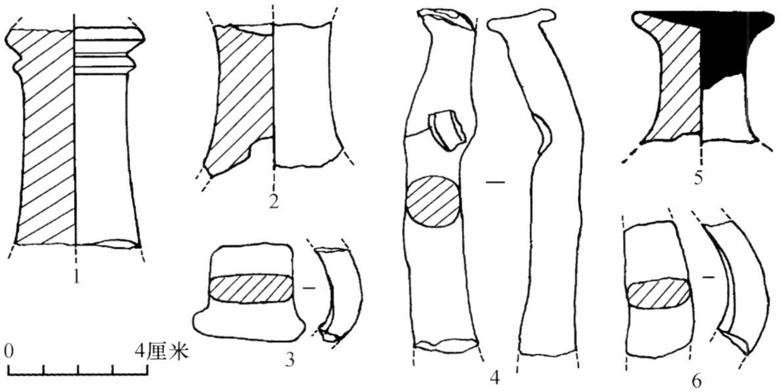

图五一六　音楼山遗址出土陶器残件

1、2. 豆柄（T0827⑤: 36、T0827④: 34）　3、6. 器耳（T0827④: 23、T0827④: 22）
4. 把手（T1125⑤: 81）　5. 器盖纽（T1125④: 39）

（3）原始瓷器　仅 4 件残片。其中 2 件为豆盘，2 件为豆足。T1122④: 11，豆盘。方唇，折沿，敛口，深腹，弧收腹。沿外施二道凸棱。灰白胎，内外施青釉。口径 9.8、残高 3.6 厘米（图五一七，2）。T0827⑤: 46，方唇，直口，浅腹，斜收腹。灰黄胎，内外施青釉。口径 15.2、残高 2 厘米（图五一七，

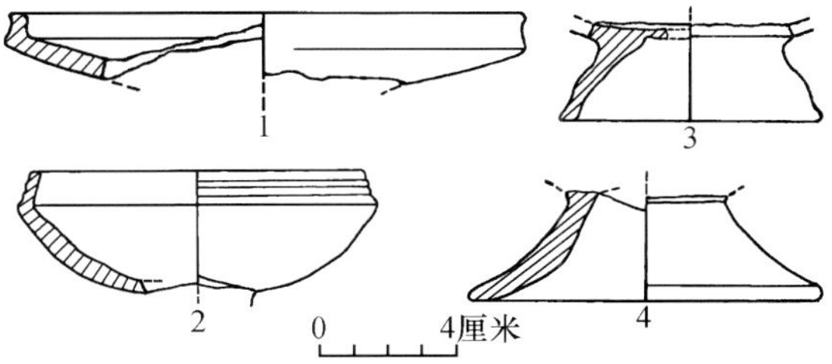

图五一七　音楼山遗址出土原始青瓷器

1、2. 豆盘（T0827⑤: 46、T1122④: 11）

3、4. 圈足（T1124④: 22、T1124④: 23）

1）。T1124④: 23，圆唇，矮圈足，足外撇。灰白胎，釉脱落。足径10.4、残高3.3厘米（图五一七，4）。T1124④: 22，方唇，矮圈足，足外敞。灰白胎，青釉。足径7.6、残高3厘米（图五一七，3）。

（4）骨器　共8件。均以动物主要肢干骨片敲击而成，刃部经修理，但未经磨制，其一半多保留骨骼自然面。有凿和刮削器两种器型。

凿　6件。长条形，一般在前端两侧敲打出斜面，将刃部经修整成尖凿状。T1125④: 94，打制较简单，刃部尖锐。残长9、宽2、厚0.6厘米（图五二一，3；图版八，4）。T1125④: 96，打制较规整，刃部尖锐。残长9.2、宽2、厚0.35～0.65厘米（图五二一，1；图版八，4）。T1125④: 97，刃部较钝。残长10.5、宽2.4、厚1.5厘米（图五一八：右；图五二一，2）。T1123④: 8，刃稍尖。残长5.4、宽3.6、厚0.9厘米（图五一九；图五二一，8）。T1125④: 95，刃残。残长4.7、宽2.1、厚0.5厘米（图五一八：左；图五二一，5）。T1125④: 99，器体较小。打制简单。残长4.2、宽1、厚0.5厘米（图五二一，4；图版八，4）。

刮削器　2件。器体较小。T0827⑤: 50，长条形，斜刃，较锋利。长3.5、宽0.8、厚0.4厘米（图五二一，6；图版八，4）。T1124④: 8，器体小而薄，两端正反面修理成刃。长3.1、宽0.9、厚0.5厘米（图五二〇；图五二一，7）。

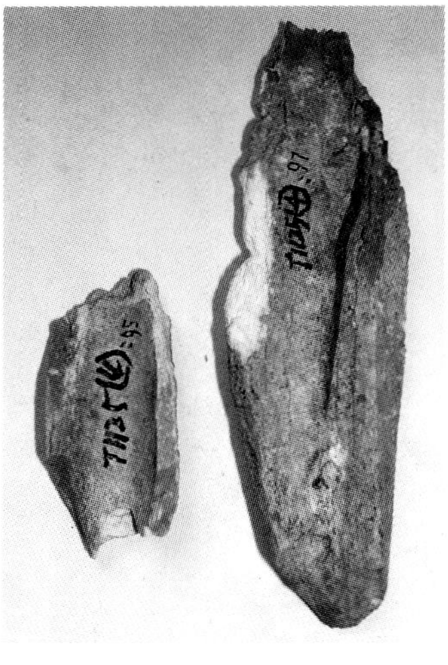

图五一八　音楼山遗址出土骨器
（左：T1125④: 95　右：T1125④: 97）

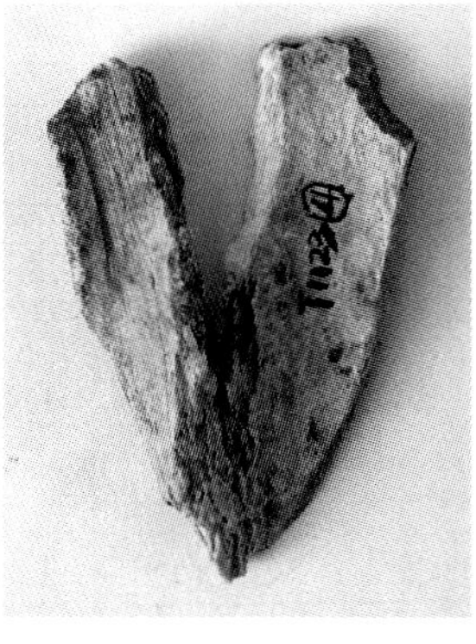

图五一九　音楼山遗址出土骨器
（T1123④: 8）

图五二〇　音楼山遗址出土骨器
（T1124④: 8 ）

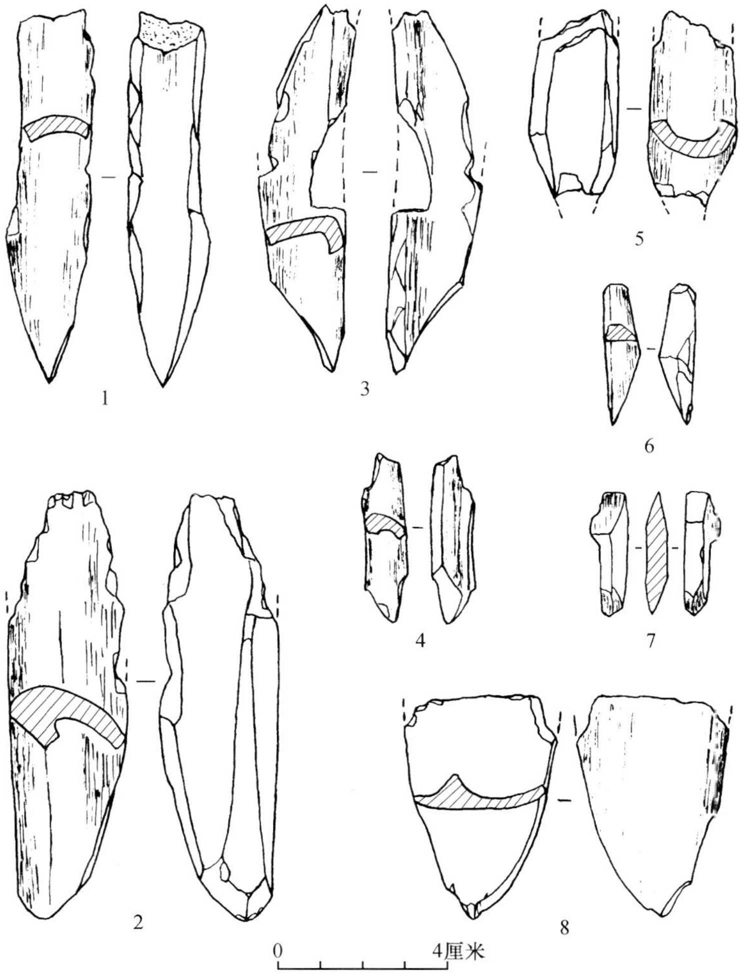

图五二一 音楼山遗址出土骨凿

1. T1125④: 96 2. T1125④: 97 3. T1125④: 94 4. T1125④: 99 5. T1125④: 95
6. T0827⑤: 50 7. T1124④: 8 8. T1123④: 8

（5）贝器 2件。

铲 2件。均海蛎壳。T1124④:6，椭圆形，下端较薄，有明显经常使用后崩裂和磨损的痕迹，其他部位未经加工。长10.5、宽9.6、最厚1.2厘米（图五二二，1；图版八，5）。T1123④:7，长条形，弧刃，弧尾。中部两侧经修整成束腰形，刃缘经使用而磨钝。长12.7、宽6.8、最厚1.3厘米（图五二二，2；图版八，6）。

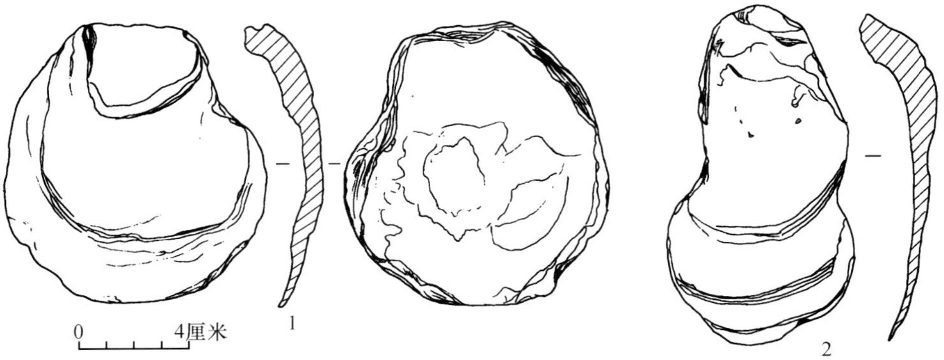

图五二二　音楼山出土贝铲
1. T1124④:6　2. T1123④:7

（6）烧土块　音楼山出土了18块红烧土块，除1块出土于地层外，其余均出土于柱洞中。仔细观察其构成，均以黄土、石英粗砂粒和植物相拌而成，可明显看到纤维交错痕迹。呈色多正背不一。另有部分红烧土块则带有明显的夹棍痕迹。T0816第3层出土一残块呈三角形，长7、宽5、最厚1.9、多在1.5厘米。扁平状。2/3呈红色，余呈红褐偏黑色；一面有明显宽大而平整的印痕，印痕残宽4.2厘米，边缘有折角，另一面较粗糙，但总体仍呈平面状，应为墙面烧土块（图五二三）。Z3出土一块形状不规则，长4.2、宽3.2厘米。一面有明显竹子形状的纤维痕，属于圆竹带凹陷一面的印痕，测得竹片宽0.8厘米（图五二四）。Z1出土烧土块形状不规则，其中一块一面有明显的小木棍痕迹，印痕长3.8、宽1.2厘米。推测为直径约2厘米的圆木。另一面也较平整。属于墙面类烧土块（图五二五）。Z5也出土3块带有夹棍痕迹的红烧土块，其中1块为小木棍痕迹，另两块为稍大木棍痕迹。

（7）自然遗物　音楼山遗址出土了较多的兽类、鸟类、禽类和鱼类动物骨骼。其中鱼骨块最多（脊椎和鳍、鳃最常见），兽骨次之，禽类少量。除个别较完整外，大多为细小碎块。经尤玉柱和范雪春先生鉴定，属于哺乳动物的有梅花鹿、水鹿和羊，以鹿类为主。鱼类可辨的有鲨鱼等3种；动物骨块中有一部分带有明显经火烧烤变焦的骨块；骨骼表面常残留有刮、砸痕迹（图五二六～图五三一）。

音楼山地层中有大量密集的贝壳残留，是典型的贝丘堆积，经鉴定，贝类有海蛎、蛤贻贝、荔枝螺、锈凹螺、英螺眼、拟蟹守螺、粒花冠小月螺、泥蛤、伞贝、丽文蛤等。以大海蛎和泥蛤最突出；还有个别蟹壳（图五三二～图五三四）。

图五二三　音楼山遗址出土烧土块（T0816 第 3 层）

图五二四　音楼山遗址出土烧土块（Z3）

图五二五　音楼山遗址出土烧土块（Z1 出土）

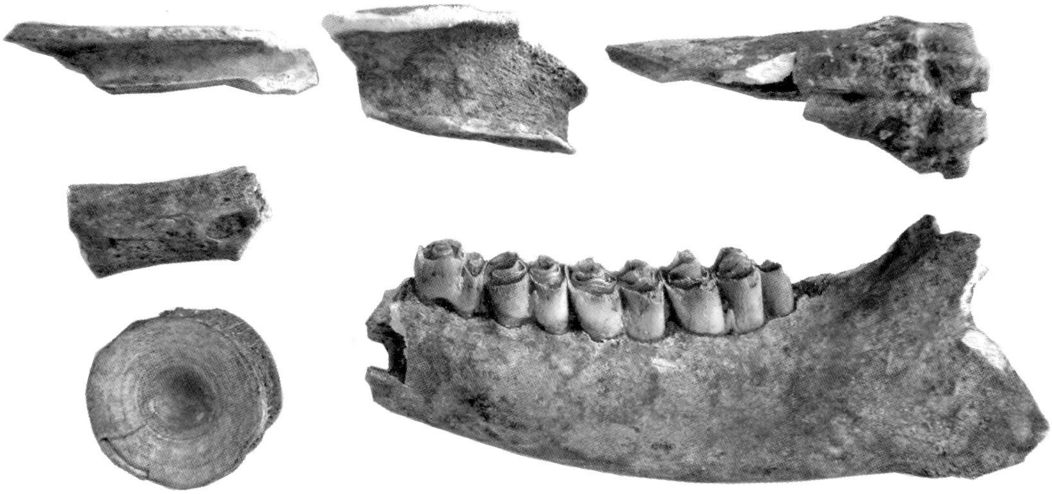

图五二六　音楼山遗址出土动物和鱼类遗骸（T1125 第 4 层）

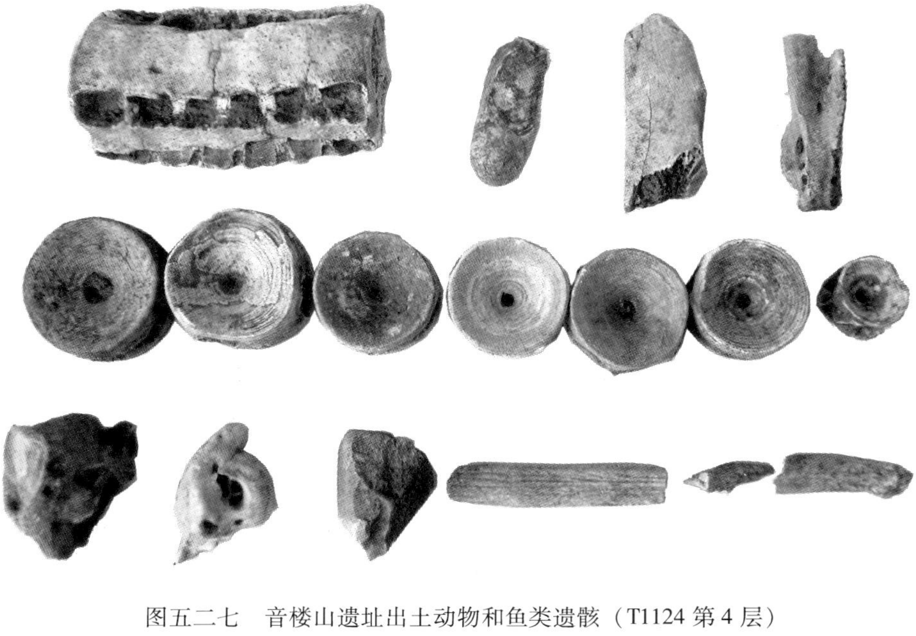

图五二七　音楼山遗址出土动物和鱼类遗骸（T1124 第 4 层）

图五二八　音楼山遗址出土动物遗骸（T1124 第 4 层）

图五二九　音楼山遗址出土动物烧骨
（T1124 第 4 层）

图五三〇　音楼山遗址出土动物烧骨
（T1125 第 4 层）

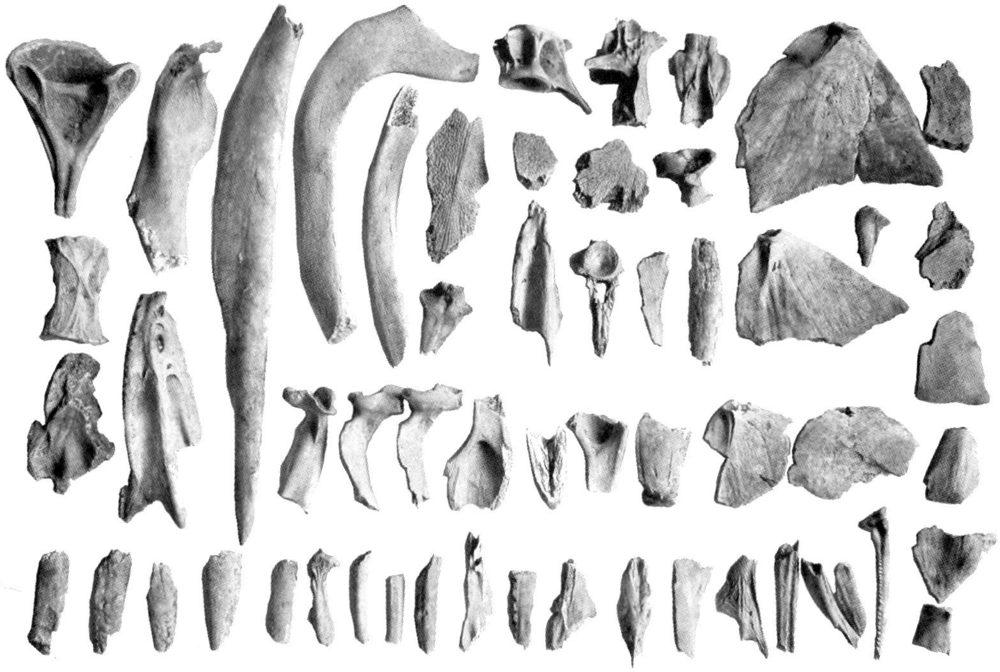

图五三一　音楼山遗址出土动物与鱼类遗骸（T1125 第 5 层）

图五三二　音楼山遗址出土贝壳（H2）

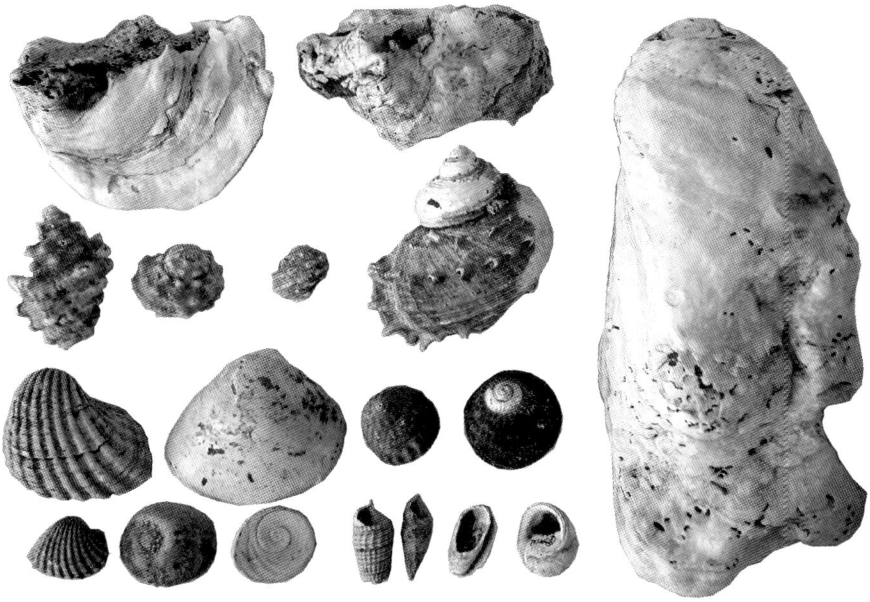

图五三三　音楼山遗址出土贝壳（T1124 第 4 层）

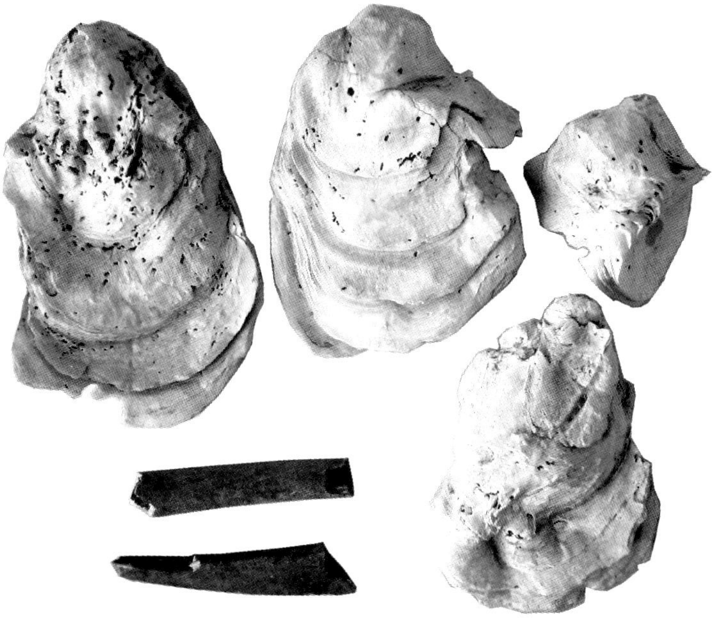

图五三四　音楼山遗址出土动物骨骼与贝壳（T0827 第 4 层）

2006 年底，音楼山遗址出土动物与鱼类骨骼经原中科院古脊椎动物与古人类研究所尤玉柱先生鉴定，初步结果如下。

经过鉴定的动物骨骼和牙齿包括 3 个大类：哺乳动物、鸟类和鱼类。具体名单如下。

哺乳动物（Mammal）类有梅花鹿（*Cervus nippon*）的下颌骨、角、肋骨、胫骨、趾骨、跖骨等；水鹿（*Cervus unicolor*）牙齿一枚；羊（*Capra* sp.）趾骨一枚。

鸟类（Birds）有大量鸟类（Ovifauna）和禽类（Fowl）肢骨。

鱼纲（Pisces）包括鲨鱼（Shark）脊椎骨和至少 3 种以上各类鱼（Fish）的骨骼与鳍。

通过骨骼鉴定，我们得到如下初步认识。

其一，动物烧骨数量较多，其中有较大的管状骨。说明当时遗址的主人也把动物的肢体烧烤后再食用。

其二，砸击动物管状骨，出土的骨骼大多具有明显的人工砸击痕迹，个别骨片还被加工成具有尖头的骨片，可作为骨器使用。

其三，捕猎野生动物以鹿类为主。

其四，少量动物骨骼有砍、刮痕迹，可能是为了将腿骨或其他肢骨分离；骨骼面上的刮痕即是为了食用紧附在骨骼上的肌肉。

其五，大量鱼类的脊椎、胸鳍、背鳍和尾鳍，尤其是大小不等的脊椎骨，表明有多种鱼，包括弓鲛鱼类在内的和其他难以鉴定的鱼类至少 3 种。其中有一类脊椎尺寸较大，按照脊椎与个体的比例看，其个体可能大于 10 kg，显示出当时人类打捞大型鱼类的技巧。

5. 小结

音楼山遗址是迄今晋江流域地区发现的内涵最丰富的早期遗址之一。虽然经发掘地段主要是二次堆积，但其揭示的内涵表明该遗址主要以早期堆积为主，其文化面貌在闽南地区具有典型意义。详见下文分析。

第三章 结　　语

第一节　晋江流域调查的意义和认识

2005年的晋江流域考古调查发现了数十处新遗址，复查了部分以往发现的遗址，填补了一些空白点，为今后的学术研究和文物保护奠定了基础。据以往资料，晋江流域新中国成立以来共经历3次文物普查，在各地县登记的古遗址仅有73处（其中南安22处、安溪17处、永春24处、晋江4处、惠安3处、泉港1处、丰泽2处）。但我们通过翻阅和统计见诸文字的遗址数量，加上本次新发现的66处（南安25处、安溪12处、永春17处、惠安5处、泉港1处、丰泽2处、洛江4处），晋江流域古遗址的总数近200处，因此晋江流域并不是我省史前遗址的“贫困区”。本次调查除了基本弄清遗址分布的规律外，对遗址的断代也较以往有更明确的认识。现在我们知道，已经发现的主要为新石器时代晚期至青铜时代早期遗址，尤以青铜时代遗址数量居多。新石器时代晚期之前遗址基本不见；青铜时代晚期至汉时期遗存也较贫乏。目前发现的遗址从数量和年代看仍很有局限，前后难以连接成线，因此造成时代上的缺环较大，这方面工作有待加强。另外经过正式考古发掘的遗址很少，调查材料发表也有限，使该地区古代文化长期不为人所了解。但通过本次调查和研究，我们对晋江流域古代文化面貌有了进一步的了解，尤其是在清理了蚁山遗址残余部分，试掘了翠屏山遗址，发掘了尾山仔、音楼山遗址和庵山遗址之后，晋江流域尤其东部沿海地区一带积累了一定的材料，文化面貌就相对清楚一些，认识上有了较大的突破和提高。因此我们认为“晋江流域考古调查和研究”课题项目对于研究泉州地区本地的早期历史，了解泉州历史文化的积淀过程和晋江流域在我省史前文化的地位有重要的帮助。

通过对历年调查的收获进行分析和研究，我们得到如下一些认识。

一、遗址分布规律清楚

1. 遗址分布极不均衡

晋江流域的地形从总体上分为东部沿海平原及低矮台地、中部丘陵和西部山地三大区域。东部沿海平原地带如晋江市、惠安县东部、石狮市遗址极少；西部山地区域如南安北部、安溪西部和永春西部早期遗址较缺乏。这两个区域自然条件较差，沿海地带风力强劲，居住条件恶劣，西部山地崇山峻岭，生活环境狭窄。早期遗址（新石器时代和青铜时代）主要分布于中下游丘陵区域，低矮的丘陵，开阔的空间，适合人类活动。如南安市的中部和南部、安溪县的东部和南部、永春县的东部和中部、惠安县的西部、洛江区的中南部、丰泽区西北部、泉港区的西部。至历史时期古代聚落逐渐向东部沿海扩散，特别是晋代以后至宋代泉州港的兴盛，东部沿海地带得到大量开发和利用，六朝至唐代墓葬开始少量被发现，宋代至明清时期的居住遗址则大量出现。概括起来遗址分布的总体情况呈由晋江中下游地区向周边辐射的分布态势，这与晋江流域整体的地形地貌特点及其泉州历史发展的总体脉络成对应关系。

2. 遗址分布特点明显

主要分布于河流干流和较大支流两岸，特别是主干流和带有较大支流的小盆地或较宽河谷地形的丘陵阶地和台地上。重点区域有：南安的仑苍镇和英都盆地、东、西溪交汇处至丰州一带、官桥一带，丰泽区北峰街道北部丘陵台地，永春盆地、达埔和蓬壶山间盆地、洛江区的马甲山间盆地，安溪的金谷山间盆地一带，等等。自然条件的选择在早期人类居住生活中表现得十分明显。平原和盆地上的临溪低缓山丘、盆地周边大山前向盆地延伸或突出的台地是理想的遗址分布点。可分为几类：一类是临江两岸的遗址，在江边数百米范围内，如丰州至仑苍一线；二类是盆地类型，或分布于盆地边缘，或散布于盆地中部。如永春盆地和英都盆地；三是沿海向内陆过渡地带类型，如泉港涂寨至惠安紫山、晋江紫帽、南安石壁水库一线；四是山地地带，以临溪突出部位的台地或山体延伸部为主要分布特点。其中前三类是主要类型，第四类遗址数量并不可观。

贝丘遗址的分布，传统上一般认为这类遗址一般分布在沿海不远和江河下游入海口处。但从历年调查资料获悉，在距离海边数十公里处的东西溪交汇的双溪口沿江一带却分布多处贝丘遗址，表明贝壳遗址分布地域不仅局限于沿海地区。这与闽江流域贝壳遗址分布特点相同，如昙石山遗址离海 30 公里左右，而更往闽江中游的闽侯牛头山遗址距离入海口在60 公里以上，还属于贝丘遗址性质。另外庵山沙丘遗址的发现，表明贝丘遗址还存在不同的堆积类型，这对于我们认识南部地区贝丘遗址的分布和特点有重要参考价值。

二、遗址保存现状堪忧

1. 遗址现状保存欠佳

在复查和新发现的数十处遗址中，仅有惠安音楼山遗址和庵山遗址可明显看到文化层堆积，其他遗址多未见或不确定。大约有一半以上遗址基本上可以排除存在文化层的可能，也就是说不具备进一步发掘的条件，难以再做深入的研究，总体保存状况堪忧。遗址的破坏主要来自三方面：一是基本建设方面特别是工业开发区和公路、水库建设的破坏，还包括农民建房和砖瓦厂的取土破坏；二是果林茶树种植方面的开垦破坏；三是自然冲刷的破坏。文物保护的担子和任务相当艰巨。

2. 采集遗物大多贫乏

绝大多数的遗址仅有少量的破碎陶片，甚至仅有一片陶片或一件石器。少量遗址有较多的陶片。陶片一般较小，以器物腹片为多，大多难以判断是哪类器形。完整器仅有少量石器及陶器，给遗址的断代和性质的判断带来不少的困难。

三、遗址断代逐步清晰

首先我们要明确一个问题，根据福建几十年来考古发现与研究成果，福建考古学界普遍认为福建早期文化的发展明显滞后于中原地区，也与临近省份存在差距，因此对于福建新石器时代与青铜时代的划分应采用不同于中原地区的标准。很多年来存在多种意见。有西周说、春秋说，也有商代说等。近年漳州虎林山遗址发现了有确切年代依据（距今3400～3200年）的“浮滨文化”阶段的青铜器，闽北浦城土墩墓中也发现了经^{14}C测定为西周早期的成熟的青铜器，加上晋江庵山遗址出土的青铜器经测定也在距今3500～3000年，因此我们有了确切的证据说明在相当于中原商代中期福建已进入了青铜时代。那么福建新石器时代与青铜时代的划分就应放在商代中晚期阶段，相当于中原商代早期（含商代早期）以前的遗存就可划归为石器时代，这个认识目前基本上得到福建学术界的认可。我们认为这是当前福建考古材料所反映的客观现实，因此晋江流域发现的遗址也采用这个断代标准进行。

晋江流域调查发现的100多处遗址，总体存在着采集遗物偏少、遗物时代特色不明显的缺陷，尤其是一些遗址中仅有延续时期较长、纹饰不清的泥质软陶类陶片，给断代带来很大的困难。而那些以硬陶为主、纹饰明显或采集较大块陶片的遗址，时代特征就比较明显。除音楼山和庵山遗址外，晋江流域历年调查和发掘的遗址都没有科学测年的资料，因此其断代只能通过采集品或出土物与上述二遗址及其他地区尤其是闽江流域和闽东沿海地区发现的材料进行对比分析。根据采集陶片的特征对比，我们大体能将大部分遗址的时代作一个基本的推测，这些断代多已直接标注在该遗址的介绍中。下面将几处清理、试掘和发掘的重要遗址时代在这里重点讨论。

（1）音楼山遗址出土生活用具，从器形、装饰、胎质、火候和硬度方面考察，分为软陶、硬陶和原始瓷3类，其中最大量的是软陶类陶器。虽然该遗址主要是二次堆积物，缺乏地层依据，但其出土物的特征表明以上3类分别代表了该遗址早、晚两个阶段。早期阶段以软陶为主，兼有个别硬陶。其主要器类是釜、罐、壶、甗形器和支座，有个别长柄豆和圈足豆残片，不见像“浮滨文化”之尊类、壶类和豆类、“黄土仑文化”之折肩尊、带鋬罐、带鋬杯等青铜时代中期常见器物，也不见凹折沿圜底釜、圈足的壶、簋、豆、杯等特色明显的新石器时代晚期器物，虽然个别陶器的装饰纹样见于昙石山文化和黄土仑文化，但主要纹饰与两个文化面貌区别甚大，说明其晚于昙石山文化和早于黄土仑文化。音楼山和庵山遗存的陶器造型虽较独特，但其中一些器物与闽东沿海一带的黄瓜山文化存在相似之处，比如陶釜（T1124:1）与黄瓜山遗址窄沿短颈罐（T560:21）相同。甗形器上腹部也相似。装饰方面有共同之处，如盛行拍印、刻划、压印和施彩衣等手法，素面较少，纹样中也常见有方格纹、网格纹、叶脉纹（蕉叶纹）、栅篱纹、云雷纹、曲折纹等，施彩衣的数量都很可观①。这些特征表明音楼山遗存中的主体部分受到福建中北部沿海新石器时代晚期黄瓜山文化较多的影响，带有较多的新石器时代末期文化的因素。晚期阶段发现的遗物为少部分原始瓷器片和硬陶片，如折沿浅盘豆、喇叭形圈足等，都属于典型的西周时代的遗物。

音楼山遗存第4层出土的贝壳标本送北京大学加速器质谱实验室第四纪年代测定实验室测定，其^{14}C（所用半衰期为5568年，BP为距今1950年的年代）数据如下 。

泥蚶：3030年±40年，树轮校正后年代（BC）：1410BC（91.5%）1190BC；

蚬螺：3110年±40年，树轮校正后年代（BC）：1460BC（94.1%）1260BC；

牡蛎：2955年±40年，树轮校正后年代（BC）：1310BC（95.4%）1020BC；

牡蛎：2525年±40年，树轮校正后年代（BC）：800BC（95.4%）520BC。

由此可知音楼山遗址的年代最早距今约3500年，最晚距今约2800年左右。参照庵山遗址多个标本的测定，我们认为这个年代基本上符合其实际情况。不过该遗址主要内

---

① 福建省博物馆：《福建霞浦黄瓜山遗址发掘报告》，《福建文博》1994年1期。

涵是以早期遗存为主，晚期遗物极少，因而其主要文化遗存的年代应侧重于较早的年代数据。由于在文化面貌与其相同的庵山等遗址发现了青铜器，表明其已进入青铜时代，而从其具有较多新石器时代晚期文化的因素这点来看，音楼山遗存应属于目前所知的福建南部地区青铜时代最早期的考古学文化遗存。

（2）庵山遗址发掘内涵已如前述，发掘者并将有专文发表发掘报告，这里不细加描述。总体上庵山遗址在石器数量、海生贝壳、陶片标本上都较音楼山为多，特别是青铜锛、鱼钩等青铜器和石范的出土大大丰富了庵山遗存的内涵，并发现了疑为建筑遗存的夯土墩，为晋江流域考古增加了新资料。该遗址有多个^{14}C数据，最早距今3469～3299年，最晚距今2929～2809年。测定年代与音楼山遗址相同，文化面貌方面大同小异，属于同一文化范畴。

庵山遗址的发掘，为我们揭示出在此时期青铜器的铸造已经出现，石范的痕迹表明均为铸造锛类器物而专用，该遗址同时还出土了不少件鱼钩。以两块磨制成形的石范合铸青铜锛和鱼钩造型的简单表明其铸造技术仍处于初级阶段，但青铜铸造工艺的出现，无疑是福建青铜时代具有划时代意义的大事。

（3）蚁山遗址的内涵也可以分两部分，主要内涵与音楼山遗址相近，时代基本相同。两者可互相补充。出土的石器、折腹或折沿豆，口沿内侧的点彩，双耳罐，纹饰中常见的交错拍印方法等等都可弥补音楼山的不足。蚁山南坡本次新发现了一些硬陶器，如带錾硬陶罐、小盅、短沿罐等，还有如规则的席纹、弦纹与水波纹组合、交叉相向三角纹等，时代则要晚得多，属于汉代的遗存，这也是晋江流域除永春汉代遗存之外发现的又一新地点。

（4）翠屏山遗址本次发掘地段缺少原生文化层堆积，其内涵比较复杂，大体上有3个时期的包含物。其中一小部分如施红衣泥质陶片、斜折沿陶壶等，与音楼山遗址时代相同，另一部分如饰几字泥条堆饰的釉陶豆残片等，则属于在晋江以南地区发现的“虎林山类型”典型遗物。再有一部分原始瓷罐、规则排列的三角形戳点与条纹组合纹饰、联珠纹与条纹组合等，应为西周时代遗存。

（5）尾山仔遗址的内涵大体上也分为早晚两段。前段是以破碎陶片为主，有夹砂陶和泥质陶，其中有少量釉陶和硬陶。器形中的折沿罐、敛口罐等，其时代特征不很明显，但约稍晚于音楼山遗存，约与虎林山类型相当。另一部分以原始青瓷为主要内涵的遗存则特征明显，其中斜折沿折腹矮圈足的陶尊，还稍带一些商代遗风，内折沿斜腹小圈足豆等则是西周时代的典型器物，应为西周前期遗存。

（6）狮子山遗址内涵可以粗分为两部分，第一部分遗物有彩陶、施衣陶等夹砂或粗泥陶，器形可辨有筒形支座、斜折沿支座、直口罐、卷沿侈口罐、斜折沿壶、钵、豆等，主要内涵与音楼山遗址相似。其中方格纹彩陶片还补充了音楼山遗存内涵的不足。另一部分是釉陶和硬陶器残片等，器形主要是罐和豆类，石器有石戈等。另外还有 3 个青铜残片发现，说明该遗址具备前后两个时期的堆积。前者与音楼山遗存相同，后者则与虎林山类型相近。

四、文化面貌初步显现

历年调查发现和本次调查发现的遗址根据采集标本和出土物的特征粗略归纳，大体上可以划分为几个阶段。

第一阶段：新石器时代晚期

该地区发现的新石器时代遗址主要是新石器时代晚期遗址，早中期的遗址尚未发现，因此无从知道早中期的文化面貌。晚期遗址约占所见遗址的 1/5 弱。所展现的文化面貌比较一致。但内涵并不很清晰。

包含此段遗物的遗址有：晋江岭山、南安林前村、大峠山、永春岩庄山。该阶段材料贫乏，特征不明显。石器以窄长条形、截面呈三角形的石锛为特色。陶质为泥质陶和夹砂粗陶及细陶，纹饰大多印痕浅而不清，仅见绳纹和篮纹为多。窄长条、截面呈三角的石锛是福建东部沿海新石器时代晚期较典型的器物之一。

第二阶段：青铜时代早期

惠安音楼山和庵山是这时期最重要的两处遗址。与音楼山遗址相似、相近或包含有同类遗物的遗址比较明确的有惠安蚁山、过溪山、万岁山；南安寨山、坑尾山；丰州狮子山；丰泽翠屏山、鹏溪山；安溪后沟山等处。类似于音楼山遗址出土遗物的还见于内陆地区的永春和德化二县，《1956 年厦门大学考古实习报告》提到在永春五里街附近采集到带有曲折纹、栅篱纹和梯格纹等纹饰的陶片，德化博物馆在本馆陈列中也展示了从该县几处遗址采集的这类遗物。表明这一文化内涵的分布不仅局限于沿海一带，而且可达到内陆山区。

根据遗址分布和内涵特点分析，大体上分为沿海沿江类型和丘陵山地类型两类。沿海沿江类型的遗址基本上都是贝丘遗址，主要分布于沿海一线和晋江干流一带，北起泉港、惠安，南至晋江至南安沿海一带，沿江可上溯至晋江东西溪汇合地带，像音楼山遗址、蚁山遗址、庵山遗址都有大量的贝壳堆积。这点和闽江流域遗址分布的情况相似，所谓下游三角洲地带所见遗址属于这种类型。由于有正式考古发掘的几个地点，所以其文化特点相对清晰。远离大海和大江的遗址基本上都属于丘陵山地类型，主要见于南安、永春、安溪等地，目前丘陵山地类型还没有经过正式发掘的遗址，因此归纳其特点尚有困难。但二者之间除了有无贝丘堆积不同外，在生产工具方面的不同表现比较明显。沿海一类遗存的主要特征表现为生产工具主要有4类，第一类是石制生产工具，但总体数量偏少，且多为小型工具，石锛多常形石锛，另有少量石斧等；第二类是常见直接利用自然石块加以使用的石锤、石杵等，最常见还是石锤，尤其是两面带有凹坑的所谓凹石，另外有少量砺石；第三类是小型骨器，将动物的肢骨敲碎加工成尖形或扁凿形。第四类是利用牡蛎壳制作的贝铲。缺少用于农业生产的大型工具。遗址中大量发现的是海生动物贝壳和鱼骨以及以鹿类为主的野生动物骨骼，表明这些工具主要用于敲击贝壳、切割动物毛皮肉和从事采集活动，反映出以江海渔猎为主的经济生活形态。这时期的人们主要以海生和陆生自然动植物为主要食物来源，应当还没有农业耕种等活动，目前也没有发现农业生产的遗物。采集和渔猎是这时期最主要的经济活动。而丘陵山地类型遗址则多出土各类生产工具，尤以石锛为多，中小石锛均见，不见贝壳加工制作的工具，反映出其经济生活与沿海沿江遗址存在着一定的区别。陶器胎质方面也有区别，沿海沿江地带遗址的陶器基本上都掺和贝壳粉末，细砂陶器数量很大，内陆地区的陶器泥质成分明显，少见贝壳粉末，多加粗砂粒，沿海遗址施衣多施于细砂陶上，而内陆遗址施衣多见于泥质陶上，这些显然是因地制宜选择材料而造成的差别。

这时期的陶器制作已较发达。无论是沿海沿江类型还是丘陵山地类型，晋江流域调查和发掘的遗址所见采集品和出土物在文化面貌上都基本上趋于一致。基本特征表现为陶器器类比较简单，以釜、罐、壶、甗形器等类为主，做法上圜底、圆腹、折腹风格比较明显，少量圈足器，不见三足器。最大特征是口沿唇下内侧有一道明显的凹槽，这与福建中北部地区所见同期陶器有显著区别。沿海地带发现的陶器陶质上基本是以细砂陶为主，纯粹的泥质陶很少见。陶色方面以红色为主调，可细分为红黄、红赭、红灰等多种。陶器注重装饰，纹饰发达。手法有拍印、刻划、彩绘、着彩衣等。一个重要特征是着衣陶很常见，着衣陶约占陶器总数的1/3，以红衣为主色调，分大红、红赭、红黄等，个别黄色，但彩衣大多脱落。另外彩绘陶器也常见，以圆点、水滴点占多数，个别描绘宽带状纹饰，而这类装饰在福建地区也很少见。陶器其他装饰以拍印为主，纹饰以间断方格纹、栅篱纹、蕉叶纹、梯格纹4类为主，少量席纹、绳纹、条纹、网格纹、雷纹等。其中方格纹的拍印手法比较特别，方格与方格之间线条呈断续形状。其主要纹饰在福建其他地区虽有发现，但均无晋江流域地区表现得这么集中和突出。表明其早期基本内涵比较单纯，同时这些特征又构成其独特的与其他地区不同的文化面貌。丘陵山地类型遗址采集的陶片均较破碎，器型不辨，陶质陶色与沿海沿江一带所见有所差异，这点可能与所处地带土质构成有关，但装饰纹样相同，没有明显区别，表明属于一个大的文化体系之内。

居住方面。现在发现的居住建筑遗迹有两类：一类是狮子山发现的石砌建筑基址；另一类是音楼山遗址发现的由柱子洞所构成的可能属于立柱干栏式的建筑，表明这时期人们已能过上稳定的居住生活。庵山遗址为数不少的夯土墩可能也与居住建筑有关，但其形态各异，排列看不出明显规律，目前还难以断定属于何种建筑类型。

以上器物群的构成、陶质陶色、陶器造型和装饰纹样等方面的特征明显表明晋江流域与福建北半部地区的同期文化面貌存在较大的差别，在这时期，闽江下游地区的黄瓜山文化与黄土仑文化之间（距今3700～3300年）缺少发掘的典型遗址，前些年在福清东张下湾发掘了一批土坑墓，时代上约早于黄土仑文化，未有^{14}C测定数据，初步推测时代在距今3500～3300年。出土和采集文物共161件，分玉器、石器、小石器、陶器和原始瓷器五大类。其中石器和陶器为大宗。石器有长条形锛、长方形锛和戈、镯等，其中有凹刃石锛。陶器中夹砂陶和泥质陶约各占一半，夹砂陶以粗砂陶为主，细砂陶多为硬陶。陶色多灰色和灰黑色。器形有釜、罐、豆、杯、壶、盅、钵、纺轮、器盖和个别尊、簋等。陶器素面为主，装饰纹样有条纹、云雷纹、凸棱或凹凸弦纹，个别出现刻划几何形斜线组合纹与附加堆纹。占总量约1/4陶器表面施黑赭衣或红赭衣。器物造型方面以圜底和圜凹底为主，平底器次之，圈足器较少。陶器口沿外侧或肩部和腹部凸棱现象常见，带把或带鋬器物很流行①。这些特征与音楼山和庵山遗存的特征区别甚远，完全不属于同一文化体系之内。所以音楼山—庵山这类遗存应当建立起一个独立的文化体系。

考古材料显示，以惠安音楼山、蚁山遗存为代表的文化遗存，在晋江往南方向的处于沿海地带的厦门和漳州地区有诸多发现，主要有同安寨仔山遗址、云霄墓林山遗址、龙许林山遗址、东山白塘澳遗址等。

如2001年在厦门同安区发掘的寨仔山遗址，该遗址早期地层共有3层，出土相同遗物，堆积较单纯，石器除少量石锛、凿等器外，主要是各种形式的凹石（图五三五）。陶器报告称以“罐”为主，从形态看，应是壶釜类为主，还有少量其他器类，其中筒形支座很有特色（图五三六）。口沿内侧施凹弦纹（凹槽）的作风，纹饰以叶脉纹（即蕉叶纹）为主，曲折纹次之。还有条纹、绳纹、网格纹、栅栏纹、竖条与横弦纹组合（即梯格纹）、三角竖线与叶脉纹组合，还有指甲戳印纹、席纹、雷纹等，还有施红色陶衣（图五三七）。由这些特征构成的文化内涵与音楼山、蚁山遗址所见几乎一致②。

① 福建博物院：《福清下湾墓地第一次发掘简报》，《福建文博》2005年1期。

② 厦门市博物馆：《福建同安寨仔山先秦遗址的发掘》，《东南考古研究》第三辑。

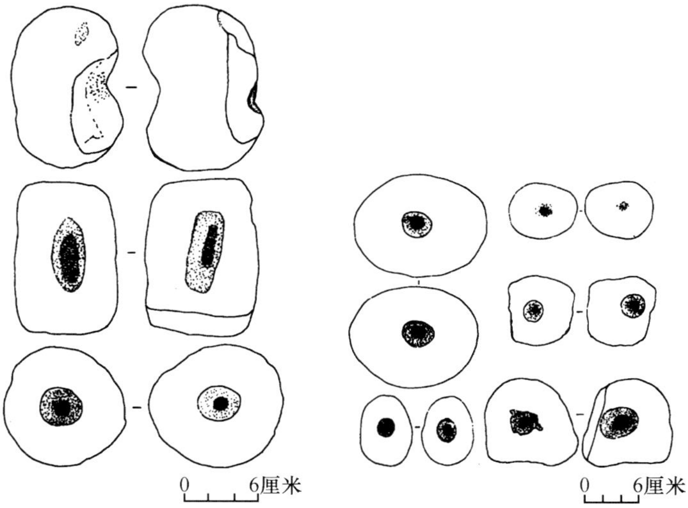

图五三五　同安寨仔山遗址出土石器（网坠和凹石）

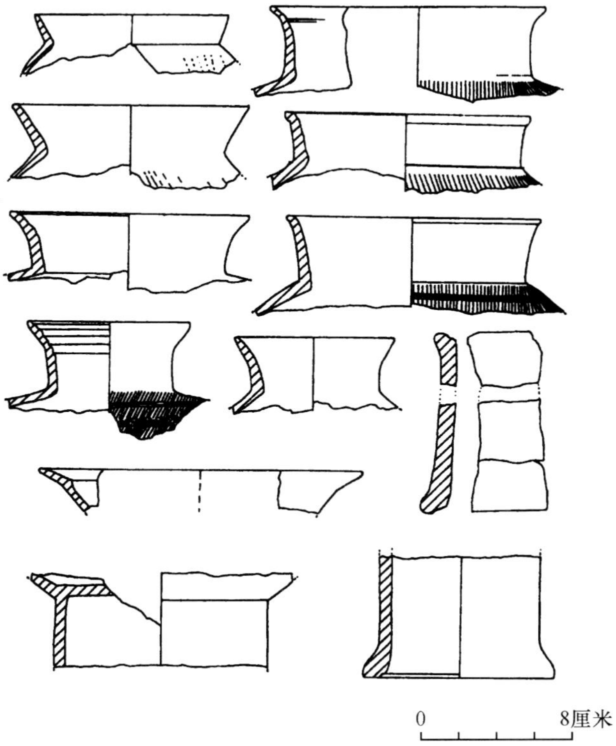

图五三六　同安寨仔山遗址出土陶器（罐、壶、支座等）

图五三七　同安寨仔山出土陶器纹饰拓片

1～3. 叶脉纹　4、5. 栅篱纹　6、7. 曲折纹　8. 曲折纹与栅篱纹组合　9、13. 条纹　10. 戳印纹与条纹组合　11、12. 绳纹　14. 网格纹　15. 戳印指甲纹　16. 弦纹　17. 席纹　18. 雷纹

漳州云霄墓林山（尖子山）位于海边小山顶上。1986年第二次文物普查中发现，采集遗物有陶器、石器和贝壳等，陶器以夹砂陶为主，约占70%。夹砂红陶和泥质红陶也占一定比例。器形多釜、罐类（实际上从图形看，应为釜、罐、壶三类），还有青铜锛出土（图五三八、图五三九）。纹饰与音楼山一样很发达，有方格纹、弦纹、篮纹、条纹、曲折纹、附加堆纹、网格纹、螺旋纹、锥刺纹、叶脉纹（即蕉叶纹）、复合三角形纹（即重线三角纹）、梯状几何纹（即梯格纹）、乳钉纹、颗粒纹（即麻点纹）、篦点纹、绳纹等。颗粒纹与附加条状纹是主流（图五四〇）。七成左右陶器口沿内见有一周凹槽。无论是陶器形态和装饰特点与音楼山等非常接近①。

龙海许林头遗址于2005年底发掘，该遗址以汉代以后堆积为主，在其下层有小面积早期遗存，也发现了与音楼山相似的文化因素，比如凹石、蕉叶纹与方格纹的陶拍，都与音楼山装饰特征相似②（图五四一）。

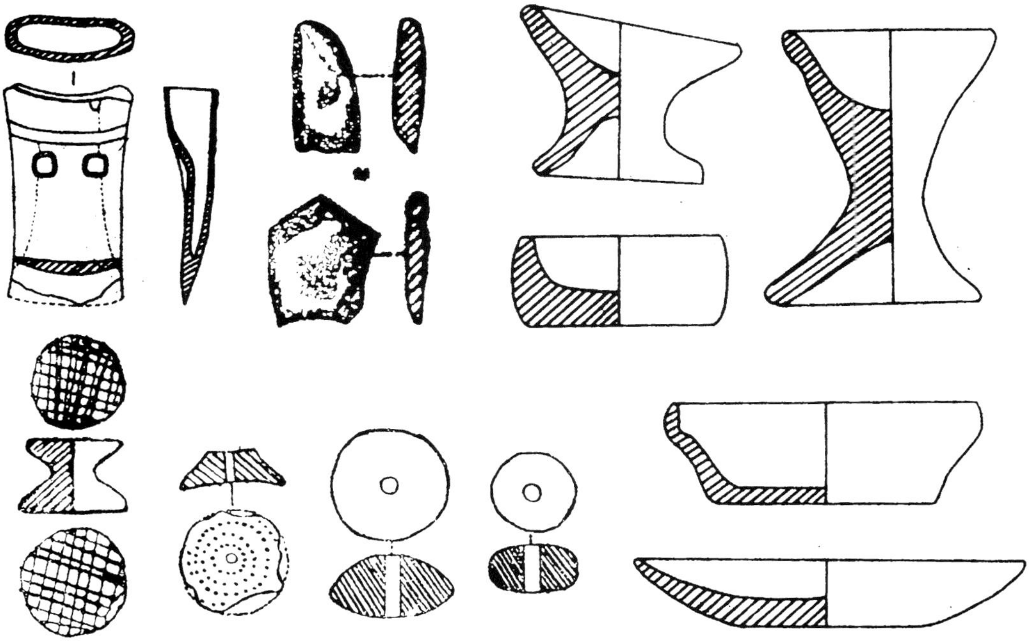

图五三八　墓林山遗址出土石器、陶器和青铜器

① 福建省博物馆：《福建云霄县尖子山贝丘遗址调查》，《考古》1990年6期；郑辉：《云霄县尖子山贝丘遗址》，《福建文博》1988年1期。

② 福建博物院考古所资料，待发表，笔者参与发掘。

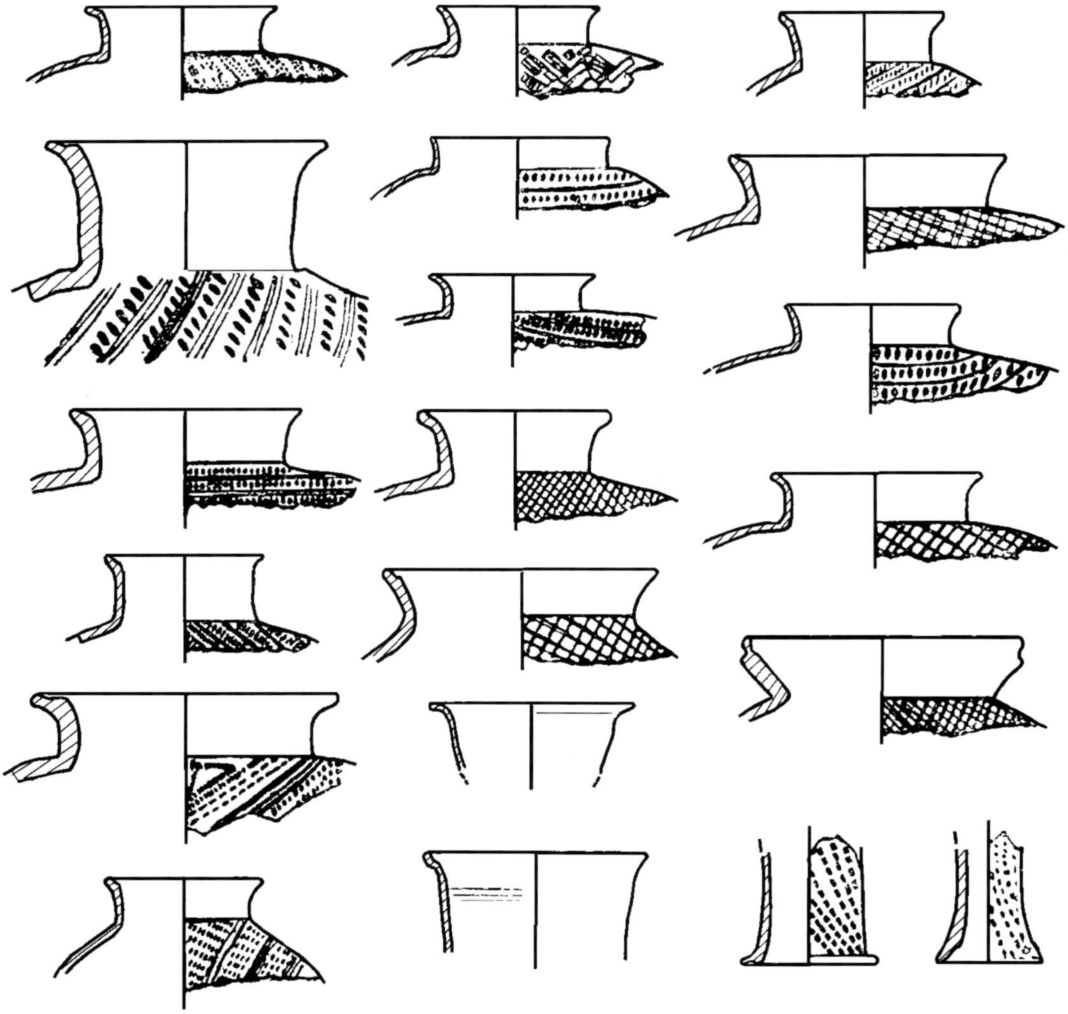

图五三九　墓林山遗址出土陶器残件

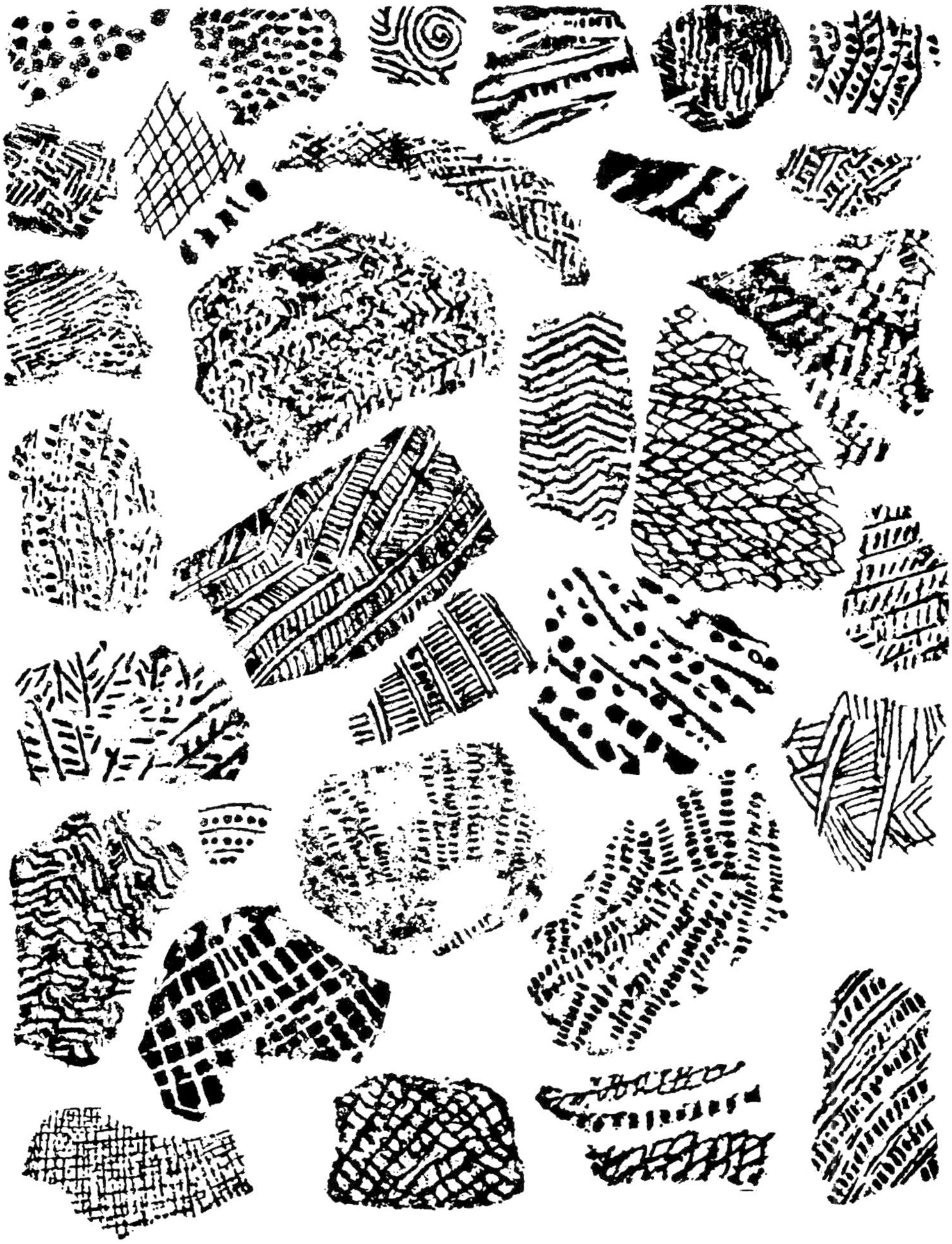

图五四〇 墓林山遗址出土陶器纹饰拓片

图五四一　龙海许林头遗址出土陶拍

类似于音楼山遗址陶器器形与装饰风格的遗存在更南部的广东东部地区同期遗存中也有发现，比如揭阳虎头埔遗址，其中折沿罐和装饰纹样中大量存在梯格纹、栅篱纹、蕉叶纹、曲折纹等，与音楼山遗址都很相似。这里常见的重圈纹在晋江流域也有个别发现。但主流陶器的造型与福建境内所见不同，广东同行将其称为“虎头埔文化”①。表明以音楼山遗址为代表的这类遗存北起晋江流域，南部大抵上就在福建境内，广泛分布于福建南部沿海地区，是一种地域特色明显的考古学文化遗存，应当建立起一种区别于其他地区的新的考古学文化。但目前还没有一个遗址可以作为典型代表。有些学者注意到这一地区与福建其他地区在古代文化面貌上的不同，并认为可将蚁山—墓林山遗存作为这类文化的代表②。我们认为，墓林山遗址地层堆积混乱、出土物不单纯、多个时期的遗物混杂在一起，蚁山仅调查资料，两地材料均太单薄，不足以反映这一文化的基本面貌。依目前材料而言，音楼山和庵山遗址发现的资料不仅较之其他遗址相对丰富，而且堆积单纯。我们建议以“音楼山—庵山遗存”作为这一文化的代称。

① 魏峻：《普宁市虎头埔新石器时代遗址发掘报告》，载于揭阳考古队等编《揭阳考古》，科学出版社，2005年。

② 林公务：《福建境内史前文化的基本特点及区系类型》，载于福建省博物馆编《福建历史文化与博物馆学研究》，福建教育出版社，1993年。

类似于音楼山这类遗存，过去一般认为其时代应当处于新石器时代晚期，本人在《福建南部新石器时代末期文化遗存》一文中，也认为其与闽东北的黄瓜山文化年代相当，因而将其归入新石器时代末期文化中①。但通过^{14}C年代测定，加上庵山遗址青铜器的发现，两个遗址的年代均在3500年以内，表明以前的观点应当加以修正，现在我们认为就其文化发展阶段而言将其定位于青铜时代的早期更为合适。但正如上述，音楼山这类遗存带有相当浓厚的新石器时代文化影响的成分，表明其与新石器时代文化的联系相当紧密。

第三阶段：商代中晚期—西周

包含这时期遗物的遗址有：晋江八仙山、下行、思母山、庵山；南安虎园山、畑口山、龟山、民安村丙址、西山、大盈寨山、凤林寨、圆仔埔、崎梯山、洞后寨山、福社尾山、石狮祠山、仑苍寨仔山、仑苍遗址（运尾山）、寨仔箍山、蜘蛛山、前鞍山、金鸡山、古村寨山、寨箍尾山、锄头山、柯厝山、民安村丁址、大口山、吴山、尾路山、榭楼母山、桥山、九都山、大湾、尾山仔、垵仔山、凤冠山、面前山、敦山寨、覆鼎山、英都狮子山；永春康山、永春鳌山、永春茶心山、九兜山乙丙两地点、寨坪山、牛头寨、新宫山、贡子山、虎坪山、龙山寨、金山仑、后亭山、后头山、山仔、岭仔头、金龟寨、吴坑山、五五山；安溪金厝垅一号和二号、畑牛山、后陡山、草垵山、望云山、杨厝山尾；惠安果合山、惠安后亭山、副狗山、丘后山；丰泽鹏溪山、翠屏山。

这一阶段的文化面貌相对比较清楚，这时期的遗址在本次调查中有较多的发现，约占晋江流域已知遗址的2/3左右，遗址分布范围和数量明显较早期增加了许多。密集的遗址表明聚落的规模已经扩大，人口数量急剧增加。各聚落人们活动的范围相对固定，生产生活方式发生了变化。根据采集和出土文物的特征，晋江流域的青铜文化大体上以商周为界分为前后两段。

前段约当于商代中晚期。遗址不少，遍布晋江流域各县市，已知的绝大多数遗址都包含有这时期的遗物，但缺少发掘的典型遗址。像南安赤坑山发现的成组石锛及其他零星采集的为数不少的凹刃石锛、柳叶形或亚腰形石戈，永春茶心山和康山出土的陶罐、陶杯、陶壶，惠安后亭山出土的带鋬陶罐，安溪金厝垅二号遗址的陶壶，安溪采集的陶器刻划符号和多处遗址发现的着黑衣陶片等，都是这时期的遗物。面貌大体可归纳为如下几点。

① 陈兆善：《福建南部新石器时代末期遗存》，《福建文博》2008年2期。

首先是经济生活方面。生产工具方面以磨制石器为主。各地普遍发现大量以磨制的、刃部截面呈凹弧形的凹刃石锛为主的生产工具，常形石锛较少，且绝大部分为中小型石锛，大型石器基本不见，还有少量石斧、石镞、石凿等。陶纺轮、网坠依旧存在。南安等地还发现了成组的石锛。石锛大小、形态各方面均较齐全。石拍在福建属首次发现。陶制生产工具主要是纺轮和网坠、陶拍等，还有其他石器和骨器等生产工具虽缺少可靠的发现材料，但应当还在使用。贝丘遗址已少见。生产工具中已很少见到贝器。

主要的石制兵器以石戈为主，还见石钺、石镞、石矛等。石戈的形态比较简单，主要是柳叶形，还有亚腰形、圭形等，与漳州地区所见相同。石钺在福建很少见。

继续大量发现泥质和夹砂软陶片，同时大量出现硬陶器和釉陶器。常见器物是罐、壶、豆、杯等，比较典型的器物有南安民安村丙址采集的带鋬鸭形壶和高领带鋬圆腹罐、永春茶心山遗址采集的高领双耳折肩罐、康山遗址采集的单鋬杯等。还可看到少量的黑色着衣陶片。纹饰中条纹为最大宗，席纹、云雷纹、绳纹、方格纹也常见，还有个别“门”字形刻划符号和带有“几”字形泥条贴饰的釉陶豆等。从陶器造型、装饰纹样等方面分析，其文化面貌与闽南的漳州和厦门等地所见相同，应当属于闽南地区广泛分布的“虎林山类型”，这为解决“浮滨文化”在福建的分布地域找到了部分答案，晋江流域应当是“浮滨文化”的北界所在①。同时一些器物的造型如陶杯的装饰纹样等方面也反映出本地文化与闽江流域地区同时期文化有一定的联系。

后段为西周至春秋时期。能够明确断定的遗址数量并不太多，遗物也不够丰富。大多零星地散见于各遗址中。基本面貌如下。

由于没有典型遗址的发掘，这时期的石制生产工具不易加以区分，石器可能仍是这时期的主要生产工具。但就调查所见的石器工具而言，在形态和制作工艺上都没超过前段，因此石制生产工具的衰落显而易见。但青铜生产工具的普遍使用已是不争的事实，在寨仔山、睏口山、永春、南安莲塘、丰州狮子山等地都发现了青铜工具。青铜生产工具仅有锛、镢、凿3类。同时这些工具与漳州等地发现的工具在形态上也相当一致。不过总体而言，青铜工具的数量还很有限。青铜工具的使用表明这时期的经济生活已发生根本变化，虽然缺乏谷物等直接反映农业生产的证据，但遗址规模的扩大、攫取类生产工具的衰落相当明显，农业生产所得可能成为主要生活食物来源，渔猎和采集在生活中所占比重已渐趋小。

后段除沿用前段遗物外，能够明确定为这时期的陶制用具不多，但硬陶器的应用仍很普遍，陶器的制作已非常成熟，轮制成形成为基本的工艺。原始瓷器替代了釉陶器。

① 陈兆善、杨丽华主编：《虎林山遗址》，福建博物院等编。

许多地点都发现了原始青瓷器，比如翠屏山遗址、晒牛山遗址、码头尾山仔遗址等。器类中盘形豆是最常见的器物之一，还有高领双耳折腹小圈足罐、高领折腹小圈足尊等，纹饰有联珠纹、席纹、云雷纹、方格纹、规则长点、近三角点的戳印纹和附加堆纹等。2007 年底在永春与德化交界的尖山发现了生产原始瓷器的窑址。从采集标本看，这时期的原始瓷器的制作水平已很发达，原始瓷器的造型与装饰纹样与福建其他地区所见已完全相同或相似①，表明到西周时期，整个福建地区的文化面貌已渐趋融合为一个整体。不仅如此，无论从造型、工艺、装饰和釉色等方面与江浙等地区同期所出原始瓷器都基本相同，意味着到了西周时期福建地区与邻近地区同期文化交往已非常密切，外来文化的影响已非常浓厚。

第四阶段：春秋

这一阶段缺少其他遗物的发现，最有代表的是青铜器的应用已非常成熟。参照其他地区的情况，我们认为原始瓷器和硬陶器应当仍是这时期的主要生活用品。

青铜器和原始瓷器的出现并广泛应用，表明晋江流域的人们生产和生活已出现巨大的飞跃。九峰山所出青铜器表明这一地区青铜文化进入繁荣时期。但晋江流域的青铜器仍是生产工具，青铜容器尚未发现，且数量不多，九峰山等地出土的镬带有明显的中原文化特色，或直接来自中原地区，或是带有中原地区传入的技术特点，但无论如何，这些青铜器从形制的简单到制作工艺水平等方面与周边省份所出青铜器相比较，都不够精细和复杂，还处于相对低下的水平，表明这时期晋江流域的青铜文化仍然是处于初级阶段，青铜文明的发展相当缓慢和落后。

第五阶段：战国至汉代

这时期的遗址仅有惠安蚁山、南安霞福遗址、南安石壁水库、坝头山等 5 个地点。遗存极少，材料有限。惠安大岞海边发现了 1 片近米字纹的硬陶片，在蚁山南坡采集数片带水波纹和弦纹的硬陶片，南安霞福村遗址发现有汉代遗存。另外在永春等地也发现少量米字纹陶片和瓮、罐等陶器。但在临近的漳州地区，如长泰戈林山发现了大量战国至汉代陶器和陶片，两地发现的这类陶器形制和装饰风格与福建其他地区特别是闽江流域地区所见相同，表明在秦汉一统天下的大格局下，整个福建南北地区包括晋江流域已在闽越文化的范畴内了。

---

① 2007 年底笔者和郑辉等曾前往调查。

除了上述早期文化内涵外，本次调查还发现了一些历史时期的遗址和遗物，因为不在专题调查的重点规划内容中，所以未做详细登录。基本材料反映六朝以后，晋江流域发展很快，史载晋江即因“晋人南渡，沿江而居”而得名，东晋至南朝时期晋江中下游一带成为晋江流域政治经济文化的中心，这时期在晋江流域各地都发现了很多墓葬，出土了大量文物。唐代政治中心移至现泉州市内，宋代晋江流域飞速发展，泉州港成为东方第一大港。后渚港宋代沉船的发现是最好的证明。宋代及以后居民聚落向沿海扩展，沿海一带也大量发现宋代至明清时期的居住遗址和砖室墓葬，与先秦时期遗址分布稀少形成强烈对比。

五、今后工作中加以关注的区域

1. 晋江下游地区

沿海地带发现的早期遗址不多，是该地区的薄弱环节。已经发现的遗址内涵表明沿海地带与内陆遗址可能存在着遗址分布、堆积方式、堆积环境、内涵与性质等方面的差异，比如贝丘堆积、出土物中加工贝类的工具、器物类别与数量上的比例、彩绘陶器、沙丘遗址等。要弄明白沿海与内陆遗址的差别，离不开对沿海遗址的探寻和研究。同时沿海遗址人们的生活环境与海岛上早期人类活动环境有相近的特点，这对于研究海岛古遗址有较直接的参考意义。因此应关注沿海地带的调查，特别是晋江入海口和沿海三大湾（深沪湾、泉州湾、湄州湾）的考古调查发现。

2. 晋江中游地区

晋江中游地区是晋江流域遗址分布最多的地带。应重点关注东西溪交汇处、丰州镇至美林街道一线、英都和仑苍盆地。这个区域的遗址分布与沿海遗址分布不同，同时也与山区地带遗址分布特点有区别。如永春盆地的遗址大多分布在盆地周边，遗址往往背靠大山。而英都盆地在盆地中间分布着许多大大小小的丘陵台地，或孤立存在，或几座小丘陵相连一体，该盆地中的水系呈扇形分布，遗址大多分布在这些小溪流的两侧，形成散点分布的格局，与永春盆地遗址以桃溪为界、南北两侧几乎相对称分布的规律不同。

3. 晋江上游地区

应关注永春盆地即县城周边一带。晋江支流桃溪自西而东从中穿过，溪两岸地势平坦，周边环绕着许多山丘，形成一个盆地，四周丘陵、低山、中山呈层状分布，包括桃城镇全部，五里街、石鼓镇、东平镇、东关镇各一部分。从1956年厦门大学考古实习队调查以来，在盆地周边这些连绵起伏的低山丘陵上相继发现了许多遗址。桃溪北面发现了九兜山遗址（甲、乙、丙、丁4个地点）、康山遗址（甲、乙、丙、丁、戊5个地点），仰贤村发现有霞陵遗址（甲、乙、丙3个地点）、化龙山、长安山、新宫山、荒致山等遗址，西北面发现大宗山遗址、许厝山遗址、铜鼓山遗址，桃溪南面发现了寨坪山遗址、花石山遗址、山仔遗址、复船山亲边山遗址，东南面发现牛头寨遗址，在西面发现后圳山遗址、格仔寨遗址，在永春一中后发现梅峰（梅花山）遗址，东面东平镇发现岩庄山遗址。大大小小的遗址共计28处，分布相当密集。既有新石器时代也有青铜时代甚至汉代的遗址，以青铜时代遗址居多。这批遗址对于早期居民的聚落研究有非常重要的意义。尤其是永春盆地地处戴云山腹地，具有典型的山地特征，与沿海区域的遗址在分布特点、遗址堆积、内涵等方面有明显的区别，为研究山地类型遗址提供较好的资料。蓬壶也是山间盆地地形，但比永春盆地稍小，分布规律与前者相同，数量也较多，同样值得关注。

4. 非晋江流域区域

南安水头官桥一带，不直接属于晋江流域，虽近沿海，但遗址的特点与晋江惠安沿海不同，其遗址主要分布于一些小丘陵和台地上，也有贝丘堆积，从地貌上看处于沿海平原向内陆山地的过渡地带，也是现有遗址从沿海少见向内陆增加的中间地带。其遗址分布与堆积有可能呈现过渡的形态，有助于了解沿海与内陆地区的遗址过渡环节。

第二节　福建南部早期文化的年代序列

上面的分析可知，整个闽南地区在先秦时期属于一个大的文化体系，与福建北部以闽江流域为主体的早期考古学文化存在着差异。从整体考察福建古代文化的框架出发，更能体现出本次晋江流域考古调查与研究的意义，其中一个非常重要的意义是：通过本次调查结合厦门、漳州等地区的考古发现，我们能够初步建立起闽南地区新石器时代晚期至汉代的考古学文化年代序列。目前，虽然很多阶段的材料仍感贫乏，但其年代特征已基本清晰。试说如下。

一、新石器时代

在福建中北部地区的沿海地带，新石器文化序列基本已经建立。目前基本上采用林公务先生三段论的看法，即新石器时代中期为壳丘山文化（距今6500～5500年），新石器时代晚期为昙石山文化（距今5000～4300年），新石器时代末期为黄瓜山文化（距今4300～3500年），新石器时代早期仍是空白。现有材料证实这种观点基本成立。

但在福建南部（泉州以南地区）与闽江流域，从新石器时代至青铜时代这一时段内的考古学文化面貌是否一致的问题上，存在着不同的看法。林公务先生最新的研究成果认为“金门富国墩、金龟山遗址的主体文化内涵特征，也应当属于壳丘头文化范畴之内，台湾学者也有系列测年数据，虽然个别的与上述的推定年代相左，但总体上也还是相符的”①；林公务关于昙石山文化的最新研究成果认为“以二期文化遗存（中层）为代表的昙石山文化的陶器群，主要发现于福建境内，基本涵盖了以闽江下游为中心的福建东部沿海地区。考古资料显示，部分同类器物的发现，北可达浙闽边界、南至闽南沿海及粤东、西近武夷山脉部分地域。这表明其同周边文化的交流也相当广泛。但就微观而言，昙石山文化的空间界定还不十分明确，同周边诸考古学文化的互动交流关系还不十分明确，还需要更多的考古资料的补充和更深入的研究”②，可见其注意到与昙石山文化同时，闽南沿海地区可能存在着与昙石山文化不同的另一支考古学文化。

1. 金门富国墩文化（台湾称复国墩）

依台湾学者郭素秋之见，富国墩文化“似乎可以从距今八千年左右开始甚至更早就开始，延续之距今六千年或稍晚结束，当为目前以福建为中心的之亚洲大陆东南沿海区域所知年代最早的新石器时代文化。”③ 据刘益昌等人^{14}C测定年代，在6800～5800BP之间④。郭素秋认为金龟山遗址延续时间较富国墩遗址更长，富国墩遗址则代表金龟山的后半段（图五四二）。壳丘头遗址、昙石山下层都较复国墩为晚。此后时代上延续的

① 林公务：《福建沿海新石器时代文化综述》，《福建文博》2005年4期。
② 林公务：《昙石山遗址与昙石山文化》，《福建文博》2006年4期。
③ 郭素秋：《金门移民适应迁移调查研究（史前期）》，台湾，2005年12月。
④ 转引自郭素秋：《金门移民适应与迁移调查研究（史前期）》，台湾，2005年12月。

是大帽山遗址，其与大坌坑文化晚期年代相当。因此她同意刘益昌提出的富国墩遗存归入华南新石器时代早期阶段的观点，认为此时生活方式仍以采集与渔猎为主要，农业的证据并不清楚，聚落范围较小①。

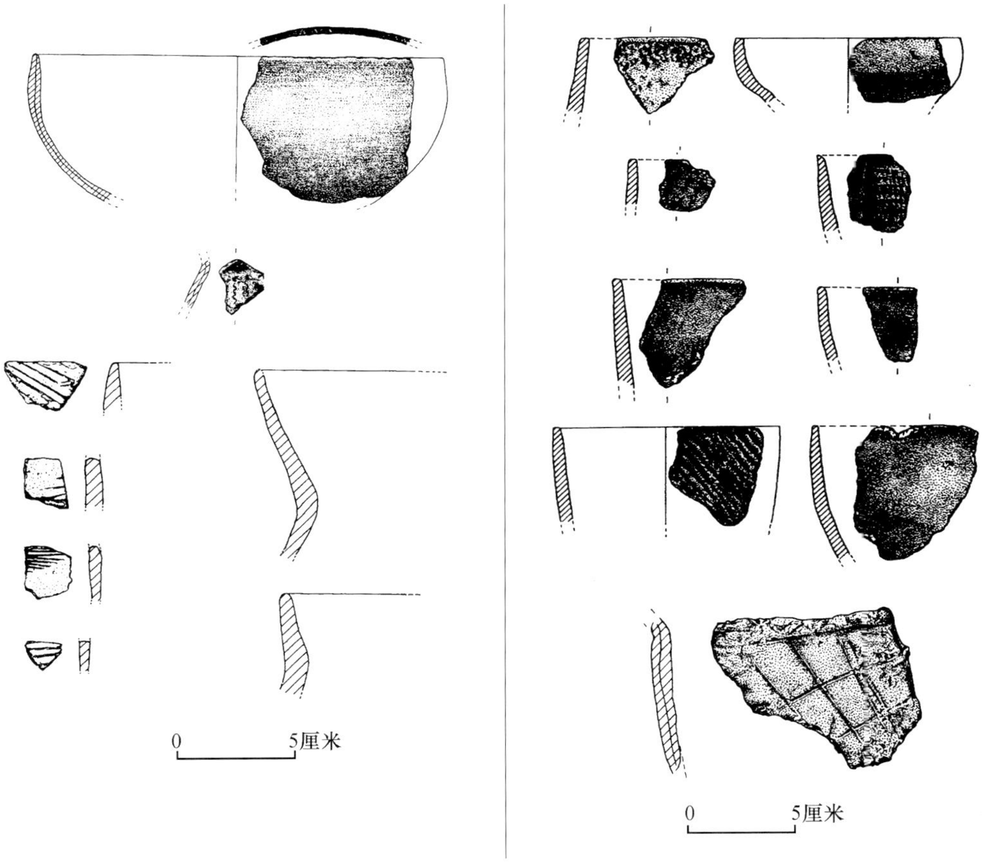

图五四二 富国墩（左）和金龟山（右）文化遗物（引郭素秋图）

富国墩遗存的内涵：富国墩文化以富国墩和金龟山遗址为主要遗存，二者都是贝丘遗址。内涵可分为前后两段：前段以金龟山遗址出土遗物为代表，陶器均为夹砂陶，分红褐陶和灰黑陶两类，以红褐陶居多，部分灰黑陶表面经磨平处理，器形以罐为主，个别为钵。陶片均绝大多数为素面陶（86.67%），纹饰绳纹为主，带锯齿形的压印纹少量。石制品很少，有石锤和石镞，此外大量发现海生贝壳。年代在7000年以上。晚期

① 郭素秋：《金门移民适应迁移调查研究（史前期）》，台湾，2005年12月。

以复国墩遗址出土遗物为代表，陶器多为夹砂陶，以红色陶系和黑色陶系为主，器形仍以罐为主，少量为钵，素面陶为主，但有平行划纹、直行或斜行，还有条纹和方格纹，还出现了细绳纹，最具特色的是用贝壳边缘压印的所谓贝齿印纹。陶器的制作方法是采用2~3片泥片贴塑成形。总体内涵显示出较原始的早期文化的特征。

富国墩遗存的内涵是否为独立的考古学文化，有不同看法。首先是年代。壳丘头遗存前后有过3次年代测定，其中前两次均是采集品测定，第三次为考古发掘探方地层采样标本的测定，较为准确。测定结果并经海洋效应校正，壳丘头文化的年代在距今6500~5500年①。富国墩遗存和金龟山遗存有很多测定数据，有些测定超过7000年，但有学者认为7000多年偏早，总体上应当在距今6800~5800年，属于中国东南沿海新石器时代的最早的考古学文化。可见富国墩遗址的最早年代要早于壳丘头遗存，但"主体文化内涵属于壳丘头文化范畴之内"②。其次是文化内涵，有3种主要观点。一种观点是大陆学者一般认为其与福建平潭壳丘头遗存属于同一文化体系，林公务将之归为"壳丘头文化"中。第二种是张光直等认为富国墩遗存很可能属于大坌坑文化体系。第三种观点认为复国墩遗存是一种独立的考古学文化，陈仲玉还把壳丘头遗存归入富国墩文化中，指出这一文化的范围约在福建闽江口到广东韩江北岸一带海边，尤其是靠近海岸的外侧岛屿③。郭素秋等同意此一说法。由于不是本文重点，不作详细讨论。学者们一致的观点是从地理上富国墩遗存应当置于中国东南沿海这一大环境中，其与大陆沿海早期考古学文化的关系相当密切。无论如何，富国墩遗存临近晋江流域，仍是福建南部地区最早的考古学遗存。

2. 腊洲山遗址

该遗址位于诏安县梅岭乡腊洲山的海拔80多米的山丘上，未经发掘。采集遗物有石斧、锛、镞、砺石等，石器基本属于小型器物。制法多打制，有的局部磨制。石锛多常形和不规则形，截面多呈梯形和三角形，背面平直或微弧（图五四三）。陶质以夹砂陶为主，泥质陶为辅，黑陶少量。器形有釜、罐、豆、盘、碗和纺轮等。陶器素面为主，装饰有绳纹、篮纹、弦纹、叶脉纹、贝齿纹、曲尺纹、附加堆纹等。陶器制作粗糙，火候偏低，陶色不匀。均手制，贴塑成形。有的口沿过慢轮修整。有的陶器表面抹有一层红或浅黄的陶衣④（图五四四）。腊洲山遗存显然比富国墩遗存要进

---

① 林公务：《福建沿海新石器时代文化综述》，《福建文博》2005年4期。

② 同①。

③ 陈仲玉：《福建金门金龟山与浦边史前遗址》，《东南考古研究》第二辑。

④ 福建省博物馆：《福建诏安考古调查简报》，《福建文博》1987年1期；尤玉柱主编：《漳州史前文化》，福建人民出版社，1991年。

步一些，与大帽山遗址有更多的相近之处，但从石器制作手法、成熟程度和陶器种类而言，则要原始于大帽山遗存，因而腊洲山可能要稍早于大帽山遗存。虽然有学者将腊洲山遗存与昙石山下层和壳丘头遗存进行比较，认为它们之间十分相似，可以归属为同一种文化。但通过仔细对比，我们认为腊洲山遗存与此二者在石器方面存在共同点较多，但在陶器方面存在较多的不同点，可能不属于一个文化的范畴。①与壳丘头相比，首先在陶色上区别较大，腊洲山夹砂陶占总数的3/4，其中以红陶占绝对多数，次为灰砂陶，黄色和黑色数量较少。砂陶主要器形为釜和罐。泥质陶多见圈足的豆和盘，器表以红色和灰色为主，仅有少量黑色和黄色。而壳丘头陶器往往器表呈色不一，一件器物上红、黄、灰、黑兼而有之，灰陶相对比例较大。器形中，壳丘头除了种类稍多外，存在各色形态不同的陶支脚。圜底器、圈足器和蘑菇状陶支脚成为该文化陶器群的特色。花口状和锯齿状的口沿也很有特色。壳丘头的陶器纹饰很有特色，其中，麻点纹最常见，绳纹、条纹有限，压印波浪状的贝齿纹，刻划的双线或数线平行、转折、交叉等形成的繁杂图案；方形、圆形或椭圆形、三角形等构成的成排成组的戳点纹饰等，很有代表性，不见附加堆纹。而腊洲山遗存的纹饰绝大多数与此完全不同。②腊洲山与昙石山下层遗存也有较大区别。虽然陶色和陶质上相似，但在其他方面区别明显，昙石山下层陶色以鲜艳夺目的红色为主，陶器手轮兼制，素面陶器表面一般可见磨光或抹光现象。口部肩部一般都经慢轮修整，口沿内侧的轮痕清楚。器表常有红色或橙黄色的细泥陶衣，有的还见单红色彩。纹饰方面的差异也非常大，昙石山下层装饰手法有拍印、压印、戳印、锥刺、刻划、堆贴和镂孔。以拍印的绳纹、条纹和竖篮纹最常见。压印有贝齿纹和锯齿状纹，戳印有圆圈纹，锥点纹有平行锥刺和斜向锥刺，状如篦点纹，刻划纹多平行斜线，附加堆纹均带按压纹饰，多呈锯齿状和绳纹状。这些装饰显然比腊洲山复杂得多。腊洲山装饰手法主要以拍印压印和附加堆纹为主，纹饰形态也大多不同。就器形而言，虽然器类均多釜、罐、壶、豆、盘等，但具体造型差异较大，昙石山下层主要器物的盘豆和短颈壶的造型绝大部分不见于腊洲山。陶器方面的差异最能反映两种不同文化之间的差别，因此腊洲山遗存还难以划入昙石山下层或壳丘头文化中。而石器和陶器一些方面的相似或许正好为未有科学测年的腊洲山遗存提供年代上的参考依据。根据学者们的意见，诏安腊州山遗存在距今5500～5000年，年代上大体与昙石山下层同时。

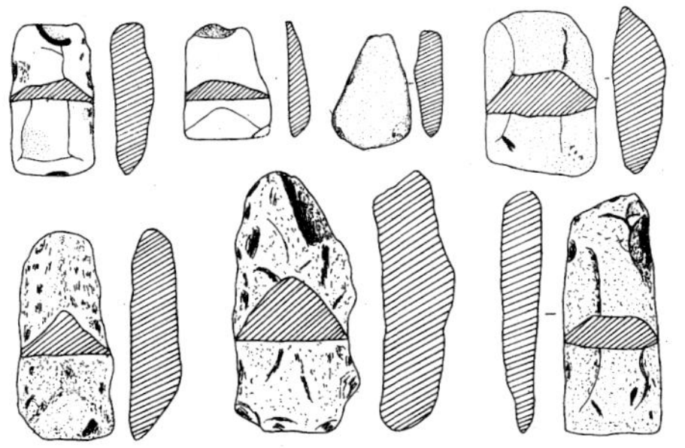

图五四三　腊洲山遗存石器

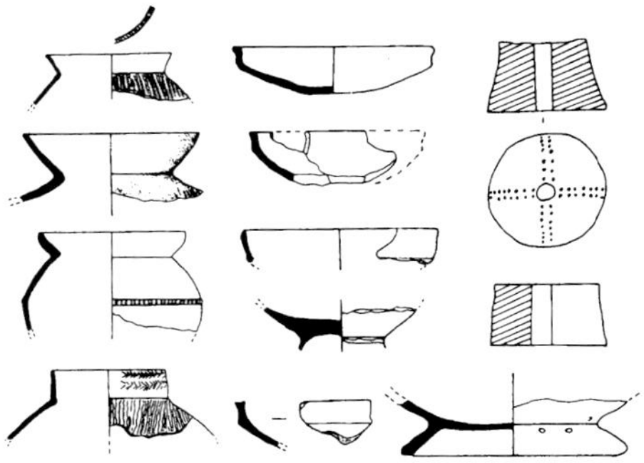

图五四四　腊洲山遗存陶器

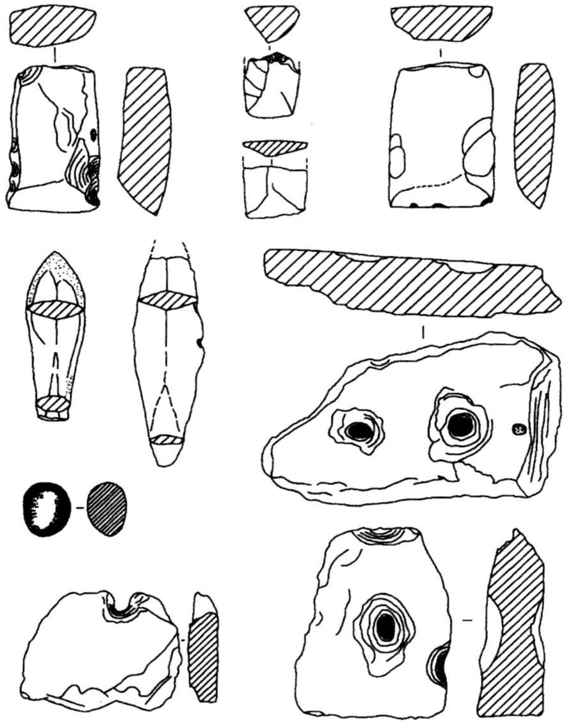

图五四五　大帽山遗存石器

3. 大帽山遗存

遗址位于东山县大帽山海拔65米左右的山丘上，面向大海，也是典型的贝丘遗址。遗址面积约400平方米，厚度20～55厘米。先后进行两次发掘。两次发掘的情况基本相同。古代文化堆积共二层，面貌相同，为同一类文化遗存。出土物有石器和陶器两类，石器有锛、镞、凹石、石球、砺石、穿孔器、石核和石片等。石器的形态与沿海各地同期遗物相近，但凹石等不见于昙石山文化（图五四五）。陶器以夹砂陶为主，占总数的4/5以上，泥质陶占一成稍多。夹砂陶陶色以红褐色最多，黑灰色其次，还有浅棕褐色、红色、浅黄色、黄色等。胎质多掺石英砂、云母和贝屑。泥质有黑灰色、浅红色、红黄色、浅褐色、浅灰色、浅黄色，其中浅红色和浅黄色数量稍多。陶器制法口肩均经慢轮修整，底、腹、纽多手制。素面陶无经湿手抹光而带陶衣，个别磨光陶。装饰有拍印、刻划、压印、戳印、锥刺、堆贴、施衣、磨光和挑刻等。往往多种装饰集中于一件器物上。纹饰以绳纹为主，还有编织纹、镂孔、短线纹、轮弦纹、指甲纹、戳印或锥刺的点状纹、刻划的平行短线曲折纹、堆贴的附加堆纹和凸棱纹等（图五四七）。陶器盛行圜底器和圈足器，不见平底器。器形有釜、罐、豆、盆和器盖等，以釜、罐和豆为大宗（图五四六）。大帽山遗存贝壳标本^{14}C 测定年代大约在距今 5000 ~ 4300 年，其时代与昙石山文化相当。发掘者认为大帽山遗址与昙石山文化文化内涵大体一致，但也有区别，属于两个不同的地方文化①。我们赞同二者属于不同类型地方文化的看法，以灰陶为主色调的昙石山文化陶器群中，釜、罐并不是最能反映其特色的器物，而豆、簋、盘、壶、杯等器物的造型特征更加突出，后几类器物不仅数量可观，造型也更具典型意义，是区别于其他文化的主要标志。这几类造型器物均不见于大帽山遗存中，可见其差异远大于共同点。因此我们认为大帽山遗址发掘者提出的“大帽山文化”的建议有一定的依据，值得探讨。

在距今 4300 ~ 3700 年，目前还没有发现代表性的遗址，时代上是个缺环。

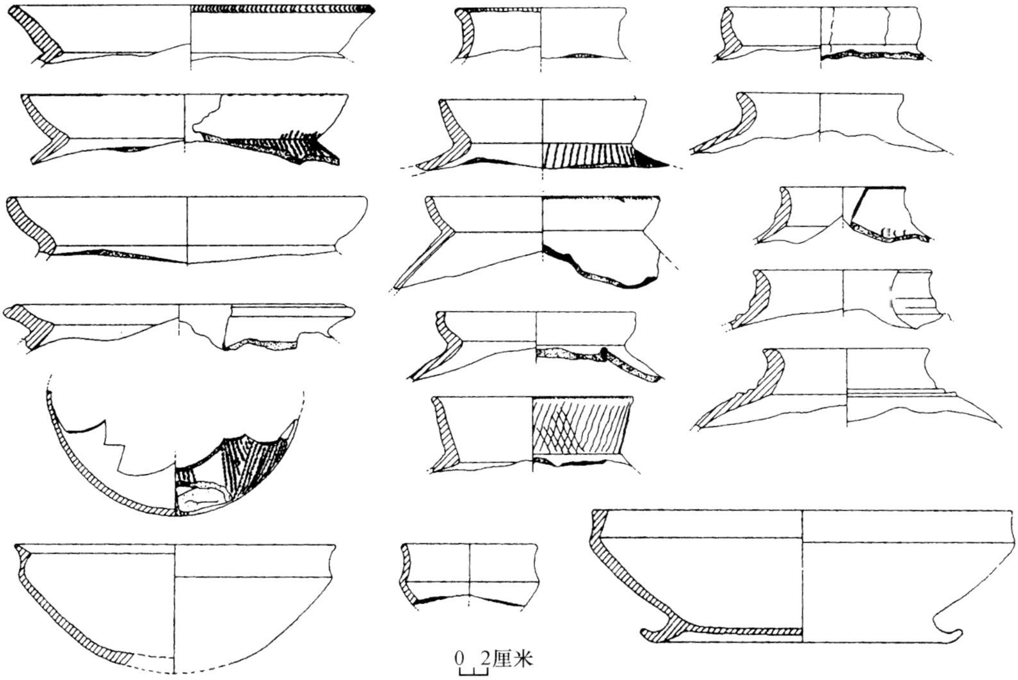

图五四六　大帽山遗存陶器群

① 福建博物院：《福建东山大帽山遗址第二次发掘》，《福建文博》2006 年 4 期。

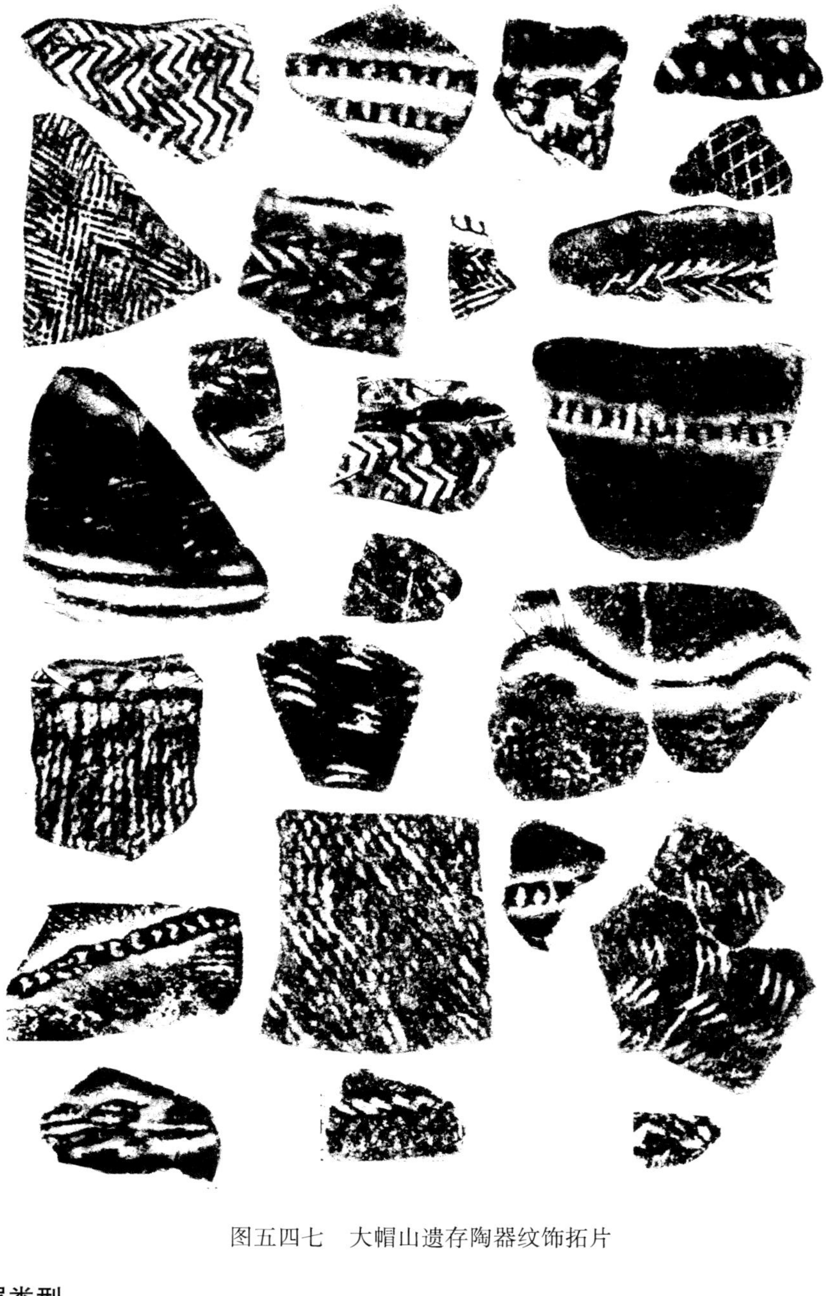

图五四七　大帽山遗存陶器纹饰拓片

4. 乌仑尾类型

乌仑尾遗址发现于南靖县金山镇河乾村西北约 300 米的乌仑尾山坡上，海拔 160 米，相对高度 68 米。主体内涵是其中的 M1 ~ M9、M11 ~ M15、M17、M21 这 16 座墓葬，另外地层中也出土了一些遗物。墓葬均竖穴土坑墓，平面长方形为主，少量梯形和方形。个别墓葬设有二层台和腰坑。出土物有石器和陶器两类。石器以锛为大宗，以平面呈长方形或方形、刃部斜面平直的小型锛占绝大多数。个别石戈、石镞、石矛、石球、石饼、砺石和凹石。陶器以夹细砂和泥质陶为主，未见釉陶。器形以罐、豆、尊最多见，陶支座、陶纺轮常见，还有壶、釜、杯、钵、盆、匜、瓮和器座等。纹饰有方格纹、复线菱形纹、梯格纹、曲折纹、斜线纹、绳纹、篮纹、弦纹、锥刺纹等。流行圜底器和圈足器，少量平底器，目前为止还没有发现青铜器。类似的遗存在诏安陂里后山墓葬、南靖石土地公山墓葬、漳州芗城松柏山遗址等地都有发现，广东东部一些遗址内也有类似遗物。内涵单纯，特色明显，发掘者认为是新发现的一种考古学文化类型，称之为“乌仑尾类型”。M2 底部采集标本经北京大学文博学院科技考古与文物保护实验室 ^{14}C测定，其年代为距今 3600 年左右①。在没有更多的材料之前，我们倾向于认为乌仑尾遗存可能是福建南部新石器时代向青铜时代过渡时期的一种代表性的文化遗存。

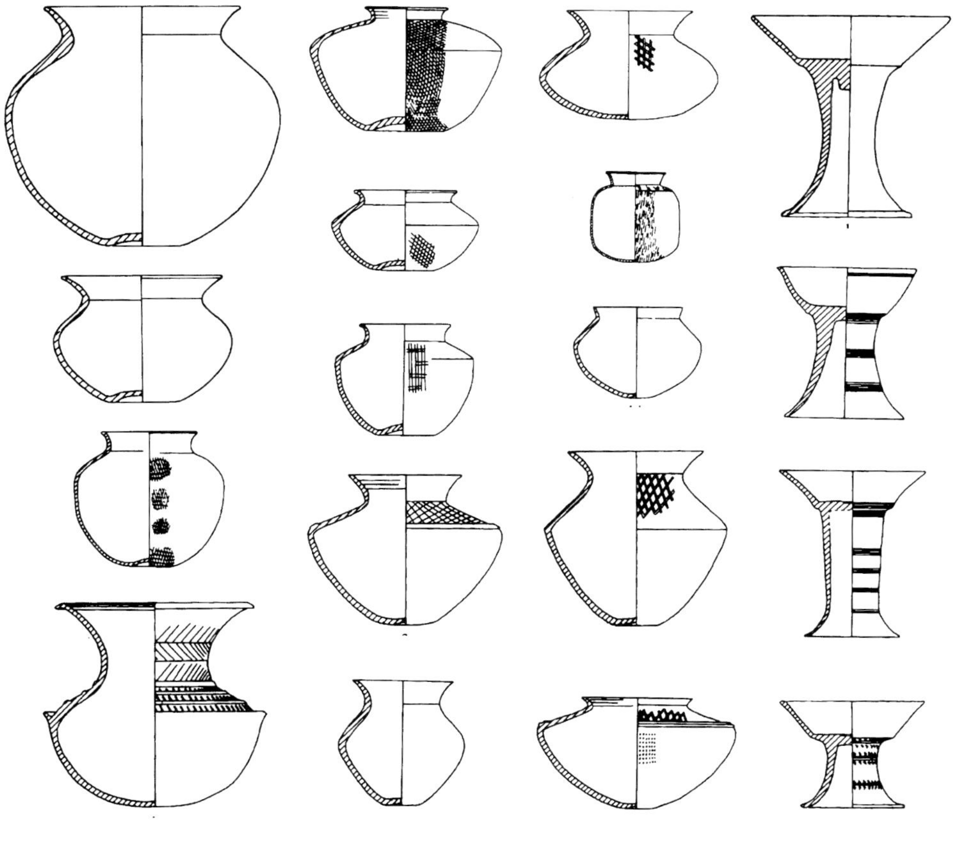

图五四八　乌仑尾类型陶器群

① 福建文物局主编、福建博物院文物考古研究所等编著：《乌仑尾与狗头山》，科学出版社，2004 年。

二、青 铜 时 代

1. 音楼山—庵山类型

音楼山和庵山类型的基本文化内涵已如上述，这里不再赘述（图五四九）。音楼山遗址的年代最早距今约3500年，最晚距今约2800年。庵山遗址发掘有多个^{14}C数据，最早距今3469年，最晚距今2809年，属于我省南部青铜时代的最早期文化。

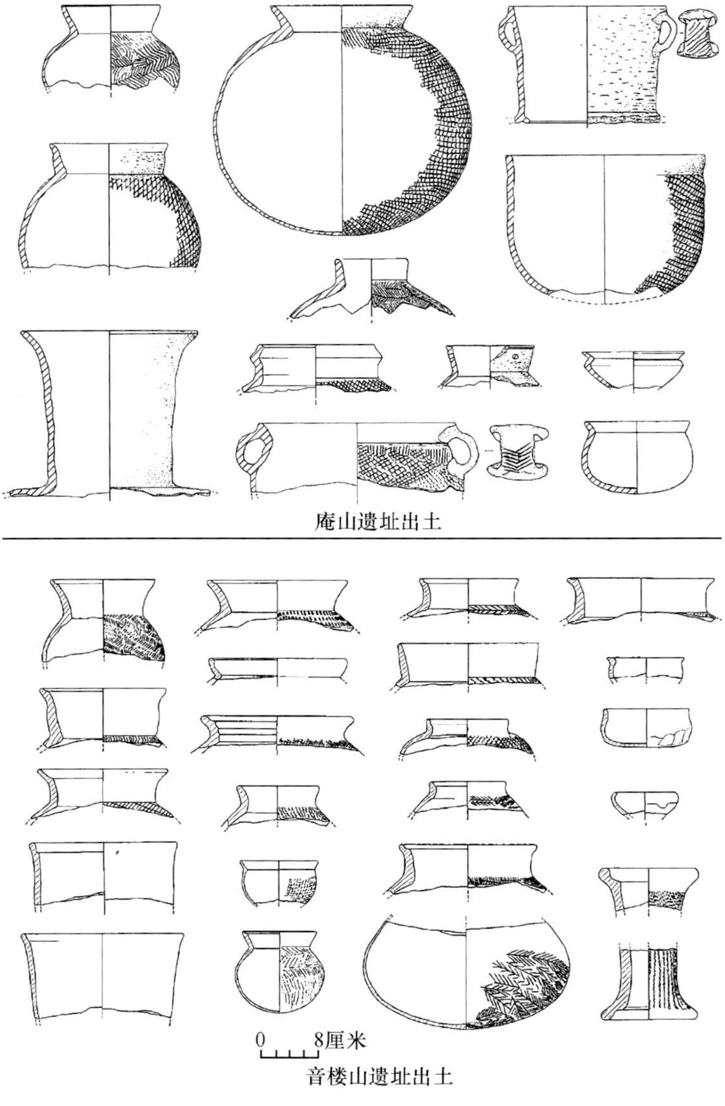

图五四九　音楼山（下）—庵山（上）类型陶器群

2. 虎林山类型

虎林山遗址发现于晋江以南的福建另一大流域——九龙江流域的漳州平原中部。该类型分布于福建南半部地区，中心区域为漳州厦门一带，晋江流域一带、龙岩东部地区都在其文化范围之内。2000 年发现于漳州龙文区朝阳镇樟山村的虎林山。在长泰戈林山遗址、平和西山墓葬、南靖浮山遗址、石土地公山等地发掘中大量发现同类遗物，此类文化遗物广布于闽南大地。内涵主要以发现的墓葬发现材料为依据，墓葬均竖穴土坑墓，其中部分带有长方形或漏斗形腰坑，个别存在生土二层台。遗物包括青铜器、石器、玉器、陶器四大类，不见骨器和贝器、凹石等。青铜器有戈、矛、铃等。生产工具以凹弧刃石锛为其突出特色，少量常形石锛、砺石、石铲等。石戈是仅次于石锛的常见遗物，穿孔与不穿孔，有栏或无栏，形态多样。还有石璋、石钏、石玦等装饰品。陶器也有夹砂陶和泥质陶，硬陶和釉陶很突出。器形有釜、罐、尊、壶、盆、钵、豆、杯。其中尊、壶、豆是其常见组合。纹饰不甚发达，最常见是条纹和方格纹。釉陶器上常见各种刻划符号，是这类文化内涵中重要的特色之一。陶器造型常见宽沿、长颈、深腹、折腹，圈足器和平底器流行。虎林山有两个北大测定数据，采自墓葬底部，笔者和杨丽华主编的《虎林山遗址》一书提供了未经校正的^{14}C 测定年代，因而将该遗址年代定在相当于中原的商代晚期①。近日笔者将这年代数据交北京大学实验室进行树轮校正②，所获数据如下：

（1）^{14}C 测定为 3040 年 ±60 年，树轮校正后为 1440BC（95.4%）1120BC；

（2）^{14}C 测定为 3120 年 ±80 年，树轮校正后为 1500BC（68.2%）1290BC；1500BC（93.9%）1120BC。

根据这一校正结果，那么虎林山时代应为距今 3500 ~ 3129 年。如果这一结果准确无误，那么其与音楼山—庵山类型遗存的时代几乎相同（音楼山与庵山遗址时代延续较长，晚期达西周，音楼山—庵山类型指的是两遗址的早期遗存）。这也就意味着闽南地区同时存在二种文化内涵完全不同的考古学文化遗存，显然这与虎林山类型不仅分布于丘陵山区也覆盖了沿海地带的现实情况不符。二者之间的差异不是分布区域上的不同所致，那么必然存着一前一后的先后关系。根据现有材料，我们认为音楼山—庵山类型当早于虎林山类型。有多点理由可以为证：①从遗址的面积上看，音楼山—庵山类型的遗址普遍较小，庵山算是特例，其他遗址基本上都在数百平方米之内，聚落规模偏小；而虎林山类型遗址普遍聚落面积较大，数千平方米遗址已不罕见；前者发现的遗址数量也

① 陈兆善、杨丽华主编：《虎林山遗址》，福建博物院等编。

② 校正年代数据承北京大学张驰教授帮助。

不多，总数不足10处，而后者目前所知已达500处左右。可见后者发展的规模。②生产工具上看，前者种类很多，但更多的是利用自然遗物直接使用或进行简单加工后使用，如发现的凹石、石球、骨器、贝器等。加工简单，打制和粗磨类石器常见，且基本上都是小型器物，显示更为早期的状态。而后者发现石器基本上是以精细磨制的石锛为主，锛的形态多样，大、中、小型号都存在，能满足不同的生产作业要求，石器的制作更加专业化，出现了明显具有等级身份差别的璋和形态复杂精致的钏等装饰品（图五五〇）。③陶器的制作水平更高，不仅种类增多、器形增大、形态复杂化、质地更加坚实、火候更高、制作更规范、轮制器物多见，而且出现了更高水平的釉陶器，显示了更为进步的特征（图五五一）。④陶器上大量刻划符号的出现。⑤青铜器的制作水平也较进步，出现了兵器和乐器等。凡此种种都说明虎林山类型较之音楼山—庵山类型要更向前迈进了一步。因此我们认为虎林山类型的年代数据存在着偏早的现象，距今3300～3100年可能是其恰当的存在年代，属于福建南部青铜时代的早期偏晚阶段。音楼山—庵山类型要稍早一些，距今3500～3300年可能是其恰当的存在年代。

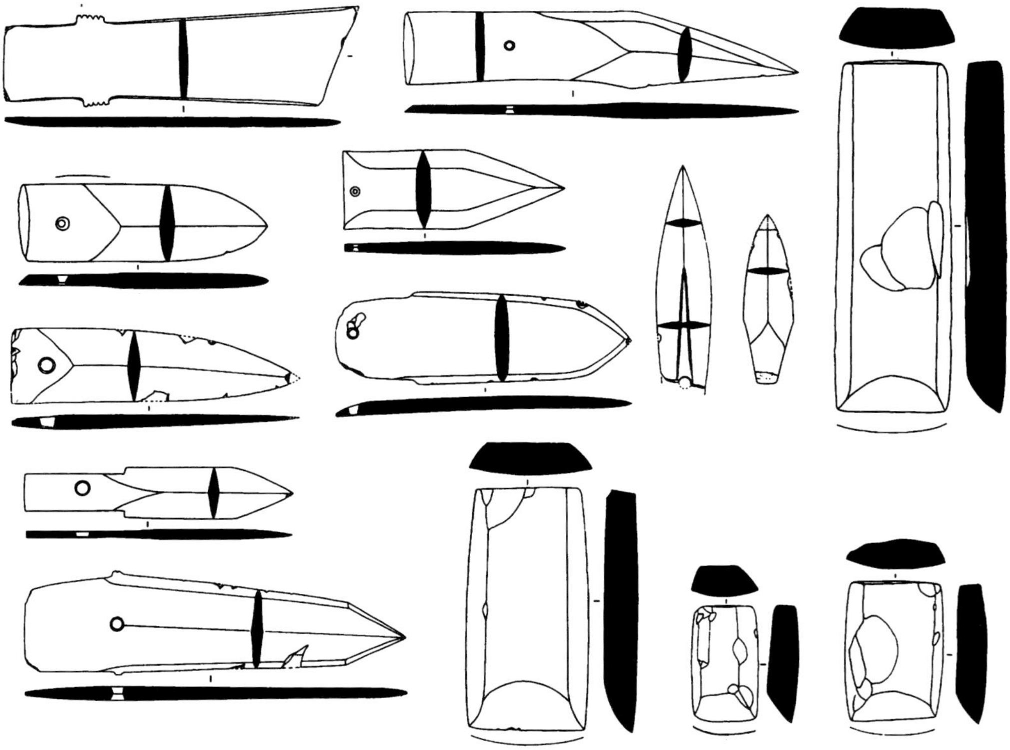

图五五〇　虎林山类型石器群

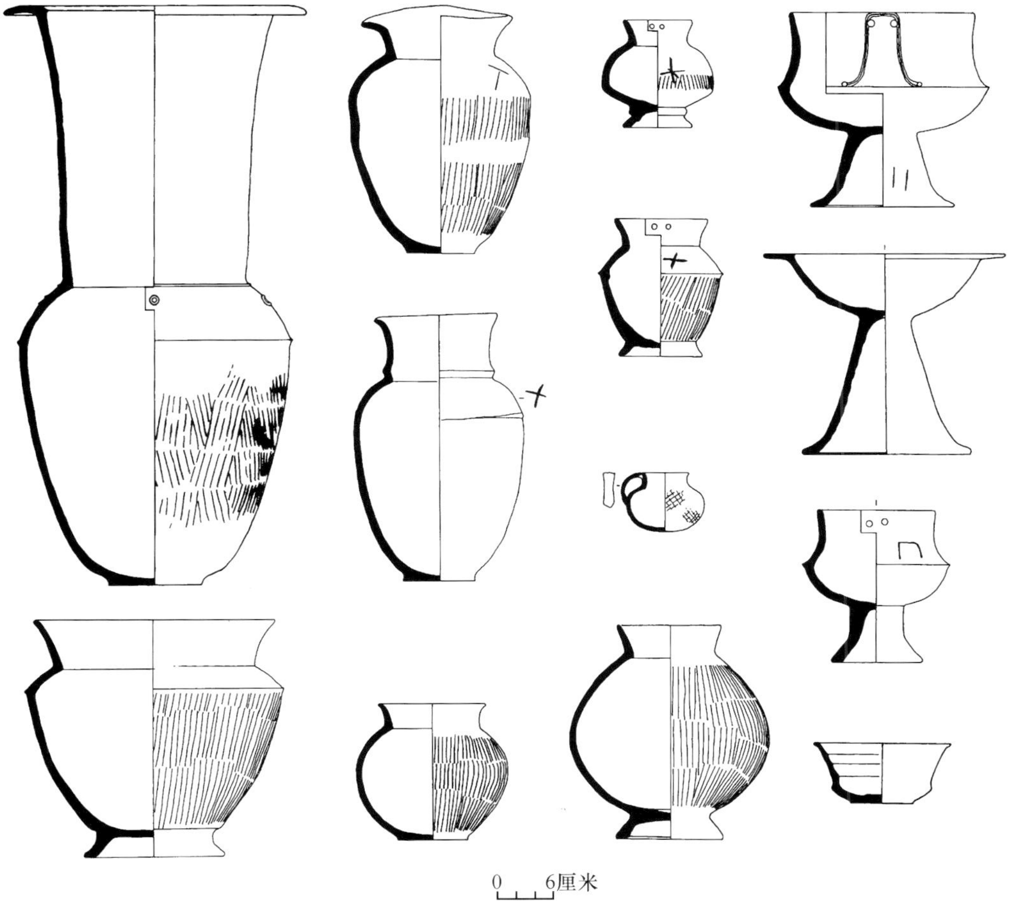

图五五一　虎林山类型陶器群

3. 大盈寨山、尾山仔等遗存

虎林山类型之后，相当于中原西周时期闽南地区又有一个比较大的缺环，至今未有典型遗址的发现和发掘，但野外调查中，有部分的遗址包含有这方面的内容，如晋江流域的大盈寨山遗存、晒牛山遗址、望云山遗址、翠屏山遗址等，音楼山和庵山遗址中也出土了这时期的遗物。南安尾山仔是唯一经过发掘的小型遗址，详细发掘情况已如上述。这时期有两个特别突出的特征，一是原始瓷器的出现并广泛使用，但总体数量发现不多，各地大都是零星调查采集品。像上文提到的尾山仔和南安馆藏双耳罐。原始瓷器主要器形有尊、豆、簋和罐等，纹饰有拍印条纹、方格纹，戳印联珠纹、篦划纹等。二是很多县市出现了零星的青铜器。如泉州北峰埔任、漳浦祖马林、南安莲塘、长泰枋洋、南安丰洲狮子山都发现造型简单的青铜锛或青铜残件。青铜器的发现最主要是南安大盈寨山遗址。出土的青铜器有锛、戈、戚、矛、剑、铃等。其中既有生产工具，又有兵器和乐器。值得注意的是两点，一是报告定其时代为春秋时期，但陈存洗和杨琮通过分析认为这批青铜器的时代当在西周时期①。二是这批青铜器与中原地区青铜文化区别较大，比如戈与锛和闽南地区发现的石戈与石锛的造型就很相似，应为本地产品。庵山遗址发现的多件用于铸造青铜锛的石范表明，早在相当于中原商早期时福建地区已能制造青铜器，因此大盈寨山出土的带有浓厚地域特色的西周青铜器为本地制造的可能性是极大的。青铜兵器、生产工具和乐器的发现，表明福建青铜文化在庵山青铜器铸造成就的基础上又向前迈进了一大步。

4. 九峰山青铜器

这一时期约当中原春秋时期，遗存较之以前任何时期考古学材料都更缺乏。我们现在所能知道的是丰州九峰山出土了一批青铜器，另外在漳州的漳浦县古雷半岛和长泰陈巷乡采集到个别的夔纹陶罐。九峰山青铜器较之前一阶段西周时期发现的青铜器在铸造的质量和器物造型上都更加精细和规范，与中原地区春秋时期同类器物形态相似，反映出生产和科技水平比以前有较大的提高。而夔纹陶在广东地区则普遍流行，表明此时闽浙粤等省的交往已经非常密切，在顽强保留一些地方特色文化的同时，中原文化、东南沿海各地区的文化已加快了文化融合进程的步伐。

三、战国到汉代

代表性的遗存有石牛山—犁头山墓葬（图五五二）。石牛山位于长泰县岩溪镇苑山村，1986 年第二次文物普查时在其向西延伸的山丘的西南坡上清理一座墓葬（石牛山 M1）。平面呈长方形，长 5. 03、残宽 1. 12 米。墓底平铺河卵石一层，厚 5 厘米，铺石之下还见砂土铺垫层，周边留出土沟。推测为木椁墓。随葬品残存 3 件，其中盂 2 件、玉璧 1 件。盂为硬陶，敛口，鼓肩，斜弧腹，平底。腹饰弦纹夹水波纹。玉璧质较差，两面饰谷纹，外缘有凸边，直径 5 厘米。犁头山墓葬位于长泰陈巷乡古村犁头山西南坡，1986 年第二次文物普查时清理，墓残（犁头山 M1）。平面呈凸字形，墓口残长 3. 75、宽1. 4 ~2. 16米。墓底结构与石牛山墓相同。随葬品共 6 件。其中罐 3 件、盅 3

---

① 陈存洗、杨琮：《福建青铜文化初探》，《考古学报》1990 年 4 期。

件。陶罐纹饰为拍印重回字对角交叉纹[1]。除此之外，这类遗存比较集中的发现是在石牛头临近的戈林山遗址。2004年笔者等发掘，该遗址分上下两个早期文化层，下层为青铜时代遗存，上层为汉代遗存。上层遗存中未发现遗迹和墓葬，但出土部分汉代遗物。陶器全部为硬陶质，部分器物未完全烧透而呈红色。器形有盂、盅、器盖、算珠形纺轮和板瓦残片等。纹饰有弦纹和戳印的斜线篦点纹组合，弦纹和水波纹组合，板瓦为麻布纹[2]。此外，在平和县、永春县和惠安蚁山、大岞海边等地也发现零星的此类遗物。这类遗物和福建省北部地区发现的战国至汉代遗存相似或相同，属于闽越文化的遗存。

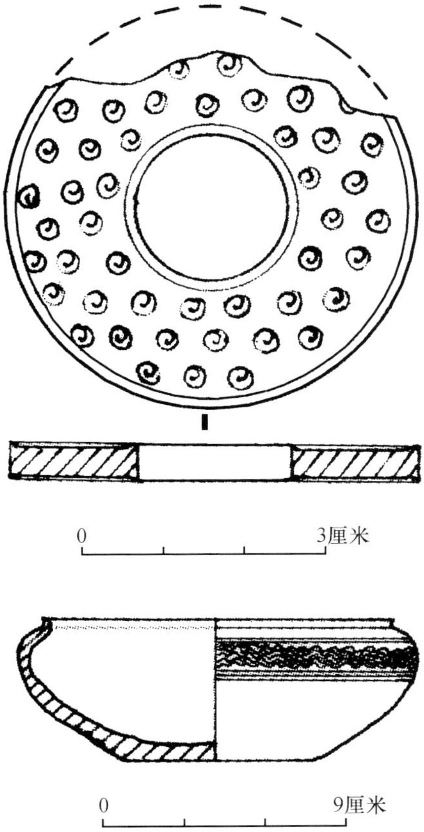

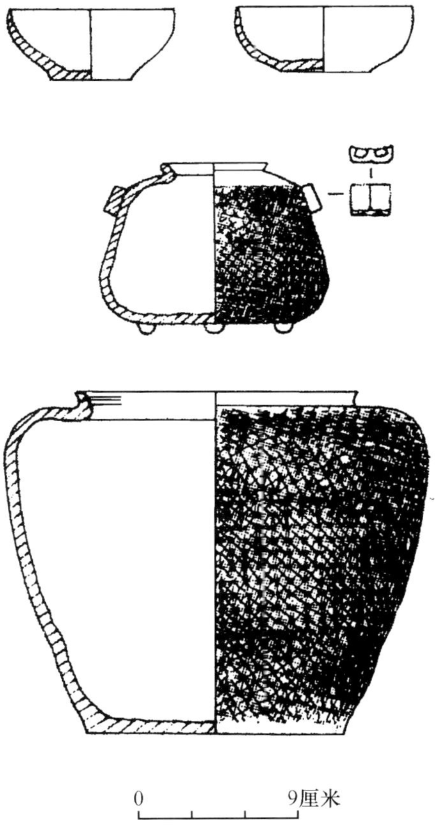

图五五二　石牛山（左）与犁头山（右）遗存玉器和陶器

① 福建省博物馆：《漳州发现商周、西汉墓葬》，《福建文博》2001年1期。
② 福建博物院考古所2005年发掘，笔者主持，材料待刊。

第三节　今后工作和本次调查中存在的问题

一、今后调查研究

1. 沿海调查

本次调查虽是以晋江流域为主，但在实际调查中除德化外，其他县市基本上全部调查。泉州所属大陆海岸线长达541公里、海岛海岸线达117公里，分别位居全省第四和第二位，港湾众多，生活资源丰富，大岞遗址、蚁山遗址、音楼山遗址和庵山遗址的发现证实了在沿海地区有许多区域是适合古人生产和生活的。但现在发现的遗址数量极少，其分布较之晋江及支流流域所见数量要少很多，并不能真实地反映其客观情况，需要进一步深入地调查。

2. 海岛调查

在我省的平潭岛、东山岛等岛屿上发现多处古代遗址，表明岛屿也是早期人类生活和生产的地方。泉州下辖之沿海县市所属岛屿众多，泉州市目前海岛数共180个，其中无居民海岛177个，有居民海岛3个，大小面积不等。有的靠近大陆，有些则远离大陆。在泉州所属金门县往年曾发现了富国墩遗址，说明至少在靠近大陆的一些岛屿上确实存在古人生活的遗迹和遗物。但目前为止还未开展这方面的工作，需要填补这方面的空白。

3. 聚落研究

泉州地区各类地理条件具备，既有山地、丘陵、盆地，也有平原、台地和岛屿等各类不同的地理条件，有海洋也有大小河流的分布。对于研究古人在不同的自然环境下的生活和生产方式、聚落形态的形成与演变等都具有特别的价值和优势。

二、本次调查存在的问题

本次调查，考古调查队员顶着似火骄阳，冒着酷暑，忍受虫蛇威胁，走遍晋江流域的山山水水，调查发现并整理了历年考古材料，为晋江流域考古做了一些基础工作，收获颇丰，同时也积累了一些经验。但是我们也深刻地体会到本次调查存在一些不足和缺憾，主要有如下几点。

（1）本次调查虽然也在登录遗址方面进行了规定，制作了登录表格，规定了必须填写的内容。但在具体操作中各小组填写情况详略不一，用语也不一致，尚不能做到真正的规则和标准。

（2）本次调查由于经费不足未配置现代科技设备和精确的地图，对遗址的定点仍然停留在使用简易地图来标注遗址位置的方法，使所标注的遗址不够准确，难以给后人留下准确的遗址定位。

（3）由于调查季节正是福建地区雨水充足、温度适宜各种农作物和各类野草杂树生长的时节，所涉及地区土地利用率极高，地表植被覆盖茂密，给调查工作带来了巨大的困难。

（4）晋江流域面积广阔，总面积约9011平方公里（德化除外）。本次调查尽管组织了较大的专业队伍，先后参加工作的有46人之多，进行了长达3个多月的野外调查工作。但是我们仍感人员不足，客观上在调查中也不能走遍每一寸土地，遗漏在所难免。长时间的野外调查作业，调查队员人困马乏、调查面积较大、各类地形地貌不一、所涉及的县市区基层工作人员专业素质参差不齐、专业人员缺乏、调查队伍规模较小、早年调查资料零散而贫乏，这些都给调查工作造成了很多影响。

（5）晋江流域沿海地带分布着许多小型岛屿，这些岛屿虽不直接属于晋江流域，但也是晋江流域相关区域的一个重要组成部分，由于夏季台风及雨季的影响，沿海各岛屿均未进行调查，因此这些海岛遗址的情况一无所知。而对于福建这样一个海岸线绵长、岛屿众多的省份来说，沿海岛屿的调查必不可少。对于完整了解晋江流域的早期文化面貌也是不可或缺的。

附　　录

附录一　一九五六年厦门大学考古实习队报告（节选）

上篇　工作报告

一、总说（林惠祥执笔）（略）

二、室内实习（林惠祥执笔）（略）

三、泉州南安县野外实习（庄为玑执笔）（略）

四、永春野外实习（林惠祥执笔）

（一）目的

永春县不是一个以古迹著名的地方，解放后六七年来也未闻有所发现，我们所以选择永春作野外实习地点是因为推测永春应有新石器时代古迹，如有发现，意义是很重要的。如无发现也学习了探找古迹的方法。

（二）经过

七月十六日：上午七时由泉州乘汽车，十一时半到达永春，寄寓永春第一中学宿舍；下午准备明日工作。晚间由庄为玑作永春考古的动员报告。

七月十七日：天亮后同学报告一中校舍后山坡有古墓砖，庄为玑去察看果有唐墓二个已被破坏。上午七时全队出发，先到文教科取来介绍函一件，又到文化馆就该馆古物作实习鉴定。八时由文化馆长林同志陪同往桃溪南面魁星岩参观古寺建筑和石佛。下午休息，夜开干部会议，决定今后日程。

七月十八日：上午分五小队到城外小山探寻新石器时代古迹。第一队由林惠祥率领越过桃溪到寨子坪山，发现印纹陶数十片、破石器二件。再探西方二小山无所得。下山越过桃溪到乡园乡由公路回寓所。第二、三队由陈国强率领到五里街后山探寻，山名万春寨、九兜山等，发现陶片石器很多。第四、五队由吕荣芳率领到西北方霞福村后小山名大宗山及许厝山探寻，也获得很多陶片和石器。下午第一、二队由林惠祥率领越过桃溪赴东南方小山探寻，也发现陶片和石器，数量不多。第三队由陈国强率领再到九兜山，发现比上午更多。第四、五队由吕荣芳率领再到大宗山也发现比上午更多。

七月十九日：第四、五队由林惠祥率领再到大宗山一带采集，和驻军商议允许进入其演习区内考察获得允许，今日又获得石器陶片。第二、三队再由陈国强率领到九兜山一带采集，林惠祥随后也去，本日在这里收获最多，发现完整及可接合的陶器小的四件、大的一件，以外还有石器陶片等。另有第一队学生到西北方小山探寻也有所得。

下午二时半动身回泉州，六时到，仍寓闽南实验剧团宿舍。

（三）结果

（1）发现永春城市西北方的九兜山一带，更西的大宗山一带，南向越桃溪的西南方寨坪山和东南方牛头寨小山，共九个山都有新石器时代遗址。山上散布着石器和陶片，数量多少不等，采集结果得石器五十九件，成形陶器五件，陶纺轮六件，陶网坠十三件，陶印模二件，陶片约一千余片。

（2）发现唐墓八个，在一中校舍后二个，山坡上四个，二中校址内一个，桃溪南岸东南方小山上一个。采集得唐墓有字砖二块，花纹砖十余块，瓷明器可接合的一件，破片十余片，又承一中赠完整的瓷明器二件。

五、经验和体会（林惠祥执笔）（略）

下篇　考古实习中的新发现

一、永春县新石器时代遗址（林惠祥、陈国强执笔）

（一）遗址所在

这次发现的新石器时代遗址是在五里街周围附近的小山上。南北相距约三公里，东西略相同。分为四个地点，略述如下。

（Ⅰ）北部：九兜山万春寨一带：在五里街后即北方有万春寨九兜山及其支脉等，在这一带发现遗物最多，是主要的遗址。遗物都散布在山上，山下平地不见。兹将各山的发现分述如下：

万春寨：紧接在五里街的背后，在这一带小山中是最高的，约有五六十米以上。遗物多散布在东面斜坡。

九兜山甲：在万春寨山的东北，高度次于万春寨山，遗物多在山顶，山顶平，不尖峭。

九兜山乙：在九兜山甲之西，高度比甲更低，山顶也更平坦。这山发现遗物最多，散布在山顶及山坡。

九兜山丙：在九兜山乙西部，很小且低，不过是九兜山乙的支脉而已，但在这里的向南斜坡上去发现了已破的小件陶器四个。

九兜山丁：也是九兜山的小支肪，在同上的更西。在东南坡也发现遗物。

（Ⅱ）西北部：大宗山、许厝山一带，和九兜山一带隔着一条公路及桃溪的小支流。由那一条公路旁的霞陵村向西走，涉过小支流，便到了大宗山。这带的山比九兜山一带低些。

大宗山：在东北面有被驻军除了草木的一大片斜坡，露出石器陶片，数量相当多。

许厝山：在大宗山的西北，有许多小岗，在后面的一岗军队除过草的一片地，也露出石陶器，数量不多，其他诸岗未见。

（Ⅲ）南部：寨坪山：在五里街之南，过了东西横亘的桃溪，再越过一片田地便到。这一带的小山有魁星岩、寨坪山、虎形山等，都江堰市是更南方大山的支脉。魁星岩有古寺，但不见石陶器。寨子坪山的东面有陶片和石器，但不多。再往西有另一小岗，和虎形山都江堰市无遗物。由虎形山下来越过桃溪向北走到乡园村，便可循公路回五里街。乡园村距永春县城是六公里。

（Ⅳ）东南部：牛头寨山：由魁星岩向东有几个小山，只牛头寨山东北坡发现遗物，也不多。

（Ⅴ）补记：大宗山附近的铜鼓山也有石陶器。考古实习学生张莲英留住永春家中，曾在其处采集得石瑗一段。又永春蓬壶也发现石陶器，考古实习队归来后，再派学生林国种（因家在永春）到蓬壶探寻，获得石器 21 件，陶印子 1 年，陶纺锤 2 个。历史系四年级学生林金枝、林祥瑞也在蓬壶各探得石器 1 件，回校时交来，故合在一起研究。

（二）遗物一：石器

在五里街附近遗址采集得石器 59 件，在蓬壶采集得 23 件，共 82 件。分类说明如下。

（Ⅰ）石锛8件：最大的长9厘米，最小的长3.8厘米。都是常型石锛，都略有破缺，多属泥板岩及沙岩制。

（Ⅱ）石锛破块20件：最大的长13厘米，最小的长4厘米。都是常型石锛的残块，有的存刃部，有的存根部，有的存中部。质同上。

（Ⅲ）巨大石锛3件：第一件长28.7、阔8.7、厚7.4厘米。花岗岩制。表面只加半磨，不很平匀，但明是石锛形。第二件是同上石锛的粗坯，已打制未磨，长20厘米，也是花岗岩制。第三件是四方形，也很大，12.6厘米阔，已缺一边，尚余9.4、厚3.8厘米。

（Ⅳ）石镞破块8件：最长的4.8厘米，最短的有2厘米，用页岩制，多属黑色。

（Ⅴ）石瑗残段6件：最大的长4.2厘米，最小的长1.5厘米。制工很精致，但是只是圆环形的一段。有一件有一端有廓痕，便是尽头处，可以证明原来也是由几段合成一个环形的。

（Ⅵ）三尖石戈残段1件：长10.5、阔6.4、厚0.7厘米。色灰。细砂岩制。制工颇精，两面磨得很平匀，两边对称。缺根部一段。尖端两旁多生二个小尖端，故称为三尖。这一种不像是枪头，因枪头常有中脊的。福建常有石戈出土，这一件应是石戈之类。这一种三尖形石戈，是从来未见的新种。

（Ⅶ）有段石锛1件：长12.8、阔6.3、厚3.7厘米。刃部已钝，且缺一角，但形状是石锛，且背部隆起成横脊，明是有段石锛。

（Ⅷ）石斧破块2件：一件是根部无刃，长5.3厘米。由两面相同，推知其刃是斧状而不是锛状。又一件只余刃部。

（Ⅸ）梯形石器破块1件：长余11.1厘米，阔一面4.4、一面2厘米，厚3.1厘米。两端已缺。

（Ⅹ）三棱形石器1件：长9.6、阔4.8、厚2.8厘米。形完整，人工也明显。用法应是以一边较薄的为刃来斫割东西。

（Ⅺ）三角形石斧2件：顶小刃大，形略如斧，但一面略圆凸，一面平坦。一件长8.4厘米，一件长存6厘米。

（Ⅻ）石英制石锛1件：石英制石器极少见，因不易制。这一件形如石锛，但刃未完成。是打制的未磨，大约因太硬不能磨。

（ⅩⅢ）三棱形石匕首1件：长17、阔4.8、中脊厚2.4厘米。一端尖，二边薄，一面有纵贯的中脊，一面平坦。形略似枪，但二面不相同。应是手握的匕首。这一种也是新种。

（XIV）长石凿 1 件：长 17.2、阔 2.4、厚 3.4 厘米。刃缺。

（XV）有孔石器破块 3 件：一件形如小牌，但一端的二边有刃，其尖端已缺，一小孔在上端，长 7.4、阔 2.9、厚 0.5 厘米。余二件皆是破块，原状不明，唯皆有一孔，故知是孔石器。

（XVI）粗制有肩石斧 2 件：一件长 18.9、阔 10.5、厚 4.4 厘米。上端两旁有故意敲凿痕，致成为两肩状。刃已钝缺。形极似有肩石斧，但不工整。又一件长 17.7、阔 8.8、厚 4 厘米。上部两旁也敲去一小缺成肩形。刃部也钝。

（XVII）粗制未磨尖刃大石器 2 件：一件长 168、阔 8.3、厚 5.4 厘米。质粗未磨，但形状对称，很像旧石器中的手握尖刃石斧。又一件长 16.6、阔 7.4、厚 4.7 厘米，形质都和上一件同，制工稍差。这二件虽未磨，但也明是新石器时代物，不是旧石器。

（XVIII）粗制未磨大石斧 2 件：第一件长 18、阔 10、厚 3.8 厘米，质是花岗岩，形长圆而扁，两边对称，二面相同，属斧状，但刃部钝，打制粗磨，未细磨。第二件长 15、阔 3.5 厘米。也是斧状，二边对称，刃部薄，但也较钝，一面圆凸，一面平。也是花岗岩制。同上半磨。第三件缺根部存刃部，长存 8.5、阔 9.7、厚 3.4 厘米。刃部很薄，圆弧形，显是人工敲打成的。全部打制未磨。第四件是完全的，长 9.2、阔 6、厚 3.3 厘米。是溪中石卵所制，只在刃部稍加打制而成。

（XIX）磨石 5 件：第一件长 7.8、阔 5.8、厚 4.1 厘米，如后代小刀石状，但四边不规则，磨面是凹的。第二件更厚，磨面也是凹的。第三件六面都有磨面，都是平的。第四件较小。第五件最小，长 4.9、阔 3.5、厚 2.5 厘米，磨面也是凹的。

（XX）大石坠子 1 件：是一些块石中腰成一道凹处，是人工制成的，似是扎绳子系在网上的坠子。

（XXI）石丸 1 件：不全圆，径 2.2～2.7 厘米。是人工制成的，不知何用。

（XXII）石器残块 5 件：都可看出其不意是人工制的，但不明其原形。

总的特征：概括的说，永春的石器有如下几条特征。

（Ⅰ）永春石器的种类型式和福建别地如龙岩、长汀、武平、南安、惠安、闽侯、光泽等地的都相同，是属于福建新石器的类型，也即是属于中国东南区的类型。

（Ⅱ）永春石器中特殊的东西是有肩石斧的发现。有肩石斧在海南岛和台湾最多，在广东大陆也有发现，在福建光泽、浙江也有，故这种石器也是中国东南区的特殊石器之一种。在福建也该有，但除了光泽曾发现一件形状不明显的有肩石斧外，省内别处还未发现。永春这次的发现有肩石斧正可补足这种空白。

（Ⅲ）永春石器的制工除了极少数外，多数不精致，因此在鉴别上有时发生困难。

（Ⅳ）永春石器的数量也不算丰富，在这样大片的遗址中只发现数十件，可说不多。

或者遗址已被后来的人类翻动，大部分反被埋在地下。

（Ⅴ）永春石器也多破坏，原因也由于遗址已被坏，故石器也被打破。

（三）遗物二：陶器

永春发现的陶器比石器更为重要，因为除了破陶片之外，还有补接成形的陶器数件，分述如下。

（Ⅰ）成形陶器5件：这些都是已经破的，有的小破，有的大破，发现后带回补接成器。第1件大瓮是在九兜山乙发现的，第2～5号是在九兜山丙同一处发现，都已破损，带回接合，所缺部分用石膏补足，但所缺很少。

（1）印纹陶大瓮1件：高51.5、腰最广处46.5、口13.5、底18.5、厚度6～12厘米。在九兜山乙发现，已破成无数片，带回补接，由十余人经一个余月方补成功。补接极严格，不十分准确的便不接合，已复原80%，还有剩余的同类陶片，因四边不能凑合但弃不用。缺处用石膏补足。陶质中等硬，色灰紫，无釉，表面满印小方格纹。口小，底大，全体很高。瓮壁厚薄不一律，表面凹凸不平匀，里面有手捏和旋刮状，全形也略歪，大约原来便是歪的，不是全由于补接的困难。这样大的陶器在新石器时代如能制得太工整不歪，反是不合理的事。这样大的印纹陶在国内还是第一次发现，虽是补接复原的也很可贵。而且这件陶器里面壁上还印有粟粒痕和穗叶痕数次，形状极为明显，曾于未补时将其痕迹照相并制模型，附于陶器图中。推测这种痕迹的由来，一定是当制造陶器时，旁有粟粒稻叶，被黏着在陶土上。陶器烧硬后，粟粒叶烧焦，却留了痕迹在陶器内壁上。那些粟粒稻叶和现在的真物还很相像，可以证明当时已能种稻。农业发明在新石器时代原是已知的事实，但可作证的实物却不多见，这次的发现可以供给这种证据，在人类文化发展史上是很有意义的。

（2）印纹陶有鋬圆底小壶1件：高10.8、广11.4厘米，陶质松，色黄灰，表面有筐篮纹。旁有一个鋬即提手处。鋬上有二个小螺旋形是贴上的。底圆但也能站稳。这种陶器在光泽县也有发现。

（3）同上又1件：高9.3、广9.7厘米。形状和上一件同，但略小。

（4）印纹陶有鋬大杯1件：高8.4、口最广处11、底6.2厘米。形便像现在的有耳杯，但腰细，底有圈足。口旁有一个鋬，即手握处，鋬上有二个小螺旋堆花。全体无印花，只在鋬上有手划的斜方格纹。色灰无釉。口部不是正圆，大约由烧时压歪所致。这种杯状陶器似乎也是未曾发现过的新种。

（5）直筒形有耳小罐1件：高9.7、广8.4公分。色灰，质很松。也有筐篮纹。表面有残余的釉点，原来是有釉，但釉不好看，不像后代的釉。这种直筒形有耳罐是新发现的。其上有釉，应是较后期之物。

（Ⅱ）其他陶制物：

（1）陶纺锤 8 个：最大的广 3.4、厚 2.2 厘米。最小的广 2.2、厚 0.7 厘米。有二种形式，一种如算盘珠形，有 4 个。又一种如算盘珠形的横剖面一半，也有 4 个。中央都有一孔，陶质不硬。

（2）陶网坠 17 个：最大的长 4.8、粗 2 厘米；最小长 3、粗 1 厘米。形如小圆管，有纵贯的孔，应是系在鱼网上的坠子。在别处还少见，这里发现很多，足以证明有这一类遗物。

（3）陶印模 6 个：已破缺，但可确定是印花纹用的印子。三个是扁方形的，最大的长 9.9、阔 5.2、厚 3.2 厘米。一个是圆印子形的，径 6.5 厘米。花纹有方格纹、斜线纹、草之纹等。

（Ⅲ）陶器的花纹：陶器和陶片上多有印成的花纹。现在就 5 件陶器和千余块陶片研究，花纹的种类如下：

（1）方格纹：数量最多，约占全数有花纹陶片 4/10。格有粗细不等，但以中等者为多。格子正歪都有。

（2）方格包直线相错纹：数量次于上一种。约占 2/10。形是三四条直线为一组构成一个方格，横的组与直的组互相错综。

（3）菱形包直线相错纹：与上一种相似，但直线是斜的故成为菱形。数量少。

（4）筐篮纹：数量次于上种。

（5）直线纹：多条平行相叠，有粗有细。数量中等。

（6）蕉叶纹：一条直线两旁有多条斜线。数量少。

（7）雷纹：有正体，有变体，又有双线的。数量少。

（8）草之字纹：数少。

（9）曲尺纹：数少。

（10）长方格纹：略如方格纹，但长比阔多二三倍。数量少。

（11）二长纵线夹短横线纹：有如梯级，很少。

（Ⅳ）陶片的质料颜色：就一千余片陶片来看，其质料属中等硬度，指甲不易刮刻，但竹木是可以刮刻的。颜色多数属灰黄色或灰紫色，前者较松，后者较硬。有少数黄色的，质极松。

（Ⅴ）陶器的其他形式：合成形的 5 件和破片可以看出器各部的各种形式。

（1）口颈部：有很低的，有很高的。口缘以向外的为多，向内的少。

（2）腹部：第一种是圆凸的，腹际或无饰，或有加一二道弦纹为饰，有在弦纹之外再加圆点为饰的。这种圆凸的最多。第二种是直筒状的，很少。第三种是上大下小的如陶杯便是这样。

（3）底部：有平底、圆底和圜足 3 种。

（4）附加部：有耳，应是双耳，为系绳之用。如陶瓮便有双耳。有些是鋬的，是单个，为便于手提之用。如成形陶器三个都有鋬。鋬上常加上小螺旋形堆花为饰。

（Ⅵ）附述：刻纹有釉陶器：在遗址内也采得一种陶片，数量很少，在一千数百片中只有 64 片，但形状很特别。上面都有花纹，其花纹不是用印模印成的，而是用尖物刻划成的，即所谓刻纹。其花纹也和一般石器时代陶器上的花纹不同，由简而繁，有以下诸种：①直线纹；②刻划的方格纹；③成列的小点；④凸起的直线旁加小点；⑤半月形纹；⑥蕉叶纹；⑦叠直线山字纹；⑧圆圈纹；⑨同心双圆圈纹；⑩小圆圈排成山形纹；⑪半月形排成山形纹；⑫小点成串菱形纹；⑬小圆点堆花纹。

这种刻花陶片，硬度中等至硬，色比较印纹的浅些，多属黄色。片上刻纹之内常见残留的釉点，釉色是灰绿棕等混合，不鲜明。这种陶片在质料、花纹、有釉诸点是和一般的印纹陶不同的，似是后来之物，但有一二片上除了刻纹之外也有印成的方格纹，且同在遗址中出现，其时代虽较迟，也应是接在新石器时代之后，相差不太远，或者是已入了铜器或铁器的时代，可能到了汉代。这种陶器在福建别处尚未发现过，只有光泽曾发现有釉陶器，但其花纹也不像这样。

（四）推论

（Ⅰ）年代：据永春县志所载，永春地方的沿革如下述：“隋开皇时置桃林场，始有守土之职，尚无自主政权，仍附于南安县。唐隶丰州，又隶泉州，……至五代唐长兴四年即闽龙启元年，王延钧升桃林场为桃源县。……晋天福三年闽王昶改桃源县为永春县，仍隶泉州。”由此看来，永春的见于记载是很迟的，只能上溯到 1367 年前的隋代。隋代以前文献无征，照理推之，应当已有人类居住，但以前未有证据，只可存疑。这次考古队到永春，便是要解决这个疑问。因为福建省南北各地已有多处新石器时代遗址。在永春的东方则有南安、晋江，南则厦门、华安、龙岩，北则闽侯、罗源都已有发现，永春不应没有。而且新石器时代人常傍河流而居，晋江支流之一便是永春的桃溪，下游的南安、晋江二县如已有人类，则上游的永春也应有人类。由于这二条理由，我们故选择永春为试探的目标。结果发现了大片的新石器时代遗址，可以证明永春也有很古的历史。

永春的新石器时代距今应有若干年，这是可以由别方来推论的。福建发现的各处纯粹新石器时代如武平、长汀、龙岩、闽侯等处的下限，都是在周初，即三千年以前，在易受北方影响之处早些，在不易受北方影响的僻地迟些。永春不是十分边僻之处，其纯粹新石器时代的终止至迟应在将近三千年以前。以后便应有了铜器，进入石铜并用时代。因为铜器稀少，还继续使用石器，直到春秋之末即 2500 年前方完全废弃了石器。关于这点在作者以前发表的研究报告中已评论过，不再赘述。

（Ⅱ）民族（略）

（Ⅲ）当时人类的生活：由遗址及遗物推论，可以知道当时新石器时代永春居民的生活情况。当时人当然远不及现在的多，因为有遗物之处还少，很多山上都找不到遗物。他们住处应是集中在桃溪南北的小山上，据现在所发现的是北方的多、南方的少。他们的生产工具是磨制的新石器，还有竹木骨角器应已消亡。他们已能制陶器。陶纺锤证明他们已知纺织，陶网坠和陶片上的小方格纹证明他们已能织麻布和结网。由陶器上的粟粒痕迹证明已有农业，由陶器的大可知食物已不少。由网坠证明能用网捞鱼。由箭镞可知还从事打猎。由陶器花纹的繁什可以证明他们很有审美的观念。当时应已能搭盖茅屋。

（五）结论

（Ⅰ）永春的发现新石器时代遗址，不止是将永春历史上溯到二三千年前，这次发现这样大片的遗址，尤其是大量的陶片与石器共存，在福建东南一带还是第一次，以前在这一区域内如晋江、南安、惠安、厦门、华安等处虽曾发现石器，但数量都少，遗址不明，尤其是印纹陶未曾发现。所以这一次便补足了这一个空白，对于福建和我国东南区的新石器时代研究有很重大的意义。

（Ⅱ）印纹陶大陶瓮的发现也是有全国意义的。小件陶器四件也很有价值，尤其是有鋬陶杯和有鋬陶罐更是新种。

（Ⅲ）陶器上印有粟粒和稻叶痕迹，对农业发明于新石器时代提供了很好的证明。

（Ⅳ）永春石器虽不多，但有几件也很有价值。如有段石锛可证明福建省各地都有这类石器，而这是中国东南地区的特征物之一。有肩石斧虽是粗制，但也有同上的意义。又如三尖石戈是未曾发现过的新种，巨大石锛也很罕见。

（Ⅴ）这次发现的遗址遗物都是在山上，遗物都露面，故不需发掘。这种山上遗址和福建其他地方大都相同，如武平、长汀、光泽都是这样，这是和平地遗址不同的。

（Ⅵ）由这次的发现可以推测在永春县内还可以再找到新石器时代遗址，南安还可继续发现，安溪、仙游、莆田，甚至大田、德化都有发现的可能。

（Ⅶ）古迹的发现常是无意中的偶然发现，这次的发现却是由于有计划、有目标、有意的探寻而发现，可以证明古迹也可以有意的探得。其方法是由其他地方的发现、本地的地形和历史的推论，而得出一个可能性，然后有意的探寻。探寻时是根据几条线索或条件，不是盲目乱找。这次永春的发现可以使学生学得寻觅古迹古物的方法，是这次考古实习中最重要的收获。

二、南安新发现的六朝古墓（庄为玑执笔）（略）

三、南安发现的贝冢（林惠祥执笔）

考古队于7月12日到溪口乡时，听本地人民说：附近数处山顶有贝壳很多。疑是石器时代的贝冢，便分配数小队到附近探寻。有一队到下福乡，发现在山顶果有很多贝壳。次日我再和七位队员由泉州到下福乡考察。下福乡在晋江南岸，由晋江到南安的公路上石垄过江，行一华里便到。下福乡背后有破寨山、五公山、纱帽等小山，在诸山的山坡果有十一处有贝壳成层在山土内，深自一二尺到一丈外，广约自五六尺至二三丈。每处贝壳都非常之多，其贝的种类属蚬类，又名蛤蜊，土名“沙拉”。

这种蛤蜊在当地没有出产，要到泉州才有。这种贝壳在土内久了，虽未达到化石的地步，但也已经很古旧，表面有光泽的一层已剥落。

这种贝壳有在山土内一丈多深的，故一定不是为烧灰而由别处运来的。当地人民不明了这种贝壳的来源，志书上也不曾记载。据当地人民的传说，以为是由于“沉东京，浮福建”，故山顶有这种贝壳。

“沉东京，浮福建”的传说流传于福建南部沿海一带，其意思是说以前在福建东方海中有一处陆地称为东京，而福建原是在海底，后来东京沉下去了，而福建却从海底浮起来。

我们这次考察的结果，认为这种山顶的贝壳不是从海底升起来的，因为这种贝壳还未到化石的地步。我们初时疑是石器时代遗留的贝壳堆，即考古学上所谓的“贝冢”，但探寻的结果，这种山顶的贝壳堆内及附近，全无石器或石器时代的陶器破片，有些后代的陶片，质很坚硬，介于陶与瓷之间，又已有釉，极似六朝时由陶变瓷的东西。而且除了这种陶片之外，绝未见有唐、宋及以后的瓷片，或其他东西。由这种陶瓷片的共存关系，可以推知是六朝时的遗迹。但六朝时何以会有这种贝壳堆呢？据史书记载，晋南渡后大批北方人民移来福建，沿晋江流域居住，因此这条江便称为晋江。贝冢所在地方正在晋江南岸，距江约一华里，但在一千六百余年前，晋江应比现在为广，逼近山下。六朝时人民移居这里，便住在江边小山，日日取江中所产蛤蜊为食物，将壳丢在平凹处，久之堆积很多，又被山顶冲下的土覆盖，成为现在的形状。

何以知是古人食的？这可以由蛤蜊壳而证明，这些蛤蜊壳都是两个分开的，没有两个相合的，可以知道是人类把它擘开，或煮熟而使它分开的。

东晋南渡后，常有关于食蛤蜊壳的记载，六朝时人常说“且食蛤蜊”，可见北方人南来后，也学南方土著多吃海产。晋代人民既曾沿晋江而居，然则他们便以江中的蛤蜊为食物，因而留下这种蛤蜊壳堆，是很合情理的。

这种蛤蜊壳堆确实便是贝冢的一种，但不是石器时代的，而是有史时代的古迹，这种古迹的发现，可以使我们对于东晋时北方移民沿晋江而居的事实，得到了证明。

四、永春唐墓和宋石窟（庄为玑执笔）（略）

执　笔：林惠祥　庄为玑　陈国强

（原载《厦门大学学报（社科版）》1956 年 6 期）

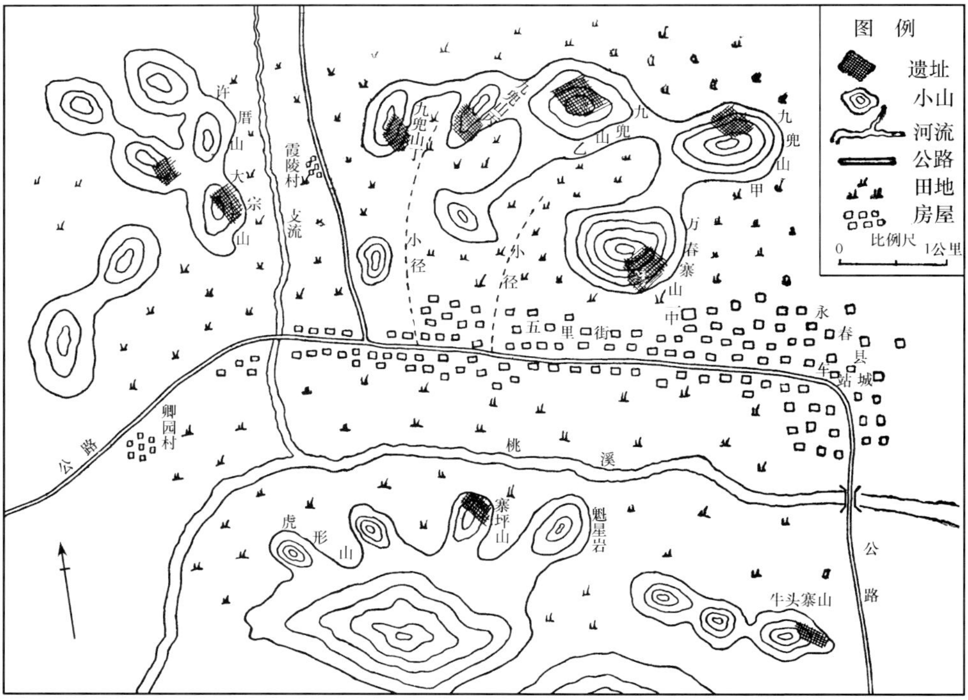

图一　永春五里街附近遗址分布图

第五图　永春新石器时代石锛
(最小的一件长3.8厘米)(以下至第
十八图都是永春新石器时代石器)

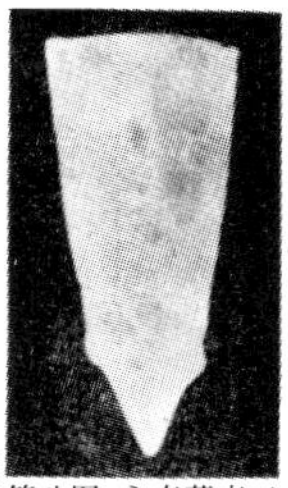
第八图　永春蓬壶三
尖石戈断片
(长余10.5厘米)

第十图　永春有段石锛(右角缺)
(长12.8厘米)

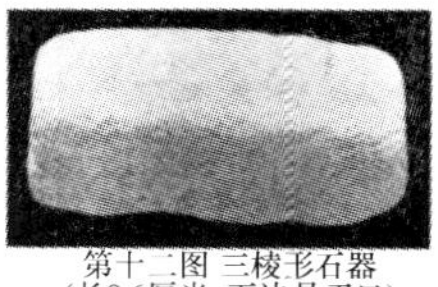
第十二图　三棱形石器
(长9.6厘米，下边是刃口)

第六图　永春石锛

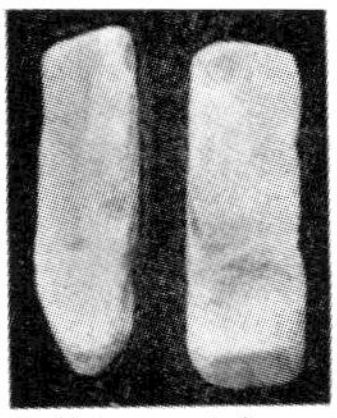
第十一图　半磨巨石锛
(长25.1厘米米，右是
正面，左侧面)

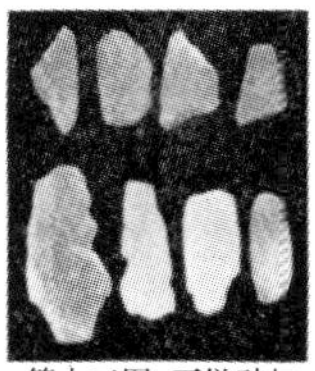
第十三图　石镞破块
(最长的4.8厘米)

第九图　永春石瑗
(中央最长的4.2厘米)

第九图　永春石锛
(长9厘米)

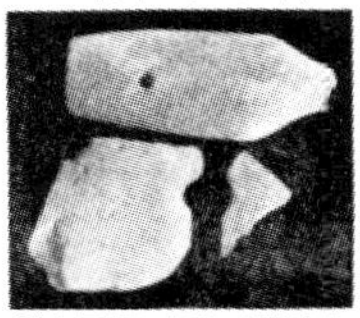
第十四图　有孔石器破块
(最长的7.4厘米)

图二

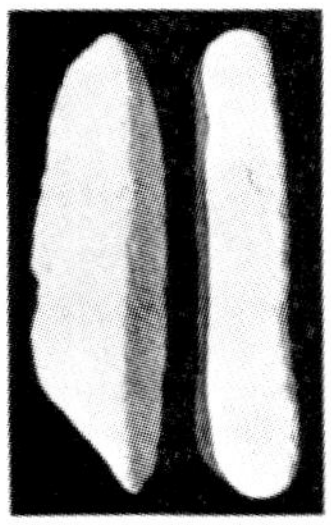
第十五图　右三棱形石
匕首(17厘米)左石凿
(长17.2厘米)

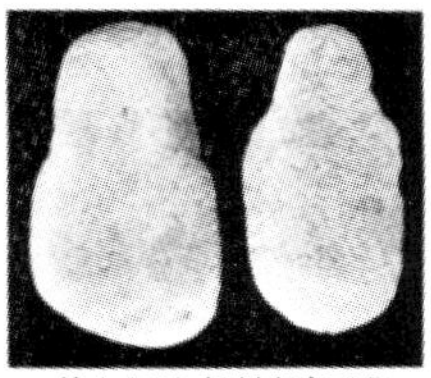
第十六图　粗制有肩石斧
(左一件长18.9厘米)

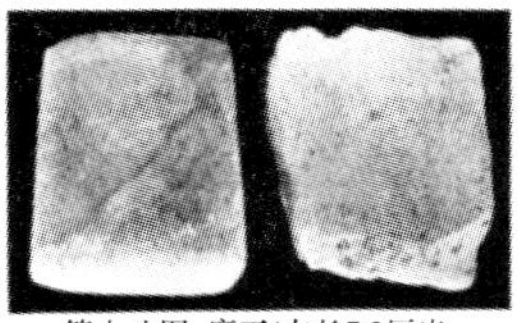
第十八图　磨石(左长7.8厘米，
面凹，右一件面平)

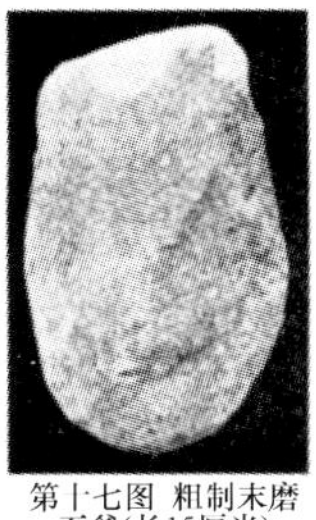
第十七图　粗制未磨
石斧(长15厘米)

第十九图　永春新石器时代
陶印模(左长9.9厘米)

第二十图　永春新石器时代陶器，
有鋬圆底陶壶(高10.8厘米)

第二十二图　同上，
有鋬陶盂(高8.4厘米)

第二十一图　同上，(高9.4厘米)

第二十三图　同上，
直筒形有耳小罐(高9.7厘米)

图三

第二十四图　同上，大瓮(高51.5厘米)

第二十四图　同上，大瓮内壁的稻穗痕

第二十七图　同上的粟粒痕(每个粟粒痕旁置真的谷粒一枚)(像比实物稍大)

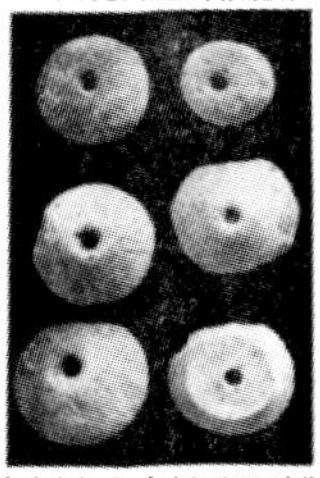

第二十六图　永春新石器时代陶锤(左下角最大的径3.4厘米)

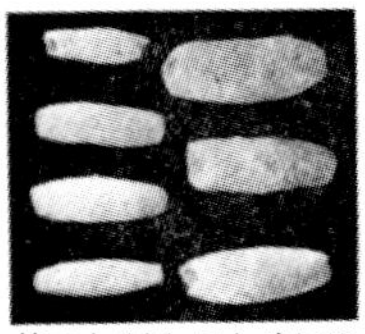

第二十八图　同上，陶网坠(右上角最大的长4.8厘米)

图四

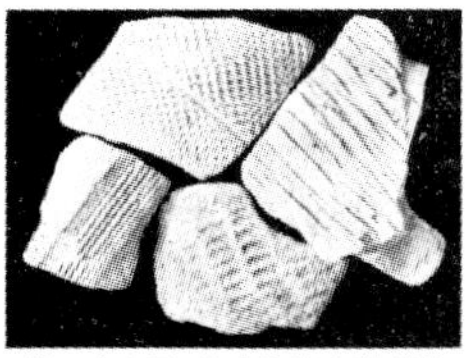

第二十九图　永春陶片上的花纹，左直线纹，右筐篮纹，上方格纹，下长方格纹

第三十二图　划花有釉陶片花纹，左半月形纹，右中间是蕉叶纹，上叠直线山形纹，下凸起的棱旁加小点。

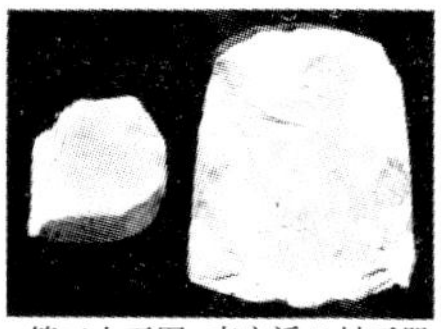

第三十五图　南安溪口村石器残段(右)及高田山石器残段(左)

第三十六图　南安王公山上贝塚

第三十图　同上，上草之字纹，下二长纵线夹短横线纹，左曲尺纹，右蕉叶纹。

第三十三图　同上，上圆圈纹，左半月形排成山字纹，右同心双圆圈纹。

第三十八图　南安溪口村及晋江

第三十七图　南安贝塚近观

第三十一图　同上，左上正横直排相错纹，右上斜横直排相错纹，左下双线雷纹，右下正体雷纹。

第三十四图　同上，左小点成串菱形纹，右小圆圈排成山字纹，中小圆点堆花纹。

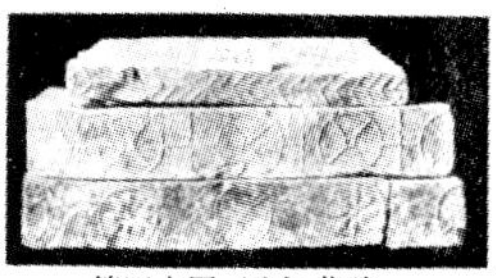

第四十图　同上，墓砖

第三十九图　南安溪口村六朝墓(原已破坏，露出凸字形的前部)

图五

附录二　福建丰州狮子山新石器时代遗址

泉州海外交通史博物馆
泉州市文物管理委员会

狮子山在南安丰州社坛村，距泉州6公里。山不很高，左连莲花峰，右接登台山、九日山，背依葵山，面临晋江。

1957年春，福建省文管会考古队在南安华侨中学（在狮子山下）发掘六朝至唐的墓葬时，在山上发现了石锛、石斧、石戈等石器和各种印纹陶片。1960年2月25日至3月7日，泉州海外交通史博物馆、泉州市文管会在狮子山遗址进行了发掘，南安华侨中学部分同学也参加了工作。先后在山岗南面的平台，选定了三个地区进行发掘，计开探沟（方）9个，发掘面积100平方米。揭露出当时人们的居住遗迹，并获得石器29件，陶器27件，青铜器3件和各种陶片。

一、文化层堆积和遗迹

（一）地层　发掘区都在山顶，由于长期受雨水的冲刷，所以堆积不很厚，包含物也大致相同。现以探沟2为例。

探沟2位于遗址偏南部，东西宽2、南北长5米。堆积可分两层。第一层为地表层，包含物除新石器时代的陶片外，还有宋代和近代的瓷片。第二层为灰褐色沙质，深0.2～1米。在距地表0.2～0.3米的平面上，出现了一片散乱的红烧土，在烧土中有陶网坠、陶纺轮及陶片等。在深0.6米处有陶环、石锛、石斧及灰土、木炭等物。并在它的底部发现有建筑遗存。

（二）建筑遗迹　在探沟1、2、4中，发现两道用石块砌筑的并列的建筑遗存。外边的一道长7.8米，从东北转向西南作弧状，所叠砌的石块，宽0.1～0.5米。里边的一道长0.65米，从北向西南作弧形的转弯，石块宽0.1～0.15米。这两道石砌建筑基址的附近还发现有红烧土、灰土和木炭等。这里地面平坦，北面和西面都有岩石，特别是在西边的岩石巨大，竖立如墙。我们推测当时的人利用西面和北面的岩石为墙，在东面的平地上建屋。这一地可能为房屋的残址。

此外，在探沟6第二层发现一处长10米的灰层，其中有大量的炭迹和火烧过的黑赤色草泥土块，很硬，厚0.15～0.65米，由断面可看到稻草壳的痕迹。在福建福清东张遗址所发现的房子也有这样火烧土的地面，或许这处也是一座房基。

（三）灰坑　共发现两个。灰坑1呈圆形，发现于探沟3～5第二层。坑口用石块叠筑，口径0.75～1、底径0.42、深1米。坑的西南略倾斜，坑内堆积有陶片、青铜器、炭迹和火烧土等。

灰坑2呈圆形，口部作葫芦状，坑口出现于探沟5和探沟2的第二层，口径0.55～0.8、底径0.5、深0.7米。内部绝大部分是松灰土，杂有炭屑和少量的陶片。

二、出土文物

（一）石器　29件。石料以页岩为主，也有采用砾石的。

（1）石锛　8件。可分2式。

Ⅰ式：6件。横断面近梯形，大小不等。大的一件，通体精磨。长4.9、刃宽2.3厘米。小的一件，长3.2、刃宽2.5厘米（图一，1）。

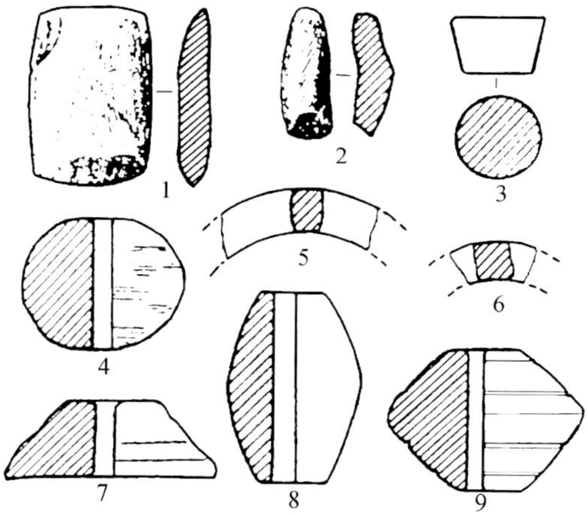

图一　狮子山遗址出土的石器、陶器

1、2. 石锛　3. 柱状石器　4、7、9. 陶纺纶　5、6. 石环　8. 陶网坠（2约1/3，3约原大，余皆3/5）

Ⅱ式：2件。一面磨平，另一面隆起。完整的一件，长6.8、宽1.5、厚1.1厘米（图一，2）。

（2）石斧　3件。皆残，磨制精细。

（3）石刀　1件。已残，黑色页岩，体扁薄，刃部双面磨成。

（4）石戈　2件。已残，通体精磨。其中一件为柄部，一面钻孔。

（5）盘状器　1件。体扁圆，打制。直径4.6、厚1.5厘米。

（6）敲砸器　2件。扁圆鹅卵石制成，两面敲出一凹穴。

（7）砺石　4件。石料为粗砂岩和页岩。

（8）石纺轮　1件。体扁圆，断面作长方形，叶腊岩质，通体磨制。直径2.9、孔径0.6厘米。

（9）石环　4件。多为页岩，均残，断面呈锥形、长方形和圆形等（图一，5、6）。

（10）石笄　1件。断面呈圆形，长3.3、径0.6厘米。

（11）柱状石器　1件。断面为梯形，磨制精细。高0.5、顶径0.8、底径0.65厘米（图一，3）。

（12）石圭　1件。已残，页岩质，体扁薄，精磨。

（二）陶器　大部分是残片，复原的甚少。器形有盆、盘、豆、钵、罐、壶、瓮、甗和鼎等类。按陶质可分为夹砂陶、印纹硬陶、粗泥陶、彩陶和釉陶五种。其中以夹砂陶最多，硬陶次之，彩陶和釉陶最少。

（1）夹砂陶　有灰、红两种颜色，表面涂有陶衣，纹饰有席纹、回纹、方格纹和绳纹等。火候不高，质松，大部手制，个别用范制，器形有罐、甗、瓮和鼎等（图二）。

（2）印纹硬陶　有的羼入少量砂粒，呈灰青色。纹饰有席纹、方格纹、曲折纹等。火候极高，质硬，多用手制或范制，口部大都用轮制，器形有罐、盘、钵和豆等（图三）。

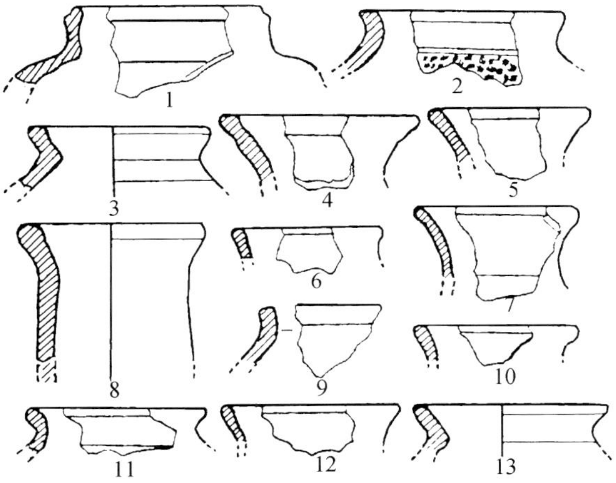

图二　狮子山出土的夹砂陶
（1、2、8、9. 约1/6，3. 约1/4，
4、5、11～13. 约1/8，6. 约1/12，7、10. 约1/10）

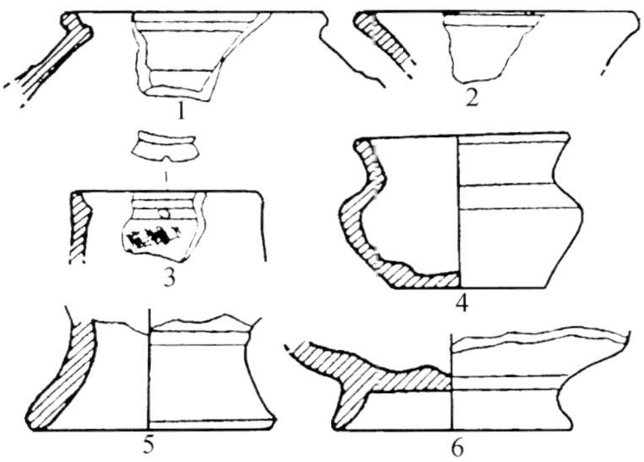

图三　狮子山出土的印纹硬陶
（1～4. 约1/6，5、6. 约1/4）

（3）粗泥陶　表面常施有橙红色陶衣，大都为素面，器壁较薄，火候不高，质地粗松，器形有罐、盘等。

（4）彩陶　夹有细砂或未羼砂，表面橙红色，上加彩绘，纹饰全为直线组成的方格纹图案，火候低，质较松，器形有瓮、罐等。

（5）釉陶　火候极高，质硬，大部为轮制，器形有盘、钵、豆和罐等（图四）。

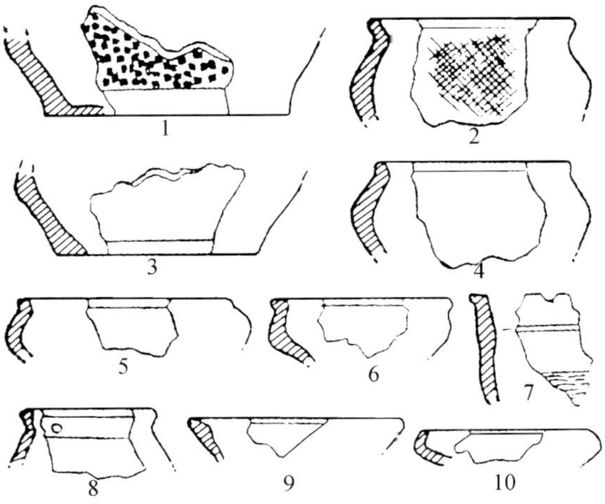

图四　狮子山出土的釉陶
（1、3、5～7. 为1/5，2、4、8. 为1/3，9为1/8，10为1/7）

除了上述的陶片外，还发现了一些

器形较小的完整陶器，现分述如下。

（1）陶纺轮　6件。大部为夹砂陶质，亦有细泥质。断面呈菱形、圆形、梯形和三角形等（图一，4、7、9）。

（2）陶网坠　2件。均夹砂陶质。一件作橄榄形，表面灰黑色，中穿一圆孔。长3.5、孔径0.8厘米（图一，8）。另一件呈圆柱状。

（3）陶拍　3件。较完整的一件呈长方形，拍面纹饰有方格纹、条纹和叶脉纹三种。长4厘米。

（4）陶球　1件。夹砂陶质，手制，橙红色。直径2.5厘米。

（5）圆陶片　5件。利用砂陶、硬陶残片加工磨制，呈扁圆状。

（6）陶环　3件。夹砂陶质，手制，橙红色，制作不甚精细，横断面作扁圆形或圆形。

（7）柱状陶器　2件。夹砂陶质，手制。直径5厘米。

（三）青铜器　3件。全是残片，已不能辨其器形，在探沟3、4、9均有发现。

三、结　　语

近年来，在晋江沿岸发现不少新石器时代遗址。这里的房屋主要用岩石建造，有的房子地面还用草拌泥焙烧过。此遗址与福建南部同时代的遗址出土的器物基本相似，石器以锛为主，制作相当精细，陶器除印纹硬陶外，同时有大量砂陶。彩陶与闽侯昙石山和福清东张新石器时代遗址出土的彩陶有所不同。该两地的彩陶是在硬陶可磨光的细泥陶器上加黑彩，纹饰以彩线组成的图案为主。这里却是在夹有细砂的陶罐上加红彩，纹饰以方格纹为主。由于狮子山遗址出土的陶器的器形、纹饰都比较复杂，制作以手制和模制为主。部分用轮制。并发现釉陶，与石、陶器共存的还有青铜器。因此，狮子山遗址应属于新石器时代晚期。

执　笔：许清泉　王洪涛

（原载《考古》1961年4期）

附录三　闽南新石器时代遗址的调查（节选）

福建省文物管理委员会

1958年5～8月初旬，我会曾组织了一个文物普查队，对仙游、永春、南安、安溪、大田、德化、永泰和平潭九县进行了普查工作。除平潭外，都发现有新石器时代文化遗址。

闽南大部分是山区，丘陵起伏，河流交错，较大的河流有晋江、木兰溪、桃溪、东溪、西溪和汀溪等，新石器时代遗址便分布在这些河流两岸附近的丘阜上（一般高5～100米）。

过去我们只对仙游、永春和南安略掌握一些零星材料，通过此次普查，对闽南的其它四县也有了新的了解，在八个县里共发现了115处新石器时代遗址（图一）。这里

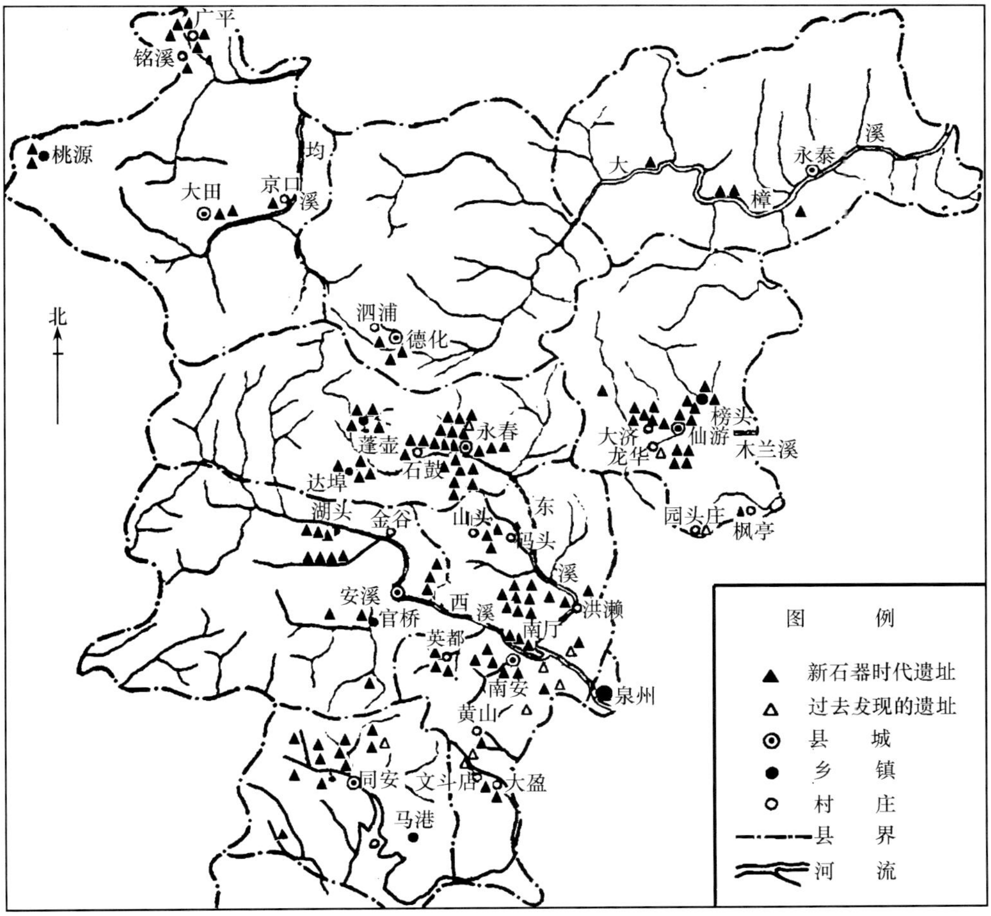

图一　闽南八县新石器时代遗址分布图

的遗址大部分被雨水冲刷过，无文化层，遗物也不算丰富，现将调查情况报道出来。

一、仙游（略）

二、永　　春

永春是个山区，境内有一条较大的河流为桃溪。桃溪两岸有些较平坦的谷地和山丘，遗址便分布在这些地方，共29处。情况可见表二。

表二　永春县新石器时代遗址调查表

名称	地点	情况	文化遗物
长安山	化龙乡丰山村（桃溪北岸）	为一狭长山丘，山上已造林，遗物稀少	石器和陶片
化龙山	化龙乡化龙村（桃溪北岸）	高约50米，长约半公里，破坏较严重，遗物集中在山东坡上	同上
新宫山	化龙乡济川村（桃溪北岸）	高约70米，遗物集中在三峰之间的平地上	釉陶和其他陶片
复船山、亲边山	桃溪乡桃溪村（桃溪南岸）	高约40米，西南一峰为复船山，北峰为亲边山，范围很广，遗物断续散布，破坏严重	石器、陶器和陶片
化石山	化龙乡化石村（桃溪南岸）	两个山丘均已开为梯田，遗物稀少	石器、釉陶和陶片
荒致山	德风北约1公里	为连绵山丘，雨水冲刷严重，遗物稀少	少量陶片
大杏山	小岵乡和林村	除此之外，这一带还有很多山丘，有零星遗物	釉陶和陶片
大宫山	达埔乡达埔镇永春第五中学后	数峰相连，均开为耕地，遗物稀少	釉陶和陶片
凤山庵	达埔乡达埔镇附近（桃溪南岸）	高约百余米，遗物稀少	残石器、釉陶和陶片
茶心山	达埔镇中心小学后山坡上	遗物稀少	残陶罐和釉陶片
马头山（大平黄尾山）	蓬壶镇美中村	高约90米，已开垦，遗物不多	石器和陶片
杰山	蓬壶镇永春第三中学后	已开为耕地，遗物稀少	同上
吴山	蓬壶镇旁	高约50余米，为五个山丘，遭破坏	石锛、石珠和陶片
山母仑	蓬壶镇汤城村东	被雨水冲刷，遗物稀少	石器、釉陶和陶片

续表

名称	地点	情况	文化遗物
吴坟山地电仑	蓬壶镇溪都村北	两山丘均已开垦种植，遗物稀少	石器和陶片
后圳山	石鼓乡石鼓村北	已开为耕地，面积不大，遗物稀少	釉陶和陶片
格仔寨	石鼓乡社山村北	高约70米，已开垦种植，遗物多在东头南面的山坡上	石器、釉陶和陶片
牛头寨（现名花果山）	桃溪乡桃溪村（桃溪南岸）	高26～100米，都已开垦，破坏很多，遗物十分丰富，釉陶很多	同上
寨坪山	石鼓乡桃场（桃溪南岸）	高约56米，被雨水冲刷，遗物稀少	少量陶片
梅峰（梅花山）	城关五里街永春第一中学后	遗物稀少	少量陶片
康山万春寨甲址	城关五里街康山（桃溪北岸）	高约100米，部分开为耕地，遗物稀少	少量陶片
康山乙址	万春寨甲址北	高度略次万春寨，遗物稀少	少量陶片
康山丙址	康山乙址北	高度又次于乙址，为康山支脉	石器、釉陶和陶片
康山丁址	万春寨西	与丙址相连，地势略高，遗物不多	石器和陶片
康山戊址	甲乙丙丁四址中间	为一高10米左右的长山丘	陶杯、陶豆、陶罐和石锛
霞陵甲址	城关霞陵村养贤小学后山上	这一带小山丘统称霞陵，遗物不多	釉陶和陶片
霞陵乙址	甲址的东北边	与甲址相距约50余米	石器、釉陶和陶片等
霞陵丙址	乙址后面偏北处	与乙址相距约30余米，地势略高，遗物稀少	陶片
尾路山	霞陵甲址南	高15～60米，遗物稀少	釉陶和陶片

上述各地共采集石器 25 件，陶器 10 件，陶片 1402 片。

石器中有石锛、圆石器、砺石、石球和石环等，有的已不辨其形。

石锛有 4 件，都是平背面微隆起的，长度在 6～8 厘米，有磨光和琢磨两种。

圆石器有 2 件，打制的一件系采自牛头寨，径 9、厚 1. 2 厘米；另一件则采自康山丁址，磨制，微残，径 6. 2、厚 1. 8 厘米（图二，5，6）。

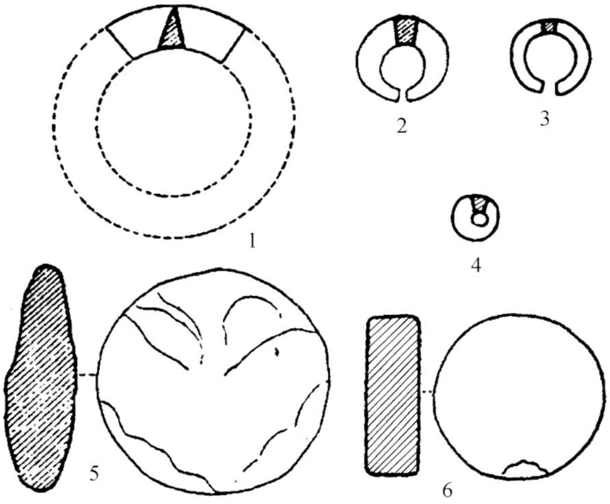

图二　石、玉器

1. 石环（德化云尾山，1/4）　2. 玉玦（大田后坑头，1/2）　3. 石玦（南安民安村丁址，1/2）
4. 石珠（永春吴山，1/2）　5、6. 圆石器（永春牛头寨、康山丁址）

砺石有 2 件，一件采自吴山，一件采自格仔寨。

石珠用石髓制，形小扁平，一面穿孔，径 1、厚 0. 2 厘米（图二，4）。

残石环，磨制，断面作等腰三角形，残长 3. 5 厘米。

陶器有陶罐、陶杯、陶豆、陶纺轮、残陶管和双耳釉陶罐等。最具特征的是在 29 处遗存中有 17 处采集到釉陶，釉分青绿和黄绿两种。陶片中，印纹硬陶最多，印纹软陶次之，夹砂粗红陶又次之，夹砂粗黑陶、夹砂赤陶和细泥红陶则更少了。

陶罐有硬陶和软陶的。前者有两件，采自康山丙地，敞口，圜底微内凹，肩腹分明。后者有一件，采自茶心山，灰色，饰篮纹，口部饰小圆饼状纹饰，已残。带鋬陶罐则有三件，均硬陶制，色灰，篮纹。亲边山采集的一件系侈口大腹，圜底微平，口径 8、腹径 11. 5、高 10 厘米。另两件系采自茶心山，均破碎，复原的一件为硬陶素面，高颈，大腹圜底。

陶杯，硬陶，素面，敞口，圈足，鋬也有附加堆纹，高 11.5、口径 9.5、足径 6.1 厘米（图三，6），采自康山丙址。

陶豆，软陶，素面，灰色，空足，径 13.5、高 5、足径 8 厘米（采自康山戊址）。

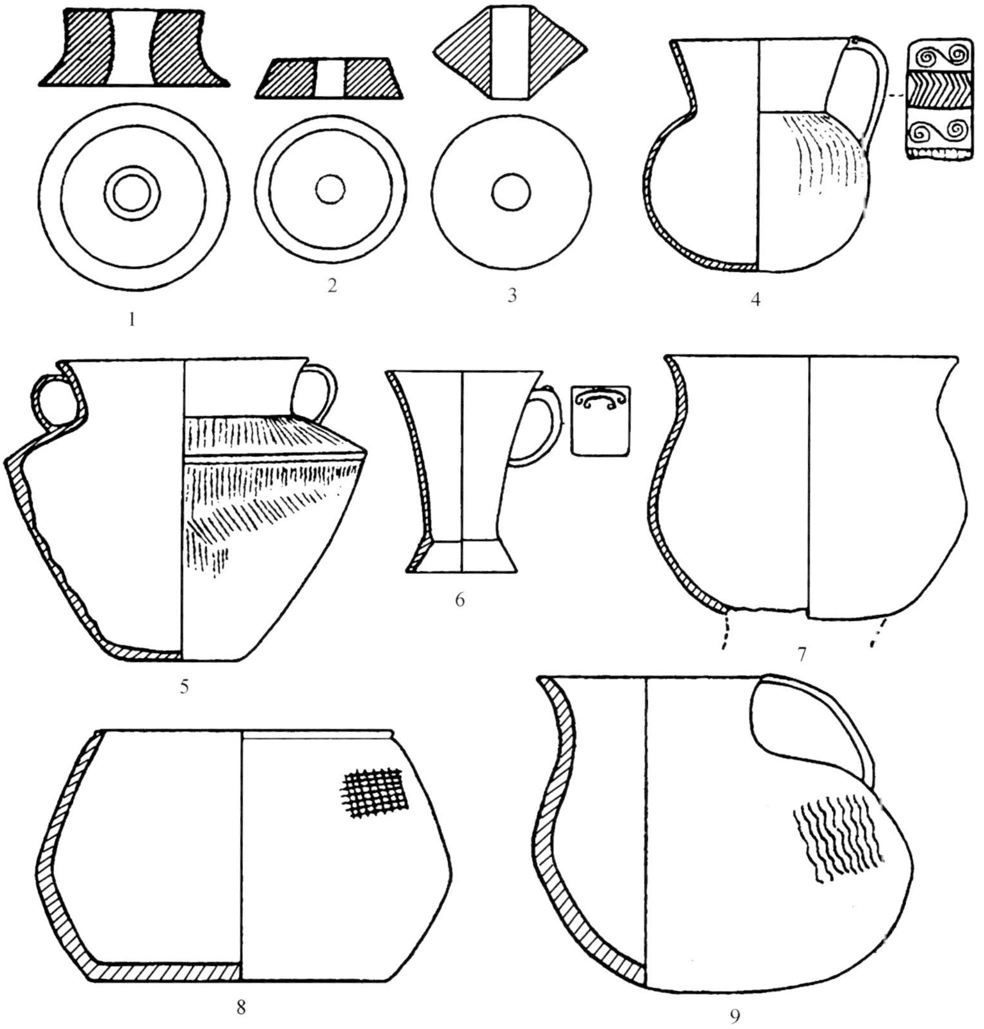

图三　陶器

1～3. 纺轮（南安民安村乙址、南安王桥岭、永春牛头寨，1/2）　4. 带鋬罐（南安民安村丙址，1/6）　5. 釉陶双耳罐（永春茶心山，1/6）　6. 杯（永春康山丙址，1/6）　7. 罐（南安民安村丙址，1/2）　8. 罐（南安寨仔山，1/4）　9. 带鋬罐（南安民安村丙址，1/2）

双耳釉陶罐，手制，敞口，大腹，圜底，釉系黄绿色，施釉不匀，有蜡泪痕，印篮纹，肩腹相接处有二道突起的弦纹，口径13.1、腹径18.1厘米（图三，5）。

陶纺轮是在牛头寨采集的，黑砂陶制，算珠式，径3、厚2厘米（图三，3）。

残陶管系采自牛头寨，灰陶，残长2.6厘米。

三、南　　安

南安北部多山，南部为丘陵和平原，并临海。境内有东溪和西溪，另有许多小支流。遗址大部分分布在河流两岸的丘陵地带，共29处。情况如表三。

表三　南安县新石器时代遗址调查表

名称	地点	情况	文化遗物
虎园山	溪美镇西洋村（西溪北岸）	高约7米，遗物稀少	釉陶和陶片
睏口山	溪美镇井园村（西溪东岸）	高约10米，遗物稀少	石镞、釉陶和陶片
前埔山	溪美镇帽山前埔村（西溪东岸）	高约10米，已为果园，遗物稀少	石锛和陶片
寨仔山	大盈乡大盈村附近	有文化堆积，厚约1米，遗物较丰富，东边斜坡上一片贝壳堆积，厚约0.7米	石器、陶器和贝壳等
龟山	黄山乡林边村西	山高约30米，有少量文化堆积层，遗物较丰富	釉陶和陶片
洋山	榕桥乡后井村南	高约10米，已开为耕地	石器和陶片
崎后山	幸福乡金鸡村西（晋江西岸）	约20米，已开为耕地	石器和陶片
郭山寨	梅山乡芸尾村	高约30米，已开为耕地，遗物稀少	陶片
剑头山	山头镇五杈村后	高约50米，已开为耕地，遗物稀少	陶片
王桥岭	码头镇西	高约10米，部分开为耕地，	石器和陶片
朴鼎山	高盖乡枫树村西南	高约10米，已开为耕地，地面陶片散布较多	石器、釉陶和陶片
官山	高盖乡锦美村北	与朴鼎山相连，已开为耕地，遗物稀少	石器和陶片
民安村甲址	金淘乡民安村山头园	高约10余米，早为耕地，遗物稀少	石器和陶片
民安村乙址	在甲址南	与甲址相距约200米，此址为较高山丘，高约20米，遗物稀少	陶纺轮和陶片

续表

名称	地点	情况	文化遗物
民安村丙址	在乙址南	与乙址相距 40 米，雨水冲刷甚剧	陶器和陶片
民安村丁址	在丙址东南边	与丙址相距 300 米，高约 10 米，已开耕地，遗物不多	石器、小石块、青铜器、釉陶和陶片
西山	南金乡西山村南	此一带山丘数以百计，遗物稀少	石器、釉陶和陶片
凤林寨	南金乡西	隔溪相距百余米	同上
垵后山	南金垵后村		残石器和陶片
炭林寨	南金乡蔡仔林北	与村相连	石器和陶器
圆仔埔	南金乡圆仔埔	高约 2 米，附近低丘连成一片	石器、釉陶和陶片
崎梯山	南金乡埔顶村东南	两山丘南北相对，相距约百米，崎梯山南部有少量贝壳堆积	石器、陶片和贝壳
后垅埔		梯山南部有少量贝壳堆积	
尾厝山	南金乡尾厝村北	遗物稀少	陶片
洞后寨山	英都乡英圩村	高约 50 余米，部分为耕地，遗物稀少	石器和陶片
福社尾山	英都乡调后埔村南	高约 10 米，遗物稀少	石器和陶片
石狮寺山	英都乡竹子林	高约 20 米，遗物还比较多，无堆积	石器、陶器和贝壳
寨仔山	大宇乡仑苍村南	高约 20 米，遗物较丰富	石器和青铜锛
仑苍	大宇乡仑苍村北（西溪南岸）	山与村连，面积较广，遗物多分布在山东头	石器、釉陶和陶片
坑口山	大宇乡坑口村北	高约 20 余米，雨水冲刷严重，遗物稀少	陶片

在上述各地共采集石器 50 件，陶器 3 件，陶片千余片。

石器中有锛、镞、斧、戈、砺石和玦等，有的已不能辨其形了。

石锛有 23 件，大小不同，均扁平式，顶窄而刃部稍宽。制法有打、琢、磨三种，以磨制为多。石质大部分是沉积岩，有闪长岩、石灰岩、页岩、板岩和砂岩等。

石斧 2 件，系采自晒口山和寨仔山，均残缺，磨制，大小相仿。

石镞 2 件，分别采自晒口山和圆仔埔，均磨制，断面呈菱形。

石玦 1 件，系采自民安村丁址，石髓质，磨光（图三，3）。

砺石有 3 件，为砾石砂岩，长 5 ~9 厘米。

残石环 1 件，采自龟山仅一小段。

残石器 22 件，器形有锛、戈、砺石等。

石料 1 件，采自仑苍，石质为页岩，式样扁平，长 16 厘米。

陶片中有釉陶、印纹硬陶、印纹软陶、夹砂灰陶、夹砂红陶、夹砂褐陶和细泥红陶。其中以印纹硬陶为最多，夹砂灰陶次之。能复原的有：

陶罐，有：（一）小口圈足罐 1 件，采自寨仔山，硬陶，手制，素面，鼓腹，圈足，高 12 厘米。（二）大口小陶罐 1 件，采自民安村丙址，软陶，似有圈足，腹印菱形纹，已残，高 5 厘米（图三，7）。（三）大口大腹平底罐 1 件，采自寨仔山，硬陶，手制，印方格纹，已残，高 9. 5 厘米（图三，8）。（四）小口大腹平底罐 1 件，亦采自寨仔山，硬陶，印方格纹，已残，高 13 厘米。（五）敞口鼓腹圜底罐 1 件，亦采自寨仔山，软陶，手制，外施黑衣，印方格纹，已残，高 11. 6 厘米。（六）带鋬陶罐有 3 件，均采自民安村丙址。有一件系敞口，高颈，鼓腹，圜底，软陶，手制，腹印条纹，鋬上下有螺旋形附加堆纹，已残，颈高 4. 4、腹高 9、口径 9. 6、腹径 12 厘米（图三，4）。次一件系软陶，制法手轮兼用，敞口，鼓腹，圜底，腹印条纹，外施陶衣，已残。再次一件也为软陶制，手制，形小，敞口，大腹，圜底，印绳纹，鋬上有附加堆纹，口径 4. 8、腹径 6. 9 厘米（图三，9）。

陶纺轮有 2 件，一件采自王桥岑山，一件采自民安村甲址（图三，1、2）。

陶工具 1 件，采自龟山，圆柱形。

铜器只青铜锛 1 件，系采自寨仔山，微残，方銎圆刃，长 6、銎宽 3、刃宽 4 厘米。另一件似凿的青铜器系采自晒口山，顶部残缺，尚留一孔，圆刃。

贝类只发现于寨仔山、崎梯山和洞后寨山，其中有蛤蜊和牡蛎等。

四、同安（略）

五、安　　溪

安溪西部多高山，境内有西溪。遗址多分布在西溪及其支流两岸背山面水的山丘上，共 11 处。情况如表五。

表五　安溪县新石器时代遗址调查表

名称	地点	情况	文化遗物
内田山	城东圆坛村东1000米	高50米，遗物稀少	陶片
后沟山	参内乡大厝村东	为一突出山丘，遗物稀少	釉陶和陶片
石模头	太安乡参内村南	为一阶梯式山丘，遗物发现于第二阶地上	石器、釉陶和陶片
睏口山	湖头乡横山村北250米	高约20米，在这带五个小岗上都有遗物	石器和陶片
郭板山	湖头乡郭埔村西南	高约20米，两条小河从旁流过，地表雨水冲刷很厉害，遗物少	石器和陶片
寨山与民台堆	湖头乡上板村南500米	两个小岗连在一起，略成椭圆形，散布遗物少	同上
上塘山	蓬莱乡上塘村北	地面已开为茶园	石锛、石戈和陶片
杨厝尾山	蓬莱乡大墘村西	高约20米，地面散布陶片较多	石锛和陶片
后沟山	蓬莱乡路尾亭后沟山	山低平，遗物稀少	陶片
宫后山	蓬莱乡油园村东	遗物稀少	陶片
暮云山	金溪乡金谷村西	高约30米，已开为耕地，陶片还多	石器和陶片

遗物十分贫乏，只得石器21件，有锛、戈、环等；陶片以印纹硬陶为主，纹饰以方格纹为最多。未得完整的陶器。

六、大田（略）

七、德化（略）

八、永泰（略）

上述各遗址只做了调查采集工作，未做发掘，还很难做出正确的判断，现提出几点认识。

（一）这百余处遗址的文化性质，虽不完全相同，但基本上是属于几何形印纹硬陶文化系统的。这些遗存中，有共存关系的是釉陶，占所发现遗址的比例 22.6% 。虽然每处遗址内釉陶所占比例有限，但很可能是代表较为先进的文化。从釉陶的烧造技术来看，也是比较进步的，釉色分青绿和黄绿两种，如不和石器、陶片共存，很难判定它是新石器时代的遗物。

（二）二件青铜器的发现，虽无地层关系，也可借助说明这个地区遗址的年代是相当晚了。根据文献记载，这些地区的开发是在晋后，因此新石器时代的下限可延至晋代，某些偏远地区可能还要晚些。

（三）林惠祥同志曾推断福建新石器时代遗存是古代越族的文化，我们觉得这个推断可信。闽南一带的新石器时代遗存也可能是古越族文化的一部分。

执　笔：曾　凡　黄炳元

（原载《考古》1961 年 5 期）

附录四　福建南安大盈出土青铜器

1974年5月，南安县水头公社大盈大队蔡盈村贫下中农在村后寨山（俗称大盈寨山）开建篮球场时，发现青铜器及玉器。厦门大学历史系考古专业于1976年3月闻讯后，立即派庄锦清、林华东同志前往调查，现将这批青铜器出土情况报道于下。

一、地理环境及出土情况

大盈寨山属滨海丘陵地带，位于泉州市西南25公里，山高约海拔40米。北接连绵不断小丘陵，东、南面临小平原，西有九溪自北向东南注入内海，福泉厦公路自东北向西南绕村而过，交通甚方便（图一）。1958年，省文物普查队，曾在大盈寨山采集到新石器时代石器、陶器，还发现了贝壳堆积，这是一处文化堆积较为丰富的遗址，报道见《考古》1961年5期。

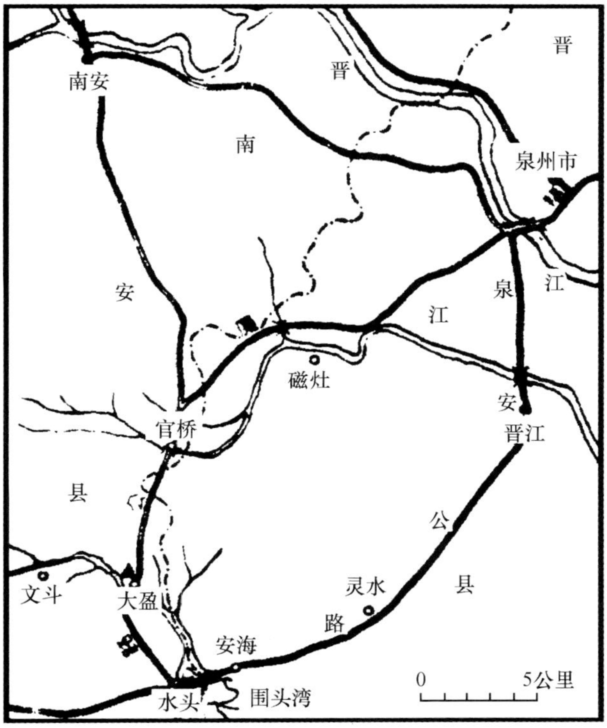

图一　青铜器出土位置示意图

这批青铜器出土在大盈寨山东面山坡，距地表约2米深的黄土层中。据社员介绍当时出土情况是：首先发现三件铜戈（皆Ⅰ式），并排堆放在一起，继而发现匕首、戚、矛、戈（Ⅱ～Ⅲ）及玉戈、璜，其分布较零散。最后在Ⅰ式戈的西南边约0.8米处发现铜铃。隔日，另一社员又在Ⅰ式戈的东北1米，发现铜锛二件。经实地勘察，这批青铜器分布范围，长2米、宽1米左右，方向为西南东北向。根据器物排列，土质略松、色较褐红，与周围土质较硬的黄土有所区别，我们推测很可能为一座墓葬。

二、出 土 文 物

出土文物有铜戈、戚、矛、匕首、锛、铃及玉戈、璜，现分述于下。

铜戈　五件。可分三式。

Ⅰ式：三件。大小不等；保存较完整的一件，二件残缺较甚。制作均粗糙。体微弧，援中有脊，长内，且内端皆内凹。今就保存较完整一件，测得残长31.3、宽6.8、厚0.45厘米（图二，1；图三，1、4）。

Ⅱ式：一件，残缺。剖面呈菱形，两刃微收成锋，中有脊棱，有内。残长24.6、宽5.7、厚0.4厘米（图二，3；图三，2）。

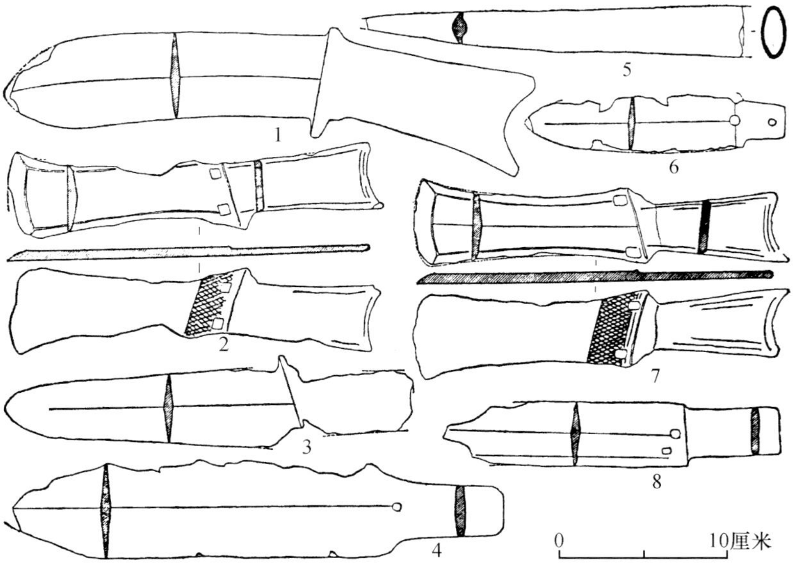

图二　铜兵器

1. Ⅰ式戈　2. 戚　3. Ⅱ式戈　4. Ⅰ式匕首　5. 矛　6. Ⅱ式匕首　7. 戚　8. Ⅲ式戈

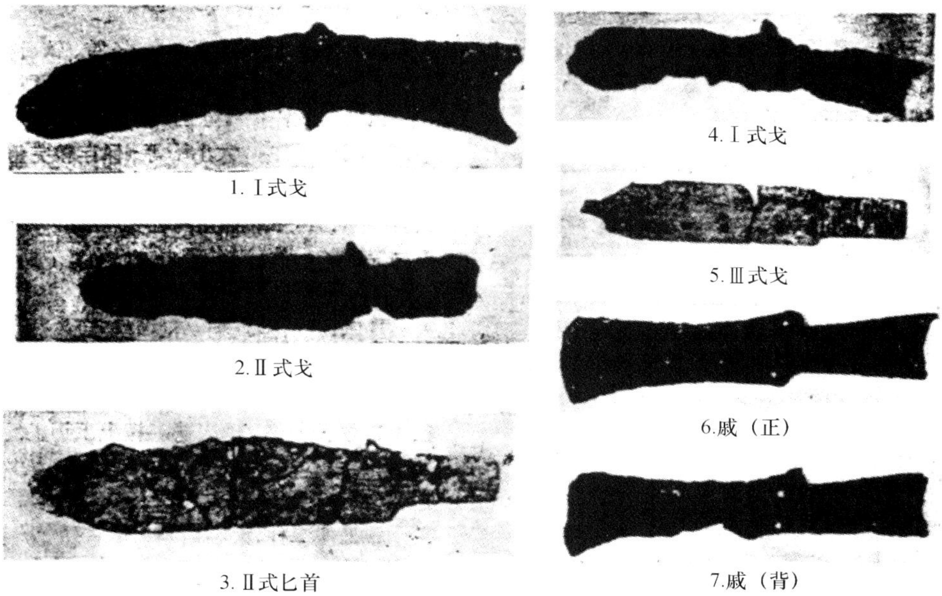

1. Ⅰ式戈　2. Ⅱ式戈　3. Ⅱ式匕首　4. Ⅰ式戈　5. Ⅲ式戈　6.戚（正）　7.戚（背）

图三　铜兵器

Ⅲ式：一件，锋部缺。援上下刃正反面相异，二穿，有内。残长 20. 1、宽 4. 1、厚 0. 4 厘米（图二，8；图三，5）。

铜戚　二件，大小略同。正面有脊棱，三面刃，并有凸棱线，背面平，近穿处有网格纹。二方穿，内端内凹呈弧形。残长 22. 4、宽 4. 7、厚 0. 5 厘米（图二，2，7；图三，6、7；图四）。

铜矛　1 件。骹部残。一锋两刃，前锋背面两侧有凹槽二道，骹为直筒。残长 22. 7、宽 3. 2、骹厚 0. 2 厘米（图二，5）。

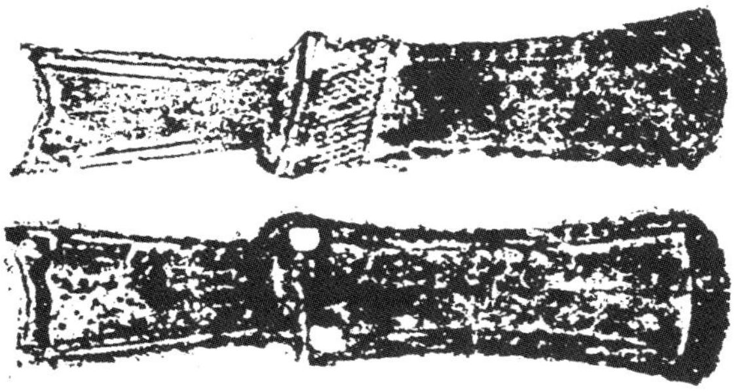

图四　铜戚拓片（约 1/3）
上：背面　下：正面

铜匕首　二件。直握，分二式。

Ⅰ式：一件，残缺，制作粗糙。扁茎带一孔。残长29.8、宽5.8、厚0.7厘米（图二，4；图三，3）。

Ⅱ式：一件。微残，扁茎，中有脊棱，带二孔。残长15.4、宽3.4、厚0.35厘米（图二，6）。

铜锛　二件。微残，大小相同。长条形，有段，弧形凹刃。长15、宽4.7、厚0.9厘米（图五，1；图六，1）。

图五　铜、玉器

1. 锛　2. Ⅰ式铃　3、4. Ⅱ式铃　5. 玉璜　6. 玉戈

图六　铜、玉器

1. 锛　2、3. Ⅰ式铃　4. Ⅱ式铃　5. 玉戈

铜铃　八件。可复原五件，大小渐次，上窄下宽，口略平、呈椭圆形，铃舌皆无存；顶有环纽，纽下均镂一孔。可分二式。

Ⅰ式：三件。大小不等，最大的一件残高6.1厘米，纹饰模糊，唯略见数道弦纹（图五，2；图六，3）。最小的一件，残高5.6、顶端横径2.8、口沿横径4.3、厚0.1厘米，纹饰模糊（图六，2）。

Ⅱ式：二件。旁皆有鋬，一件残高5.5厘米，两面饰有几何形纹饰，鋬已残缺（图五，4；图六，4）。另一件口部保存完好，略近圆形，纹饰模糊，唯在顶端略见一云雷纹。残高6厘米，鋬上印有人字形纹饰（图五，3）。

玉戈　1件（据说出土四件）。援部缺，双面刃，中有脊棱，内部二孔，磨制美观，色淡青，微瑕，残长13.7、宽5.1、厚0.6厘米（图五，6；图六，5）。

玉璜　四件。复原三件，大小相等，制作精细。均呈扇形。上镂有二小孔。外沿略薄，色呈淡青，带有黑瑕，经复原测得外弧长7.8、内弧弦长1.5、厚0.15厘米（图五，5）。

三、几点看法

南安大盈寨山这批青铜器，在我省是第一次成批的发现，对探讨福建青铜文化特点与中原青铜文化的关系，提供了宝贵的实物资料。现提出几点肤浅看法，以供同志们参考。

（一）在这批青铜器中，铜戈占有很大的比例。Ⅰ式戈，内端呈凹弧形，Ⅲ式戈，刃部正反面相异，这都比较特殊。戚也是前所未见。有段石锛是东南沿海地区新石器时代生产工具主要特征之一，而南安大盈出土的青铜锛，有段、弧刃，可能是由有段石锛演变而来。总之，这批青铜器具有显著的地方色彩，有着自己独特风格，可能为古越族遗存。但在某些方面，又受到中原文化一定的影响，如Ⅰ式匕首，与西安张家坡西周前期墓出土的匕首很相似，应为剑的前身。Ⅱ式戈、几何形花纹的铜铃，以及玉戈、玉璜等，均与中原地区所出略同。根据出土物的形制、花纹及制作技术水平，参照中原地区出土的青铜器以及本省各地以前出土的青铜器分析，我们认为受中原青铜文化影响的那些器物，如Ⅰ式匕首、Ⅱ式戈及铜铃。它们的年代可能较早，而Ⅰ式戈和戚具有浓厚的地方色彩的器物，时代可能较晚。因此，我们认为，这批器物的年代上限可上溯到西周，下限可能延到春秋。

（二）南安大盈这批青铜器的发现，尤以兵器居多，无疑应是阶级斗争不可调和的产物，是奴隶主镇压奴隶反抗的工具，同时也反映了当时战争的频繁。玉戈、玉璜的出现，足见墓主人不是一般的身份，可能为奴隶主贵族。青铜器的铸造技术，也反映了当时的社会经济与生产力已达到一定的水平。

（三）南安大盈青铜器的发现，可以弥补文献资料的不足，对于研究我省古代历史及文化与中原青铜文化的关系，具有重要的价值。同时，对于过去把古代南方描绘成荒无人烟，直到汉代才开发，以及福建未经过奴隶社会阶段的论点，是一个有力的批驳。随着农业学大寨运动的深入开展、农田水利基本建设的进行，我们相信，地下遗存必将陆续有更多的发现，它将为恢复福建古代文化面貌，提供更丰富的资料。

执　笔：庄锦清　林华东

（原载《考古》1977 年 3 期）

附录五　福建惠安涂岭新发现的古文化遗址

1985年秋，惠安县涂岭乡文阳村农民送交我馆一件硬陶器，并告知当地山上还发现有陶片等情况。不久，我们即前往调查。

遗址位于涂岭镇东1.5公里处的蚁山（当地称“马蝶山”），南距惠安城关约20公里。这一带为花岗岩丘陵地带。山丘连绵，此起彼伏，海拔在200米上下。蚁山是这一带丘陵地貌中的一座较高的山头，相对高程约150米。由于多年来当地农民开采石料，致使山上的文化层堆积遭受严重破坏；加之长年的水土流失，所以山坡中部和下部的文化遗物已荡然无存。及至山顶才散见乱石之中小面积的贝壳堆积多处。分布范围东西长约80米，南北宽约50米。个别地段从断面观察有厚30～40厘米的贝壳层，但不见成片堆积。由于人为和自然的原因，大量遗物露于地表，俯拾皆是。

此外，位于蚁山之南200米的果合山，也采集到零星陶片。据当地农民介绍，送到我馆的一件陶器即发现于此山上。

现将蚁山、果合山两处所采集的遗物分述于下。

蚁山采集的遗物中大部分为陶器，石器仅得2件。

陶器有粗砂陶、细砂陶和泥质陶三种。其中细砂陶较多，约占总数的60%，粗砂陶次之，泥质陶较少。这些陶器的陶土大都未经淘洗，质地比较粗糙。其中泥质陶中也含有少量细砂粒。而粗砂陶的陶质多松散易剥落。粗砂陶有灰、灰黑、红色三种；细砂陶有灰、灰红、灰黄、红、黄、黄褐等六种；泥质陶有灰、红、黄三种。总的来说，灰色陶的数量较多，其次是红色陶，其他颜色的陶器数量都较少。纹饰比较繁杂，按器类分，釜形器多饰近似粗绳纹的纹饰，尊、罐类则以梯格纹为主，兼有交错条纹、方格纹、编织纹、叶脉纹，以及刻划斜点纹等。个别器物还在唇、颈、腹部饰红衣和点状红彩。纹饰多拍印而成，也有个别器物饰刻划纹。多数器物都在内沿面饰数道凹弦纹，并于唇、颈，以及颈肩交接处留下手抹的痕迹，有些器物在饰好纹饰后再用手抹去，只留少许隐约可见的纹饰痕迹（图一）。陶器的制法，总的作风比较粗放。以手制为主，加以慢轮修整。多数夹砂陶器内腹部凹凸不平，手制痕迹明显，而口沿部多轮修而成。泥质陶多轮制。

陶器的器形，多见罐类，也有一定数量的尊、釜类，钵、杯等器物也偶尔出现。

图一　陶器纹饰拓本

1. 粗梯格纹　2. 细交错条纹　3、4. 弦纹与方格纹　5. 不规则编织纹　6. 蕉叶纹　7. 编织纹　8. 杂乱交错条纹　9. 细梯格纹（约2/3）

罐　20件。有长颈罐、短颈罐、双耳小罐三种。

长颈罐　9件。皆为口沿。标本HTY∶15，细砂灰陶，微侈口，斜直颈，圆唇，圆肩，饰方格纹，口径19、残高7.2厘米（图二，1）。标本HTY∶13，细砂红陶，侈口，斜沿，方唇，饰梯格纹，纹较深，口径17.2、残高7.3厘米（图二，2）。标本HTY∶21，细砂黄褐陶，侈口，卷沿，圆唇，上沿面近平，有宽凹槽一道，肩颈交接处有凸棱一周，腹饰格纹，颈饰带状红衣，口径13、残高3.7厘米（图二，3）。

短颈罐　10件。HTY∶16，细砂灰陶，微侈口，斜直沿较窄厚，圆唇，上沿面近唇部有一道凹槽，腹饰粗梯格纹，口径12.4、残高3.8厘米（图二，6）。标本HTY∶41，泥质灰陶，尖圆唇，颈部粗厚，纹饰杂乱交错，口径13.8、残高3.9厘米（图二，8）。标本HTY∶37，细砂灰黄陶，侈口，斜直沿较宽薄，圆唇，颈部抹光，口径18、残高4.7厘米（图二，7）。标本HTY∶18，细砂灰黄陶，器表剥蚀严重，质极松散，沿面有数道凹弦纹，腹饰不规则梯格纹，口径17、残高7.2厘米（图二，9）。标本HTY∶8，细砂灰黄陶，侈口，卷沿，上沿面近平，圆唇，沿面饰多道凹弦纹，腹饰不规则梯格纹，颈饰一带状红衣，肩施一横排红色点彩，口径20、残高7.2厘米（图二，4）。标本HTY∶14，细砂灰陶，上沿面有宽凹槽一道，圆唇，腹饰横向梯格纹，口径24、残高

8.8 厘米（图二，5）。

双耳小罐　1 件。细砂红陶。侈口，束颈，方唇，溜肩，颈附双宽耳，耳、腹面饰不规则梯格纹。口径 13.2、残高 4.6 厘米（图二，16）。

尊　9 件。可分为敞口尊、高领尊二种。

敞口尊　5 件。标本 HTY∶6，泥质红陶，含少量细砂，微卷沿，溜肩，沿面有数道凹弦纹，口沿下饰细梯格纹，口径 23.6、残高 8.8 厘米（图二，14）。标本 HTY∶4，细砂灰陶，黑胎，卷沿，方唇，沿面饰数道凹弦，唇面有凹槽一道，颈饰杂乱的交错条纹，口径 19.6、残高 6.7 厘米（图二，17）。标本 HTY∶17，夹砂红陶，颈饰零乱的梯格纹，口径 27.2、残高 7.1 厘米（图二，15）。

高领尊　4 件。标本 HTY∶27，细砂灰陶，侈口，外折沿，尖唇，沿面斜平，领部微外弧，沿面饰数道凹弦纹，颈饰不规则编织纹，口径 19.8、残高 9 厘米（图二，10）。标本 HTY∶5，夹砂红陶，松软，易剥落，直口外卷沿，方唇，下沿面外弧，颈部微鼓，饰一道蕉叶纹，口径 21.6、残高 9 厘米（图二，12）。

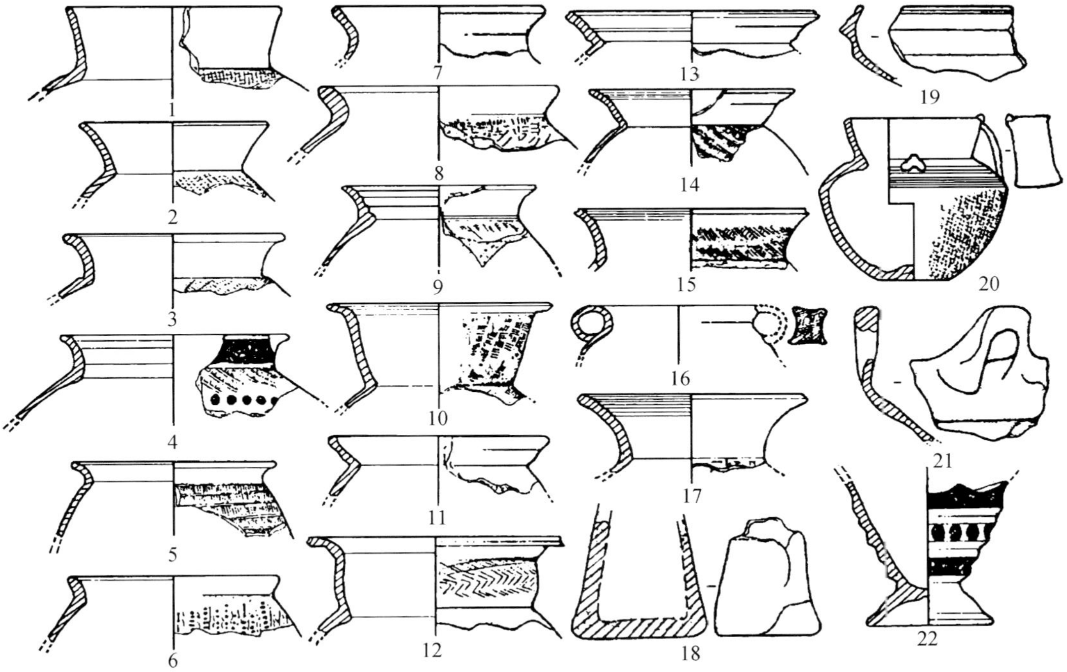

图二　陶器

1～3. 长颈罐　4～9. 短颈罐　10、12. 高领尊　11、13. 釜　14、15、17. 尊　16. 双耳小罐　18. 方形器　19. 钵　20. 折肩罐　21. 带耳器　22. 杯（3、6、8 约1/4　5、11、14、15 约1/8，釜约1/5，20 出于果合山，余均出于蚁山）

釜　4件。侈口，束颈。标本HTY:7，细砂黄陶、沿面微内收，圆唇，腹部纹饰似粗绳纹，但纹饰不明显。口径25.8、残高6.8厘米（图二，11）。标本HTY:11，夹砂灰黄陶，敞口，方唇，斜直沿，沿面饰数道凹弦纹，唇面有凹槽一周，腹部纹饰拍印后抹去，口径21.2、残高4.2厘米（图二，13）。

钵　1件。细砂灰红陶，素面。敛口，尖圆唇，浅腹，口沿外有凸棱一周，上饰两道浅凹弦纹，上腹部有一道凹槽。口径13.2、残高4.2厘米（图二，19）。

杯　1件。泥质黄陶。口残，深腹，喇叭形小圈足。外腹有瓦棱纹，并饰宽带和圆点红彩。底径10.2、残高12.7厘米（图二，22）。

带耳器（勺?）　1件。粗砂灰黑陶，陶质较松软，制作粗糙。浅腹，口、腹部凹凸不平，口上附一耳，仅余残片，器形不明（图二，21）。

方形器　1件。粗砂红陶。上部残，下部呈马蹄状，底部近长方形，中空，胎厚薄不均。底长11.8、宽9.3、残高10.5厘米（图二，18）。

支座　1件。粗砂灰陶。器身残，仅余顶部，呈鸟头状，顶有明显支垫磨损痕迹，中有一横向小圆孔。厚4.9、宽7.0、残高6.4厘米。

石器　石锛2件。标本HTY:34，流纹岩，单面刃，身、刃磨制，顶部未磨。刃部残，器身残留制作打击的痕迹，平面近似长方形，断面呈椭圆形，长7.6、宽3.6厘米。标本HTY:35，含晶屑流纹岩，双面刃，刃部有明显的使用痕迹，浑身磨制。平面、断面皆呈圆角长方形，长11.5、宽6.9厘米。

果合山上发现的一件陶器为带錾硬陶折肩罐。细砂灰硬陶。侈口，溜肩，圜凹底，宽带状单錾，肩附两个对称之环状耳，錾上方正中有一近方形小孔，右上方有一小泥突。腹饰细方格纹。口径11.4、底径6、高14.6厘米（图二，20）。

由于蚁山遗址受到严重破坏，加之对山头上散见的贝壳堆积未进行发掘清理，采集的遗物仅限于表土已暴露的部分，所以遗物的种类可能不太齐全，对了解遗址全貌会有一定的困难。不过就目前所得到的器物进行分析已可从中窥见一斑。下面提出我们的一些肤浅看法，以供讨论。

我们将蚁山遗址出土的陶器与本省昙石山文化遗存（昙石山中、下层、溪头下层、庄边山下层），及以黄土仑为代表的商周遗存等所出土的陶器作了比较，发现它们之间既有区别又有联系；既有蚁山陶器的独特风格，又似承继和保留了昙石山遗存以及黄土仑印纹硬陶遗存中的某些因素。蚁山出土的陶器皆为软陶，又以细砂陶为主，而昙石山遗存却较少细砂陶。蚁山陶器的颜色较为繁杂，唯不见昙石山中、下层的红衣灰黑胎陶，不过以灰色陶为主却是共同的。昙石山陶器的主体纹饰为交错条纹，蚁山器物却以拍印梯格纹为主，不过个别器物也还饰有交错条纹。在某些器物的口、腹部饰红色和赭色点、带彩绘等制作工艺似与昙石山早期彩陶的作风有渊源的关系。另一方面却又出现了黄土仑时期的弦纹和方格纹。从器类比较，蚁山陶器以罐类器为主，也有一定数量的釜、尊器等。釜与罐是昙石山遗存的常见物，而尊类器却是商周时期盛行的器物。从器形分析，罐类器中有的长颈罐（HTY:13、21），其敞口、束颈等造型特征几乎与溪头下层出土的Ⅱ式高领罐的形式雷同。再者，蚁山遗址出土陶器皆不见昙石山、溪头、庄边山上层的橙黄陶和彩陶，也不见印纹硬陶和原始瓷等，而从尊形器占有一定比例以及个别器物上出现弦纹、方格纹等商周风格的纹饰分析，是否可以这样认为，蚁山遗址是一处介于昙石山文化与黄土仑遗存之间，而又不同于昙石山遗存、具有独特风格的闽南沿海地区由新石器时代向青铜时代过渡的一种文化遗存。

我省于五十年代进行过较大规模的文物普查工作，曾于惠安东南部的崇武、涂寨等地的一些山头上发现过零星的贝丘堆积，并采集有少量的石器和印纹硬陶片。从陶片的质地、纹饰比较，与本文提到的果合山所出的印纹硬陶带鋬罐当属一类，其年代应与黄土仑遗存相当，而与蚁山遗存比较则应稍晚些。

执　笔：林聿亮　林公务

（原载《考古》1990年2期）

后　　记

晋江流域考古工作开展几十年，经历了老、壮、中、青四代考古工作者和省、市、县三级文物部门诸多人的不懈努力，成果来之不易。我们编辑本报告的目的，一是希望完整地保存历史资料，为后人留下一份基础资料，它是无数人的辛劳汗水的凝聚和体现，编者冀此表达对从事这一工作的所有人员的由衷敬意；二是对几十年的成果进行总结、梳理和研究，力图勾勒出晋江流域的早期历史文化面貌和发展脉络。

2005年的调查工作，除合作单位外，泉州市博物馆，泉州市文物保护研究中心，各市、县、区文体局、文管办和博物馆等给予了高度重视和全力支持。新闻媒体对这一工作作了宣传报道。作为编者，我们要对郑国珍、杨琮、栗建安、吴春明、郑辉、何经平、陈炳坤、陈健膺等个人表达我们的特别敬意。领导的关怀、亲朋好友的支持和鼓励是我们的动力，是本报告得以完成并出版的重要保证。书法家徐澄为本报告题写了书名，编辑也为此付出了辛勤劳动，在此向相关单位和相关人员一并致谢。

因历史的发展、单位和人员的变迁、资料的缺失和保管不规范等原因，要汇集历年调查和发掘成果并编撰一本能完整地反映晋江流域考古成果的报告存在着许多难以克服的困难，我们只能在力所能及的范围内，希望并尽力使本报告能够基本反映历次调查历程和成果，虽心有余而力不足。因此本报告难免存在不足和错误，希望专家学者给予批评指正。

本报告由陈兆善组织编写并主撰和统稿，陈明忠撰写尾山仔遗址发掘和泉港、惠安两地调查新发现遗址部分；温松全、陈明忠和程璐分别参与撰写翠屏山遗址试掘和音楼山遗址发掘之地层和遗迹部分。资料整理和野外摄影：温松全、陈明忠、程璐、陈兆善；器物绘图：温松全、程璐；器物摄影、线图制作和拓片：陈兆善；泉州海外交通史博物馆傅恩凤、安溪博物馆黄炯然、永春博物馆曾汉祥和晋江博物馆左子娟提供了部分照片，本院范雪春慷慨提供了庵山遗址未发表考古资料，特此致谢。

陈兆善

2009年10月

1. 1976年大盈寨山遗址出土青铜戈

2. 土地公垵山遗址采集石拍(土地公垵山:1)

3. 1976大盈寨山遗址出土两件青铜铃

4. 赤坑石窟山遗址出土石锛（上正面，下背面）（引自《厦门市博物馆藏品集粹》）

图版二

1. 九峰山出土青铜镬（九峰山：1）

2. 九峰山出土青铜镬（九峰山：2）

3. 九峰山出土青铜锛（九峰山：4）

4. 南安馆藏石戈（藏品1）

5. 南安馆藏石戈（藏品2）

1. 南安馆藏石锛（藏品4）

2. 南安馆藏石锛（藏品19）

3. 南安馆藏陶壶（藏品23）

4. 南安馆藏原始青瓷双耳壶（藏品24）

5. 庵山遗址出土青铜锛

6. 庵山遗址出土青铜锛

图版四

1. 庵山遗址出土石范

2. 庵山遗址出土石范

3. 庵山遗址出土陶罐（新石器时代）

4. 狮子山遗址采集石钺（狮子山：1）

5. 蚁山遗址采集石斧（南坡采：1）

6. 蚁山遗址采集石锛（南坡采：40）

1. 蚁山遗址采集石锤（南坡采：41）

2. 蚁山遗址采集砺石（南坡采：39）

3. 蚁山遗址出土骨凿（左起：蚁山北坡：40、蚁山北坡：39、蚁山北坡：41）

4. 蚁山遗址出土点彩陶片

5. 蚁山遗址北坡采集点彩陶片

图版六

1. 尾山仔遗址M1出土原始青瓷尊（M1：1）

2. 尾山仔遗址M3出土原始青瓷豆（M3：1）

3. 音楼山遗址出土AⅠ式石锤（T1124④：3）

4. 音楼山遗址出土点彩陶片

5. 音楼山遗址出土点彩陶片

6. 音楼山遗址出土施红衣陶片（T1124④）

1. 音楼山遗址出土陶片

2. 音楼山遗址T0827第2层出土陶片

3. 音楼山遗址出土陶拍（T1125⑤：84）

4. 音楼山遗址出土陶拍（T1125④：85）

图版八

1. 音楼山遗址出土B型陶拍（T1125④：93）

2. 音楼山遗址出土BⅡ式陶釜（T1124④：1）

3. 音楼山遗址出土陶钵（T1124④：2）

4. 音楼山遗址出土骨器（左起：T1125④：94、T1125④：96、T1125④：99、T0827⑤：50）

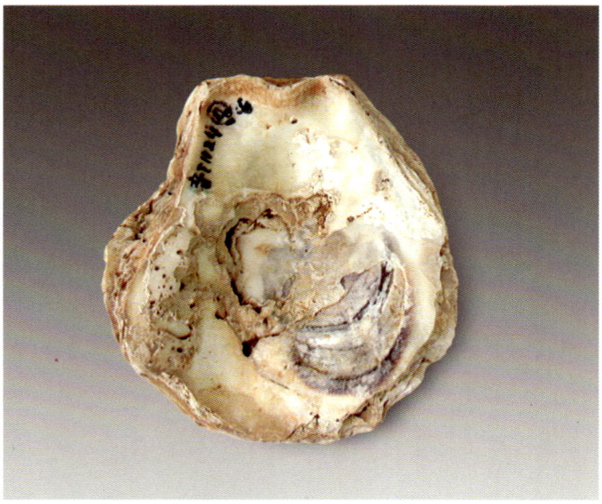

5. 音楼山遗址出土贝铲（T1124④：6）

6. 音楼山遗址出土贝铲（T1123④：7）